“十二五”普通高等教育本科国家级规划教材

现代教育论（第四版）	黄　济　王策三　主编
比较教育（第五版）	王承绪　顾明远　主编
当代比较教育学（第二版）	冯增俊　陈时见　项贤明　主编
现代教学论基础（第二版）	裴娣娜　主编
课程论（第二版）	靳玉乐　主编
现代课程与教学论（第三版）	黄甫全　主编
小学数学教学论（第四版）	马云鹏　主编
教育法学（第二版）	尹　力　主编
教育经济学新编（第二版）	范先佐　著
心理学导论（第三版）	黄希庭　郑　涌　著
社会心理学（第三版）	章志光　主编
教育心理学（第三版）	冯忠良　等　著
教育心理学（第三版）	张大均　主编
心理与教育测量（第三版）	郑日昌　主编
国际贸易（第二版）	苏科五　主编

“十二五”普通高等教育本科国家级规划教材

当代比较教育学

（第二版）

顾问　顾明远

主编　冯增俊　陈时见　项贤明

人民教育出版社

·北京·

图书在版编目（CIP）数据

当代比较教育学/冯增俊等主编. —2版. —北京：人民教育出版社，2015.9(2020.1重印)
（“十二五”普通高等教育本科国家级规划教材）
ISBN 978-7-107-30537-5

Ⅰ. ①当… Ⅱ. ①冯… Ⅲ. ①比较教育学—高等学校—教材 Ⅳ. ①G40—03

中国版本图书馆CIP数据核字（2015）第230156号

“十二五”普通高等教育本科国家级规划教材 当代比较教育学 第二版

出版发行 人民教育出版社
（北京市海淀区中关村南大街17号院1号楼 邮编：100081）
网 址 http://www.pep.com.cn
经 销 全国新华书店
印 刷 人民教育出版社印刷厂
版 次 2015年9月第2版
印 次 2020年1月第3次印刷
开 本 787毫米×1 092毫米 1/16
印 张 28
字 数 417千字
印 数 5 001~8 000册
定 价 40.00元

第二版前言

本书最初作为人民教育出版社组织的普通高等教育“十一五”规划重点教材之一，于2005年开始编写，2008年正式出版。面世后受到了高等院校和师生的欢迎，多次重印。2012年本教材被列为第一批“十二五”普通高等教育本科国家级规划教材。在人民教育出版社的大力支持下，编写人员先后三次在长春、北京和广州召开修订工作会议，精益求精，在保持原先探索比较教育学科新发展的基础上，进一步增强了教材功能。本次修订的原则是：①深入探讨学科发展和培养学科意识及学科方法；②重视反映教育现代化、教育全球化、教育国际化、教育民主化及教育信息化等国际教育重大发展前沿论题；③坚持以教育现代化为主线剖析亚非拉、北美、欧洲及俄罗斯四大区域独特的教育变革格局；④深化从世界教改发展趋势下研究幼儿教育、中小学教育、职业技术教育、高等教育和教师教育的发展成果及重大论题。本书既是上述四大部分之有机组合，又互动成为一个不可或缺的整体，在遵循现代教育发展规律下，使各部分达致珠联璧合，克服了对单个国家教育分析以及平铺直叙地描述教育现象的局限，较好地反映了当代比较教育学科发展的新要求，形成了对当代国际教育发展的整体探索。这种教材设计，既是中国比较教育学走出自鸦片战争以来中国现代教育草创阶段以移植为主的思维模式，更是当代中国走向教育强国，努力从以普及教育为重点的第一次教育革命，转向以复归教育服务社会本性的第二次教育革命的必然创新。总之，本书致力于把比较教育运用于当代国际教育恢宏壮阔的发展背景之中，运用于人类社会进化的伟大进程之中，运用于世界和中国教育现代化的具体实践之中，参与当代火热的教育变革和现代社会建设。在这个意义上讲，本教材是全体作者共同参与当代国际教育发展与改革实践的重要成果。

本教材从创意成稿到列入规划、修订再版，都是在人民教育出版社领导下十六所著名高校专家集体合作的结果。从开始至今整整十年，各位作者克服了不少困难，可谓数易其稿甚至历经了十多次修改，方初显新教材之雏形。尽管离原定目标仍有距离，但“十年磨一剑”之个中滋味唯有历经者方可品知！著名比较教育学家顾明远先生应邀担任本教材顾问，并亲临统稿会给予具体指导，其对推进比较教育学科发展的赤诚之心，令人敬佩！

本教材修订者大部分为原作者，具体分工如下：导论、第一章、结语，冯增俊（中山大学）；第二章，柯森（华南师范大学）；第三章，陈时见（西南大学）；第四章，杨启光（江南大学）；第五章，万秀兰、安双宏（浙江师范大学）；第六章，夏益军、辛治洋（安徽师范大学）；第七章，陈欣（东北师范大学）；第八章，李文英（河北大学）；第九章，谢登斌（广西师范大学）；第十章，程晋宽（南京师范大学）；第十一章，徐辉（西南大学）；第十二章，石隆伟（西南大学）；第十三章，曹能秀（云南师范大学）；第十四章，李子华（青海民族大学）、施雨丹（华南师范大学）；第十五章，张桂春（辽宁师范大学）；第十六章，孙明英（吉首大学）、王建平（首都师范大学）；第十七章，祝怀新（浙江大学）。

本书第二版修订工作得到了人民教育出版社、中山大学及各参编单位的大力支持。人民教育出版社党委书记郭戈研究员、文化教育编辑室主任刘立德编审、资深编辑诸惠芳编审和本书责任编辑刘捷编审为本书编辑出版做出了非常重要的努力和贡献。在此一并致以衷心的感谢！

由于参与人数较多，更由于这一编写体例崭新且富有挑战，虽经各位参编作者多次修改乃至反复统稿也依然会有缺点和不当之处，敬请广大读者和专家批评指正。

本书主编

2015 年 9 月 28 日

目录

Contents

导　论

【内容提要】

比较教育学是一门前沿性新兴学科，体现着特定民族的教育意识，同特定时代教育发展阶段相一致，借鉴开放推动各国教育发展。因此，积极开展教育比较，走出盲目套搬他国教育的误区，创建本国特色教育，是比较教育学科的重要使命。

【学习目标】

1. 了解比较教育学的基本概念及特性。
2. 明确比较教育学的主要研究功能。
3. 明确比较教育学的学科体系和中国比较教育学的发展方向。

教育为人类发展所必需，发展教育对人类及国家发展具有基础性的关键作用。认识教育在人类不同发展阶段的作用，把握特定时代的教育发展，已成为影响人类发展的重大要素。比较教育学以其独特的研究方法，为人类认识教育提供不可或缺的重要视野，有力地推进了人类教育的发展。推动比较教育学科的发展，是当代教育发展的迫切要求。

一、比较教育学的学科概念

（一）比较教育学的学科性质

比较教育活动很早就存在于人类教育活动中，1817 年法国著名比较教育学家朱利安（M. A. Jullian，1775—1848）发表《比较教育的研究计划和初步意见》，标志着现代意义上的比较教育学的创立。从那时到现在，经过约二百年的发展，比较教育学已成为一门有独立学术体系的教育学科①。

比较教育学是人类教育研究活动的一个重要领域，是一种独特的教育研究方法，同时，也是一门具有独立学术地位的教育学科②。作为一个重要的教育研究领域，比较教育学通过对独特的研究对象开展独特的研究活动，既开辟了特定的研究范围，还由此提供了认识教育的独特视野和教育意识。作为一种独特的研究方法，比较教育学提供的不是把两种教育事实做简单多寡大小的统计学上的对照比较，而是以跨文化审视世界教育的思维方式，运用多学科的方法对各种教育实践和教育事实进行系统研究，从而更客观地把握教育发展规律的一种方法论。作为一门具有独立学术地位的重要学科，比较教育学提供与其他学科不同的独特教育研究维度，以日益更新从而更具效能的学科理论体系，开展更深广、更有效的教育改革和教育交流活动，从而更有力地推动教育的发展。比较教育学的研究领域、研究方法以及学科体系是互为依存且三位一体的。

比较教育学具有很强的时代性和实践性。比较教育学直面当代人类教育实践活动的研究需要，积极参与国家教育改革和国际教育事务。即使是 19 世纪

---

① 冯增俊著：《比较教育学》，江苏教育出版社 1996 年版，第 117 页。

② 关于比较教育是一种方法、一门学科还是一个研究领域，争论颇多，如法国学者黎成魁认为比较教育只是一个研究领域。

相互敌对的法、德、美诸国都积极运用比较教育为国家服务。1831 年，普法战争战胜国的法国派库森（V. Collsin，1792—1867）到战败国的德国学习教育经验。库森认真研究，发表了著名的考察报告，推动了西方教改热潮。法、德是交战敌邦，尚且有开展比较教育研究之需要，它们也借助比较教育取得了教育改革的成功。因此，比较教育学的产生和发展是人类教育发展的必然要求，二百年来，比较教育研究不仅推动了各种世界性的重大教育改革运动，促进了教育的全球化发展，而且比较教育学科也在推进这一进程中得到成长，其影响和作用与日俱增。

（二）比较教育学学科概念的演变

学科概念，指对学科性质和学科发展的基本认识。迄今为止，几乎所有的比较教育学家都以不同方式试图阐述比较教育学的学科概念并界定其定义。实践证明，概念的差异，直接关系到比较教育学科的发展和不同的研究导向，甚至使研究结果的诠释大相径庭。

1. 比较教育学学科概念的发展

比较教育学概念演变受时代教育水平和学科认知框架的影响，经历了漫长的过程。从早期比较教育出自旅游者游记中的零星描述，到 16 世纪后人们对新出现的现代学校的关注和引进，再到 18 世纪工业革命后人们的比较教育意识的不断增强，比较教育学开始有目的地研究和引进不同国家的教育制度及学校管理、课程设置以及教学方法等以便改进本国教育。

19 世纪后期到 20 世纪初，世界工业化运动推动教育迅速发展，从而促使比较教育学开始系统研究各个国家的教育制度和教育思想，探讨比较教育发展与特定国家民族特性、社会价值观及国民行动等方面的因果关系，从中引进、吸收有价值的经验。第二次世界大战后，比较教育学的概念又得到了进一步深化，强调对各国教育的形成发展及教育体系的系统研究，探讨教育与国家发展的互动关系，从而把握现代教育发展的一般规律及其在不同国家中的具体形式，并参与教育发展决策工作。这里，比较教育学被看作推进世界教育现代化、推进国家教育创新、促使人类摆脱危机走向繁荣昌盛的重要学科。

2. 比较教育学的定义

由于比较教育学内容的广泛性，许多中外学者往往从各自研究立场来界定比较教育学的定义，致使其定义纷呈，莫衷一是。有的注重学科的研究方法和作用，有的注重学科的研究对象、目的和研究框架，有的注重学科的性质和功能，等等。

美国著名比较教育学家艾萨克·康德尔（Issac Kandel，1881—1965）认为："比较教育的研究，继续教育史的研究，把教育史延伸到现在，它比任何其他有关研究，都更加清晰地阐明教育同它所服务的那个社团的文化形式之间必然存在的密切关系。"①

英国著名比较教育学家汉斯（N. Hans，1888—1969）认为："用历史的观点分析研究这些因素，比较各种问题的解决办法，是比较教育的主要目的。"②

日本著名比较教育学家冲原丰认为："比较教育学是以教育的整个领域为对象，对两国以上的现行教育进行比较，并把外国教育学包括在内的科学。"③

苏联比较教育学家索科洛娃（M. A. Соколова）认为，比较教育学研究当前世界教学和教育理论和实践的共同和个别的特点及发展趋势，揭示它们的经济、社会、政治和哲学基础，以及民族的特点，并在大量综合实践经验的基础上，阐明教育发展的规律和趋势，进一步开展教学和教育理论研究④。

本书综合这些定义的要素，特别是以我国著名比较教育学家顾明远教授的定义⑤为蓝本，认为比较教育学是指以人类教育领域为研究对象，对当代不同国家或地区的教育进行跨文化比较研究，探讨教育发展规律及特定表现形式，借鉴有益经验，推动本国或本地区的教育研究和改革的一门科学。

本定义的特点是，在指出比较教育学是一门科学的同时，强调了比较教育学具有倡导跨文化比较研究的方法论，推进当代教育模式创新，以及注重服务国家教育改革等特性。当然，随着比较教育学的发展，学科的内涵及外延也将得到新的发展。

---

① [美] 艾萨克·康德尔著，王承绪等译：《教育的新时代——比较研究》，人民教育出版社 2001 年版，第 42 页。

② B. C. Rai. *Comparative Education*. Prakashan Kendra，1979，p.7.

③ [日] 冲原丰著，刘树范、李永连译：《比较教育学》，吉林人民出版社 1984 年版，第 4 页。

④ [苏联] 索科洛娃等著，顾明远译：《比较教育学》，文化教育出版社 1981 年版，第 15 页。

⑤ 顾明远：《中国比较教育的名与实》，《外国教育资料》1992 年第 1 期。

二、比较教育学的目的及功能

（一）比较教育学的目的

推动比较教育学发展的重要因素是具有明确的学科目的，这也是比较教育学得以存在和发展的前提。比较教育学科目的的确定和实现受三种要素的影响，一是研究者的价值观，二是新任务和新发展的需要，三是特定时代社会文化因素。这三个方面是造成不同时代比较教育目的差别和学科发展水平不同的要素，也是推进比较教育学发展的重要力量。在20世纪70年代，正当比较教育学在为教育走出危机而进行艰难搏击时，美国比较教育学家特雷休伊（A. R. Trethewey）就指出确立清晰的学科目的是比较教育学尽快摆脱旧研究框架的羁绊、创建时代新体系的关键①。正是通过厘清目的才能使研究者反省自身，明确研究方向以及选择新的方法。这一观点在比较教育学科同样处于转型升级的今天显得更有意义。面对中国走向教育强国的新形势，只有确定新的比较教育学研究目的，才能真正使比较教育学者在历史转型中获得新的学科认同并使之保持研究兴趣，推进比较教育的发展。我们认为，当代比较教育学的目的主要表现为以下五个方面。

1. 认识及促进现代教育的发展

比较教育的首要目的是提供世界教育发展的各种知识和信息，以助于更好地认识和把握现代教育发展。一是推动跨国、跨文化比较教育研究。这有利于打破文化屏障，把握教育本性，洞察现代教育发展趋向。二是提供新的教育知识。美国比较教育学家贝雷迪（G. Z. F. Beredey）指出，比较教育学之所以能成为一个研究领域，关键是能提供新的知识，能解答世界教育发展的各种问题，提供在其他领域所得不到的思想和智慧。三是有助于对本国教育的认识。古罗马历史学家塔西伦说："要想认识自己，就要把自己同别人进行比较。"萨德勒在1900年吉尔福德演讲中的名言就是："研究别国的教育能增进对本国教育的理解。"② 比较教育通过对国际教育研究，有助于以新认识框架来重新审视本国教育。

---

①② 赵中建、顾建民选编：《比较教育的理论与方法——国外比较教育文选》，人民教育出版社1994年版，第12、116页。

2. 借鉴国际教育经验

比较教育研究最根本的目的就是借鉴，以促进本国教育改革和发展。借鉴是比较教育得以发展的最根本动力，贯穿于比较教育学发展史及研究的全过程。所谓借鉴就是通过比较教育研究进行排劣扬优的扬弃工作，有选择地吸收有用的国际教育经验来改进本国教育。借鉴按其性质可分为对形式实体的全盘吸进，或部分借鉴和对发展规律与原理吸收的理性借鉴。埃德蒙·金认为："根据含义，教育的所有比较研究均具有变革的作用（否则又何必自找麻烦来进行比较呢?）……这并非专指改变某个人，而更在于对我们自己的思想观念、对我们在社会或专业方面认为理所当然的东西提出异议。"① 联合国教科文组织在 1951 年出版的《世界教育组织统计手册》中认为，比较教育研究的"结果已使我们对这些国家的教育状况和发展得到更深入的理解，并在促进所有国家所进行的重大改革中做出了贡献"。

3. 探讨教育发展规律

比较教育学家都以各自的方式把探讨教育发展规律作为学科重要目的，这是比较教育学要实现有意义借鉴的根本前提。规律是世界事物运行的客观法则，教育发展规律指教育发展必须遵循的基本运行法则和客观原理。特雷舍韦认为教育发展规律是通过比较教育分析、抽象而获得的某种教育发展法则的抽象或原则。他认为比较教育学并不局限于静态的描述性研究，仅仅指出各种教育之间的异同，相反，比较教育关键的作用在于对教育的发展动因做出科学解释，探讨和鉴别并抽象出教育发展的一般模式及趋势。霍姆斯直接称之为"规律"。曾任国际教育局局长的罗塞洛（P. Rossello）则称这是他一生致力于寻找的那种教育的"决定性原则"。诺亚和埃克斯坦在丰富的研究基础上，提出"教育发展水平比经济发展水平高的国家，经济就高速增长；教育水平比经济水平低的国家，经济增长就慢"的著名论断。实践证明，比较教育研究只有达到对规律的把握，才能对当代教育的发展做出深刻而准确的判断，才能真正实现借鉴的目的，为本国教育提供决策依据，才能有助于长远的教育规划和教育决策。

---

① Edmund J. King. *Other Schools and Ours*: *Comparative Studies for Today*. 4th ed. 1973，p.42.

4. 促进国际教育交流、理解和合作

比较教育学有助于国际教育的交流、理解和合作，这点已为世公认。薛理银把比较教育学称之为国际教育交流的论坛①，康德尔、诺亚和埃克斯坦都认为比较教育将有力地推进国际主义，促进国际理解和合作。联合国教科文组织提出的该组织三大工作任务是：①理解各种文化和国民理想的特殊性；②对实现其理想、希望和国家要求的各国国民寄予同情和尊敬；③充分尊重各国民的文化和理想，研究如何使他们更加紧密地合作的可能手段，并付诸实施。这三大任务体现了比较教育的研究目的。徐辉认为，国际理解和国际教育是比较教育的逻辑起点②。

5. 推进全球教育发展战略

比较教育学还具有推进全球教育发展战略的目的。早在20世纪70年代冲原丰就在他的《比较教育学》中把比较教育称之为国际化时代的新学科。随着经济全球化发展，教育的全球化趋向也日益明显。人类教育都日益面临共同的发展与问题，且呈现出互动互进的态势，必须通过各国的联合行动，制定全球性教育发展战略，才能从根本上解决人类长远的教育发展问题。近年来，比较教育在大力倡导教育发展战略研究，积极进行国际性的联合行动，如亚太区域的提高小学教育教学质量的联合试验、各种区域学位对等研究等方面取得了重大成果。

（二）比较教育学的功能

比较教育学的功能与目的密切关联，研究表明，比较教育学的功能主要有以下五个方面。

1. 借鉴性功能

借鉴是比较教育学重要的学科功能之一。比较教育学者诸如库森、萨德勒以及埃德蒙·金等都重视比较教育的借鉴功能。特雷舍韦说，比较教育研究关键在于借鉴他国的经验为解决本国教育问题寻得良方。比较教育的借鉴方式很多，如宏观借鉴与微观借鉴、直接借鉴和原理性借鉴等。借鉴功能也随教育发

---

① 薛理银著：《当代比较教育方法论研究》，首都师范大学出版社1993年版，第224页。

② 徐辉著：《国际教育初探：比较教育的新进展》，四川教育出版社2001年版，第71页。

展水平而不同，后发型国家教育草创阶段多以移植性借鉴为主，但随着教育发展，需要创造本国教育特色，就必须倡导理性借鉴，从把握教育发展规律上指导教育改革。此外，也有借鉴成功教育经验以及对失败教训的借鉴等。

2. 认识性功能

比较教育学有很强的认识性功能，具有更新教育观念、排除陈规陋习、提高现代教育意识的作用。首先，比较教育学的跨学科、跨国家的研究框架，能提供全方位审视教育的视野，使研究者能站在时代制高点上统观发展潮流，开阔眼界，解放思想。正是比较教育学这种独具的教育洞察力使库森等人获得了其他学者难以达到的认识高度和国际教育视野，对教育发展做出了重要贡献。其次，比较教育学的多元研究特点，能激发多种观点撞击，有利于打破本族中心主义的文化壁垒，推进教育现代化。再次，比较教育学提供大量国际教育信息和经验，有助于提高本国国民教育认识水平，形成正确的现代教育观。

3. 交流性功能

比较教育学具有很强的交流性功能。开展比较教育研究，有利于促进各国在教育信息、教育经验等方面的交流和学习，建立开放性教育体系；同时，促进世界各国教育的互动和合作。世界教育发展很不平衡，比较教育研究使本国有机会获得世界教育的最新进展信息，使后进国家处于发展压力之下促其改革；可通过提供最佳的示范作用，促进后进国家借鉴更高水平的发展模式，加大教育改革力度，达到较快的赶超；也有利于转变思想，改革开放，建立更高一级的教育体系；还可推进不同国家在互相借鉴、互相促进中建立多边合作关系。正是这一功能的重要性，20 世纪 70 年代后许多欧美国家把比较教育学易名为国际与比较教育学①。

4. 预测性及决策性功能

比较教育学具有预测教育发展的功能。比较教育学是一门实践性学科，其研究紧密地与教育实践相联系，不仅要为教育决策提供依据，而且要直接参与

---

① 顾明远、薛理银著：《比较教育导论——教育与国家发展》，人民教育出版社 1996 年版，第 53 页。

教育决策工作，在教育规划和教育战略研究方面发挥作用①。比较教育学以其独特的研究和较为客观的研究方法及视域，在努力揭示教育发展规律和发展趋势的过程中，使自身具备预测教育发展和参与决策的功能，为教育改革提供预测及决策服务。这主要表现在：①预测某一教育改革的实施及目标前景的可能性，研制改革方案和实施决策；②通过把握教育发展的趋势，对当前的教育改革行动做出相应决策；③支持并提供制订教育发展规划或教育发展战略的相关依据；④依据世界教育发展研究，提出解决诸如未来教育投入、毕业生就业等问题的建议。

5. 发展性功能

比较教育学具有推进教育发展的功能。这是随着第二次世界大战后比较教育发挥推行教育现代化的作用而被广泛认可。二战后，比较教育不仅策应新独立国家求发展的需要，而且积极参与和全力推行现代化运动，提出“发展与教育”的新概念，寻找教育如何使后进国家实现现代化的方式和途径，许多研究成为国家推进教育现代化的重要决策，引起了广泛关注。在20世纪70年代还形成了以研究发展中国家推行教育现代化为对象的“发展教育”这一新的领域，强劲地表现出比较教育参与国家发展进程，揭示了教育对发展具有的重要作用。

三、比较教育学的学科特点

（一）比较教育学研究对象的特点

研究对象是一门学科赖以生存的前提，针对某一领域中独特的矛盾运动进行研究，就构成相应的研究对象，并以此建立起与之相应的学科研究领域。在研究领域上，比较教育学以整个教育领域为研究对象，研究当代教育的各种问题。在发展进程上，比较教育学重视从跨文化比较的角度研究人类历史进程中教育的演进及其发展规律，以便提出解决当前面临的各种教育问题对策。在研

① 霍姆斯认为比较教育具有预测功能，要善于从研究中导出科学规律，这些规律来自对客体发展的概括，能达到预测未来趋势的能力。埃德蒙·金不同意霍姆斯的观点，但极力主张比较教育研究应进入教育决策，发挥改革教育的作用。两个貌似对立的理论在这里达成统一，这绝非偶然。

究范畴上，比较教育学重视从宏观角度上研究世界各国教育的发展和问题，探讨其趋势及特点，也重视研究具体教育和教学模式等，探讨其有益的经验。因此，比较教育学要对国别教育及其发展历史进行深入研究，但其目的依然在于解决目前教育发展中的问题。比较教育学对各种教育也很感兴趣，但其跨文化比较研究的最终落脚点仍然是要获得有关现代教育发展的新认识，更关心的是国际性研究成果在本国或本地的实际意义。比较教育研究涉及人类教育活动的各个领域，注重教育交流的价值，参与其他教育研究活动，但是它的研究领域总是以跨文化比较研究的视野来审视一切进入人类认识视域的教育现象和教育问题，以探讨教育发展规律，推动教育改革和发展。

（二）比较教育学研究方法的特点

如上所述，比较教育研究方法的最大特点是比较，但这并不是说，只能对不同教育进行彼此比较，甚至也很难说只有一种比较法。其原因如下。第一，由于现代教育的复杂性，比较教育研究需要广泛运用各种研究方法方能进行，如文献研究法、调查研究法以及量化或定性、微观或宏观等方法来分析、比较、研究，远非一种方法所能达到。第二，作为一门学科，不能只使用彼此比较的方法，而必须依据各种情况采用不同方法来建构起相应的研究方法论体系。这种方法论体系不以使用某种具体方法和以多少国家为研究对象为评判标准。关键是能否最有效地实现比较研究目的，能否得出最佳的研究结果。

（三）比较教育学研究时代的特点

比较教育研究另一个重要特点是研究当代教育问题，尤其以目前人类教育问题为研究中心，从跨文化或国际性角度加以探讨。康德尔认为“比较教育学是把教育史延伸到现在”，这其实只说了一半。实际上，教育史才是比较教育的积淀物。比较教育以教育史为基础，在现在的时空和国际背景下探讨当前本国或世界关注的教育问题，是推动教育史向前发展的先锋。比较教育学也关注历史，但这种关注的目的仍是为了研究现在，这点与教育史有根本区别。

（四）比较教育学研究单位的特点

20 世纪初，比较教育学主要以国家为基本研究单位，但二战后有了一些重大变化。一是以国家为单位，因为当代教育发展多是以国家为单位实施的。二是以世界区域或经济或政治联盟为研究单位，如亚洲、欧洲，或东南亚国家联盟、亚太经合组织国家等。三是以不同民族或文化为研究单位，如东方教育与西方教育比较研究。四是以国家中的省、市以及特定区域为研究单位。五是以不同社会体制、经济发展水平为研究单位，如东西方国家、发达国家、发展中国家等。这几类研究单位很重要。就中国来说，除了以国际比较研究为主外，也可开展一些重要区域如省市教育、珠江三角洲、长江三角洲、东西部地区、粤港澳台地区的教育比较研究。著名比较教育学家诺亚和埃克斯坦指出，“比较教育这一术语一般已成为跨国研究的同义词，但比较教育的成因就其逻辑和方法两方面讲，却应包括其他单位彼此之间的比较”，“比较不一定要受以国为单位的限制”，还应有跨地区、跨民族比较研究等。

（五）比较教育学研究目的的特点

比较教育的研究以教育事实为内容，以当前的教育实践提出的各种问题为研究主题，为教育改革实践服务。比较教育要把握教育发展规律，从本质上洞察教育发展，也要研究理论，具备坚实的理论基础，要把实践的研究上升到理论，揭示教育发展规律，并用于指导教育实践。但是，这些理论化工作仍然是为了实践、为了应用，一切都是以服务当前教育实践为出发点的。比较教育学研究目的的实用性，并不是排斥理论研究，更不拒绝理论。值得指出的是，它所排斥的只是那些不联系实践的所谓“纯”理论。所以，比较教育学最根本的出发点有两点，一是借鉴，二是实践。

【思考与练习】

1. 简述比较教育学科的基本概念。
2. 简要分析比较教育学的学科性质。
3. 概述比较教育学科概念的发展。
4. 比较教育学科有哪些主要特点?
5. 比较分析目前中国比较教育学相关专业教材的发展。

【拓展性阅读导航】

1. 王承绪、顾明远主编：《比较教育》（第五版），人民教育出版社 2015 年版。

该书是新中国第一部全国通用的高等院校比较教育学科教材，也是普通高等教育国家级规划教材，自1982年出版以来已再版五次。该书第一章论述了比较教育的发展、比较教育的基本特征、设置比较教育课程的目的及比较教育的研究方法。

2. 顾明远、薛理银著：《比较教育导论——教育与国家发展》，人民教育出版社1996年版。

该书是一本探讨比较教育学与国家发展的重要著作，第二章详细介绍了比较教育学科的发展。

3. 冯增俊著：《比较教育学》，江苏教育出版社1996年版。

该书比较全面地探讨了比较教育学科发展，对比较教育学的学科意义、定义和学科体系问题做了系统分析。

4. ［美］罗伯特·阿诺夫等主编，冯增俊等译：《比较教育学：全球化与本土化的辩证关系》，人民教育出版社2012年版。

该书是美国国际与比较教育学会前会长罗伯特·阿诺夫等主编的一本重要著作，在“导论”中对比较教育学科发展做了新的阐述。

5. ［西班牙］何塞·加里多著，万秀兰译：《比较教育概论》，人民教育出版社2001年版。

该书是西班牙比较教育学家何塞·加里多的重要著作，第二章较系统地研究了比较教育学科的基本概念。

第一章　比较教育学的发展历程

【内容提要】

比较教育学是一门源远流长的新兴学科，经历了从早期游记中描述教育到有意识地介绍各国教育的古典比较教育再走向现代有目的地研究国际教育的科学比较教育学的演变历程。科学比较教育学是在服务大工业生产及新教育发展过程中成长起来的，经历了从全盘借鉴到经验借鉴再到理性借鉴的三大学科发展阶段。为现代教育服务，为现代大工业生产服务，是比较教育得以发展以及不断实现时代转型创新的动力。

【学习目标】

1. 了解比较教育发展的基本历程。
2. 了解比较教育学科发展的三个基本阶段及其特征。
3. 认识比较教育学与教育发展特别是现代教育发展的互动关系。
4. 确立正确的比较教育研究观念。

第一节　比较教育学的产生

一、比较教育学史前阶段

现代比较教育学源自于人类漫长的教育活动和古典比较教育研究，没有前期相关研究，既不会有教育发展，也不可能产生朱利安划时代意义的研究工作。

（一）古代游记描述阶段

教育史学家通常把14世纪文艺复兴以前的教育称之为古代教育，这个时期的比较教育研究主要表现在某些游记中对被访国教育的描述。其动机或因景仰其教育良好，或出于全面介绍该地区情况，也有考察教育和引进教育需要的。公元前3世纪，古罗马兼并了意大利南部的古希腊殖民城市以后，便开始大量吸收古希腊的文化教育成果。公元前146年，古罗马征服古希腊本土后，古希腊的大批教师来到古罗马，以办学校为谋生之道，为古罗马学习古希腊文化提供了更方便的条件①。例如，古希腊历史学家色诺芬（Xenophon，公元前430—前354）著的《波斯王赛鲁士传》中把古波斯教育与古希腊教育做了比较②。古罗马著名的教育家西塞罗（Cicero，公元前106—前43）在《雄辩术》中研究了各国雄辩术之优劣等。中世纪后跨国贸易、传教活动增多，也有许多有关外域教育的文章。例如，意大利马可·波罗（Marco Polo，1254—1324）《东方见闻录》中描述中国等东方教育的情况。这时期东方国家主要以中国为主开展了东方教育交流活动。例如，日本从7世纪就开始派官员和留学生到中国学习文化教育，以及中国玄奘到印度学习佛教等。

这时期教育水平低，对国家发展影响不大，因而人们缺乏研究兴趣而致使比较教育发展缓慢。其特征为：一是印象性述说，多为旅游者、访问者的描述及观感；二是随意性强，主要是出于个人兴趣和喜好；三是较零散，不成系

---

① 吴式颖、李明德主编：《外国教育史教程》（第三版），人民教育出版社2015年版，第63页。

② 赵中建、顾建民选编：《比较教育的理论与方法——国外比较教育文选》，人民教育出版社1994年版，第34页。

统，很多比较研究出自其他目的，如用教育例子来抨击该国政策等；四是很少有实际应用的目的。

（二）近代评论性比较教育

16世纪之后，地理大发现促使工商业迅速发展，特别是宗教改革运动使欧洲各种学校纷纷建立，教育得到一定程度普及并开始受到社会关注。这种现象使比较教育活动发展了起来，不仅描述教育更详细，而且许多访问者也开始关注和研究教育问题，一些官员还专门考察他国教育，发表各种评论性观点。例如，1520年出版的《博伊莫斯根据各民族习俗所写的报道（第三卷）》、1560年乔治威克兹（B. Georgiewicz）的《东方土耳其游记》等，都有专章讨论教育。比较教育学发展史学家布里克曼（W. W. Brickman）列举17世纪后期英国牛津大学威廉·佩蒂教授对英国及北美殖民地研究中重视搜集有关教堂数、住宅数、学校数等各种教育数据并与其他地区教育进行比较，借此提出建立新的教育制度的建议①。夸美纽斯就是在研究许多国家教育后写出著名的《大教学论》的教育家。

这时期比较教育的研究呈现出以下特点：①普遍重视研究外国教育的重要性，几乎研究他国时都讨论教育问题；②注意他国教育中有用的经验，呈现出有目的地研讨教育的趋向；③出现了通过比较教育研究，尤其应用量化方法研究，提出改革教育的策略的现象。例如，佩蒂研究了北美殖民地宾夕法尼亚教育后提出该地区应"阻止学习拉丁语、希腊语和大学学问，但要鼓励学习数学测量和绘图"等很有实践意义的教育建议。

（三）有目的探究引介的比较教育

教育对社会作用力加强，刺激了有目的的比较教育研究。18世纪后，随着工业化运动促使各种教育创新纷呈，使探究外国教育的行动日益增多。一是教改推动。例如，法国实施以传授自然科学为重要内容的新高教改革，1737年德国的哈勒大学、格廷根大学首创自由哲学论坛等，其影响巨大。二是各种新型学校如实科学校异军突起，引起广泛反响。三是殖民地扩张，向殖民地移

① 赵中建、顾建民选编：《比较教育的理论与方法——国外比较教育文选》，人民教育出版社1994年版，第10页。

植教育问题日益突出。这些促使许多学者有目的地关注其他国家教育发展，加之交通日益便利使交流活跃，使这个时期的比较教育研究出现了重大发展。不仅在歌德、席勒、卢梭等人作品中都能看到这类研究，而且还出现了1784年布林克曼（T. P. Brinckmann）对古代和当代的教育进行比较研究。1776年，法国哲学家狄德罗（D. Diderot）应邀访俄，他对法俄教育制度进行比较后帮助俄国制订教育发展规划，强调发展数学、力学、天文学和化学等科目以及开办军事、工程、航海、农业、商业等专门学校。而法国教育家孔多塞（Condorcet）在对英国、德国和意大利的教育进行比较后向国民议会提交了一份以创立9所大学为重点的法国教育发展研究报告。卢梭则应波兰要求在起草的《关于波兰政府机构的几点设想》中列出教育专章，主张推行全民教育、公民教育及教育本国化，设计了不同年龄阶段的教育内容。应用性引介外国教育经验开启了新的比较教育研究阶段，促进了新教育的成长。

以上考察使我们对史前比较教育演进有了一个整体认识。第一，比较教育很早就存在于世界教育活动之中，对教育发展起了积极作用。第二，古典比较教育的终结是它促使旧教育消亡、催生新教育的必然结果，因此这种消亡不是毁灭而是一种质的提升和新阶段的再生。第三，比较教育学是在不断扬弃整合并经历从量变到质变的过程中发展起来的。因此，科学比较教育学的产生和发展是社会及教育发展的客观要求。

二、比较教育学产生的社会条件、学科基础和学术特性

18世纪末到19世纪，是科学比较教育学形成时期，按贝雷迪把借鉴作为科学比较教育学发生标志的观点，这个时期是以全盘（形式）借鉴为主要特征的比较教育学发展阶段。

（一）比较教育学产生的社会条件

比较教育学的形成在于获得独立学术特征，这绝非偶然。它作为世纪性大礼，凝结着大工业运动的时代精华。

科学比较教育学的产生得益于大工业革命的推动。大工业促使体能式旧手工生产方式转向以科技为动力的新生产力，提出了培养科技型生产者的要求。工业化使整个人类生产方式、社会结构乃至社会道德观念发生变化并引发了商

业竞争，各国为提高生产力培养人才，竞相发展教育，各种新学校不断涌现，引发各国相互借鉴以解决本国问题，促使早期随意的零散研究转向科学的专业性研究，促进比较教育学科转型升级。

大工业是科学比较教育学成长的基础。首先是大工业对教育提出了新需求，而比较教育研究为产生新教育提供了关键支持，新教育的成长又为比较教育提供了生成的土壤。在大工业需要下，比较教育学通过引进和推广国外新教育建构起服务工业化运动的现代教育制度。而大工业以科学为核心的本性决定了其必然要向那种培养少数有闲阶级的古典教育挑战，使文凭教育转向服务现代生产，培养技术人才。例如，法国 18 世纪后半叶学习英国培养技术人才，关闭了巴黎大学，创办了一批专业学校，造就了大批人才，推动了工业化，这一切成为拿破仑大军横扫欧洲的利器；德国在普法耶拿战役失败后，受割地赔款之辱而力倡办教兴邦，借鉴英国学徒制度，创建双元制职业技术教育，推进工业化，光复国家；美国自 1776 年独立以来全面学习欧洲寻求兴国之道，创办文实中学、理工学校和工农学院，为赢得世界霸主地位奠定了基础。

上述可见，大工业生产需求促使了比较教育的兴起，推动了教育现代化运动。如果说，早期猿人相互学习模式促使类人猿进化为人，那么，工业革命催生的比较教育使个人之间的学习转变为全世界相互学习模式，促进了世界发展模式新革命。

（二）比较教育学产生的学科基础

正是 19 世纪前后工业革命运动风起云涌，引发了教育改革浪潮。许多学者顺应时代要求，开展了一系列重要的比较教育研究。冲原丰指出，19 世纪比较教育研究活动，是在企图从外国获得有益教训的动机下开始的①。正是这种动机，促使比较教育研究性质的转型，有力地催发了第一波世界教育现代化运动浪潮，对第一次工业化运动发挥了巨大的作用。

这些比较教育研究促使教育回归本质特性，由此产生了对古典比较教育研究方法继承扬弃的时代要求，涌现出大量新学科发展的研究，成为比较教育时代转型升级的学科基础。例如，伯克托尔德（Berchtold）的《论指导和扩大

① ［日］冲原丰著，刘树范、李永连译：《比较教育学》，吉林人民出版社 1984 年版，第 19 页。

爱国访问者的探讨》、巴塞特（C. A. Basset）的《关于外国教育和教育模式考察结果的利用问题》等，都不约而同地强调发展比较教育学科的重要性。1817 年，法国朱利安发表了 50 页的大作《比较教育的研究计划和初步意见》，系统地总结了前人的研究成果，提出了建立比较教育学学科建议，并阐述了比较教育学的基本原理和有关研究方法等，当时就被译成多种文字出版。该文被《美国教育杂志》（1826 年）等重要刊物转载。美国著名比较教育学家贝雷迪称朱利安为“第一位有科学头脑的比较教育研究者”，认为他的研究开创了比较教育学的“借鉴”时代，他的研究使比较教育学获得作为一门学科的独立学术地位，朱利安也被认定为比较教育学学科创始人。

（三）比较教育学产生的学术特性

贝雷迪揭示了比较教育学获得独立性学科的关键在于比较教育研究开始运用诸如因素分析等多种科学方法以达到有目的地借鉴来推动本国教育改革这一新学科特性。因此，不同样式的“借鉴”就成为衡量比较教育学科发展层次的基本要素。考察比较教育发展历程中借鉴性目的演变，我们可以把比较教育学科的发展划分为全盘（形式）借鉴阶段、部分（经验）借鉴阶段和理性（规律）借鉴阶段。这里，全盘借鉴阶段主要指通过比较研究，依据本国需要对特定国家某种教育制度及经验的移植或模仿。

“借鉴”需求推动比较教育学科的质的转变，建构起科学的学科分析框架。一是在研究目的上，形成明确的学科目的性和针对性，提升了借鉴外域教育经验效益。二是在研究性质上，重视服务现代教育，通过比较教育研究，促进新教育的传播和发展，致力教育回归服务社会发展作为办教宗旨。三是在研究方法上，更重视科学方法运用，使之既不同于史前期的随意描述，也不同于 17 世纪的简单照搬外国教育。

三、全盘（形式）借鉴阶段的比较教育学

在工业革命初期，比较教育研究作为国际教育改革的开拓者，促进各国移植学习新教育，因此，全盘借鉴成为这一阶段比较教育研究的学科特征。

（一）借鉴促进新教育的传播

早期比较教育研究能为政府提供可移植学习的国际教育样式及实践经验，

以配合国家工业化运动，被各国重视。自18世纪以来，许多比较教育学家积极开展有目的的实地考察、访问学习，了解和引介国外办学实践，为本国教育改革服务，对传播新教育发挥了重要作用。

17世纪后英国开展民众识字运动，实行学徒制并开设工人讲习所等以培养工匠。法国对之进行模仿，创办了一批技术学校，1789年法国大革命时达27所，如培养工程技术人员的土木学校、矿山冶金学校、梅齐埃尔工兵学校、造船学校等，有力地推动了法国工业化，使法国成为世界强国，也为拿破仑大军横扫欧洲培养了各种优秀人才。

德国17世纪后期在借鉴英国徒工制基础上于1707年创办实科中学，培养技术人才。第一次普法战争中德国在耶拿战败引发强烈的复国要求，列宁说："梯尔西特和约对德国曾是莫大耻辱，而同时它又是德国走向民族复兴的转变。"① 德国认定教育为兴国之道，学习法国办教兴邦。一是创办柏林大学，培养科研人员。二是模仿法国大办工业学校，建立技术教育体系。三是普及小学义务教育。四是由政府出资选派15名青年到瑞士学习裴斯泰洛齐教育经验。新教育推动了经济高速发展，其经验被各国借鉴推广，引发了欧洲教育发展新高潮。

（二）借鉴推动了现代教育体系的形成

比较教育的借鉴性研究推动了早期西方国家教育现代化运动，创建起正规的学校教育制度。

英国1750年前后爆发工业革命并带来持续繁荣，使英国人产生了误解，以为经济繁荣与教育无关。直到1800年英国才兴办工人讲习所。英国许多有识之士对此忧心忡忡，例如，凯（J. Kay，1821—1878）多次考察欧洲教育后于1850年出版了《英国和欧洲大陆各国平民的地位与教育》一书，抨击英国教育保守，倡导学习德国与瑞士教育。他是在英国最繁荣时期提出这一观点的，实为难得，也表现出比较教育研究具有给人远见的洞察力。

英国另一位代表阿诺德（M. Arnold，1822—1888）是一位教育督学官。尽管1851年伦敦万国博览会上获奖产品中英国占90%，可谓盛况空前，但阿

① 冯增俊著：《现代高等教育模式论》，广东高等教育出版社1993年版，第45页。

诺德认为英国教育落后是大隐患。他花数年时间写成的《欧洲大陆的学校》一书引起了巨大轰动。阿诺德在英国普及义务教育和推广全民科学教育及新城市大学运动中起了关键作用。

法国现代教育体系也是在借鉴他国教育经验上建立起来的。朱利安 1792 年作为政府大臣孔多塞的代表出使英国，1794 年回国后被法国政府任命为巴黎“公共教育执行委员会”的委员，并于 1810 年赴瑞士裴斯泰洛齐学园考察两个月，回国后致力创建新教育体系，提出了创立比较教育学科的新思想。

法国另一代表是库森。他自 1831 年起接受法国教育部的派遣到普鲁士、荷兰等国考察教育，1840 年被任命为教育部部长，发表了大量比较教育论文，为法国创建现代教育体系做出了非凡的贡献。朱利安研究的重点是探讨规律，而库森强调借鉴是第一位，研究教育规律是第二位、是少数人的任务，而且也应当服从于借鉴的目的。库森说：“我调查的是普鲁士教育，但我思考的始终是法国的教育。”库森的教育思想为政府所采纳，他主持制定的《基佐教育法》正是借鉴国外教育的产物。

美国现代教育体系也是在借鉴模仿他国教育基础上建立起来的。美国不仅很早就翻译出版了库森的《普鲁士国家的公共教育》等著作，还邀请英国教育家斯宾塞等众多学者到美国巡回演讲。美国教育代表人物有曼（H. Mann，1796—1859)、巴纳德（H. Barnard，1811—1900）等。1837 年，才华横溢的曼出任了马萨诸塞州教育委员会督察长，任职 12 年间对马萨诸塞州教育进行了卓有成效的改革，发表了数百次教育演讲，创办了《公共学校杂志》，使该州成为全美教育最成功的州。1843 年他率队考察欧洲教育达 5 个月，研究了英国、爱尔兰、苏格兰、德国、荷兰、比利时及法国的教育，对裴斯泰洛齐学派的教学成就和普鲁士的学校管理推崇备至，其研究报告登在当年《第七年报》上，为比较教育研究之名著。巴纳德曾任康涅狄格州和罗得岛州的首任教育委员会主任及教育局局长，后任美国首任教育部部长、威斯康星州立大学校长等，先后创办了《康涅狄格教育杂志》和《美国教育杂志》，创建了美国进步教育协会并任第一任会长，积极借鉴国外先进教育经验，对创建美国现代教育体系起了很大作用。

19 世纪美国积极借鉴欧洲教育经验，仅到德国的留学生在 19 世纪中叶就达三万多名。教育史学家佛罗斯特写道："19 世纪中，成千上万的美国留学生前往德国的大学学习，并热诚地把他们的所见所闻带回本国。与此同时，几百万德国人移居美国，带去了他们的教育观点与方法，对美国各级教育都发挥了极大的影响，使德国的教育思想渗入到美国的学校体系之中。"① 美国大学是在模仿德国大学中创办起来的，1870 年创办的霍普金斯大学就是长达半个世纪学习德国教育的结果。美国从模仿中创建起新高等教育体系，比较教育的借鉴为美国发展教育立下了汗马功劳。

日本的现代教育是在欧美巨大发展压力下启动的。自明治维新以来日本派了"各种调查委员到欧美各国，学习它们的政治、工业和教育体制"②。当时，文部大臣田中不二麿（1845—1909）多次赴欧美进行系统调研，历经三年编成15 卷本的《理事功程》，全面介绍西方教育制度和模式，各种资料一应俱全，对于日本在很短时间内全面接受西方教育经验发挥了重大作用。日本第一个学制是从欧美学制中抄袭来的③，这使维新后仅 12 年日本就颁布了本国学制，而中国自鸦片战争后六十余年才颁布第一个学制。

（三）全盘（形式）借鉴的比较教育研究特征

全盘借鉴的比较教育研究主要指较多地移植或借鉴了对象国的具体教育形式，但任何借鉴都不可能是一成不变的。例如，新教教育运动中教徒把多种办学形式移植到不同国家，并依据本地实际逐步形成新的教育模式。夸美纽斯倡导班级授课制就是一个例子。这种借鉴取决于两个因素。第一，工业革命初期的新教育基本属新生事物，特别是要变革那时古典传统教育，让教育转向服务生产，要冒极大的风险。因此，全盘借鉴既能达到办新教育的目的，又能大大地减少政治风险。第二，当时教育发展的水平比较低，新教育创新成分也少。但这些创新在其他国家都是没有的，也往往是迫切需要的。因此，全盘借鉴就成为这一阶段比较教育研究的重要特征。

全盘借鉴的比较教育研究的特性主要表现为以下几点。第一，研究的目的性强。这种研究已不再是以往那种偶然性行为，而是有明确的借鉴导向。第

---

①② ［美］佛罗斯特著，吴元训等译：《西方教育的历史和哲学基础》，华夏出版社 1986 年版，第 402、405 页。

③ 冯增俊著：《教育人类学》，江苏教育出版社 1991 年版，第 179 页。

二，传播新教育。这时期比较教育研究以传播新教育作为时代使命。第三，强化教育的社会服务功能。比较教育在这一时期的突出贡献是，通过比较研究，大力倡导教育必须服务社会发展的新理念。第四，倡导国际教育比较研究。

第二节　科学比较教育学的发展

如果说朱利安开启了全盘照搬式借鉴的比较教育学，那么萨德勒推动的则是一种以因素分析法为研究特征的经验借鉴型的比较教育学。

一、科学比较教育学的发展与教育的现代转型

这一阶段由于形成了以因素分析法为特征的学科分析框架①，促使比较教育学从注重具体教育形式的全盘借鉴，转向吸收部分有用教育内容的经验借鉴。这既是教育发展水平提高使然，也反过来推动了教育转型升级，是现代教育发展的必然要求，也是比较教育学科发展的必然趋势。

（一）新教育改革与比较教育学科任务的转变

第一，第二次工业革命掀起的第二波教育现代化运动推动了比较教育学科的演进。19 世纪末欧洲掀起了以应用电动机为新科技革命特征的第二次工业革命，产业模式对能力型人才培养提出了新要求。第二，世界博览会加剧了商业竞争，使科技人才愈显重要。从英国在 1851 年伦敦万国博览会上独领风骚，到 1867 年巴黎博览会上法国尽占上风，而 10 年后德国又异军突起，这充分显示出科技人才具有绝对作用。第三，第二次普法战争和第一次世界大战中高科技装备决定胜利等因素，都使国家对培养人才提出新的要求。第四，1917 年苏联十月革命后国际上形成两大阵营以及普法战争期间赞美士兵爱国杀敌的所谓爱国主义教育，激起了比较教育批判性研究。这使全盘借鉴的比较教育学学

① 朱勃著的《比较教育史略》认为，学科发展的第二阶段是以应用因素分析法为标志的，其起点时间为 1917 年影响世界整个格局的苏联十月社会主义革命。冲原丰在他主编的《比较教育学》中认为，因素分析法作为学科分析框架的比较教育产生于 19 世纪后半叶，在 20 世纪初形成较完整的学科理论。

科面对日益多元化教育显得束手无策，甚至其学科价值也遭受怀疑。因此，创新比较教育学学科体系迫在眉睫。

英国比较教育学家阿诺德和萨德勒（M. Sadler，1861—1946）率先创新学科分析框架以化解学科危机。阿诺德在1861年的《法国平民教育》和1874年的《德国高等专门学校与大学》中就运用解剖学原理来释义因素分析法，剖析法国和德国教育制度的作用因素。萨德勒是一位跨“借鉴”和“因素分析”阶段的承上启下的学者，对学科的转型升级发挥了决定性作用。在他任特别调查报告局局长期间，编辑二十八卷巨著《教育问题特别报告》（1897—1914），强调从分析影响各国教育发展的内外因素如经济、政治、文化等来研究教育发展特征和趋向，推动了比较教育研究方法的转变。他的“校外的事情甚至比校内的事情更加重要，校外的事情制约并且说明校内的事情”[①] 以及“我们在研究外国教育制度中能够学到多少有实用价值的东西呢?”等名言，一针见血地指出了更新比较教育学科分析框架的重要性。他指出，只有充分理解教育发展的诸因素，才能真正借鉴有意义的、对本国有用的东西。为此，萨德勒于1903年辞官到曼彻斯特大学从事专门教学研究，推进了比较教育学科专业化发展。正是在他的努力下，外国教育研究才转变为比较教育研究，完成了从官府向学院、从官员向学者、从形式借鉴向因素分析的科学比较研究的转变。

正是由于这些开拓性工作使比较教育开始走出困境，获得了新的生命力；后经康德尔等人的推动，建立起了因素分析法这一新的比较教育学科研究分析框架。1933年康德尔出版《比较教育》一书，首次定义比较教育学，系统阐述和应用了因素分析法。比较教育学家卡扎米亚斯认为该书突出了三种研究目的，即“报道—描述”的目的、“历史—功能”的目的以及“借鉴—改善”的目的。同时代的德国比较教育学家施奈德（F. Schneider，1881—1974）和英国的汉斯（N. Hans，1888—1969）也积极应用历史因素分析研究各国教育。施奈德1928年任波恩大学教授，创办《国际教育杂志》，并任奥地利萨尔茨堡大学比较教育研究所所长。他在1947年出版的名著《各国国民教育的动力》

---

① M. E. Sadler. *How Far Can We Learn Anything of Practical Value from the Study of Foreign Systems of Education*. p.11.

中认为，教育制度是社会各因素复合作用的产物，比较教育研究目的只有剖析这些要素才能获得教育动力真谛。他甚至比康德尔更强调教育内外因素的相互作用，注重研究统一性与多样性、个人与集体、必然性与自由等教育与社会的互动性。

汉斯是一位历史比较观与现实比较观的集大成者。他认为，比较教育的目的在于找出形成各国教育制度的各种力量和差别的原因，因素分析是揭示教育发展一般法则的重要方法。他借鉴康德尔的历史研究法，又从施奈德那里得到因素分析法的启迪。在其名著《比较教育学对教育因素与传统的研究》(1947)中，他认为教育制度是国家和民族的特定表现形态，自然因素（种族、地理和经济等）、宗教因素（基督教等教派）、世俗因素（人文主义、社会主义、民主主义等）是其“决定性因素”。他把历史探究与解决现实问题两种方法结合起来使用因素分析法，建立了一种使历史与现实、因素分析与整体普遍运动相联系的研究分析框架，对比较教育学科发展做出了贡献。此外，这一时期还出版了如劳韦里斯（J. Lauwerys）的《比较教育学的方法》(1958）等重要论著。

冲原丰说，因素分析就是“抽出形成各国教育制度特点的各种因素和力量，并把它摆在历史文化传统和国民特性之中加以理解”①。因素分析法从根本上转变了描述性全盘借鉴的研究框架，在描述对象“是什么”的同时，更注重于理解其“为什么”，通过研究影响教育的各种因素，洞察其动因和发展，吸收对本国有用的教育经验。因素分析法有力地推动了 20 世纪初第二次工业化浪潮和新教育现代化运动。

（二）因素分析法与教育的时代转型

因素分析法的兴起，解决了教育如何改革、实现现代转型的以下几个重大问题。①促使教育从宗教化转向世俗化，推动教育为经济发展服务。②改革传统的古典学术教育体制，倡导以传授科学知识为特征的实科教育模式为根本教育任务，使科学教育转向主流教育。③推行大学教育改革。一是改革大学脱离社会的体制，为现实社会发展服务。二是建立面向地方服务的新学院。例如，德国于 1870 年左右成立的各种工科大学，美国 19 世纪 60 年代中期建立起来

---

① ［日］冲原丰著，刘树范、李永连译：《比较教育学》，吉林人民出版社 1984 年版，第 23 页。

的州立大学或理工学院和农业学院等。④积极推行普及义务教育，在教法和课程等方面进行革新。这是欧洲及美国19世纪末到20世纪上半叶教育发展的主题，对教育推进新的产业革命发挥了重大作用。

英国产品在19世纪下半叶以后举办的世界博览会上屡遭败北，国民哗然。萨德勒指出英国教育的封建保守性是阻碍英国发展的主因，主张政府干预教育。他以比较教育学者独特的眼光反驳保守派道："只要你们参观过柏林著名的夏洛滕堡技术学校，或参观了波士顿的麻省理工学院，就会看到英国教育落后贻害无穷。"① 在一战压力下，1916年英国36位教育家联名在《泰晤士报》上发表公开信，指出在35所最著名的公学中的34位校长是保守的古典人文主义者，为此必须改革教育。公开信引发激烈的论战，掀起英国新教育改革运动，确立了教育与科研和生产互动的现代教育新体系。

美国19世纪末比较教育学迅速兴起，推动了全国轰轰烈烈的教育改革运动。一是学习德国创建适应美国经济发展的新型高等教育体系，首创工农学院和研究生院制，形成了著名的威斯康星大学教育精神。二是掀起声势浩大的进步主义教育运动，批判欧洲保守的古典人文教育传统，倡导教育与生产相结合，重视人的发展。三是借鉴欧洲中等技术学校经验，创办二年制社区学院，建立了一种与研究生院相衔接的高教模式，并推行新学制和普及中等教育。

比较教育对德国创建教育体系有重大作用。例如：实行分流型的三类中学教育体制；广泛吸收欧洲教育成果形成的赫尔巴特教育学体系、师范教育体系和理工教育体系；发展起从工人培训、到地区工业学校到工业技术学院和工科大学的体系，工科大学获得授予博士学位权。

这一时期，苏联作为社会主义国家在吸收各种先进教育经验的同时，建立了与以往不同的新型教育体系，在改革学制、课程乃至教育方法上都有重大创新，从而引起了世界比较教育学家的极大兴趣。

研究证明，教育现代化运动越深入，与传统对抗也就越激烈。在这个意义上，因素分析法的比较教育研究范式积极推进经验性借鉴，发挥了集世界经验

① 赵中建、顾建民选编：《比较教育的理论与方法——国外比较教育文选》，人民教育出版社1994年版，第118—119页。

之广益以创新教育的关键作用。这一时期工业化实践表明，教育越开放、比较教育越活跃的国家，教育改革就越成功，工业化发展就越有成效。德国、美国等国家都是由此而获得成功的。

二、因素分析法的比较教育特征

当代许多著名比较教育学家都高度地评价因素分析法对比较教育学科发展的历史作用，认为这是比较教育学的学科精髓。比较教育研究要通过对不同教育的比较研究，达到借鉴有用教育经验之目的，就必须有一种有效的评定参照性的学科理论分析框架，决定研究方向并对结果进行阐释。有什么样的理论分析框架，就会进行什么样的研究和倡导怎样的实践。第一阶段的比较教育理论分析框架注重具体描述和形式上的全盘借鉴，与新教育早期形态单一相一致。第二阶段的比较教育理论分析框架是因素分析法，注重对成果上有用性部分借鉴，符合新教育多元化发展要求。全盘借鉴把观察描述作为研究目的，而因素分析法把观察描述作为研究第一步，由此开始步入教育内部来探究教育发展的内在动因，从社会互动关系中把握教育。它有助于分析复杂的教育文化背景，克服简单引进式借鉴的弊端，策应了新教育改革和比较教育学科任务的转型，有力地推动了20世纪初以电动机应用为特征的第二次科技革命所引发的新教育现代化运动和第二次工业化浪潮。这一阶段比较教育的发展主要有以下五个方面的特征。

（一）适应多元化教育发展，为现代教育改革服务

这一阶段比较教育研究的重大转变是以深化服务社会为目的，积极推进多元化教育发展，探讨不同国家教育发展特点及异同，依据不同国家的实际，采用不同方式借鉴教育经验以满足相关国家教育发展的需要，解决现代教育改革的方向和比较教育研究目的问题。

（二）创立因素分析法的学科理论分析框架

这一阶段比较教育研究最大的特征是从第一阶段朦胧的整体把握进到深刻的具体部分分析，研究整体中各个作用因素，使之更准确地了解各国教育的独有特性，以便能借鉴那些符合本国需要的东西。因素分析法以探讨国家和民族特性为线索对教育发展的动因和成败做出解释，在学科上实现了从“是什么”

到"为什么"的转变，拓展了比较教育学科的研究深度和广度。

（三）推进学科科学化进程

因素分析法使比较教育研究开始深入各国教育的内部，力图对各种作用因素进行详尽的探究和比较，对各种教育行为进行定性和定量分析，概括其发展特征，推动比较教育研究科学化。从萨德勒到康德尔、施奈德以及汉斯等人的理论，都呈现出一个比一个更严密的分析框架，强调因素的多样性和注重科学规范及信息数据加工。

（四）成立专门研究机构和建立专业研究队伍

以 1903 年萨德勒弃官从学到曼彻斯特大学专门从事比较教育研究为标志，比较教育开始了学科专业化进程。英国、美国先后开设比较教育课程，创建比较教育专业，培养研究生。例如，伦敦大学于 1947 年成立了比较教育学系。这就使推广比较教育研究方法、开展系统国际比较教育研究成为可能，第一次使比较教育学成为一门以用科学方法比较研究国外教育为主要目的学科。

（五）推动世界性现代教育体系的形成

在比较教育推动下，20 世纪前后，教育现代化运动如火如荼地开展，世界上主要工业化国家纷纷建立起系统的现代教育体系，并向全世界扩张。历史发展表明，比较教育的发展是推进教育现代化运动的关键力量之一。

三、因素分析法与二战后初期国际教育变革

（一）推进二战后初期比较教育学的发展

因素分析法是第二次世界大战后初期世界比较教育研究的主要研究方法，对二战后教育发展产生了重大影响。由于二战后民主运动高涨和经济发展迅速，各国都很重视教育，促使比较教育学迅速发展。第一，教育被认定为国家繁荣的法宝，新独立国家纷纷学习发达国家办教兴邦的经验。例如，亚洲的韩国、印度尼西亚、印度等热衷于学习西方办教模式，比较教育研究热潮高涨。这一时期发展中国家研究者热衷于引介各种先进国家教育经验，初步形成了发展中国家大量吸收先进国家教育的"输入型"研究模式和发达国家的积极推动的"输出型"教育研究模式。第二，二战在一定程度上促进了国际交流，推动了比较教育研究。二战使美、英、法等国深感本国教育问题很多，纷纷加强研

究和吸收国际经验，大力改革教育。例如，美国二战后掀起大规模的教育改革，抨击进步主义教育不重视系统基础知识，发起了“回到基础运动”。第三，争霸和冷战的需要。1957 年苏联人造地球卫星上天使西方加强了对苏联教育的研究，派往苏联考察教育的学者和代表团数以千计，从二战后到 20 世纪 60 年代仅美国用英文和俄文写作的有关苏联和中国情况的博士学位论文就达到 2 700多篇。

这一时期，出于对比较教育的需要，各种专业机构纷纷创立，并开展了许多全球性重大研究活动。最重要的是 1945 年 11 月成立了联合国教科文组织（UNESCO），对推动比较教育研究起了重要作用。UNESCO 设立了许多重要的下属机构。①1951 年成立的联合国教科文组织汉堡教育研究所（UIE），主编《国际比较教育评论》杂志。②1960 年汉堡会议发起成立了国际教育成就评价学会（IEA）。这是一个开展周期性重大国际教育合作研究的行动。③联合国教科文组织亚太地区教育办事处（ROE），于 1961 年在泰国曼谷成立，主要是针对亚太地区经济和教育发展特点设立的。该办事处成立以来，对亚太地区教育发展起了重要作用。④1962 年成立的国际教育规划研究所（IIEP）。第一任所长为著名比较教育学家库姆斯（D. H. Cooms），其宗旨是探讨世界教育发展趋势和特点，为各成员国发展教育提供有关指导。

这时期还涌现出一些比较教育研究机构和学术团体，如美国芝加哥大学比较教育研究中心（1958）、夏威夷大学“东西方中心”（1960）、日本国立教育研究所（1949）、苏联教育科学院（1966）、布鲁塞尔国际教育研究中心（1949）、联邦德国的马普教育研究所（1963）和国际教育研究所（1951）、英国伦敦大学教育研究所（1947）等。1956 年美国率先成立比较教育学会，创办《比较教育评论》（*Comparative Educational Review*）等专业刊物。其他一些国家也成立了比较教育学术团体。

此外，世界许多大学纷纷开设比较教育专业。自萨德勒 19 世纪末率先开讲比较教育课程后，许多知名大学积极响应，1898 年罗素博士在美国哥伦比亚大学师范学院讲授比较教育课程。到 20 世纪 60 年代初，美国密歇根大学、哈佛大学、斯坦福大学、威斯康星大学、加州大学等都已开设本科和研究生的比较教育专业，美国 1966 年颁布的《国际教育法》甚至规定相关的比较教育研究可获政府资助，推动了比较教育专业发展。这时期还出版了一批重要的比较教育学专著，如康德尔的《教育的新时代》等。汉斯的《比较教育》到1977年已再版8次，1957年出版的英国马林森的（V. Mallinson）的《比较教育研究入门》到1980年时也再版了8次。

（二）推进二战后初期教育现代化运动

二战后世界发展呈现出三大重要特征。一是二战后兴起的以核能和信息技术为特征的第三次科技革命运动，使生产发生了本质性变革，即从机械操纵形态转向高科技信息工业时代，文化知识爆炸，生产科技日新月异，使生产者结构发生了质的变化。例如，美国从1912年起工人人数超过农民人数，1956年起白领工人数就开始超过蓝领工人数。有估算表明，截至1980年，人类的90%的科学知识是二战后三十多年中获得的，到2000年又翻了一番，19世纪是每50年增加1倍，20世纪中叶是每10年增加一倍，现在是每3—5年增加一倍①。二是民主化运动高涨，许多殖民地国家纷纷独立，办教育、强国家、兴民族已成为世界潮流。三是科技进步促进经济大繁荣，各国经济迅速增长。

二战后比较教育的首要贡献是，策应了20世纪60年代美国舒尔茨（T. W. Schults）提出的人力资本理论，在西方掀起了以教育为重点的“现代化运动”。研究者证明，美国1914—1939年经济年平均增长率为2.4%，1946—1957年则达3.4%，这主要是发展教育的结果。研究者还证明，受教育的水平与劳动生产率的提高成正比，受教育的人比文盲或受教育水平低的人工作效率高。许多新独立的发展中国家于是积极照搬这种“高发展模式”，一味投资办教育。因素分析法由此更是大行其道，许多比较教育学家都在不遗余力地推行现代化理论，探讨如何输出发达国家“经验”和后进国家如何输入这些“先进教育模式”。他们认定，不管一个国家多么贫穷，教育会创造人力资本，从而达到西方先进国家水平②。其中诺亚（H. J. Noah）和埃克斯坦（M. A. Eckstein）是重要的代表人物，在比较研究数十个国家后提出经济增长与教育发展有显著相关性的结果。这些比较教育研究极大地影响了这一时期许多新独

① 卢嘉锡：《当代科技发展与高等教育的教学改革》，《中国高教研究》1995年第3期。

② T. N. Postlethwaite. *The Encyclopedia of Comparative Education and National Systems of Education*. 1988, p.13.

立国家教育决策和教育发展。国际教育规划研究所所长库姆斯曾描述 20 世纪 60 年代上半叶世界教育投资迅猛上升，教育迅速成为最大产业，受教育人数大幅增长，世界教育水平急剧攀升。美国研究生 1950 年为 23.72 万人，1960 年为 35.2 万人，1966 年为 66 万人，1970 年为 90.28 万人，教育呈现出空前繁荣发展的态势。

（三）因素分析法面临时代性挑战

由于第二次世界大战后以核能和信息技术为中心的第三次科技革命的兴起，因素分析法研究分析框架已不能适应新发展的要求，遂引发出新的学科发展危机。

首先，因素分析法过于追求具体教育发展指标，不能为教育提供解决二战后社会剧变引发的与旧体制日益对立等问题。反之，教育的发展反而加深了社会的不协调性，甚至出现了新的殖民化现象——依赖论（dependency theory，亦称依附论）。在发达国家教育繁荣的同时，拉丁美洲等发展中国家越依赖越落后。例如，墨西哥于 1867 年、阿根廷于 1884 年就提出普及义务教育，但近半个世纪仍未能普及小学教育，还产生了错综复杂的社会问题。1961 年拉丁美洲《埃斯特角宪章》特别规定，到 1970 年，所有拉丁美洲的学龄儿童至少要受 6 年的学校教育，但事实上普及率仅 71%，文盲数仍在不断上升。比较教育学家指出，一味模仿发达国家，是造成这些后发展国家教育失败、优秀人才和资源被掠夺，乃至沦为其附庸的根源①。

其次，因素分析法由于缺乏把握宏观教育发展的整体功能，难以回应二战后世界教育现代化运动提出的新任务。在二战后经济繁荣和民主化浪潮推动下，现代化蔓延全球，促使新教育现代化浪潮涌起，也相应地提出了以下三大任务：①必须更新人类的教育意识，重新估价教育在人类生活中的作用和地位，确立重点发展教育的战略方针；②必须寻找一种反映教育与经济发展相适应的新模式；③必须建立一种充分满足广大人民求学愿望的教育体制，使不同人都能得到最充分的教育。然而，因素分析法难以把握这种发展。

---

① T. N. Postlethwaite. *The Encyclopedia of Comparative Education and National Systems of Education*. 1988，p.6.

再次，因素分析法偏重具体教育数量指标，这种局限性造成对长远教育发展缺乏统筹力，难以解决新产业革命时代教育发展的方向和模式问题。

因此，解决因素分析法所存在的局限性，变革学科分析框架，重新把握新的教育发展，就成了当代比较教育面临的重大课题。

第三节　当代比较教育学的时代嬗变与展望

如果说第二次世界大战后 20 年间是因素分析法的充分应用给比较教育带来鼎盛期的话，那么 20 世纪 70 年代后的 20 年，是比较教育进入学科调整更新阶段，学科分析框架经历了脱胎换骨、转型升级的重大变革。比较教育学家要突破以往信奉近半个多世纪的研究信条和得心应手、驾轻就熟的研究方法，即是一场深刻的学科革命。

一、比较教育学的发展与挑战

（一）比较教育学时代新挑战

第二次世界大战后世界经济经历了 20 年的快速增长，其发展模式陷入严重危机：在增长模式上，由于原发展模式是以大量消耗资源为基础的掠夺性生产，造成经济迅速增长的同时环境急剧恶化；在教育发展上，传统教育与以核能和信息技术为特点的第三次科技革命对人才需求上的本质对立和不适应日益激化，一方面教育"严重过剩"，另一方面新行业"求才若渴"，最终于 20 世纪 60 年代末爆发了世界性的教育危机。1967 年 10 月在美国弗吉尼亚州的威姆廉斯堡举办的研讨会上，国际教育规划研究所提交的世界教育报告中有关教育发展的前景与潜在危机的主题陈述震惊了与会学者，引发了激烈的辩论。会后库姆斯概括写成的《世界教育危机：系统分析》一书于 1968 年出版，引起世界性轰动。该书指出，二战后世界孕育着严重危机，而教育体制与社会发展体制的不协调是产生危机的根本原因。这一危机随着美国当年实现阿波罗登月计划，打开了罩在西方上空的冷战面具而迅速迸发出来。同年，法国的"五月风暴"旋即引爆为一场历经数年的世界性学生革命运动。随后 1973 年中东战争引起石油涨价最终爆发世界性的严重经济危机，教育更是首当其冲而受到广泛的批评。危机的爆发也宣告了因素分析法作为比较教育学科分析框架的终结。

（二）比较教育研究机构新发展

教育发展以及学科危机的压力召唤着新研究的出现。20世纪70年代前后，一批重要的比较教育学术团体和研究机构应运而生。其中较重要的列举如下。①1968年成立的联合国教科文组织国际教育局（IBE）。这个原欧洲国际教育联盟，现已变成世界上最大的比较教育研究中心。②1970年成立的国际教育发展委员会（TCED），这是一个以策应当时教育危机为宗旨的重要教育咨询机构，它于成立次年就发表了一份重要报告书：《学会生存——教育世界的今天和明天》。③1970年成立的世界比较教育学会联合会。该会是在1968年成立的比较教育学会国际委员会基础上于渥太华年会更名，这意味着世界比较教育学界走向新阶段。联合会的宗旨是发展世界比较教育学和国际教育，并将这些科学成果应用到现代教育中去。联合会在加拿大召开了第一届年会，主题是“师范教育与比较教育”；1973年在日内瓦召开第二届年会，主题是“中等教育的效率”；1977年在伦敦召开第三届年会，主题是“教育的多样性与统一性”；1980年在日本召开第四届年会，主题是“教育的传统与革新”；1984年在巴黎举办第五届年会，主题是“依赖与相互依赖”；1985年在里约热内卢举办第六届年会，主题是“教育危机与变革”；1989年在蒙特利尔举办第七届年会，主题是“发展、交流与语言”；1992年在布拉格举办第八届年会，主题是“教育、民主与发展”；1996年在悉尼举办第九届年会，主题是“教育的传统性、现代性与后现代性”……会员国从最初的9个增加到40多个。联合会的成立，促使各国纷纷成立本国学会，创办研究刊物，推动了比较教育学科的发展。中国比较教育学会于1979年正式成立，各省、自治区、直辖市及港澳台也成立相应机构。这些学会经常召开年会，举办学术研讨和论文报告会，出版有关研究杂志，宣传和推广研究成果。

这一时期世界各国许多重要大学不仅设立比较教育学专业，而且强化了学科人才培养层次。例如，伦敦大学比较教育学系先后得到埃德蒙·金和霍姆斯（B. Holmes）等人的加盟，到1970年已培养博士48名、硕士70名；1985年该系再次易名为国际与比较教育学系，到1991年初，已培养博士75名；1992

年度，该系有各类学生 122 人。其毕业生中有许多是世界级的著名学者，如著名学者康奈尔（W. F. Connell）、霍姆斯、许美德（Ruth Hayhoe）、柯文（R. Cowen）、麦克莱恩（M. Mclean）等，并拥有比较教育重要期刊《教育年鉴》，对英国比较教育学的发展起了重大作用。此外，德国、苏联、日本等国这时期也很注重比较教育的专业发展。

（三）开展重大教育研究活动

首先，教育危机促使国际比较教育研究活动更加频繁，比较教育学家们开展了许多有重大影响的研究。①全面反思教育政策和发展策略，提出了变革教育发展目标体系及研究方法等观点。②积极参与教育实践尤其是教育决策活动。③相继建立了更高层次的研究机构和学术团体。例如，加强二战后联合国教科文组织举办的各洲教育部长会议对重大教育问题的商讨，有力地配合了世界教育改革。在 20 世纪 60 年代参与现代化运动的基础上，加大了对科目学业的大规模国际合作研究、国际农村教育发展研究，以及扫除文盲国际行动、难民教育及女童教育项目等。其中，包括世界银行贷款支持的贫困地区教育改革项目、1990 年在泰国宗滴恩召开的世界全民教育大会，以及各种基金会资助的各类型研究项目等，都对国际教育的发展产生了重要影响。

其次，比较教育学科建设获得重大发展。二战后新独立国家重视教育，刺激了比较教育发展，也产生了丰富的成果，如卡扎米亚斯和马西亚拉斯的《教育的传统与变革》(1965)、阿尔特巴赫的《比较教育》(1979)、波斯尔思韦特的《比较教育和国民教育制度百科全书》（1980)、王承绪等的《比较教育》(1982)、库姆斯的《世界教育危机——80 年代的观点》（1985)、胡森的《国际教育百科全书》(1985)、顾明远等的《比较教育导论——教育与国家发展》(1996）等。联合国教科文组织也相继推出如《学会生存——教育世界的今天和明天》等一系列教育研究报告。这一时期学科发展有下列特点。①研究领域大大拓宽，研究对象国几乎包括世界大多数国家和教育与社会互动的各个层面，形成从历史性、国际性、社会性的多维度比较研究。②学科方法论研究上特别是科学化方面取得重大发展，许多专业人员开始重视方法论问题，提出了更为严密的学科研究方法，如贝雷迪的阶段分析法、霍姆斯的问题研究法以及埃德蒙·金的洞察研究法，使比较教育研究方法更趋规范化。例如，贝雷迪的

《教育中的比较方法》（1964）、霍姆斯的《教育问题——比较研究》（1965）等都是方法论方面的重要论著。③形成了多种比较教育学术派别和理论体系。

第二次世界大战后的 20 年是 20 世纪教育发展最迅速的时期，也给比较教育学科的发展提供了千载难逢的机会，从而使比较教育达到了一个“全盛”的发展时期。丰富多彩的实践激发了对研究的强烈的需求，各国比较教育研究活跃，创办了一批重要的研究机构并产生了一批著名比较教育学家。但是，比较教育依然坚持因素分析法的学科分析框架，坚持以推广发达国家教育模式为主要目的的二元研究模式，简单追求学校数量增长和教育规模扩张指标来作为评价发展教育的尺度，致使比较教育学科与新社会发展要求渐行渐远，面临重大的时代挑战。

二、变通性教育策略形成

（一）因素分析法研究框架的困境

二战后第三次科技革命要求转变和创新生产方式，到 20 世纪 60 年代后期达到了不可调和的地步，也由此暴露出因素分析法研究的局限性。尽管因素分析法为比较教育研究提供了一个比全盘借鉴更深刻的认识模式，使研究更客观、借鉴更清晰，但是，因素分析法仅仅是学科发展的一个认识阶段，自身也存在着致命的缺陷。例如：在认识水平上，能用因果关系来推测教育发展过程但不能从分析达到对整体的把握和对规律的洞察，也无力从揭示教育发展的内部矛盾运动中找到教育发展的内在动因；在指导方针上，重视数量但难于从发展模式上指导其发展；在教育实践上，倡导按发达国家教育发展的指标创办了许多所谓高水平的一流学校，但基本上脱离发展中国家的教育实际。许多国家报告指出，简单地推行发达国家教育模式问题很多①。这些都深刻地表明，因素分析法作为学科分析框架的比较教育时代已经过去。

（二）变通性教育体系的形成

为了应对教育实践的新要求，20 世纪 70 年代后比较教育学科呈现新发

① ［日］日本世界教育史研究会编，李永连等译：《六国技术教育史》，教育科学出版社 1984 年版，第 105 页。

展，先后发布了如《学会生存——教育世界的今天和明天》《终身教育导论》《今日的教育为了明日的世界》《学无止境》等重要研究报告，倡导变通性教育发展策略，对推动教育的现代转型起了重要作用，有下列四个特点。

1. 形成新教育发展观

这主要表现为教育发展观从人力体能决定论转向人的智能决定论，从教育数量增长观转向教育质量发展观。教育必须改革，使之从追求功名、读书做官的传统教育模式转向为经济发展服务，并使之与时代经济发展达致适切和均衡。教育发展必须以推进经济和社会发展为根本目的。

2. 倡导创新性教育

罗马俱乐部经过多年研究于1978年发布了研究报告《学无止境》，指出人类必须从传统的维持性学习转向预期性创新型学习，才能策应人类时代的新发展。它促使教育从复制传统转向面对未来，从古典人文教育转向科技与人文互动致力于服务社会的现代教育。

3. 推行终身教育和全民教育新体系

联合国教科文组织把终身教育作为1970年国际教育年的20个主题之一，1972年《学会生存——教育世界的今天和明天》把终身教育作为一个重要的发展原则。终身教育推行一种在任何地方、任何时间、任何年龄阶段、任何形式都可发生和获得的学习，是推进全民教育的基础。终身教育的兴起，使教育从阶段教育转向终身教育，从精英教育转向全民教育，从学校教育转向社会化教育的教育现代化运动。

4. 创立多元化的教育发展模式

1980年出版的《教育规划与社会变革》一书，集中阐述了多元化教育发展体系的理论，即教育发展从单一模式转向多元模式，从单向援助型转向多向协作，开始以终身教育观来设计和改革教育体制以及教育结构。

总的来说，变通性教育体系的形成，是危机冲击下教育发展开始从被动适应转向主动推进的时代转折，表现出人类开始努力把握教育与社会互动的自觉。这时期教育发展呈现出下列特点。①多变量，即强调教育发展目标是由多种作用因素决定的，尽管经济发展仍然是主因素，但政治、伦理文化、社会风尚等对决策都有作用。②多规格，即强调从单一教育发展标准转向适应不同产业结构、人才需求结构的多规格培养模式，放弃文凭越高对经济增长作用越大的观点，强调教育与产业结构、不同层次人才合理协调发展。③多形式，即强调从单一的普通正规教育转向包括正规、非正规和不正式的教育形式等多类型、多形式的终身教育体系。

（三）多元化学科研究框架的创立

在实施变通性教育发展策略中，多元化比较教育学科研究框架也得到相应发展，在学科研究框架上实现了重大突破，呈现出下列特点。

1. 多元学科体系

单一学科框架被打破，呈现出分化多元的态势。20 世纪 60 年代后期教育危机的爆发，致使比较教育原有的学术权威和单一的因素分析法的学科框架一统天下的局面被打破。先后掀起关于学科独立性和学术性的论争，许多学者都力图创建不同的理论框架，促使学科多元化发展。

2. 多理论流派

这个时期比较教育吸收其他相关学科理论要素，形成多种不同理论流派。危机爆发，学术权威不复存在，涌现出大量新学科和理论，都试图以各自方式解决危机，比较教育学家也从积极吸收其他理论观点中建构新的理论体系，呈现出百家争鸣的局面。诸如新马克思主义比较教育、结构功能主义比较教育、全球主义比较教育以及发展论比较教育等。

3. 多研究领域

这一时期比较教育研究领域日益广泛，并形成新的学科分支。危机促使研究进一步深入，并努力开拓新的领域，寻求新的解决。1977 年出版的卡扎米亚斯的《比较教育学的状况》一书中指出比较教育学科已形成了包括比较教育理论研究、方法论研究、国别教育研究、国际教育研究以及发展教育研究等多元化的研究领域。

4. 多因素决策

比较教育研究开始从单一因素决策转向多因素的决策，从静态决策转向动态决策。例如，在决策中考察到经济、社会、政治、文化以及地理环境等诸多因素的结构和作用对教育发展的影响，《教育规划与社会变革》就倡导多因素动态规划方法。比较教育研究在不同类型国家教育研究中运用了多因素决策法。

5. 多研究方法

研究方法日呈多样化，从被动固守因素分析法，到主动借鉴其他社会科学的研究方法，积极运用社会学、文化人类学、社会心理学、经济学、政治学、统计学、数学等学科方法来开展比较教育研究，顺应科学新发展的重大进步，呈现出方法多样化的趋向。

教育危机爆发，对促使比较教育学积极引进各种新的理论和方法，形成多元化发展起了重大作用。

三、走向辩证理性借鉴的比较教育学

（一）教育战略学科思维兴起

库姆斯说，20 世纪 70 年代和 80 年代的 20 年间是一场人类历史上最广泛的世界性危机，可用三个相互联系的词对其概括：变化、适应、不平衡。教育是现代社会发展的基础，集中体现了社会的剧变和特征，是最先出现危机并变成最终解决危机之关键。因此，能否对教育做出符合民族发展的时代定义并演绎为丰富的实践，就成为解决时代教育危机的关键。

比较教育学家很早就意识到教育危机和变革学科思维的紧迫性。20 世纪 60 年代初，埃德蒙·金就提出打破单一的分析模式。贝雷迪等人也呼吁加强比较教育方法论的科学化研究，并于 1964 年 4 月 29 日在哥伦比亚大学举办“比较教育现状”专题研讨会，探讨比较教育学科更新问题①，发出教育危机的信号②，并积极寻找替代性策略③。这一时期主要提出了三大策略：一是《学会生存——教育世界的今天和明天》提出了划时代的新教育观；二是倡导终身教育策略；三是倡导创新性学习的发展性教育观。这些重大发展思路，提供了解决危机的教育决策依据和方法，对更新教育观念和推动教育改革起了重

① 赵中建、顾建民选编：《比较教育的理论与方法——国外比较教育文选》，人民教育出版社 1994 年版，第 170 页。

② 参见［美］菲利普·库姆斯著，赵宝恒等译：《世界教育危机》，人民教育出版社 2001 年版。

③ 这些举措往往被人误解为比较教育丧失了自身。其实，积极借鉴吸收正是比较教育独特的学科功能。只有这样，才能对危机做出积极的反应。

大作用。

随着教育改革的深入，变通性教育发展策略无法把握长远发展，且多元化带来的模糊性等局限日益显露出来。对此，20 世纪 70 年代后期起，比较教育率先开展教育战略研究，倡导以社会整体发展为特征的宏观立体性教育战略思维。1983 年联合国教科文组织总干事在报告中，就较系统地阐述了必须制定教育发展战略的建议。1985 年在联合国教科文组织第 23 届会议上，再次明确提出要制定教育发展战略。战略开始以一种特定的概念，成为把握当代世界教育发展的最佳方式。1988 年，国际教育规划研究所在巴黎召开了“战略性教育规划的未来专题研讨会”，标志着教育研究进入战略性研究新阶段。

教育发展战略研究使比较教育分析框架从单一化转向多样化后又实现了多样化的统一性，促进了教育与社会的互动发展。一是发展教育不是简单的学校数量增长，关键在于是否与经济发展建立最适当的互动关系，只重数量增长很可能是“无发展”，这是危机的根源。二是教育现代化并非西方化，而是一个从本国教育实际出发并表现为本民族教育成长的历史进程。三是战略研究是教育认识质的飞跃，是一种从重数量增长到重全面发展再到战略设计的认识飞跃，是一种从感性向理性的质的认识升华。它与 20 世纪 50 年代教育数量大增长、60 年代大波动、70 年代大衰退、80 年代重新振兴这一曲折反复的国际教育现代转型是一致的。

20 世纪 80 年代以来各国实践表明，战略研究已使人类能对教育做出全局性、长远性的目标把握，有可能在多样化基础上达到新的统一，即一种包含多样化并积极发挥多样化优势、使因素分析下的多变量、多规格、多形式的教育面向和服从人类教育发展规律和社会长期规划的需要的总目标。正是战略性把握，才使增长和发展、速度和质量、部分与整体、短期与中期和长期、微观与中观和宏观、总量与结构、投资与效益、普及与提高、个体和部门与国家甚至世界发展之间达到辩证的统一，都统摄在人类长期发展目标之下，实现了有序的高效发展。

这表明，只有在战略性研究中，比较教育才能实现真正的比较，才能转变初期移植借鉴性创新的学科范式，真正实现创新发展的学科目标。

（二）比较教育学科的时代创新

20 世纪末以来兴起的以国际教育战略为主的研究，全面提升了比较教育学科水平，其关键在于能顺应教育新发展重视服务国家创新教育的新要求，使比较教育的“外在形体借鉴”提升为“内在原理借鉴”，策应了教育变革，这深刻地体现为比较教育学科的时代创新。

1. 比较教育世界观创新

比较教育时代创新首先是学科世界观的转变，从应答性陈述“是什么”的静态研究，转为寻求“怎么做”的主动研究，通过把握现代教育发展规律，建立新学科价值体系来服务教育。

无价值判断的比较教育研究不会具有强大的理论力量。现代教育为以科技为基础的大工业生产服务，但是传统教育总是不愿意放弃原来为少数利益集团服务的立场。因此，比较教育坚持现代教育价值体系对推进教育现代化有决定性作用。

2. 比较教育研究方法创新

比较教育学必须积极创新学科分析框架。现代教育已经改变了背记诵读式教育，呈现出大教育趋向：①变单一课堂教学为一种无所不在的学习；②教育与科研、生产融为一体；③阶段教育变为终身教育，教育成为最丰富多彩、灵活多样的学习活动；④变知识教育为学知识中开发智力、培养健康人格的教育；⑤使传统、现实与未来在教育上实现整合统一。因素分析法虽有助于个别、微观研究，但无法把握长远整体的教育与社会的最佳互动。所以，重视多样下的辩证统一、规律下的因素分析等方法创新就成为学科发展的主题。

3. 比较教育研究目的创新

比较教育必须依新时代要求创新其研究目的。第一次工业革命用两百年把科技引入教育体系，创办新型平民学校，培养初等技工，比较教育的全盘借鉴目的发挥了重要作用。第二次工业革命用一百年建立起传授科学知识的教育模式，培养机械工业化时代的中等技工，因素分析法的比较教育为借鉴各国教育经验起了关键作用。第三次工业革命提出培养有高科技水平、创新精神的全面人才，要求比较教育实现把握现代教育发展规律并建构大教育体系的新研究目的。正是新目的的确立，使比较教育学能把第一阶段“描述研究”的目的变成第一研究层次的资料收集工作、第二阶段“因素分析”的目的变成研究第二层次的资料分析工作，并与第三层次多学科跨文化综合比较战略性研究整合，来实现第三阶段的研究目的，创立具有本国特色的现代教育体系。

4. 比较教育领域创新

现代教育在第三次工业革命推动下，日益呈现出多元化、不平衡和互动性等新的发展形态，对比较教育学科发展也提出了相应的要求①，使单一学科模式的比较教育的研究领域不断拓展更新，呈现出包含面更加广泛且又分工明显的多层次的研究领域，如国别教育及国际教育研究、比较教育研究和发展教育研究等。这些研究领域既受现代教育发展的推动，又从不同角度上解决和顺应了现代教育发展的需要，对推动现代教育发展起了重大作用。

（三）理性借鉴阶段比较教育学科特征

1. 在规律指导下的学科研究体系

理性借鉴的比较教育学吸收了比较教育研究历史发展中的成果，同时又实现了学科模式的创新，进入一个积极运用辩证理性思维、强化整体把握规律来指导借鉴的比较教育研究阶段。在这个阶段，比较教育的研究和借鉴是在重点探讨规律并在其指导下对各种教育发展进行分析研究的。它从现代教育实践中提出现代教育发展规律并运用于解决本国教育实际问题，以此建构起有本国特色的比较教育学科体系。

2. 共同目的下的科学研究体系

理性借鉴的比较教育研究在重视揭示和遵循教育发展规律的前提下，按照教育实际采用不同研究方法来分析解决不同的教育问题。因此，理性借鉴是一种在基本发展规律下的科学研究，不拘泥于方法而在于应用的功效性。

3. 在战略性思维下的研究整合

辩证理性借鉴的比较教育研究强调战略性思维，重视从长远、宏观和发展的角度来研究教育，从整体上深刻认识其差异和内在联系，找出主要矛盾和发展规律，从而把静止的对象建构成一个互动的系统，变成一个在对立统一中变化发展的运动过程。只有这样，比较教育研究才能真实地根植于教育实践的沃

① J. W. Botkin, M. Elmandjra , M. Malitza. *No Limits to Learning*. Pergamon Press, 1979.

土中，以更敏锐的触角更深刻地对教育实践做出积极反应。只有在这时，人们才会真正领悟到现代教育的发展必然性，知兴衰而晓变化，从被迫适应、变通到主动的自觉，达到理论与实践、抽象与具体、一般模式与本国实际上的统一，促使比较教育学科的时代创新。

4. 在整体预期视野下的学科洞察力

理性借鉴的比较教育研究具有整体预期性的研究特点，即能从整体上把握和分析教育，从世界体系上对不同教育现象进行考察，在全球化视野下分析和描述教育发展趋势，从而对本国教育实践进行有效的指导，走出简单照搬国外教育的现象，创建有本国特色的教育体系。整体预期视野赋予比较教育学科研究以未来指向能力，从根本上改变了以往仅有应答性的研究功能。比较教育注重教育现代化研究就是一种典型地指向未来的预期研究能力。

【思考与练习】

1. 比较教育学产生的社会条件和主因是什么？
2. 借鉴在比较教育学研究中有什么意义？
3. 简述全盘借鉴阶段比较教育学科发展的特点。
4. 因素分析法的比较教育学科分析框架有哪些重要特征？
5. 比较教育学的战略性研究的基本内涵是什么？
6. 理性借鉴阶段比较教育学科有哪些重要特征？

【拓展性阅读导航】

1. 顾明远、薛理银著：《比较教育导论——教育与国家发展》，人民教育出版社 1996 年版。

该书以比较教育视角探讨教育与国家发展，是中国比较教育学科发展上的重要著作。

2. 冯增俊著：《比较教育学》，江苏教育出版社 1996 年版。

该书第一、二、三章系统探讨了比较教育学科发展历程中学科体系、理论体系及方法论体系等问题。

3. ［美］罗伯特·阿诺夫等主编，冯增俊等译：《比较教育学：全球化与本土化的辩证关系》，人民教育出版社2012年版。

该书由美国国际与比较教育学会前会长罗伯特·阿诺夫主编，是运用世界体系分析框架研究比较教育的经典著作。

4.［日］冲原丰著，刘树范、李永连译：《比较教育学》，吉林人民出版社1984年版。

该书是日本著名比较教育学家冲原丰的重要著作，对世界主要国家比较教育发展进行了深入的探讨。

5.李文英等著：《比较教育学家思想研究》，人民教育出版社2012年版。

该书选取了中外比较教育发展史上26位著名的比较教育学家作为研究对象，全面而系统地探讨了他们的生平、思想、贡献和影响。

第二章　比较教育学的理论体系

【内容提要】

本章概述比较教育学理论的形成与发展历程，评析比较教育学主要理论分析框架的要点及特点，并探讨比较教育学理论体系的状态与面临的挑战和发展趋向。

【学习目标】

1. 了解比较教育学理论的形成与发展过程，以及各阶段的基本状况。

2. 掌握比较教育学主要理论分析框架的要点、特点及相互关系。

3. 明了比较教育学理论体系的状态与面临的挑战和发展趋向。

理论作为概念系统或系统化的理性认识，是在对实践的研究过程中逐步形成的，并在研究中得以系统化。同时，理论的形成发展又为新的研究和实践奠定了基础。从比较教育学发展史来看，比较教育学理论是在其研究过程中提出来的，并在研究中加以运用、检验、修正或完善。每一种理论都需要阐述对比较教育研究的独特分析框架，即提出新的比较教育研究的认识体系和分析参照系①。随着世界教育的不断发展，比较教育研究也必须积极推进理论创新，建构新的理论体系，从而更有效地把握未来教育发展。

第一节　比较教育学理论体系的形成与发展

比较教育虽有悠久的过去，但作为一个学科，其历史并不长。比较教育学界通常把朱利安于 1817 年发表的《比较教育的研究计划和初步意见》视为科学比较教育学科形成和发展的起点，也是比较教育学科理论形成和发展的历史起点。当然，比较教育学理论的形成同学科历史演进一样，也经历了漫长的历史演进过程。

一、比较教育学理论的萌发

如前所述，在 19 世纪之前，虽然没有出现明确的“比较教育”学科概念，但教育的比较研究活动早就发生，尤其在 16 世纪至 19 世纪初期，教育比较研究出现了重要发展。

首先，出现了指向较为明确的以教育为专门对象的比较研究。虽然许多对教育所做的比较分析仍有不少包含在对国家与文化等方面的研究中，但目的明确的外国教育考察及专门的国家教育比较研究日益增多，开始成为专门的研究领域。例如，18 世纪出现的《论国民教育》(1763)、《英国和日耳曼的教育比较》(1784) 等就非常明显。

其次，研究目的日益趋向于借鉴或促进教育的发展等目标。这些都反映出

① 冯增俊著：《比较教育学》，江苏教育出版社 1996 年版，第 163 页。

研究者对教育比较研究的性质和功能有了明确的认识。例如，法国教育家孔多塞通过比较研究英国、意大利、德国和法国教育，于1792年代表公共教育委员会向国民议会提出关于法国教育发展报告，就具有很强的研究目的性。这些是色诺芬和西塞罗等早期研究者无法相提并论的。

再次，研究方法逐步成熟，除了广泛运用历史法，还开始倡议运用统计方法，以及较细致的资料搜集与分析的方法。这些都超越了早期凭印象和观感进行“比较性陈述”和“比较性评论”的较为粗放的做法，为比较教育学科创立及理论萌发提供了基础和条件。

朱利安的论著《比较教育的研究计划和初步意见》的发表被视为比较教育学科创立和理论萌发的历史标志，主要在于其研究的时代开创性。从赫勒敦（Khaldum）在《历史导论》中提出用比较研究的历史法研究分析教育的状况及原因这一点，美国国际与比较教育学会首任会长布里克曼就断定赫勒敦“已有了比较教育思想的萌芽”①。朱利安正是在总结这四百多年来各种研究及思想方法的基础上，才得以明确阐述了“比较教育”及对其研究对象、目的和方法等概念的。

朱利安之后，教育学界开始了探讨创建和发展比较教育学科的历程，由此产生了诸多不同的有关学科学术领域以及定位其目标与功能，构建其研究架构或学科分析框架的研究，推动了比较教育学科理论的发展。

二、比较教育学理论的演进

研究表明，比较教育学理论的形成和发展源自于学科研究和发展的需要，得力于国家和国际教育改革与发展以及其他理论发展的推动。其间大致经历了三个发展阶段：一是形成阶段，大致从1817年至20世纪50年代；二是多元化发展阶段，大致从20世纪60年代至80年代中期；三是整合—重构阶段，约从20世纪80年代末期到现在。

（一）形成阶段

教育学界对比较教育理论发展有多种不同的看法。例如，法国比较教育学

① 赵中建、顾建民选编：《比较教育的理论与方法——国外比较教育文选》，人民教育出版社1994年版，第43页。

家黎成魁认为，比较教育“理论概念”出现于20世纪，主要表现在阿诺德、萨德勒、康德尔、汉斯和施奈德等人的著述中①，但通常认为，比较教育理论应始于朱利安和库森等人的研究。在这一阶段，比较教育理论的重要进展突出地表现在如下几个方面。

其一，形成了以国家主义教育体制为基础的国家主义价值取向，主张比较教育研究以借鉴他国经验和发展本国教育为主要目的。国家发展与国际竞争的现实需要对比较教育理论取向的影响似乎掩盖了朱利安的国际主义普遍性诉求，强烈地体现了国家与民族的研究特征。

其二，历史主义的观念和历史法得到传承并发展成因素分析的研究分析框架。从某种意义上可以说，国家主义教育理念、历史主义的传统和因素分析法构成了这一阶段比较教育理论的主要部分，国际主义和实证主义的思想方法也被认可和运用。这一阶段中许多代表性比较教育学论著都相继倡导这类观点。

其三，比较教育理论成为专门的研究领域及专业。例如，萨德勒1903年辞去英国教育部特别调查报告局局长之职，应邀到曼彻斯特大学专门从事比较教育方面的研究，并参与相关专业的教学和人才培养工作。这些都有力地促进了比较教育理论研究和体系发展。

这一阶段比较教育理论提出了许多观点，其中国家主义与历史主义的思想方法居主导性，探讨关于国家教育体制发展及其影响因素等主题。这是时代赋予这一时期比较教育理论概念和分析框架的某种一致性。随着第二次世界大战之后世界教育的变化及理论发展，比较教育理论研究也呈现出新的趋势，开始突破历史主义与因素分析框架，进入了一个新的发展阶段。

（二）多元化发展阶段

比较教育理论多元化发展的动因，主要在于原有的理论概念和分析框架不足以对新的教育问题做出有力的解释，无法有效地为研究活动和教育实践提供指引。为此，许多研究者从各自的研究视角阐发不同的见解，从而形成了多样的新理论和新的学科分析框架。

---

① 赵中建、顾建民选编：《比较教育的理论与方法——国外比较教育文选》，人民教育出版社1994年版，第2页。

自20世纪60年代开始，各种新的比较教育学理论研究分析框架相继出现。较有代表性的有贝雷迪提出的“比较的四个阶段”、安德森的结构功能主义、诺亚和埃克斯坦的比较教育研究的“科学方法”、霍姆斯的“问题法”、埃德蒙·金的“教育决策论”等。新理论涉及的主要是比较教育研究方法及教育发展观等，这也使得新方法或理论分析框架再次成为理论研究与论争的焦点。在60年代，比较教育理论依托的理论基础或理论分析框架主要来自“现代化理论”或“发展理论”。这些理论以特定分析框架阐述教育与国家发展的关系，试图对政策制定与实施施加影响。到70年代和80年代，在经济危机冲击下，当原先现代化理论和发展理论采用的分析框架难以解释教育与国家发展的冲突时，有相当部分的研究者便转而借助于新马克思主义依附论和世界体系论等相应观点，发展了相应的比较教育理论的分析框架，使比较教育学的理论或分析框架更加多样化，且各种相关论争和碰撞使得整个体系内部充满了张力。

（三）整合—重构阶段

面对由理论分析框架的纷争与冲突而导致的对学科自主性与整体形象的冲击，以及对研究的有效性与一致性的影响，比较教育理论研究者感到了对比较教育各种理论分析框架进行整合和重构比较教育理论体系的必要性。

这种学科反思有效地推动了比较教育学科建设。从20世纪的80年代末期以来，不少西方国家的比较教育学学者为此进行了各种尝试，并在各自的著作中提出了自己的思想与方法。例如，德国的比较教育学家施瑞尔等人试图用一种系统方法来对不同的分析框架或相对的方法论范畴做出整合，在《比较教育的理论与方法》等著作中探索性地阐述了相关的理论观点与方法①。在中国，自20世纪90年代以来，对各种比较教育理论分析框架进行整合和重构的努力一直没有停止。冯增俊认为，中国比较教育学者通过博采众长，在采纳他国学科发展经验和研究方法的基础上推陈出新，构建了一种积极推进“理论与实践相结合”并服务于实践的“辩证的”比较教育分析模式②。实际上，中国比较教育学家顾明远提出的以“文化研究”为核心概念的新比较教育研究法，致力

---

① Jürgen Schriewer and Brain Holmes（eds.）. *Theories and Methods in Comparative Education*. Peter Lang，1988.

② 冯增俊著：《比较教育学》，江苏教育出版社1996年版，第191页。

于构建一种更具整合性的比较教育研究分析框架，反映了中国比较教育学研究在理论上取得的新进展。中国较具代表性的比较教育论著有王承绪、顾明远主编的《比较教育》，吴文侃、杨汉清主编的《比较教育学》，顾明远、薛理银著的《比较教育导论——教育与国家发展》，冯增俊著的《比较教育学》，陈时见、徐辉主编的《比较教育的学科发展与研究方法》，等等。

当然，理论发展是一个不断探索的过程，既反映了对比较教育学科的认识水准，也由比较教育服务教育实践所决定。

第二节　比较教育学主要理论分析框架

比较教育学理论是在研究教育实践中形成的，是一种审视教育问题、做出解释乃至解决问题的分析框架，是一种研究教育的方法论体系。具体说，这些理论包含比较教育研究的基本立场，体现了比较教育如何对教育问题做出设定、阐述和说明，以及对主题的界定，对研究目的及价值取向的阐述，对方法和操作的设计及要求等，即埃德蒙·金所说的“概念功能”“结构功能”“操作功能”[①]。本节选出一些代表性的分析框架予以介绍、讨论。

一、因素论分析框架

因素论分析框架源于古典历史主义的思想观点和历史方法，不过，形成系统的因素论分析框架，则是 20 世纪前后通过萨德勒、康德尔、乌利希（R. Ulich）、汉斯、马林森（V. Mallinson）和莫尔曼等人的推动发展起来的。萨德勒于 1900 年在吉尔福德大学所做的演讲中，提出了“学校外的事情比学校内的事情更重要”的著名论断，认为真正的教育是在国家发展的历史中，在相关因素的作用下逐渐形成的。乌利希同样强调在历史分析中寻找决定教育性质与发展的先行条件和力量。汉斯等人则把这些力量或因素的分析系统化，莫

① 赵中建、顾建民选编：《比较教育的理论与方法——国外比较教育文选》，人民教育出版社 1994 年版，第 232 页。

尔曼甚至提出了因素分析的研究模型和框架。

比较教育的因素论分析框架观点、方法和路线可以概括为以下一些方面。

其一，主张比较教育研究以不同国家的教育制度的形成与发展为主要的研究对象，其目的与功能包括对制度与现象的描述、对决定因素的分析和解释，以及促进借鉴和改进。在认识论价值取向上，因素论分析框架坚持历史主义和历史方法的传统，并拓展了国家主义的现实价值观。在因素论分析框架下，比较教育研究的内容和任务不仅要客观地描述教育现象，更要探究其原因，提出对本国教育发展或改进的借鉴意义。

其二，强调对教育影响因素的探讨和分析，并对教育性质、状态和发展与影响因素之间的关系做出判断和解释。因素论分析框架重视通过对特定因素的分析，探讨这些因素在教育发展中的地位和作用以及变化。在康德尔看来，国家教育制度的决定性因素是国民性或“国民特性”。在汉斯看来，决定因素包括自然因素（种族、语言、地理和经济因素）、宗教因素（罗马天主教、英国国教和清教徒）和世俗因素（人文主义、社会主义、民族主义和民主主义）三大类因素之下的一系列因素。马林森和劳韦里斯则着重历史形成的民族传统，包括思想、情感和行为倾向等方面的传统的作用。莫尔曼着重突出文化因素与教育的直接的整体性的关系。因此，在具体的分析上，尽管比较教育研究的方法和程式基本一致，但是分析维度和重点指向，以及视角和结论都呈现出各个理论特有的特点。

其三，重视多因素系统分析，形成多领域或跨学科研究。早期因素分析以发达国家学者为主，在分析各种因素中强调按发达国家标准进行，但研究实践证明不同文化对教育制度的作用有很大差异，不可能用一种指标来衡量，因此因素论分析逐步出现了多要素、多视角、多类型的研究分析框架，如利用人种学、宗教学、文化学、政治学、经济学等学科领域的思想方法参与研究。

因素论分析框架是比较教育研究中形成较早且运用较普遍、影响也较广泛的一种研究范式。它对分析和解释不同国家的教育体制的形成和发展具有相当的作用。但是，由于作用因素的多样性、因素发挥影响条件与机制的复杂性等原因，加上因素论分析框架偏于关注教育与外部因素之间的关系，很难把握复杂的教育发展，这使得比较教育研究可能会拘于表层化和不确定性。变通性研究策略就是试图改变它的局限性出现的，并被整合为一种重要研究方法继续发挥作用。

二、实证主义分析框架

比较教育研究中的实证主义分析框架，是运用实证主义思想观点和科学主义方法论于比较教育研究的一种分析框架。实证主义研究者认为，社会事件或过程像自然现象一样是客观存在的，其背后都有原因，其因果关系可以通过假设、经验、分类、量化和验证等方式或步骤予以证实或证伪，从而被认识，并能从中发现具有普遍意义的规律或法则[①]。朱利安最早把实证主义和科学主义的思想方法引入比较教育研究，试图以此建立一种在国际普遍性原则指导下的比较教育研究，并设想建立起相关国际教育组织和研究机构，推广这种科学方法的新研究和推动新教育。尔后经安德森（C. A. Anderson）、胡森（T. Husen）、诺亚和埃克斯坦等人的努力，使比较教育研究实证主义分析框架得以形成发展并产生了实际影响。后来比较教育学界也出现"新实证主义"思潮，主要是在于它们不仅追求利用多国资料去概括规律和做出演绎性分析，还注重对教育系统做出功能性解释。

比较教育实证主义分析框架的研究特征主要表现在以下三个方面。

其一，在目的和任务上，主张比较教育的研究要运用客观的参照系统来描述和分析两个以上国家的教育制度、过程，确定教育内部各要素之间的关系及教育与社会之间的关系，发现具有普遍意义的规律或法则，形成概括性的判断，用于指导教育实践。诺亚等人则坚持认为"形成对两个以上国家有效的概括性的教育论断"[②]，是比较教育研究的目的和任务。

其二，在范围上，它往往涉及更多样而复杂的事项或关系。安德森认为，比较教育研究要分析和阐明三类关系，一是教育系统各个方面之间的关系，二

---

① Louis Cohen and Lawrence Manion. *Research Methods in Education*. Croom Helm，3rd ed.，1990，pp.12-13.

② ［德］波斯特莱斯维特主编，郑军、王金波主编译：《最新世界教育百科全书》，河北教育出版社1991年版，第7页。

是教育系统分类与体系之中的关系，三是教育与社会之间的关系[①]。实际上，前两类大致可归为教育内部各要素或各系统之间的关系。从整体上看，实证主义分析框架所分析和探究的对象或主题，已经包括了几乎所有的教育领域。

其三，在方法上，它试图推行一套科学的程序或方法，或者说一种实证的、验证的程序和方法。倡导实证主义分析模式的比较教育学者，热心于引用科学的或量化的研究方法，建立验证程序或分析模型。其中，诺亚和埃克斯坦把一般社会科学的研究程序引进比较教育研究，提出了由确定问题、建立假设、概念的操作化和指标的确定、选择个案、收集资料、处理数据、检验假说和解释结果七个基本步骤组成的研究程序，构建起特定的研究框架。

实证主义分析框架是比较教育研究科学化思潮的产物，对提高比较教育研究的科学性有一定的积极作用。但由于教育现象的复杂性，完全采用客观量化的方法来研究并得出具有普遍意义的规律和法则，其可行性受到质疑。

三、相对主义分析框架

比较教育的相对主义分析框架，强调从研究对象的观点和标准去对研究对象做出分析、判断、解释和预测，而不是用其他外在的观点或标准去做判断和评价。从这个意义上讲，相对主义分析框架为比较教育研究提供了一种强调研究对象的主体性而不是客观性、相对性而不是绝对性的研究视角和分析思路。

在比较教育研究史上，库森、萨德勒、康德尔、汉斯等历史法或因素分析法的倡导者都表现出某种相对主义视角。马林森、施奈德等重视文化分析的学者比较留意研究对象的文化传统等内在因素的作用。而埃德蒙·金则把前者的这一观点提高到了一个新高度，使他的研究中相对主义倾向更明显。比较教育学界也有“新相对主义”思潮，其特点在于更关注对实际问题的分析。

相对主义分析框架强调的思想观点和方法，集中为以下三个方面。

第一，在研究目的上，相对主义分析框架指向不同国家教育的独特性及相互之间的差异，分析和解释这种独特性及差异的文化主体意义，而不寻求发现

---

① C. A. Anderson. Methodology of Comparative Education. *International Review of Education*, vol. 7, 1961.

具有普遍意义的规律或法则，也不倾向于做出一般性的概括。因此，相对主义分析框架下的比较教育研究，其作用也是特定的、相对的，即认识研究对象的特点、内在形成发展机理的意义，而不热衷于做出概括性判断及普遍而长远的预测。埃德蒙·金认为，不同国家的发展可能表现出某些相似的趋势，但趋势不等于规律。因此，教育决策不能据此做出宽泛的论断和长期的预测。

第二，在研究对象或类型选择上，相对主义分析框架倾向于立足特定的国家，国别教育及其比较分析是其选择的主要类型与领域，其研究框架也在此范围或类型下搭建起来。埃德蒙·金的《别国的学校和我们的学校——今日比较教育》就是这种框架的代表作。不过，在对象国的选择上，要重视其文化相对性，也重视其典型性或分类意义。例如，埃德蒙·金上述研究中的对象国选择，就既有区域上的相对性意义，也考虑文化发展水平上的代表性。

第三，在方法上，相对主义分析框架倾向于使用现象学和本土论的方法，从相对的意义上和内部的视角来做出分析和解释，并不重视统一方法及确定的分析程序。重视鉴别分析其特性与文化相对意义，强调其“本土化”的视角和知识，是它采用的主要途径和手段。

相对主义分析框架是在文化多样化与文化相对性这一大背景下形成的，人文意识的觉醒和对本土文化意识的重视，也促使人们在科学主义与实证主义的影响下考虑一种平衡的方式方法。因此，它增加了一种分析的视角与维度，在维护文化特征和提高分析的适切性方面是有一定价值的。但其认识论上的相对性和不确定性也限制了它的作用和意义。

四、发展论分析框架

发展论是关于社会发展的理论，是当今社会科学研究中出现最多的理论。比较教育学者费格林特和萨哈根据发展随时间发生变化的特点，把各种发展论分为古典循环理论、基督教发展理论、直线发展理论和螺旋线性发展理论四类[①]。发展论引入比较教育研究始于20世纪50年代而盛行于60年代，见于

① I. Fägerlind and L. H. Saha. *Education and National Development*: *A Comparative Perspective*. Pergamon Press, 1983, p.26.

大量有关教育与国家发展、教育与现代化、教育与人力资本投资的研究中，比较教育研究的发展论分析框架得以形成。

发展论分析框架集中体现了基于发展理论的比较教育研究的视点和视域。

第一，重视分析教育对国家发展的作用，尤其是在教育与国家现代化问题上重视教育如何发挥积极作用。不同于结构功能分析框架，发展论分析框架不关注教育在结构与功能上对社会的适应，而重视教育对社会发展的促进乃至引导作用。

第二，重视教育与国家发展互动关系的多维度研究。一是发展论强调教育必须面向本国实际，服务本国发展需要。二是强调教育与国家是互动互进的发展过程，没有教育现代化不可能实现国家现代化，国家不发展教育就会失去发展的基础。三是重视“发展”的全面性和持续性，从初期重经济发展论到倡导全面可持续发展观①。

第三，重视趋同主导性标准来分析国家发展与教育。一是偏重于教育与国家经济发展的关系，诺亚的研究最具代表性。二是偏重于发达国家的指标，这是大多数发展中国家比较教育研究的通病。三是偏重西方路线和名人研究，如套用西方发展模式或舒尔茨的结论而忽视更加多样的研究。因此，强调发展多样性和文化相对性，对新兴国家尤为重要。

比较教育的发展论分析框架在中国有了重大突破。一是中国是发展中国家，发展问题历来重要，教育如何推动国家发展是研究的重点，受到国家的重视。二是20世纪90年代后，中国比较教育开始面临从早前以介绍外国教育为主转向在研究、掌握规律下指导教育实践，在创立中国特色教育体系中提出新的发展论，强调教育与国家互动互进发展的辩证发展思想和实践模式，包括顾明远、薛理银著的《比较教育导论——教育与国家发展》、冯增俊著的《比较教育学》等对这个发展观做了阐述。

发展论分析框架的上述特点决定了它依然是比较教育研究的重要理论，但是要克服西方中心论以及简单套用人力资本理论的一些明显的缺陷，依然任重而道远。

---

① 参见冯增俊著：《比较教育学》，江苏教育出版社1996年版。

五、结构功能主义分析框架

比较教育的结构功能主义分析框架，是比较教育领域运用社会科学中结构功能主义理论方法的产物。由于20世纪50年代后期出现了对历史主义和因素论等比较教育主要理论方法的普遍批评，认为因素论求诸历史解释或“国民性”影响，是“非科学的”和不确定的，并不能揭示教育发展原理和规律，无助于做出预测和决策。因此，引入新的有效方法成了一种普遍的诉求，各种分析框架因此纷纷登场。20世纪60年代在安德森、福斯特（P. Foster）和亚当斯（D. Adams）等学者的努力下，结构功能主义分析框架逐渐成为比较教育研究的一种主要分析框架，在北美的影响尤为明显①。

结构功能主义分析框架的特点主要体现在以下三个方面。

其一，强调国家教育系统的内外关系，从结构—功能的互动性分析这些关系的性质、状态和影响，判断这种教育系统的功能。正如卡扎米亚斯指出的：“功能主义探究教育系统与其他社会系统之间的相互关系。它假定教育并非自成一体地发挥作用，因此，必须将之置于社会背景中加以考察。但功能主义者不同于历史主义者，用安德森的话说，功能主义者‘专注于由抽象化的社会系统构成的模型，探究实质上并未注明日期和往往没有日期的那些关系’。它探索通过把有关社会与教育的关系的研究同科学的方法结合起来去发展教育的理论。”② 结构功能重在分析教育系统内在功能，关注教育功能的发挥状态。教育问题乃至危机被视为教育系统的功能失调或发生了障碍，而要说明问题的原因，就要进行必要的结构功能分析。

其二，在方法论上，强调从整体上，以及在系统连接中来研究教育系统的内外关系，研究其对应性与互动性。安德森和福斯特等人把教育视为社会的一个部分，因此强调研究教育在社会系统中的关系，以探求关系之间的对应性或一致性为取向。他们认为，教育系统内各要素之间的关系以及教育与社会的其他系统之间的关系，首先是一种协变关系，然后是因果关系。

其三，在研究视角或路径上，注重从社会现实需要和社会结构来分析和评

---

① P. G. Altbach and G. P. Kelly (eds.). *New Approaches to Comparative Education*. University of Chicago Press，1986，p.314.

② *Comparative Education Review*，vol. 21，1977，pp.160-161.

价教育的结构和功能及作用。例如，福斯特的结构功能主义代表作《加纳的教育与社会变迁》考察了西方学校教育模式在该国的“功能转换过程”，分析了该国学校教育在社会遴选、社会流动和社会地位形成方面的功能和作用，探讨了经济和职业结构对学校教育类型和结构的影响，以及学校与社会之间的功能协调等问题。

结构功能主义分析框架倡导对结构与功能关系进行客观分析，其局限性首先在于难以把握社会系统之间关系的复杂性和不确定性，特别是在复杂多变的社会环境中，社会系统的动态性增加了这种结构功能分析的难度。其次，这种分析框架只能说明结构与功能层面上的关系，很难对教育系统内部事件及其原因进行正确分析。再次，结构功能主义过于强调关系对应性，被视为默认社会现实而忽视矛盾和冲突，倡导保守思想，为此受到新马克思主义的批判。

六、新马克思主义分析框架

新马克思主义是作为应对危机和冲突的理论出现的。由于实证主义、相对主义和结构功能主义等分析框架未能有效地对社会变化中出现的失衡、冲突和危机做出合理的反应，一批运用马克思主义的某些观点与方法的理论应运而生，如冲突理论、依附论、解放论和社会变革论等，被统称为“新马克思主义”。比较教育研究运用新马克思主义分析框架始兴于20世纪70年代，其代表有阿尔特巴赫（P. G. Altbach）、凯利（G. P. Kelly）、卡诺伊（M. Carnoy）、莱文（H. Levin）和阿诺夫（R. Arnove）等①。

新马克思主义分析框架具有如下四个主要特征。

其一，现实批判取向。新马克思主义分析框架对不合理的制度和现象持批判态度，因此它一般不为现存制度和现象寻找合理性，而是关注其中的问题和不合理性，试图通过批判来促进改革或改良。例如，原殖民地教育常常以原宗主国为样本，但新马克思主义分析框架关注的是两者关系实质及其消极影响并进行批判，以便促进改变和消除其不合理成分。

---

① P. G. Altbach, R. F. Arnove, and G. P. Kelly (eds.). *Comparative Education*. Macmillan Publishing Co., Inc., 1982.

其二，关注对分化现象和不平等关系的分析与批判。新马克思主义分析框架把视角指向世界上存在的对立与不平等。它关注普遍存在着的二元对立，如发达国家与发展中国家、资产阶级与无产阶级、控制与被控制、压迫与被压迫、贫困地区与富裕地区等，分析分化和不平等关系得以形成和延续甚至加剧的原因。新马克思主义认为，阶级分化存在于资本主义制度本身，资本主义社会总是试图在阶级冲突中再生产出阶级关系。因此，要改变以阶级的关系和分化为特征的教育制度①。

其三，重视分析处于弱势的发展中国家的教育问题与困境。新马克思主义非常重视对处于弱势地位的发展中国家的教育的研究。所以，在新马克思主义分析框架流行的20世纪70年代，发展中国家的教育问题成为世界比较教育研究的主题和热点。

其四，注重分析社会冲突及其对教育的意义。新马克思主义认为，社会冲突在分化的社会中是不可避免的。因为这些社会都是由多个相互竞争的集团乃至阶层组成的，为了各自的利益，它们总是试图影响或控制教育，使之为其利益服务。阿尔特巴赫等人深刻地指出："国家教育制度存在于国家间不平衡的力量关系的状况之中。"②

新马克思主义试图在正统的发展理论之外寻找解析社会冲突和教育矛盾的良方，在揭露教育中的不公平现象，拓展对弱势国家及弱势群体教育问题的研究上，产生了一定的正面影响，其选择的分化与冲突的批判视角，有利于深入探究教育制度及教育关系中的矛盾性。但新马克思主义过于偏重对社会集团、阶级、分化与冲突等主题的研究和坚持关注对立的方法论取向，也使其在世界走向全球化、重视国际理解与合作的过程中丧失了部分话语权。

七、世界体系论分析框架

世界体系论最初是由匈牙利社会学家沃勒斯坦（I. Wallerstein）在依附论等理论的基础上提出来的。依附论和世界体系论都是一种解释国家发展及其环

---

① P. G. Altbach and G. P. Kelly (eds.). *New Approaches to Comparative Education*. University of Chicago Press, 1986, pp.75-76.

② 冯增俊著：《比较教育学》，江苏教育出版社1996年版，第183页。

境的理论，因此，有人把它们看成是一种发展理论。但它们与现代化理论等发展理论有重要区别，比如，在认识取向上带有马克思主义立场和批判的倾向，因此，它们又常被归入新马克思主义的范畴①。可以说，世界体系论是一种在一定程度上运用新马克思主义思想方法，从全球视野来考察和分析国家发展以及世界体系的形成与变化的理论。在比较教育研究上最先引入世界体系论的是迈耶（J. W. Meyer）和汉农（M. T. Hannon）。他们在1979年出版的《国家发展与世界体系》一书中阐述了其关于世界体系的观点。阿诺夫在他与阿尔特巴赫等人主编的《比较教育》（1982）中写的《比较教育与世界体系分析》专章中系统阐述了世界体系论分析框架的思想观点，之后又陆续发表和出版许多论著，如《比较教育学：全球化与本土化的辩证关系》等。世界体系分析框架的研究视角与取向不同于一般发展理论和新马克思主义理论，多应用于发展教育、国际教育和全球教育等研究领域。在全球化推进过程中，关于教育贸易、知识在世界范围内的生产传播和控制方式之类的研究，很自然地打上了世界体系分析的印记。

世界体系论分析框架的特点主要体现在如下三个方面。

其一，重视从国家是整个世界体系的一部分来探讨和定位这个国家教育或国际教育的发展分析，以全球视野去看待世界的教育发展与变革，对特定国家的教育现象或问题进行考察、分析和解释。例如，迈耶和汉农从世界体系的视角对各国普及初等教育和发展高等教育的现象进行分析时发现，教育的发展不仅受国家社会与经济制度影响，也是国际化社会作用的结果。

其二，正视世界体系的结构式样以及相关国家在结构中的处境，分析和判断对其教育发展的影响，从而提出教育改革与发展的建议。在这点上，世界体系论主要吸纳和体现了依附论有关世界体系由中心国家和外围国家组成的观点，探讨这些国家在世界体系中相互关系不对等乃至不平等的根源，并提出解决的见解。

其三，关注国与国之间在教育上的联系与相互影响。尽管不同国家在世界

① 顾明远、薛理银著：《比较教育导论——教育与国家发展》，人民教育出版社1996年版，第163—174页。

体系中的关系很多时候表现为依附、控制和冲突等，但也存在着全球架构下交流与合作的可能，以及在这当中产生的相互影响。这是世界体系论在认识取向上不同于依附论之处。世界体系论分析框架着力建构一种竞争中合作的教育体系，把推动国家间教育交流合作作为维护世界体系的教育架构的重要途径。

世界体系论分析框架为比较教育研究带来了一种全球视野和整体视角，增加了比较教育研究的广度和深度，在全球化与国际化的背景下，能在一定程度上增强比较分析的穿透力和活力，但其理论来源的繁杂性及方法上的不确定性使之往往显得过于“宏大”而不易把握。

八、文化论分析框架

这是由顾明远等中国比较教育学者自 20 世纪 90 年代以来，在历史唯物主义和辩证唯物主义哲学思想方法指导下，通过吸纳和整合历史主义或因素论、相对主义和功能主义等思想方法而构建的一种整合性的比较教育理论分析框架。

文化论分析框架强调的思想观点和方法，集中表现为以下几点。

第一，认为教育本质上是一种文化现象，是文化发展与变革的体现，并受其制约，因此，比较教育研究应定位于“文化研究”。顾明远认为：“只有从文化研究中才能认识一个国家、一个民族的教育的本质。”①换言之，比较教育研究要认识或揭示一个国家或民族的教育本质，就必须基于文化的视角，运用相关的理论和方法，对所研究的对象或问题进行“文化定位”。

第二，主张广义的“文化”概念，强调从文化的历史发展和文化之间的相互作用的角度来理解教育的发展与变革，并确定比较教育研究的价值目标和功能。顾明远认为“教育是文化的一部分”，并强调“教育的文化功能”。在比较教育研究的价值目标和功能上，他既认同历史主义和功能主义对教育与民族国家和社会发展之间关系的重视，同时，又指出了过去的相关研究“对文化的理解过于狭窄，把文化只理解为‘民族性’”。他强调要以历史唯物主义和辩证唯物主义看待教育与文化的关系以及教育与国家发展、教育与现代化之间的相

① 顾明远：《文化研究与比较教育》，《比较教育研究》2000 年第 4 期。

互作用和影响。

第三，强调从文化主客体的关系上构建比较教育研究的认识论和方法论框架，主张比较教育研究采用以文化人类学方法为主的跨学科的多种方法。顾明远认为，对比较教育进行文化研究，最好采用文化人类学的方法，即人种志方法，当研究主体深入到研究客体的文化中时，将有助于克服本民族的思维定式，从研究客体的文化角度来思考和理解研究客体的教育现象和变化发展，才能得出客观的看法①。他认为，这是比较教育能客观地审视不同教育现象以及创立本国特色教育体系最重要的研究方式。实际上，文化概念的宽泛性与比较教育研究的跨文化和跨学科性，决定了文化论分析框架在方法论和研究方法上也倾向于跨文化和跨学科的多种方法的整合。

作为一种整合性的比较教育理论分析框架，文化论分析框架为比较教育研究提供了一种较为宽广的视角和复合的分析样式。但从如何在比较教育的文化研究中深度整合多种理论和方法来看，该分析框架还有待于进一步明确化和系统化。

第三节　比较教育学理论体系发展思考

以上研究可见，当代比较教育学理论形成与发展和比较教育学科发展是相一致的。这些理论通过所建构的理论分析框架，为我们观察教育、开展研究提供了重要的参照系。由于当今社会发展的作用要素复杂，这些理论正是通过特定的方法和立场，让我们从不同的角度把握和分析教育发展。面对未来更加多样复杂的发展，探讨未来比较教育学理论体系的时代走向，是有重要意义的。

一、比较教育学理论体系特点与面临的挑战

综观比较教育理论的发展过程和近况，可对其状态及面临的挑战做如下初步的归纳和概括。

---

① 顾明远：《文化研究与比较教育》，《比较教育研究》2000 年第 4 期。

（一）**理论开放与立场独特性**

“比较教育”本质上是一个包容开放的研究领域。一是每一种比较教育理论都力图包容各式各样的世界教育发展，力图深刻地揭示和阐明其内在的原理，为世界教育发展提供更好的坐标系。二是这些理论发展中都试图包括其他理论的优点，借鉴采用某些研究角度，力争比其他理论把握更大、更多的教育问题。三是比较教育理论的开放性还在于重视借用社会科学的许多理论，把这些理论的分析框架应用到比较教育研究中来。

比较教育理论在展示其开放性的同时，也重视持有本身独特的理论立场。一是建立新的独特的分析框架，以显示其理论的新颖性和独特存在。二是结合本国实际，建构有其文化特色的分析框架，以助于本国特色教育体系发展。因此，比较教育理论的开放性与独特性是统一的，构成了比较教育理论独特的发展特点。只有把握好这两个特点的统一，才能真正发挥比较教育理论的作用。

（二）**科学理性与宏观战略性**

比较教育理论需要对教育发展问题进行具体科学分析，正如诺亚对数十个国家的经济发展与教育的投入研究一样。但是，这些研究必然要从整体上对世界发展予以宏观战略性把握，才可能赋予这些具体的案例分析内在的意义，从而获得带有规律性的理性认识。因此，理论上如何体现比较教育这种研究特性，就成为影响比较教育理论作用和发展的重要因素。一是比较教育理论是对教育基本规律的把握的结果。二是比较教育理论应当是反映和回答世界教育发展基本走向问题的结果。三是比较教育理论是从研究具体教育实践中获得并在实践中得到检验的。宏观战略性赋予其理论长远、整体、宏观的研究特点，是比较教育科学研究的灵魂。

（三）**实践互动与研究需求**

比较教育理论形成和发展的动力和压力来源于教育实践对比较教育研究的要求。近年来，教育发展与变革创新的需要对比较教育研究提出了更高的要求，从而对比较教育的理论或分析框架带来了挑战或冲击。例如，教育交流合作的发展和全球化的影响，尤其是基于信息技术和信息网络的交流与互动，正在构建教育实践新的空间概念和主体概念，原有的比较教育研究分析单元及其结构体系正在解构，不仅使历史主义的因素分析框架显得有些简单和机械，也令相对主义中的“主体”“客体”等概念的含义变得不确定，比较教育的理论或分析框架急需修正或重构。

二、比较教育学理论体系的发展趋向

面对未来社会发展和教育的改革，世界比较教育理论将面临新的问题和挑战，把握这一趋势，才能更好地推动比较教育理论提升和焕发新的活力。

（一）进一步强化不同理论互动和整合

美国国际与比较教育学会前会长爱泼斯坦（E. H. Epstein）多年前在《比较》杂志发表论文时就已强调了比较教育理论内部包容与互动的必要性。他说：“我认定三种支配着这一领域但未被公认和明确的认识论，即新实证主义、新马克思主义和新相对主义，并建议把比较教育看作这些思潮的一个大旋涡，这比看作从弱的方法论到强的方法论的达尔文主义的进化更好……我劝告比较教育学家们承认其工作中的意识形态倾向，容忍敌对的研究方向，以促进比较教育领域的统一。”① 显然，态度上的包容是不同理论之间的共处所必需的，而寻求不同理论之间的连接和整合则需要做出更大努力。只有致力于不同理论之间的连接和整合，比较教育的理论才能有望成为具有一定整体性和内聚力的体系。

（二）走向多元一体化

自20世纪80年代以来，针对比较教育领域的分化与冲突，比较教育学界曾就解决办法提出过不同的主张。其中一种具有代表性的观点认为，应回归普遍主义与追求统一的比较教育理论模式。然而，在比较教育这样一种复杂的领域，追求建立在普遍主义之上的统一的理论模式，不仅不现实，而且还会削弱比较教育理论的解析力和适应力。现实的目标应是在多元发展的基础上，通过整合来构建多元一体的理论体系。就像爱泼斯坦曾经强调的那样：“把注意力集中于产生大家都能利用的知识基础。”② 更明确地说，就是把努力聚焦于构建“一体”上。所谓的“一体”就是比较教育学科的基本概念、目标体系和原

---

① *Compare*, Vol. 17, No. 1, 1987, p.18.

② P. G. Altbach and G. P. Kelly (eds.). *New Approaches to Comparative Education*. University of Chicago Press, 1986, p.323.

则。它们构成比较教育研究共同的互动平台，具有相当的包容性，能够把多元的理论整合在一个宽松的体系框架内。冯增俊等比较教育学者近年来不断强调要建立“多元一体”的比较教育学理论体系。王英杰、陈时见等比较教育学者主张加强对比较教育的本体论、认识论和价值论等比较教育基本理论问题的研究。这些都反映出中国比较教育学者为构建比较教育学的“一体”理论体系所做的努力。这些努力无疑将有助于比较教育学理论体系的进一步构建和发展。

（三）加强理论的反省与改造

对不同比较教育学理论的整合需要从相关理论的反省、改造或调整入手。实际上，不同的理论或分析框架在形成与发展的过程中，并非一味持区分或排斥的姿态，有时也采取吸纳或包容的策略，通过把其他的理论或对应的范畴整合到自身的结构中，从而使自身具有更大的包容性和影响力。例如，新实证主义不仅继承了正统的实证主义追求普遍规律和科学方法的特点，同时也吸纳和整合了社会历史分析和系统功能分析的方法。可以想见，加强不同理论的反省和改造，将有助于缓和不同理论之间的分歧，并在它们之间建立起联系，从而带动比较教育理论的整合和重构。

（四）构建系统的、包容的、生态的方法体系

这一方面表现为整合不同的研究方法，另一方面则是引进或创立更具系统性和生态性的方法，以形成具有较强包容性、互动性和整体性的方法体系。一般说来，各种理论在价值取向或意识形态方面的分野往往较难调和，但在研究方法上相互兼容的可能性则比较大。正如上述新实证主义的例子已表明的，不同理论在方法上的相互吸纳或连接是可能的。近年来，在比较教育研究中综合运用系统论、社会科学方法和生态学方法的情形趋于增加，正在成为比较教育研究方法体系更新和发展的一个重要趋向。这无疑将有助于构建具有较强包容性、互动性和整体性的方法体系，并由此促进比较教育学理论体系的整合与重构。

【思考与练习】

1. 比较教育学理论的形成与发展过程有哪些阶段？
2. 几种比较教育学理论分析框架各自有哪些特点？试谈你对它们之间关

系的理解。

3. 思考比较教育学理论体系面临的问题或挑战与发展趋向。

【拓展性阅读导航】

1. 王承绪主编：《比较教育学史》，人民教育出版社 1999 年版。

该书描述了比较教育学科的发展历史，评析了比较教育学理论的主要流派及论争，并介绍了国际教育组织和若干国家开展比较教育研究的情况。

2. 顾明远、薛理银著：《比较教育导论——教育与国家发展》，人民教育出版社 1996 年版。

该书阐述了教育与国家发展、教育发展与比较教育研究之间的关系，介绍和分析了比较教育学的主要理论和方法，并探讨了比较教育研究的现状与趋势。

3. 顾明远著：《顾明远教育演讲录》，人民教育出版社 2014 年版。

该书是中国教育学会名誉会长、著名比较教育学家顾明远教授演讲文稿的荟萃，其中多篇演讲稿专论了国际与比较教育的研究和发展。

4. ［美］罗伯特·阿诺夫等主编，冯增俊等译：《比较教育学：全球化与本土化的辩证关系》，人民教育出版社 2012 年版。

该书以世界体系理论为研究框架，从全球化与本土化两个角度进行综合研究，体现了西方比较教育学发展的一个重要转型。

第三章　比较教育学的研究方法

【内容提要】

比较教育学的研究方法及其演进不仅是学科存在的重要条件，也是其不断发展的重要基础。本章分析了比较教育学研究的方法层次，探讨了比较教育学研究的基本立场和基本原则，阐述了比较教育学研究的类型、常用方法和基本步骤。

【学习目标】

1. 了解比较教育学研究的方法层次和类型的主要特征和基本要求。

2. 了解比较教育学研究应当坚持的基本立场和遵循的基本原则。

3. 了解比较教育学常用研究方法的特点及其在研究实践中的运用。

4. 了解比较教育学研究的实施程序，把握比较教育研究的基本步骤及要求。

研究方法是学科发展的重要标志。比较教育学的产生和发展以研究方法的演进为重心，因此，比较教育学研究方法论争和改进不仅推动着方法的进化，也推动着比较教育学科的发展。自朱利安倡导比较教育研究以来，比较教育研究方法也经历了一个从简单、零散与单一到综合、系统与多元的演变过程。

第一节　比较教育学研究方法论基础

在比较教育学研究中，方法是进行研究的途径、手段及方式，方法论则是正确运用研究方法所应遵循的基本原则和要求。实践证明，比较教育学科性质在很大程度上是通过其特有的方法论体系体现出来的。没有正确的方法论指导，研究就很容易步入歧途。

一、比较教育学研究中比较的层次性

比较是人类认识事物的主要方法之一，它是通过对比和鉴别去认识事物。无论在人类思维发生的初级阶段，还是科学知识发展的高级阶段，比较方法都起着非常重要的作用。因此，比较是社会科学研究中最常见的方法之一，在科学研究中有广泛的运用。

比较方法作为人类认识的一种手段，具有普遍性。人们总是自觉或不自觉地运用这种方法，在不同事物的比较中确定待定事物的性质。第一，比较方法既是比较教育研究的基本方法，更具有学科主体性意义。其他教育科学研究中的比较，只是一种技术性的具体方法，通过这种方法对获得资料、数据或结论进行分析，具有强烈的工具性特征，是服务于某种研究的一种手段。而比较教育学研究中的比较，却是作为一种方法论层面的思维方式，是研究主体基于跨文化整体视野考察研究对象所形成比较的广度和深度，是一种学科视野。这里的比较具有研究主体的性质，其他教育研究方法服务于比较法，这种比较也由此从技术层面转变为学科思维主体层面，从工具变为目的。第二，比较方法并不是比较教育所独有的研究方法，也不是唯一使用的研究方法。比较教育“比较”的独特性主要体现在其整体的研究取向上，因此不能把运用了比较方法的

教育研究简单等同于比较教育。这些，就决定了比较教育研究中的比较具有明显的层次性。

第一层次指运用具体技术层面的比较进行的教育研究，我们称之为教育比较研究。教育是一种非常复杂的社会现象，在教育研究中自然常常会运用到比较这种最基本的认识方法。因此，教育比较研究几乎可以涉及所有的教育问题，比如，课程内容的变化、教学效果的优劣，等等。因此，教育比较研究可以是比较教育学研究的重要方式，但也只能是同其他教育学科具有交叉性质的拓展性方式，而不是比较教育学研究的主体方式。

第二层次以比较世界教育发展获得的认识为整体研究取向的教育研究，我们称之为“比较视野”。这类研究不一定会运用具体的比较技术，但是它们都是基于比较视野下进行的教育研究，跨越了某个国家区域或特定时空，以长期来对世界发展的认识和见解来分析揭示了特定教育现象的问题。奥利韦拉（C. E. Olivera）认为，比较教育是“从两个或更多的教育领域中发现的抽象的关系类型”，其真正目的在于“从更高的抽象水平上建立和阐述这些类型之间的新的关系”①。在他看来，比较教育研究已经超越了一般具体技术意义上的比较，而是认识论上的比较。这是一种整体性的研究取向，它已经从具体的事项对比，上升到从规律上进行的比较，或者通过对他国教育的描述和分析，产生有助于认识本国教育问题的比较效应。因此，这一类研究属于比较教育研究的范畴，是更高层次的比较教育研究，体现了比较教育的学科视野。

第三层次研究是在比较教育的学科理论、研究方法、话语体系等层面上开展的比较研究，我们称之为比较范式。范式是指学科共同体的成员所共有的一切信念，即这些成员所共同持有的理论观点、思维模式和话语体系。第一，范式是一个学科或专业领域的共同传统，规定着学科的发展方向。比较教育学在两百年的发展过程中，在一代代研究人员的推动下，逐渐形成了基于国际教育发展的共同信念和整体性的研究视角，形成了强烈的学科意识和研究立场。这种信念与立场规定着比较教育的基本观点、基本方法和话语体系，不断产生着

① 赵中建、顾建民选编：《比较教育的理论与方法——国外比较教育文选》，人民教育出版社 1994 年版，第 327 页。

多样但同类的理论模型和分析框架。这不仅构筑了比较教育的学术传统，而且规定了比较教育进一步发展的方向。对比较范式的研究，反映着比较教育学者对学科发展和建设问题的反思，是学科成熟的标志。第二，范式的成熟也与比较教育学科对教育发展把握水平相关，范式也是有不同层次和水平的。

综上所述，比较教育是一种基于整体比较取向的研究视野和不断变化的研究范式。比较教育学研究的方法体系由三个层次构成，第一层次是技术层面的比较方法，第二层次是整体取向的比较视野，第三层次是信念层面的比较范式。比较范式确立了比较教育学的研究信念和研究方向，比较视野规定了比较教育学的理论模型和分析方式，比较方法影响了比较教育学的开放程度和拓展空间，由此构成了比较教育学的方法体系①。

二、比较教育学研究的基本立场

（一）坚持借鉴的学科立场

比较教育研究自产生起，就形成了非常强烈的借鉴取向。第一，比较教育研究大多围绕“理想社会的教育”而展开，即以引介和分析特定时代“理想社会”的“理想教育”为基本内容，即使研究后进国家教育也是探讨如何实现先进教育的理想。第二，比较教育研究重在描述、引入、介绍、分析那些社会现代化程度最好、经济最发达、科技最先进的国家的“理想社会的教育”，以为本国教育改革提供借鉴，并直接服务于本国教育改革。

（二）审视标准的研究立场

比较教育研究重视借鉴什么和达到什么的标准审视。因此借鉴的研究取向及其由此形成的借鉴“理想社会的理想教育”的标准假设，使人们把研究的注意力主要集中在发达国家教育，比较也成为一种单向的借鉴或者输入，以实现同化或适应这种理想。第一，同化即移植。所谓同化，就是通过将“理想的教育”输入或移植到其他地区或社会，最终取代这些区域或国家的所谓“落后”教育。所谓适应，就是用一种补偿计划去适应非理想社会的需要和价值观，其目的仍然是把非理想社会的教育同化于或者结合于理想教育之中。第二，“理

---

① 陈时见：《论比较教育的学科属性与学科体系》，《比较教育研究》2008年第6期。

想教育标准”不适合后进国家发展。由于“理想教育”成长于过去时代的特定条件，因而，无论是同化还是适应那些“理想教育”，都不适合被应用、被借鉴的区域、民族或国家教育的发展模式。第三，现代化标准致使研究以“理想教育”为标准的研究取向。这种早期现代化倡导标准主义使借鉴“理想教育”成为社会时尚和教育研究指引，满足了后发国家民众对宗主国的依附心理，也满足了西方式主流文化主导的社会需要，从而抹杀了世界上不平衡区域及国家的教育差异，使差者更差。

（三）倡导多元互动的主体立场

当今世界全球化进程加速，进一步凸显了不同区域及文化下教育发展多样性与差异性，以及具有相互借鉴的意义。所谓“理想社会”的“理想教育模式”实际上并非理想而可能是外加或者预设的，难以适宜其他区域或国家的教育。这种“理想教育模式”实际上是单向移植，在本质上是一种替代或者抹杀，是“理想教育”的扩大化，也是对非理想教育的忽视，不利于挖掘、保存和利用大多数区域或国家文化教育的丰富资源。单向教育输入，也不利于国家间教育交流及合作互动。

全球化不断地增强世界流动性，比较教育研究应重视全球化教育环境的复杂性，综合分析借鉴的可能性与时效性，注重输入的多向性和互动性。所有的国家都既是教育的输出者，也是输入者。这就要求比较教育研究：一是要重视世界教育体系的整体观，坚持多元化视野；二是要从绝对论转变为相对论，承认文化的多元性和合理性，承认教育平等互动、相互借鉴的价值；三是要积极创设有效的国家交流合作，不仅能从教育输出中实现其价值，而且可以从输入中形成交流、合作和发展的力量，以此为学科自身发展获得新的生命力。因此，比较教育研究必须坚持多元文化主义观，冲破以单一国家为基本单元的传统分析模式，拓展分析单元，形成多层面、多维度、多视角的比较分析框架。研究领域应扩展到世界体系范围多元文化背景下所有区域或国家的教育。

三、比较教育学研究的基本原则

根据比较教育的学科性质，结合其研究立场和研究内容及特点，比较教育研究应坚持下列基本原则。

（一）整体性原则

任何事物、现象之间及其内部诸要素之间都是普遍联系的，它们相互作用和相互制约。比较教育研究涉及整个教育领域，与社会现象如同政治、经济、文化等多种因素是相互联系、相互制约的关系。比较教育研究必须研究世界各国发展环境下的教育联系，才能揭示不同国家教育的实质，寻求教育发展基本规律，得出科学、正确的结论。

比较教育研究具有全面的角度和视野，既顾及教育本身的各个方面，又兼顾对教育产生影响的各种外部要素，同时，还要研究教育内外部各因素间的相互作用与影响，考察科技进步与社会运动的基本规律。因此，分析与综合相结合并以综合为主要特征的思维方式逐渐取代了那种以分析为主要特征的思维方式。

比较教育研究首先把世界各国教育作为一个整体来看待，从整体性视野上去了解、分析和研究各国教育，因而必须对各国教育之间及教育要素之间进行深入研究，获得对世界教育的整体性认识。一是重视教育问题的历史性研究，以知晓其发生发展的前因后果，来龙去脉。二是重视教育问题的社会性研究，以把握教育与社会各要素间相互依存、相互影响、相互制约的关系。三是重视研究世界教育发展中的普遍问题和特殊问题及各种矛盾，辨别不同国家教育之异同，既求同中之异，又求异中之同。这样才能既正确认识各国教育发展的经验和做法，又科学把握整个教育发展的规律和趋势。

（二）发展性原则

比较教育研究要坚持发展观。一是世界事物是发展的。世界一切事物处于相互联系、相互制约和相互作用之中，倡导世界是发展的这一辩证法原理，揭示世界事物从简单到复杂、从低级到高级、从无序到有序的进化机制是比较教育研究的原则。二是比较教育研究要大力倡导发展观。比较教育的目的就是探讨当代世界教育发展的共同问题和一般趋势，要重视从历史传承、现代发展以及未来变化来审视问题，并在分析各国教育制度相似现象的基础上揭示教育的差异性及其进一步的发展趋势。教育制度的优劣要从历史发展上考察，从其是否促进人类社会的进步这个角度来评判，用发展的观点来分析，才能达致高瞻远瞩，把握世界教育的发展趋势。

（三）可比性原则

世界上的一切事物之间都具有共同性和差异性。一方面，人类历史发展都经历了大致相同的社会发展阶段，在基本人性上有着许多的共同性，这种教育发展的共同性提供了教育可比性的基础，使我们能从国际比较的视野来研究世界教育的共同特征和发展走向。另一方面，由于地理环境、文化背景、民族心理等方面的差异，由此形成不同的民族精神，造成世界各国教育既有共同性，又有差异性。比较教育研究的基础在于世界各国教育发展的共同性和差异性。各国教育没有差异，就没有比较的必要；各国教育毫不相干，就没有比较的可能。所谓可比性，是指比较教育研究对象间所具有的内在本质的相似性和差异性。可比性的表现形式可以是显性的，也可以是隐性的。

一般地说，不同事物之间都可以进行比较，这是可比较的无条件性和绝对性。然而，事物之间总是因时间、地点、所处条件而不同，使比较具有条件性和相对性。因而，可比性原则要求在具体的社会环境中进行教育比较。世界不同区域、不同国家、不同民族的教育发展，都是特定社会环境的产物，都不同程度上具有区域性和民族性。当我们对各种不同的教育类型、教育模式、教育经验等进行分析评价时，就必须联系具体的时代背景和区域文化背景，这样的比较才能得出科学的结论。

（四）革新性原则

比较教育研究的重要目的是革新教育实践。一方面，比较教育研究的一个重要目的在于借鉴国际教育经验，促进本国、本地区教育改革和发展，这是进行比较教育研究的重要基础。借鉴几乎贯穿于比较教育研究的全过程。借鉴就是通过比较教育研究进行摈劣扬优的工作，有选择地吸取国际上有用的经验和做法来改进本国或本地区的教育。另一方面，开展比较教育研究，就要搜集真实可靠的实践资料，进行有科学根据的分析，获得科学的结论，并在实践中检验这些结论以证明结论的正确性。借鉴是比较教育研究的根本目的，关键在于只有通过不同国家的实践来鉴别某项研究结论的适用范围，通过试验来取得经验，再逐步推广，并由此推动教育的革新。

比较教育研究的革新性原则要求我们深入研究国家先进的教育经验，同时要重视研究成果的本国应用，吸收其精华，将这些先进的理论和经验应用于本国实践中，为本国教育发展服务。因此，比较教育研究者既要关注国际教育，把握世界教育的发展趋势，不断推进世界教育的交流与合作，促进世界教育的革新与发展，还必须关注研究者本国的教育现实。

总之，方法论决定着研究方法的选择。上述四项原则着力揭示和反映比较教育研究的方法论基础，是从事比较教育研究应该遵循的。

第二节　比较教育学的研究类型与主要方法

开展比较教育研究，要在具备比较教育理论的基础上，具有运用研究方法的能力。这里说的方法不是具体技术，而是指在理论指导下进行有目的地运用系列研究技术手段的过程。只有掌握比较教育的研究方法，才能从事比较教育研究活动。

一、比较教育学的研究类型

比较教育学倡导对不同国家和地区的教育进行跨文化比较研究，探讨教育发展规律及特定表现形式，借鉴有益经验，推动本国本地区以及世界的教育改革。根据其学科特征，可以把比较教育研究分为区域比较和问题比较。

（一）区域比较

区域比较是按照地理区域、社会制度、民族传统、政治背景、经济状况、语言习惯等相关标准，对世界不同国家和地区进行划分，然后再对它们之间的教育进行总体比较的方法。区域比较法的独特性在于，它不是从“学科”而是从“区域”出发的，是在一定的时间和空间范围内整体地把握研究对象，力求综合、全面地把握（理解）某一地区的人类集团所创造的政治、经济、社会、文化的整个体系，以便寻找教育发展的特点和规律。

区域比较研究可以分为不同的层次：一是超越“国家”的“某个统一体”（区域）的比较分析，二是国际性的研究与单一国家之间的比较分析，三是单个国家的教育制度和教育实践的比较分析，四是国家内或地区内的比较分析。

（二）问题比较

问题比较是把两个或两个以上国家或地区的教育按问题分类，进行对应的比较分析。按照比较的范围和内容，又可以分为专题比较和总体比较。

专题比较是把各国同一类教育问题并列在一起进行比较分析，试图从中找出各国的特点和共同趋势。如对各国的学校教育制度的比较研究、课程改革的比较分析等，都属于这类范畴的比较研究。由于专题比较的对象清晰、目标明确，比较容易把握，所以，比较研究一般以开展专题比较为宜。

总体比较是对全球教育的现状和趋势进行整体比较研究的方法，它属于宏观比较范畴。其目的在于揭示各国教育制度和教育实践的总的特征和发展趋势，判明政治、经济、文化、社会发展对教育的影响，解决一些根本性的问题。总体比较法能够帮助我们在更高层次、以更宽广的视野来审视教育对象，有利于我们对教育的宏观发展做出全面的分析、判断和预测。但是，总体比较对研究人员的素质有很高的要求。因为在复杂多变的世界经济、政治、文化、社会的浪潮中，既要了解研究对象的全面情况，又要准确分析、把握教育现象与问题的本质所在，归纳出教育发展的一般规律，的确不易。总体比较法的最大问题是难度太大，并非所有学者都敢于采用此方法。

从以上的讨论可以看出，区域比较和问题比较是在比较教育研究方法上的两种不同取向。在研究中，我们需要根据研究的对象和任务来决定研究取向及具体研究方法的使用。

二、比较教育学研究的常用方法

比较教育学在二百年的发展过程中，形成了众多的研究方法。其中，比较研究法、描述研究法、文献研究法、统计分析法、个案研究法、田野研究法等是比较教育研究最常用的几种方法。当然，这里的比较研究法指的是技术层面的研究方法，而非方法论层面的比较视野。这些不同的研究方法在方法论的指导下，服务于具体的研究实践。

（一）比较研究法

作为技术层面的比较法，是比较教育研究最基础的方法之一。比较法是指根据一定的标准，对某类教育现象在不同情况下的不同表现进行比较分析，以揭示其普遍规律和特殊本质，从而得出符合客观实际的结论。比较法根据不同的比较对象和要求，可分为不同的类型。根据比较对象的同一性和差异性，可分为同类比较和异类比较。根据比较对象的历史发展和相互联系，可分为纵向比较和横向比较。根据事物的质、量特性，可分为定量比较和定性比较。事实上，在一个复杂问题的研究中，各种比较法往往需要结合起来运用。

比较法一般包括五个操作步骤。一是明确研究主题，要根据研究问题确定比较的内容，限定比较的范围，使比较目标明确而集中，建立统一的比较标准。二是确定研究对象，要根据研究主题和比较标准，考察研究对象之间的表面特征和内在属性的关联性，考虑研究对象的客观条件、典型性及对象之间的可比性。三是获取相关材料，要通过查阅文献、调查、实验等多种方式，尽可能多地搜集相关资料，要注意资料的真实性和客观性。四是描述和解释内容，在搜集材料的基础上，对材料进行加工、解释、分析和评价。要选取有代表性的、能充分反映事物本质的内容进行描述解释，要注意对象间的因果性和全面性。五是得出比较结论，在对比较对象进行全面分析的基础上，对研究问题做出相关结论。

运用比较法，有几个方面的问题需要注意。第一，要保证可比性，即比较对象均属于同一范畴，有一定的内在联系，并能用同一个标准衡量和评价。因此，“比较的标准必须统一，比较的范围、项目要一致，比较的客观条件要相同”①，特别是在涉及跨国比较时，要注意比较对象的内涵和外延。第二，要注意资料的准确性和可靠性。用于比较的资料必须是真实可靠的，要检验选用资料的真实性，考察来源的可靠性，要注意选用能反映研究对象普遍情况、本质的材料。第三，要注意比较的全面性。影响事物变化的因素是多方面的，因此要从不同角度、层次、多方面地进行比较。第四，要谨慎对待比较结论。比较法是在一定条件和范围中运用的，其比较结论只能在比较的范围内适用。因此，比较研究得到的结论都是相对而言的，不能孤立、绝对地看待其结论。

（二）描述研究法

描述研究法是指对研究对象进行形象、详尽地描绘叙述，其在比较教育研

① 裴娣娜编著:《教育研究方法导论》，安徽教育出版社 2012 年版，第 234 页。

究中被广泛地使用。1817 年，朱利安在其《比较教育的研究计划和初步意见》一书中，就对描述研究法进行了阐述，并具体运用到他的问卷调查中。此后，库森等诸多学者积极推进描述研究的运用。描述研究法是比较教育学科发展初期的主要方法，现在已成为比较教育学科研究的基础方法。

描述研究法的具体操作程序如下：一是通过各种手段和途径搜集足够的文献和资料；二是对具体的研究对象进行考察，核实所搜集资料的真实性；三是认真阅读文献和资料，并对其进行筛选、分类和整理；四是通过描写、叙述的写作手段，对研究对象进行形象详尽的概括、评价和比较。

描述研究法注重资料的搜集与整理，强调对教育现象或教育过程进行系统、形象、详尽的描述与揭示，能够提供全面真实、具有原始色彩的教育情况。所以，描述是开展比较教育研究的必要手段，没有正确的描述，就无法进行正确的分析和比较，更无从产生正确的结论。但是，描述研究法常常停留于现象的表面，缺乏对问题的深刻解释和分析，难以挖掘隐藏在现象或过程后面的本质，也就难以获得真正科学的研究结论。所以，描述研究法只能是一种基础性的研究方法，需要与其他方法配合使用，才能达到研究目的。

（三）**文献研究法**

所谓文献，是指包含研究对象信息的任何形式的材料，它可以是文字的、书面的，也可以是口述的、视频或音频的。文献法即是对文献“进行查阅、分析、整理，从而找出事物本质属性的一种研究方法”①。在比较教育研究中，由于受时间、经费、语言等诸多因素的制约，进行实地调研的机会并不多见，因此，查阅和分析重要的教育文献成为获得一手数据的主要来源。文献法也成为比较教育研究中最为基础的研究方法之一。

运用文献法进行比较教育研究，一般包括查阅、抽样、鉴别和整理四个环节。一是查阅文献，由于文献浩如烟海，要根据研究问题，有目的、有计划地利用书目、索引、年鉴等工具书以及数据库、搜索引擎等网络资源，尽可能地搜集、查阅资料。二是对资料进行抽样，要根据资料与研究问题的相关性以及资料的可靠性、时效性，筛选出研究所需的资料，进行重点分析研究。三是对

---

① 徐志明主编：《社会科学研究方法论》，当代中国出版社 1995 年版，第 471 页。

资料进行鉴别，要对资料来源的真实性和内容的准确性进行鉴别，去伪存真。四是对资料进行整理，要根据研究问题和资料本身的内容、性质，按照某种逻辑或标准，对资料进行分类、整理和归纳，使之能较为系统地、全面地、深刻地解释、说明或解决研究问题。

文献法研究是比较教育研究广泛使用的基础研究方法，但也存在局限性。一是要注意区分文献的真伪与价值大小。例如，有的报告、数据或结论出于各种原因被“作假”或“过时”；同时，也还要鉴别资料反映的是个别性、偶然性的还是本质的、普遍的，是主流的还是支流的。二是要注意文献资料本身的局限性，各种文献资料受其记录目的、方式等的影响，都不同程度带有局限性，在使用时还需做必要的加工与组织，才能符合研究的需要。

（四）统计分析法

统计分析法是教育统计技术在比较教育研究中的具体运用，是教育比较研究中采用的一种量化研究方法。具体地说，统计分析法是采用数理统计的方法，对比较教育的研究对象的各种要素进行量化分析，以期掌握教育情况，探索教育发展规律，评价教育效果，指导教育决策。在比较教育研究中，统计分析法既是一种搜集教育资料的手段，也是其他研究方法的一个基础或补充，还可以是一种专门的研究方法。

统计分析法包括以下两个方面。一是描述统计法，即对教育调查或教育实验中所获得的大量数据资料，用统计图表资料的特征数，如集中量数、差异量数和相关量数，力求显示对象国或地区教育现象的真实情况，找出并分析影响教育发展的相关因素，从而揭示其内在规律。二是推断统计法，即是建立在描述统计的基础上的推断统计，是概率原理。其主要是利用样本的数据资料对总体进行估计和假设检验分析。总体估计包括点估计和区间估计两种，假设检验则包含有 Z 检验、T 检验、方差分析、回归分析、协方差分析、因素分析、聚类分析和一些非参数检验。推断统计法的目的是从特殊去推断一般，使研究结论应用于更广泛的范围，达到预测效果。

统计分析法的优势在于通过对研究中的某些因素进行量化处理，提高研究的客观性和有效性。特别是用来在国际范围内检验待定的假说的有效性，例如，国际教育成就评价协会就运用相关分析来揭示学生的学科成绩与学校、家庭和社会背景之间的关系。但是，统计分析法的使用仍受到许多条件的限制，比如，多国教育现象的可靠资料搜集困难，以及在教育中存在着许多难以精确统计和量化的因素，是无法依靠以概率判断为特征的统计分析来研究的。

（五）个案研究法

个案研究法，又称为案例研究法，最初出现于社会学研究中，后成为社会科学领域一种广泛使用的研究方法。它是一种跨学科、跨范式的研究方法，不同的学者从各自所从事的领域出发对其概念的界定也不尽相同。从比较教育的角度来看，个案研究法是对现实中某一典型的对象，通过广泛搜集各种资料，综合运用各种方法和分析技术对其进行直接或间接、深入而具体的考察的研究方法。个案研究的对象可以是一个人、一个团体或机构，也可以是一个国家或区域，还可以是一个教育现象或事件。个案研究的研究对象一般应具有典型性，通常是能够集中、全面反映同类事物的共同属性或事物发展趋势的特殊代表。研究对象单一和研究焦点集中，使个案研究能够深入、透彻、全面和系统。个案研究法的这些特点与比较教育研究的特性相契合，因此，它也成了比较教育研究的常用方法。

在比较教育研究中，个案研究法的操作程序主要包括以下三个步骤。一是确定研究问题，选择研究对象。研究者应根据比较教育研究的目的和内容，对个案研究的问题进行界定，进而进行个案的选择。在选择个案时要坚持关键性、独特性和启示性的原则。二是搜集个案资料。详尽的资料是得到准确结论的重要保证，因此，必须对个案对象的资料进行全面而系统的搜集。三是分析个案资料，获得结论。研究者对搜集到的个案材料进行分析，要注意选择适当的分析策略和技术，深入考察事物演变的内在成因和机理，从中获得有意义的结论。在研究过程中，还有几个问题值得注意。首先，由于个案研究法针对的是个别的、特殊的、具体的研究对象，我们在研究时要遵循道德准则，要切实保护研究对象的隐私权。其次，要尽量排除主观干扰，个案的选择是研究者的主观判断，因此研究者要尽量从研究问题和内容出发进行选择，排除个人主观因素的干扰。再次，由于个案研究法考察的对象是个体或事物的局部，因此其结论的代表性有限，不能轻率地把结论推及全体。

个案研究法的优势在于它“能够提供对教育问题成因的理解，对经纬万端的错综关系做周全的涵盖，对动态变化之时空情境条件做适当分析”[1]。因此，特别适用于对某些特别复杂或难以理解的教育现象或问题进行描述、解释和说明。但是，个案研究法由于其研究对象的限制，其研究结论也不易归纳为普遍结论，因此，它具有一定的局限性。在比较教育研究中，它通常是需要和其他方法配合使用，才能达到研究目的。

（六）田野研究法

田野研究法是“一种深入到研究者对象的真实情境中，以参与观察和具体访谈等方式获取第一手资料，并通过对这些资料的定性分析来理解和解释研究对象的研究方法”[2]。进行田野研究时，研究者需要在一段相对较长的时间内在对象国生活（或与被研究者共同生活），亲自参与调查活动从而获得较为系统和全面的第一手资料。从某种意义上看，在比较教育研究中，田野研究法的历史可以追溯到比较教育的史前时代，那时候人们旅行游记中对教育的描述和评论，可以算是田野研究的产物。但是，“科学的”的田野研究更强调研究的客观性，即更加注重对原始材料全面和系统的考察，用事实说话。

从操作程序上看，田野研究法可以分为三个阶段。第一，准备阶段。研究者在这一阶段必须做好以下一些准备工作。①选择调查对象和地点。要选择有特色或有代表性的进行调查，如自己比较熟悉的或感兴趣的调查对象。②熟悉调查对象和地点的情况。要搜集相关的文献资料和调查资料，熟悉调查对象（国）的语言、文化、生活习俗等。③设计田野研究方案，如研究主题（问题）、具体的调查对象和地点、时间安排等。第二，调查阶段。研究者进入调查现场，通过直观观察、访谈（特别是深度访谈）、参与体验等方式获得第一手资料。在这一过程中，要重视对获取的资料进行记录和及时整理。同时，要根据所获取的资料，及时对研究问题进行修正，并最终确定下来，以便于资料的进一步搜集。第三，分析比较阶段。对获得的第一手资料进行整理和综合分析，在此基础上理解和解释教育现象或问题的形成、变化机理，找出不同国家教育发展的共同性和差异性。在进行田野研究时，我们要保持价值中立的原

---

① 潘苏东、白芸：《作为“质的研究”方法之一的个案研究法的发展》，《全球教育展望》2002 年第 3 期。

② 陈时见主编：《教育研究方法》，高等教育出版社 2007 年版，第 96 页。

则，以一种客观的态度去观察和搜集资料；要坚持整体论的观点，从纷繁复杂的资料中把握对教育及其影响因素的理解；要坚持多元文化观，每种文化都有其自身的价值，无谓优劣；要遵循研究伦理，尊重和保护被调查对象的隐私。

田野研究法是一种全方位的调查研究方法，它试图通过对教育状况的整体描述和解释，进而揭示教育与“生活世界”的联系，帮助我们更加深刻地理解和认识不同国家教育发展的过程及特征。由于田野研究法是一种定性研究，因此，也有研究者质疑其研究结果的普遍性和概括性。

总之，每一种研究方法，都存在着各自的利弊，因此，既有存在的必要，但又很难单独解决现代日益复杂的教育问题。所以，在比较教育研究中，正确地选择并结合运用方法才能达到研究的目的。

第三节　比较教育学研究的基本步骤

比较教育学研究是一个包含一系列步骤的有序过程。无论何种类型、何种主题研究以及采用何种具体研究方法研究，都包含了一些基本的研究步骤。

一、选择研究主题

发现并提出问题是一切科学研究活动的起点，比较教育研究也始于问题。从问题入手，进一步明确研究目的，选择研究的主题，就成了开展研究的重要条件。研究问题的来源是多种多样的，选择的问题要有意义和价值，有科学的现实性和可行性，有研究的可持续性。比较教育研究涉及的领域及其广泛，一般涉及世界性、区域性、变革性、时代性、国别性、民族性教育问题等诸多方面。

世界性教育问题研究是对世界教育的现状与未来发展走向做全面、整体性的比较研究。在横向上，主要是判明决定和影响教育发展的主要因素；在纵向上，主要是探索教育发展的总趋势。在判明决定和影响教育发展的主要因素时，既要判明生产力和政治经济制度等外在因素对教育发展的作用，也要判明教育内在因素对教育发展的作用。在探索教育发展的总趋势时，既要探索教育近期发展的总趋势，也要探索教育远期发展的总趋势。特别是要把握全球化、多元化的发展趋势下形成的跨越地区、民族、国家界限的国际教育浪潮，比较教育研究世界性问题的过程也是世界各国教育观念、思想、革新措施、经验乃至所有观点相互作用、相互影响的过程。

区域性教育问题研究是超国家比较，一般常见的区域性划分有地理区域、文化区域和经济区域。由于自身的组织特点，国际机构经常把较大的纯地理单位作为比较教育研究的单位，如亚太地区、欧盟。文化单位也经常作为比较教育的研究单位，区分文化单位常用的标准是语言。例如，经常把英语国家、拉丁语国家或使用西班牙语的国家分别视为一个单位，有时候宗教信仰（新教国家、天主教国家、伊斯兰国家……）也被当作区分文化差别的核心，发达国家与发展中国家之间的比较也是研究得相当多的一个领域。区域性问题的研究力图从历史的、现代的角度来探讨世界范围内的教育，也包括区域内各国、区域之间和全球性教育的关系，既要保持区域的教育独立性、学术自由性，又要寻求世界教育发展的整体性经验和一般规律。

变革性教育问题研究是对当前教育所面临的挑战性问题的研究，特别是在现代科技和现代生产的作用下，教育改革剧烈而频繁。由于各国的历史背景、教育制度、社会结构和文化传统都各不相同，因此，各国所面临的问题也有差异，教育改革的具体做法和基本走向不尽相同。在实现教育改革表象的背后，存在着人们对教育发展客观规律的追寻，对现代教育的变革方向和理想模式的探求。因而比较教育必须关注根植于各国民族文化和环境中的教育政策、教育行动和教育观念的变革，从多元角度考察各国教育面临的挑战及其变革策略。

时代性教育问题研究的主要目的在于借鉴。比较教育研究是以当代为中心的，以研究现状为主，主要是研究当代外国教育的理论和实践，找出世界教育发展的共同规律和发展趋势，为改革本国教育所借鉴。从教育的交流和互动而言，教育面临了一个文化更加多元、意识形态更加复杂、国际交流更加频繁的新时代，比较教育应当发挥其研究的优势，研究当代的各种教育动向，使得人们看清教育未来发展的本质规律。

国别性教育问题是分析单个国家的教育制度或教育实践。从横向看，包括教育行政、教育制度、各级各类学校教育等问题；从纵向看，以现在为主，追溯历史根源并展望发展前景。还可以是某个国家教育的个别问题，它可以研究一项重大改革，如日本的第三次教育改革、美国的《国防教育法》等；也可以研究一个重要问题，如普及义务教育、课程设置、教学内容、教学方法、教学评价等。有人认为，国别研究是比较教育研究的基础和初级阶段，其实这只看到研究的一个方面。比较教育研究必须从某一单个国家开始，因此以国别研究为基础，但是，随着比较教育学的发展，现在对国别的研究意味着要从整个国际的角度上来考虑这个国家的每个教育行为。只有这样，才可能对一个国家的教育从历史到现状，从理论到实践，从宏观到微观，从背景到本身，有一个全面、深入、发展、辩证的认识。正如埃德蒙·金在其代表作《别国的学校和我们的学校——今日比较教育》中谈到比较研究中的国家因素时所说："选择一些国家作为比较研究的坚实基础的必然理由，是我们能够用这个方面最方便地识别一个文化联合体。当然，严格地说，把一种文化等同于一个国家是一个错误，但是在大多数情况下允许以这种方式开始我们的考察。"①

民族性问题研究是对教育所具有的民族特性的研究。比较教育学者萨德勒首次提出了比较教育中的民族性概念，他认为，国民教育制度是民族历史的发展结果，也是民族性的一个确切的标志。教育制度反映了一个民族所关心的并希望保存的东西。因此，国民教育制度的一般形式和品质是由民族的历史和特性所预先决定的。康德尔则认为，考察各国的教育制度应当努力去发现各国的民族特性，由于各国的历史、传统和文化的不同，它们会以不同的方法来解决类似的教育问题，从而形成不同的教育制度，换言之，民族性是教育制度的基础。顾明远认为，比较教育要了解一个国家的教育，就需要研究影响这个国家教育制度的各种因素，特别是文化因素，包括这个国家或民族的价值观、思维方式、民族心理和民族精神。

二、建立研究假设

比较教育研究的第二步骤是应对所选择的主题进行理论建构，把选择问题

① ［英］埃德蒙·金著，王承绪等译：《别国的学校和我们的学校——今日比较教育》，人民教育出版社 2001 年版，第 46 页。

时的思考进一步深化，提出有关假设。假设的提出本身就对研究问题做了初步的解释，为研究问题提供了相关的陈述，并规定了研究的方向和要求。提出假设后，研究者必须对假设的有关概念具体化，明确研究核心概念，提出相应的研究框架，在比较基础上对研究做出相应的设计，包括研究的类别、研究方式、研究方法、研究手段以及具体的研究安排及人员组织等。例如，诺亚、埃克斯坦在有关经济发展水平、经济增长速度和教育发展水平的关系问题研究时，他们提出的研究假设是“教育水平比经济水平高的国家，经济增长速度就快；相反，教育水平比经济水平低的国家，经济增长速度就慢”①。

这里需要指出的是在实际研究程序过程中，有的假设是显性的，而有的假设是隐性存在的。我们常会发现许多研究似乎并没有什么假设，然而，这并不等于它们真的无假设，而是其假设隐含在研究者的研究思维中了。

三、搜集整理资料

在搜集材料的过程中，应注意所搜集的材料的客观性、代表性和充足性。材料的客观性指要善于分辨真伪，使所得材料真实可靠；材料的代表性，指要善于选择典型，使所得材料能够反映普遍情况；材料的充足性，指善于旁征博引，使材料丰富多彩，有足够的说服力。贝雷迪把比较教育的资料分成第一手资料、第二手资料和辅助型资料。根据他的观点，第一手资料主要是指以非系统化的和直接的方式提供的一些国家的教育资料。第二手资料是比较性或描述性研究，由观察者或专家系统完成。辅助性资料则是那些并非专门谈及教育或教育制度但间接提供有价值资料的书籍②。

搜集研究资料后，要对这些资料进行整理，其目的一是使零乱的研究资料更加有序，二是形成比较标准。整理资料包括查阅、筛选、鉴别、补充与处理同所选问题有关的一切现有文献与资料。资料整理方式有二：一是在查阅、筛选、鉴别、补充的基础上，把文献资料按照问题进行分类和排列，为下一步的研究工作创造条件；二是对统计性资料和数据，通过计算机或其他数学方式进行量化、计算或验证。

---

①② 王承绪主编：《比较教育学史》，人民教育出版社 1999 年版，第 113、100—102 页。

四、进行比较分析

比较分析材料前要提出比较的标准，并把抽象的概念标准转变为可操作的具体标准。分析应做到定性分析和定量分析相结合，宏观分析和微观分析相结合。一般来说，要对所有个案进行全方位对称比较分析，探讨每一个案中教育的发展特征、表现形式、演变过程及实施方式等，同时还应从历史和文化等方面考察教育发展的背景，尤其要考察一个社会的经济水平、政治体制、科技发展对教育发展的影响，并对这些因素做出相应的解释，找出有关教育发展或问题的共同性或差异性，并做出相应解释，在此基础上抽象概括，推断出研究结果。

五、形成研究成果

成果的形成既是科学研究的目的，也是科学研究的归宿。当成果不能直接或间接地影响教育实践时，它的学术价值与实用价值就不能实现，其真理性也只是得到有限的确证。只有把它置于更大范围的社会背景下，经过转化，介入实践，才能真正显现其价值，并得到进一步确证。要使研究成果得到转化，使理论再一次回到具体的实践之中，变成实际的教育行动，就需要做更多的工作：一是撰写有关研究报告，提供给教育决策部门；二是参与决策工作，向有关决策人员讲解并提供有关问题的咨询；三是把理论应用到对具体教育问题的分析，写出文章，大力倡导教育改革，并积极参与各种教育规划工作①。

比较教育研究过程是有系统和有秩序的，但并非刻板不变。这些步骤只是一个研究活动总体推进趋势的描述和参考性框架。诸如在人种学研究中，问题可能会从开始的模糊到研究中逐渐明晰。所以，把比较教育研究看成是一个系统过程是有益的，尤其对初涉比较教育研究领域的人来说有重要的参考价值，也有利于形成科学的比较教育研究规范和思维。

【思考与练习】

1. 比较教育学研究应遵循哪些基本原则？

---

① 冯增俊著：《比较教育学》，江苏教育出版社1996年版，第256页。

2. 比较教育学有哪些常用的研究方法?

3. 区域比较研究和问题比较研究有什么区别?

4. 比较教育学研究的基本步骤是怎样的?

【拓展性阅读导航】

1. 杨汉清主编:《比较教育学》(第三版),人民教育出版社 2015 年版。

该书是全国普通高等学校文科教材、普通高等教育国家级规划教材,第一章论述了比较教育学的概念、方法和作用。

2. 冯增俊著:《比较教育学》,江苏教育出版社 1996 年版。

该书提供研究新视角,第六章"比较教育学的研究方法及其应用"专门探讨了比较教育研究方法的历史发展及主要研究方法、研究基本过程和比较教育研究方法的运用原则等。

3. 陈时见、徐辉主编:《比较教育的学科体系与研究方法》,商务印书馆 2006 年版。

该书是研究比较教育学科发展和研究方法的文集。其中,第二部分涉及比较研究方法方面的广泛内容,包括比较教育方法论变革、类型、范式及问题法、叙事研究法等方法。

4. [英] 马克·贝磊编,彭正梅等译:《比较教育学:传统、挑战和新范式》,华东师范大学出版社 2007 年版。

该书是比较教育学会世界理事会第十一届世界比较教育大会的论文选编,着重探讨了比较教育学过去几十年来在研究方法、研究主题以及分析单元等方面的发展。

5. [英] 马克·贝磊等主编,李梅主译:《比较教育研究:路径与方法》,北京大学出版社 2010 年版。

该书着重探讨了比较教育研究的路径与方法问题,包括比较教育的研究方向、比较教育的分析单元等。

第四章　教育现代化与社会发展

【内容提要】

教育现代化是现代教育发展的重要形态，也是一场国际教育运动与国际教育竞争，是推动人类社会整体发展的基础与主导力量。本章陈述教育现代化概念的基本内涵、历史演进、社会实践形态及促进社会发展的机制。以早发型现代化与后发型现代化两种主要的国际教育现代化发展模式为基础，阐述不同国家教育现代化促进社会发展的实践特征，探讨中国教育现代化的任务与未来发展，并分析全球化时代世界教育现代化面临的挑战与发展趋向。

【学习目标】

1. 掌握教育现代化概念的基本内涵及演进历史进程。

2. 了解世界教育现代化模式并比较早发内生型及后发外生型教育现代化模式特征。

3. 了解中国教育现代化的历史进程与未来发展重点。

4. 了解全球化时代教育现代化面临的挑战与发展趋势。

教育现代化是社会现代化的重要内容与推动力，是当代国际教育发展的重要潮流。教育现代化作为一切有关进行现代教育的改革和发展的总称，也是后发国家如何学习发达国家，推动本国教育现代化，从而赶上发达国家实现现代化的运动。努力实现以人为核心的教育现代化，是中华民族伟大复兴的必然选择。

第一节　现代化与教育现代化

一、教育现代化的基本概念

（一）现代化与教育现代化的关系

关于“教育现代化”概念因分析的视角不同，历来都有不同的理解。这里主要以历史实践为基点，从现代化与教育现代化的关系分析其概念内涵。

其一，现代化本质特性决定了教育现代化的主要任务。社会现代化是人类历史上最重要的社会发展形态，主要指大工业革命后传统农业社会转向现代工业社会的历史进程，即一种促使社会制度、社会文化以及经济体系从古代转向现代的全面社会变革的历史进程。按照历史唯物史观，经济活动是人类生存发展的基础，而现代化是以大工业这种高级经济活动及其发展水平为标志的。这一特点规定了教育现代化以推进现代经济增长这个工业化的核心为使命①。一方面，人类发展最重要的是生存需要，教育现代化只有推动和满足这个需求，社会才能得以发展；另一方面，工业化的核心是现代经济增长，这是衡量现代社会进步的关键性指标，因此培养大量的高水平的科学家和技术工人，提高工业科技水平和促进社会文明进步，就成了教育现代化的主要任务。

其二，现代化的发展必须以教育现代化为基础。世界工业化之所以能引发经济的持续高速增长，除社会体制转变外，更主要是通过现代教育的发展不断培养高科技与高品质人才。人力资本理论研究表明，现代经济增长是以现代教育为基础的，工业化水平越高，对人才依赖性就越大，人力资本需求就越强，

① 冯增俊：《论教育现代化的基本概念》，《教育研究》1999 年第 2 期。

知识对经济发展的作用也日益强烈[①]。随着以知识资本和创新能力为核心竞争力的新现代化阶段到来，教育现代化日益成为支撑知识经济社会最核心要素并发挥关键性作用。

其三，现代化演进以教育现代化为重要力量。迄今为止，开端于文艺复兴运动，起始于18世纪的工业革命的现代化每跨上一个发展阶段，都必须以教育的不断现代化为动力[②]。离开教育现代化，社会现代化不可能实现。随着信息科技的日益发展与知识创新社会需要，教育现代化水平日益成为现代化的一个战略支点，是决定国家与地区竞争力的核心要素。

（二）教育现代化内涵的不同理解

这里主要从教育现代化的功能、内容与历史进程三个方面来分析和阐述教育现代化的基本内涵。

从功能角度，教育现代化的重要作用是变革传统教育，培养创新人才与提升国家或地区竞争力，其核心是实现人的现代化，最终促进整个社会的现代化。只有在推进教育现代化的实践进程中，才能赋予教育以人本性、科学性、民主性等现代特征。

从内容角度，教育现代化包括教育思想、教育管理、教育制度、教育内容、教学水平、师资队伍、教育条件等的现代化变革。例如，《教育大辞典》认为教育现代化至少包括教育规模及办学条件、教育制度以及教育思想上的现代化，在器物、制度、观念、功能等层面体现出现代性特征[③]。

从历史演进角度，教育现代化是传统教育转化为现代教育的过程，是一切有关进行现代教育的改革和发展的总称，狭义上主要指新独立的落后国家如何学习发达国家，推动本国教育现代化，从而赶上发达国家实现现代化的运动[④]。从“现代性”看，教育现代化是教育在现代改革实践中获得的现代特性不断增长的过程，包括教育的人本性、科学性、民主性、生产性、专业性

① 冯增俊：《论教育现代化的基本概念》，《教育研究》1999年第2期。

② 何传启、毕晓梅：《世界广角：现代化与教育》，《教育发展研究》2015年第1期。

③ 教育大辞典编纂委员会编：《教育大辞典》（第一卷），上海教育出版社1990年版，第55页。

④ 冯增俊：《论我国教育现代化的基本任务及主要特征》，《中国教育学刊》1995年第4期。

等[①]。教育现代化也具有与一般现代化过程相似的变革与特征，如革命的、复杂的、系统的、全球性的、长期的、有阶段的、趋向的、不可逆的、进步的过程[②]。

（三）世界教育现代化的基本内容

在一般意义上，教育现代化内容涉及教育思想观念、教育制度与管理、教育体系、教育内容、教育技术等方面的现代化。近代以来，世界范围教育现代转型中表现最为突出的是教育本质功能、教育制度及形式与教育理论的现代化，它们是人类文明历史进程中特定时代教育现代化内容的典型体现，从而反映出教育现代化概念的独特内涵。

1. 教育本质与功能的现代转型

教育走向现代进程中主要经历了四次革命性的转变。①以倡导人的尊严和人的主体性发展的文艺复兴运动与宗教改革运动，成功地实现了教育功能从服务教会和神学向服务生产劳动的转变。②教育从经院式的学究教育转向注重为社会发展服务，从而奠定了现代社会发展的基础。③从为少数人服务的精英型教育走向大众化的普及型教育，教育也从少数人的事业变为公共事业。④教育从维持性作用转向推动社会创新发展，科技进步推动教育不断强化把培养创新人才作为最重要的目的，教育成为社会创新驱动的基础和主导性力量[③]。

2. 教育体系与制度的现代发展

从历史上看，人类广义的教育形式主要经历了从非正式的教育向正规教育方向发展，从非制度化学校教育向制度化学校教育方向发展，从阶段性学校教育向终身性教育方向发展三个发展方向[④]。现代教育的制度现代化重要目标是建立完善的终身教育体系，合理整合正规学校教育、非正式教育、阶段学校教育、制度化教育以及新兴起的各种教育形式。狭义的现代教育体系现代化内容包括：合理构建一个国家或地区学前、初等、中等与高等教育层级比例；优化

---

① 褚宏启著：《教育现代化的路径——现代教育导论》，教育科学出版社 2013 年版，第 31 页。

② ［美］布莱克著，杨豫、陈祖洲译：《比较现代化》，上海译文出版社 1996 年版，第 44—47 页。

③ 冯增俊、张运红、王振权、杨启光著：《教育现代化论》，广东高等教育出版社 2014 年版，第 16—25 页。

④ 金一鸣编著：《教育原理》，高等教育出版社 2002 年版，第 7—8 页。

普通教育与职业教育类型；加强各级各类教育体系之间的衔接贯通，满足现代社会成员多层次的、多样性的与个性化的学习需求。

3. 教育理论的现代嬗变

教育理论的现代转变主要经历了三次历史性嬗变。①从神学教理到人性张扬。文艺复兴运动开启了教育理论的现代化进程，强调教育要以人为本，以发展人的主体为目的，崇尚理性，倡导人本教育。②从自然本性到国家本位教育。随着欧洲资本主义生产方式日渐成熟，倡导自然主义的教育人性观和自然教育原理，随着世俗社会兴起逐步推行教育国家化，使国家本位教育理论出现。③从注重服务社会到融合人的主体性发展。19 世纪后半叶其新科技革命引发了重大教育改革，教育理论核心主题是探讨如何为更好地服务社会培养有主体性的、有创新精神的人才[①]。特别是进入 21 世纪以来，推进了学生主体的“生本观”向教育主体的“人本观”转变，成为新时代现代教育理论发展的重要主题。

二、世界教育现代化的历史演进

（一）世界教育现代化主要发展阶段

世界教育现代化是一种呈现连续性与阶段性的世界教育革新运动。从世界范围看，教育现代化进程是多起点的[②]，不同国家或地区开启的教育现代化运动起点不尽一致，且作用要素也不尽相同。一般来看，世界教育现代化随着大工业革命的进程而开启，主要经历了以下三大发展阶段[③]。

1. 第一次工业革命时期教育现代化运动（19 世纪中叶之前）

这个阶段主要是解决要不要推进现代教育变革的问题。蒸汽机在工业领域的运用使科技成为生产的基本力量，要求生产者具备应用科技能力和科技化的生产技能，要求教育为现代生产服务。近代职业技术教育快速发展，例如，英国开办工人讲习所、实行学徒制，德国创办实科中学等新学校，各种新教育思

① 褚宏启著：《教育现代化的路径——现代教育导论》，教育科学出版社 2013 年版，第 86 页。

② 冯增俊、张运红、王振权、杨启光著：《教育现代化论》，广东高等教育出版社 2014 年版，第 34—36 页。

③ 冯增俊：《论教育现代化的基本概念》，《教育研究》1999 年第 2 期。

想和办学模式涌现出来，开启了教育现代化运动。

2. 第二次工业革命时期的教育现代化（19 世纪中叶至第二次世界大战）

电动机的发明和应用推动了现代化，这时期教育现代化主要是如何开展教育改革的问题，其改革的基本内容主要是：①改革传统的古典学术体制，推动教育为经济发展服务；②全面确立发展科学知识为特征的新型教育体系，科学教育逐步形成占主导性教育；③积极推行服务型教育体系，倡导实用型教育模式，建立为地方服务教育体系；④积极推行普及义务教育，在教学教法、课程设置等方面进行广泛的改革。

3. 第三次工业革命兴起的教育现代化（第二次世界大战以来）

以核能及信息科技为核心的第三次工业革命推动了教育变革，这时期世界各国把创建有本国特色的现代教育体系作为重要主题。教育现代化范围已扩大到全世界。现代教育改革开始从单纯数量增长逐步转向教育整体模式的转换、办学宗旨的更新以及教学内容、教育机构、教育形式上的革命，从重智偏德轻体向德智体全面发展转变，从重文轻理贱工转向突出社会实践和人发展所需要的现代教育体系等。

（二）教育现代化基本类型

关于世界教育现代化的类型或实践形态有不同划分。这里，主要根据教育现代化的本质特征及作用机理，把教育现代化分为四种类型，其他类型都是以此演变出来的。

1. 世界教育现代化

世界教育现代化就其本质而言主要指自大工业革命以来人类教育从适应小农经济和传统宗法社会的封建旧教育，转变为服务工业化的民主社会的新教育的演化进程。

2. 国家教育现代化

国家教育现代化或区域教育现代化，主要是指特定国家或区域教育现代化，特别指某些落后国家变革教育赶上先进国家教育水平的行为，重点解决不同区域之间的差异问题，是世界教育现代化进程中的一种具体实践形态。

3. 早发内生型教育现代化

早发内生型教育现代化指在世界上发动时间最早并主要依靠本国内部因素

来推行的教育现代化运动，主要为早期教育现代化运动中的英、法、德及俄等欧洲国家，具有自发性、渐进性与自下而上发展等特征。

4. 后发外生型教育现代化

后发外生型教育现代化指发动时间较迟且注重借鉴外域先进模式为特征的教育现代化，以美国、日本以及二战后新独立的大批发展中国家为代表，具有革命性、示范性与由上而下发展道路等特征。

（三）教育现代化的实践形态

第一，教育现代化不是西方化。任何国家的教育现代化都不是单纯照搬西方模式的结果，不是单纯受某一先进国家的影响而发生，也不是对西方教育指标的简单满足和机械套用及外域教育模式的直接移植。

第二，教育现代化并非本土化。后发国家教育现代化借助外力以期改造本土传统教育模式，是一个如何实现传统教育的时代创新的过程。但这绝非是把引进的外国教育经验“本土化”的过程，外国经验不可能成为该国“本土教育”走向现代化的主体。

第三，教育现代化是特定国家或民族现代教育成长的进程，是与该民族的现代教育意识成熟相一致、平行互动的结果。教育现代化是一个民族在现代化进程中认识到并学会融合古今中外教育精华，从而创建出有本国特色的新教育的结果；是这一民族在外域巨大发展压力下奋起，努力赶超先进国家的产物；是这一民族不甘落后，变革自新不断进步的成果①。

三、教育现代化的社会发展机制

（一）服务社会发展是教育现代化的本质

人类教育从早期满足生存的原始简单服务社会形态，转向封建社会时期服务少数上层权贵形态，再转向工业革命以来服务科技大工业生产为特征的现代文明社会的教育现代化历程。在这个意义上，尽管教育现代化作用社会的各个方面，但是，服务并促进现代经济发展，以推进经济高速持续发展并获取最大效益为最高目的，始终是教育现代化的关键本质要素。因此，根据社会现代化

① 冯增俊：《论教育现代化的基本概念》，《教育研究》1999 年第 2 期。

总需要与国家发展实际，调整教育体制、教育结构、教育目标、教育内容、教育方法、教育管理等，保证教育更好地服务社会发展，这是国家教育现代化的具体任务。

（二）教育现代化对社会发展的作用

教育现代化首先要面向社会现代化，这是教育要适应社会发展并进而促进社会发展的教育基本规律决定的。教育现代化服务社会发展的本质体现为促进社会的政治、经济、文化等主要要素的现代化。在社会的文化现代化中，主要是通过改变具体的个体的思维方式、价值态度、行为模式与生活习惯来实现人的现代化，最后促使社会整体文化的现代化。

1. 教育现代化促进人的现代化

现代教育实践与改革，应当重视人的全面发展，积极引导人参与社会实践，使之成为有思想、勇于创新、敢于承担责任、富有主体意识的现代化。教育现代化的核心任务是推进人的现代化，并且重视把人的发展与社会实践相结合，强调教育现代化、人的现代化和社会现代化三者间互动互进的一体性。人类教育经历了从原始形态低层次的“全人教育”，到阶级社会的人的异化的教育，再到现代教育逐步探求实现真正的“全人发展”新教育三个阶段，这是一个从有人教育到无人教育，从无人教育到有人教育，再到全人教育的演进历程，也是人的现代化和社会发展互动互进的演进历程。人的现代化是社会现代化与教育现代化的核心指标。

2. 教育现代化促进经济的现代化

在促进传统经济向现代经济转变的经济现代化过程中，教育现代化发挥着极为重要的作用，不仅倡导新经济需要的新思想，更重要的是提供现代经济生产与生活所需要的人力资源，激发新知识及新科技的成长。一方面，现代经济在本质上是知识经济，由教育生产的人才和知识所支撑，教育水平对知识和经济的发展起着关键性作用；另一方面，在社会现代化、信息化与城市化的发展进程中，不断对教育的现代转型变革提出新的要求，迫使教育目标、教育结构、专业设置与课程内容等方面进行新的变革使其提升水平，正是两者的相互作用推动了教育与经济的现代化。

3. 教育现代化增进政治的现代化

政治现代化是指随着经济和社会其他方面的现代化而出现的从传统政治体系向现代政治体系转变的过程，包括政治体制、政治结构、政治价值与观念、政治行为与管理手段、政治方法与技术以及政治心理与情感等，其核心是政治民主化[①]。政治现代化为教育的现代转型变革提出新的要求：一是要求教育培养现代公民，提高人们的民主意识与政治素养，积极而有效地参与政治事务；二是培养具有专业素质的现代政治人才，使其具备当代政治生活所需的现代政治知识、技能与伦理价值，全面推进社会民主化进程，服务现代社会发展。

（三）教育现代化推动社会发展方式演进

1. 促进经济增长的教育现代化

第二次世界大战后，人力资本理论及其他现代化理论把人的发展看成是现代经济增长的要素。现代化理论对社会发展的认识片面理解为经济的增长，只要扩展了教育，经济必然随之上升，高速度的教育增长必然会实现经济的高速增长[②]，使西方出现了现代化浪潮。这时期主要强调办学规模和教育数量的增长，简单地把学生入学人数和学校数量作为先进和落后的主要依据。这种直线式的社会发展增长理论的认识，形成了以模仿及全盘照搬西方国家教育制度来发展教育以促进社会发展的现代化模式。

2. 推进社会整体进步的教育现代化

20 世纪 70 年代，世界经济危机致使人们思考社会与国家发展模式，提出了“绿色”“整体”“质量”“以人为中心的”的新教育现代化发展观。它强调教育与社会结构上的协调发展，追求经济、社会、人与环境相关指标的整体性、全局性与长远性效益。由此，世界教育现代化更重视教育结构的协调和提升。其表现在：①重视教育发展与经济、政治、科技、文化、伦理、民族传统和社会制度在结构上的协调作用；②考虑不同地区教育发展实际、教育总量与结构的关系、工业发展与各级各类教育发展的关系及需求；③重视教育发展的正规与非正规、正式与非正式等不同教育形式的互动协调发展。

3. 实现人类可持续发展的教育现代化

---

① 褚宏启著：《教育现代化的路径——现代教育导论》，教育科学出版社 2013 年版，第 165 页。

② 邱渊著：《教育经济学导论》，人民教育出版社 1989 年版，第 343 页。

20世纪80—90年代，注重当代人类社会发展与未来人类社会相统一的可持续发展理论成为主导社会发展的重要新的发展观念。它强调一种可持续的社会发展与以人为本的核心价值，追求满足全体人民基本需要及平等享有财富、资源和机会。在可持续发展观指导下，教育现代化的主要任务包括：①日益注重促进人的素质和谐发展，倡导人的可持续发展思想；②通过发挥教育推动经济现代化、政治现代化与文化现代化的功能来促进社会现代化的可持续发展；③变革教育以实现人的现代化，为全体学生提供公平的学习机会，满足其基本学习需要，追求有质量的教育发展结果来共同推进人类社会的可持续发展。

第二节　世界教育现代化的基本模式

一、早发内生型教育现代化与国家发展

教育现代化是一种世界潮流，它发源于工业革命先行国家内在的社会发展需求，激发变革国家教育动力并影响其他国家。这种早发内生型教育现代化主要指欧洲英国、法国、德国等工业化先行国家，教育的变革推动了工业革命以及由此引发现代化运动；反过来，工业化运动又推进新的教育变革，彼此相互作用、互动互进，形成以自发性、渐进性及由下及上的独特的发展模式。

（一）早发国家教育现代化发生的社会因素

首先，工业革命与大工业化生产，是早发型教育现代化启动的主要社会经济基础。工业革命是推动现代化发展最重要的动力，也是引发教育模式变革的最重要的力量。英、德、法等最早开启工业化的国家随着生产水平提高，需要越来越多有知识、有技能的生产者，从而促使教育走出原来服务贵族与产业相脱离的传统模式，转向服务产业发展和培养有技术的生产者。大工业化进程成为这些国家走上早发内生型教育现代化道路提供了最强大的动力，推动了教育模式的现代变革，转向与大工业生产相结合，在促进社会进步中培养现代新人。

其次，思想启蒙运动与民族主义兴起，是早发型教育现代化发生的重要思想基础。一方面，文艺复兴与宗教改革运动肯定和发现了人的价值，为教育的

现代化准备了必要的思想前提；另一方面，日益发展的国家民族主义与民主主义思想，成为诱发与激励欧洲现代化早发国家推进现代化的深层次动力。民族主义以天使的身份出现，唤醒民族成员的自信心，激昂起炽烈的民族精神和无坚不摧的民族力量①。英、美、德等现代化先行国家自发普及国民教育，大力发展职业教育与科技教育，把推进教育现代化作为民族复兴、形成公民认同和民族文化的手段。

再次，科技是现代化的核心技术要素，是早发型教育现代化发生的文化基础。科技的本性是革命，即永不满足现状的精神成了突破传统从而推动民众自发变革教育的新教育文化。因此，无论是英国还是后来的德法等国，通过科技推进传统变革阻力较小。所以，凡是认可科技教育，大办科技教育的国家发展就快就顺利，社会文化转型进程就顺利。

（二）早发国家教育现代化促进社会发展方式②

1. 教育现代转型：关注社会功效，启动工业革命

教育的现代觉醒在于注重社会功效成了爆发工业革命最关键的思想动力。新教改革的天职观促进教育从注重功名转向注重教育的社会功效，从而推动教育的现代转型。早在16世纪英国就大力发展民众教育，开展识字运动，推行学徒制，成立工人讲习所，私立学校开设实科技术课程。这是推动工业革命的关键导火索。

2. 教育现代模式初成：服务社会，推进国家发展

转变现代教育模式，回归服务社会这一教育本性是早发内生国家教育现代化最重要的发展动力与策略。18世纪法国拿破仑创办了一批培养产业技术人员的专业学校，培养各种技术人才，为拿破仑大军横扫欧洲立下了汗马功劳。美国南北战争后创新教育，不仅创设工学院、农学院等州立大学，还创建研究生院、社区学院体系，建构了服务社会的新教育，经济发展呈现出欣欣向荣的景象。

3. 教育现代体系创新：引领科技进步，推进社会跨入新时代

---

① 蔡拓等著：《当代全球问题》，天津人民出版社1994年版，第398页。

② 冯增俊、张运红、王振权、杨启光著：《教育现代化论》，广东高等教育出版社2014年版，第132—140页。

推进现代教育体系创新是推进国家科技创新、引导社会发展的内在动力。教育现代化实践，突出通过现代教育的创新方式来推行新方法、新理念、新体制，紧密地为社会发展与经济发展服务，并以此有效激发早发国家的民族创新精神带动国家走向成功。19 世纪英国斯宾塞的科学课程理念，是对英国工业革命以来各种发展要求提出的新教育设计。18 世纪以来，德国在新教改革推动下，开始重视实科教育，首创实科中学，创建面向科学及服务社会的哈勒学园，在耶拿战争败给法国后更是励精图治，创新教育，创立柏林大学等新教育体系，以发展科技新方式服务国家发展。当德国完成普及义务教育、工业学校网和科技院校及培养高级人才大学的完整体系后，产业优化和科技创新蓬勃发展，德国成了世界强国。

（三）早发型国家教育现代化的时代嬗变

1. 教育创新战略引领社会发展潮流

世界现代化进程，使早发型现代化国家和后发型现代化国家都面对发展的新问题，早发型国家一改原先自发性特点，开始重视教育规划，强化政府推行教育作用，确立教育先导的发展理念，结合本国发展实践需求，利用丰厚的社会经济基础，大力推进教育创新理念引领发展，加强政府对教育发展创新战略顶层设计，转向自上而下主导推动教育改革。

2. 强化与国际教育互动合作

第二次世界大战后世界社会发展逻辑转变，尤其是 20 世纪 70 年代石油危机引发的世界经济危机以及冷战的逐步结束，一些发达国家教育开始出现时代危机，世界人口、经济、污染和环境破坏不断增长，发达国家独特的教育问题与世界性的共同教育问题凸显。同时，这些早发国家愈来愈多地面临来自外部的刺激与挑战。教育全球化的大背景，强化了早发型教育现代化国家与其他国家之间的教育合作机制，以共同应对教育发展的共同难题。

二、后发外生型教育现代化与国家发展

由于处于社会经济发展欠发达状态，多数后发型国家主要形成了以教育输入、借鉴与学习为主要特征的后发外生型教育现代化模式。

（一）后发型国家教育现代化发生的社会背景

首先，面临着薄弱的社会经济基础与工业化初期发展水平。一方面，后发国家由于历史与现实国情条件，使这些国家教育发展所依赖的经济基础较为薄弱，决定了它们的教育发展的价值选择、战略选择以及发展方式以发达国家为目标；另一方面，大多数发展中国家由于仍处工业化初期阶段，决定了后发型国家教育现代化需要以追赶及跨越早发型国家发展水平为目标与方向，借鉴与学习先进国家教育改革经验。

其次，多数后发型国家有受制于西方殖民者的潜在影响。多数后发型国家在历史某阶段曾被西方殖民统治，留存着早发型国家现代化的文化烙印，在走向现代化进程中在政治、经济及教育等方面无不受到影响。“近百年来的殖民统治重新塑造了殖民地国家的政治结构、生产方式及社会关系，殖民地国家独立之初几乎全盘继承了外来的国家结构、治国方式及其规范理论。”① 西方殖民统治文化历史，既使这些国家的教育现代化有借鉴便利的潜在比较优势，又潜藏着难以摆脱其控制的隐忧。

再次，后发型国家教育传统与现代教育的冲突，也是影响其教育现代化进程的重要因素。许多发展中国家有着源远流长的民族文化传统与历史发展境遇，使之既可能成为有用的重要资源，也可能成为其现代发展转型的压力与包袱。由于不同国家整合传统与现代性的机制的能力大小的不同，导致后发型国家在学习与借鉴西方先行国家教育现代化发展道路出现不同的结果。譬如，日本作为后发型国家教育的成功，在于其采取“和魂洋才”的现代化思想②。

（二）后发型国家教育现代化对社会发展的作用

1. 发展教育以促进社会经济发展

后发型国家之所以落后，关键在于依然以农业社会的官本位的传统教育观，能否转变为服务社会经济发展，就成为后发型国家发展的“法宝”。从 20 世纪 60 年代起，新加坡、韩国、印度、巴西等国家都重视教育转型，把教育投资作为经济腾飞不可缺少的“法宝”。20 世纪 80 年代后，许多后发型国家

---

① 张宏明著：《多维视野中的非洲政治发展》，社会科学文献出版社 1999 年版，第 208—209 页。

② 褚宏启著：《教育现代化的路径——现代教育导论》，教育科学出版社 2013 年版，第 97—99 页。

和地区将教育发展战略置于国家发展战略的重要地位，教育享有优先发展的地位，提高教育经费占GDP的比重，大力发展职业技术教育，提高课程与经济发展适应度，发展成人教育和非正规教育，为经济发展奠定了良好基础。

2. 革新教育以促进社会公平

后发型国家在推进教育现代化进程中，逐步认识到教育服务经济发展的必然性。20世纪80年代后，发展中国家逐步将社会公平作为教育改革和发展的核心目标。在1990年世界全民教育大会的推动下，后发型国家日益强调弱势群体的教育，重新确立了优先发展基础教育、实施教育反贫困、提升教育民主化与大众化的改革目标。印度、巴西、中东国家等先后推行全民教育运动，促进城乡教育均衡发展、关注弱势群体的教育问题等。

3. 重视教育创新战略引领国家社会发展

20世纪70年代末的世界经济危机使发展中国家认识到由于缺乏自主开发能力与创新能力导致国家无法走出依赖发展的经济陷阱，开始探索进行主体性改革以寻求自主创新的道路。以韩国为代表的“亚洲四小龙”大力发展科技和工程技术教育带动经济起飞。20世纪80年代后，许多后发型国家日益认识到自主教育创新对国家发展的重要意义①。进入90年代，以高科技产业为支柱的知识经济社会要求发展中国家把教育创新作为国家发展基本战略。例如，印度大力发展信息技术教育，中国建设高水平大学，它们正在大幅度提高科技创新能力，以提升国家的国际竞争力。

（三）后发型国家教育现代化面临的时代嬗变

1. “西方化”教育现代化范式遭遇发展困境

经历了第二次世界大战后教育大规模扩展，20世纪70年代后发型国家日益深入反思单向度的教育移植与依赖模式所带来的社会发展困境与问题。以西方发达国家教育标准与话语作为标杆的教育现代化，忽视了各国教育与经济发展要相适应的规律，从而加深了后发型国家社会的不协调与不平等，导致发展中国家教育发展的不可持续，使后发型国家认识到必须全面改革本国的教育体系。

---

① 聂锦芳、刘秀萍著：《超越“后发展”困境》，北京大学出版社2002年版，第129页。

2. 由外部借鉴主导向本国创新主导转变

后发型国家教育现代化主要受外来因素的影响，给原本艰难的改革造成更大的问题，不仅使传统与现代更对立，也使本土与外国之间难以协调，引发出新旧之间的冲突、矛盾，因而全力实现融合、创新，发挥迟发展所具有的“落后优势”① 迫在眉睫，也迫使后发型国家把探讨本国教育现代重构与教育文化主体创新作为国家发展战略的关键环节。首先，探讨教育如何在后发型国家经济社会发展的现代演进中实现自身发展。其次，发挥教育促使民族文化传统的选择与创造性转化功能。再次，更加重视推进与世界教育体系的整合和互动。

三、中国教育现代化与民族复兴

中国教育现代化面临不同于其他国家的独特社会背景、发展动力与发展任务，因此，推进更具特色的教育现代化发展模式就成为走向未来的重要任务。

（一）中国教育现代化发生的时代背景

首先，中国教育传统对现代教育变革有着深刻影响。在一个沿袭数千年、根深蒂固的教育传统与体系内推行全新的现代教育体系，必将面临传统与现代的激烈抗争，同时后发型现代化要求解决教育的跳跃式发展与现有观念严重滞后的矛盾，使中国教育现代化进程充满艰险。其次，中国教育发展基础薄弱，与经济和社会发展的要求很不适应的教育体系也将是中国教育现代化面临的最为棘手的现实问题。再次，在教育改革进程中形成的教育观念与理念存在偏差错位，极易致使中国教育现代化走入新误区②。

（二）中国教育现代化的社会实践特征③

第一，在巨大压力下强行启动现代化。中国教育现代化每次大的举措几乎都是在外界巨大压力下强行启动的结果。从 19 世纪的洋务运动、百日维新到五四运动时期的教育改革，都是在国家面临紧急关头与强大外来压力共同作用

① 朱宗顺著：《交流与改革：教育交流视野中的中国教育改革（1978—2000）》，浙江教育出版社 2006 年版，第 402 页。

② 周明星著：《中国教育现代化论纲》，红旗出版社 1999 年版，第 33 页。

③ 冯增俊、张运红、王振权、杨启光著：《教育现代化论》，广东高等教育出版社 2014 年版，第 251—252 页。

下启动的。20世纪70年代末开始的改革开放，也是在与发达国家存在巨大的发展差距、关系国家竞争力的巨大压力下启动的。

第二，强烈的先发示范作用影响现代化。后发型现代化国家往往把赶超先进国家作为现代化的发展指标，大量采用其教育指标和现代化经验。例如，20世纪90年代后广东提出赶超亚洲“四小龙”就是一个典型。这种示范作用对教育改革无疑具有良好的推动作用，有效地促进了教育投资和教育发展，但也极易产生误导。

第三，实行政府行为主导、自上而下的教育现代化策略。在中国教育现代化进程中，一般是以政府行为为主，所有教育行为必须上升到政府行为。例如，20世纪80年代初教育结构改革、教育管理体制改革、普及九年义务教育、分级办学、创办地方大学等，都是由政府组织推行的。实践证明，国家及政府对现代教育改革的认识与支持，成为影响中国教育现代化的重要因素。

（三）中国教育现代化转型与未来发展

1. 变革教育以服务社会发展的战略思想

新中国成立以来，经过许多不同的探索，中国教育现代化运动确定了教育与经济相互动发展的正确方向，在创建中国特色现代教育体系上进行了许多有益的实验，形成了探索社会主义教育现代化新实践形态。20世纪90年代以来，伴随着国家经济结构调整与模式转型的时代要求，创新人才已经成为中华民族伟大复兴的战略基石，中国的教育现代化发展进入了一个崭新的发展阶段。

2. 深入推进有中国特色的教育现代化实践

新中国成立以来，中国从初期整顿教育秩序，借鉴苏联，创建本国现代教育体系，到以兴国为中心任务的教育现代化运动，在融合世界经验中不断创新发展。随着走向大国的民族复兴新要求，中国教育现代化运动将逐步走向开放，走向未来，在积极遵循现代教育发展规律中探索创建符合中国实际的教育体系；将继续创建学习型社会，创建创新型人才的培养模式，加强市场机制的教育体制与制度创新，加强科技教育推进国家科技创新战略以及教育国际化等工作。

3. 需要正确处理中国教育现代化三个方面的关系

首先，要正确处理传统与现代化的关系。必须根据时代要求与当前科技发展，对传统文化加以改造和补充，“古为今用”。其次，正确对待国情与世界的关系，“洋为中用”。具有中国特色的中华民族文化传统的形成，在于通过国内多民族文化的渗透融合与外来文化的吸收消化，在服务中国实践中形成中国特色的教育体系①。

第三节　当代教育现代化的挑战与展望

一、世界教育现代化经验及时代意义

数百年来世界不同国家以不同方式推进教育现代化运动，积累了丰富的实践经验②。

（一）促进教育服务社会经济发展

教育现代化通过改革以发挥教育促进社会现代化的巨大推动作用来服务不同时代的社会实践需要，这是教育现代化的本质特性。随着知识经济社会的发展，教育的这一社会发展功能不断得到凸显：一是要为经济社会发展培养高素质的劳动者和面向未来的创新型人才；二是要为人类的文明进步发展新知识、新思想、新科技，引领社会的发展；三是实施面向未来战略，设计面对未来信息化和全球化的教育新制度；四是强化教育的战略地位，把发展教育放在重要位置，制定和落实优先发展教育的策略和措施，促使教育更好地服务社会，在推动社会现代化中实现自身现代化。

（二）遵循教育发展规律，实现最佳教育效益

无论早发内生型教育现代化的国家，还是后发外生型教育现代化的国家，都重视以人力资本理论和人力资源开发理论为基础，根据经济社会发展的要求和趋势，有计划、有步骤地发展教育，以实现教育效益的最大化。在加快工业

① 黄济、郭齐家主编：《中国教育传统与教育现代化基本问题研究》，北京师范大学出版社 2003 年版，第 217 页。

② 江海燕著：《全球化与教育现代化：以广东教育现代化为例》，社会科学文献出版社 2013 年版，第 125 页。

化发展时期，必须加速普及九年义务教育，大力发展高中教育特别是职业技术教育；在后工业化发展时期经济转型升级，特别是在知识经济时代，必须普及高中教育及职业教育，实施大众化的高等教育，推进终身教育，开展普及科技教育工作；实施政府主导和市场相结合推进的策略，获得最佳教育效益。

（三）坚持确保教育公平的原则和基本理念

为确保教育公平，各国都重视教育立法建设，不断完善公共教育体系，大力实施免费义务教育制度并不断提高办学水平，积极推进大众化的高等教育。美国提出在实施教育公平中，不仅要体现保证提供教育机会均等，而且要体现提供最好的教育，使每个孩子都不掉队。可见，实现教育公平，已成为教育现代化的最基本理念和最根本的标志。

（四）推进教育的国际交流与合作

一个国家或地区在推进教育现代化过程中，必须拓宽国际视野，开展教育的国际交流与合作，汲取国际先进教育经验，培养国际型人才。新加坡、韩国等国及中国香港和台湾地区，教育现代化领跑亚洲，甚至位列世界前列，与其积极推进教育的国际化密不可分。

二、世界教育现代化面临的主要挑战

在全球化、信息化、网络化、知识化等为重要特征的社会因素综合影响下，国际教育现代化将面临新的社会挑战。

（一）正确认识教育现代化中的西方化、全球化与本土化关系

近代以西方文明为主要特征的教育现代化即“西方化”，被认为是人类文明的样板。进入20世纪70年代，随着西方出现第二次世界大战后严重的经济危机，一些新兴工业化国家与地区呈现出崭新的发展态势，现代化的西方样板被普遍质疑。因此，在经济主导的全球化下，如何创建本国特色现代教育体系就成为新兴国家教育现代化的中心任务。加强探讨国家宏观社会文化与微观行动主体的关系，重视教育改革中各地区、族群、阶级与性别文化的特殊性的呼声备受关注。

新全球化带来了两个相反的趋势，其一是全球一体化、整合化，其二是本土化与差异化，它们都是全球化的产物，只是结果不同而已①。各国各区域教育现代化被迅速高效融入全球化与本土化冲突与平衡之中。正确处理教育现代化进程中的全球化与本土化关系，需要坚持全球教育地方化与地方教育全球化两条基本思路，既要认识到彼此存在的冲突，又须兼顾二者之间的平衡。如何把握教育的全球化带来的丰厚利益的同时，又独辟蹊径，把握民族国家或区域自身教育变革主动权，凸显教育的地方性活力，是未来世界教育现代化面临的重要问题与挑战。

（二）准确把握教育现代化中的继承与创新关系

教育现代化的过程是教育在扬弃传统的实践中形成现代性的过程。从这个意义上说，传统因素与现代因素之间始终充满着矛盾与冲突②。因此，在推进教育现代化进程中，必须准确认识与处理教育现代化的继承与创新的关系。继承是传承优秀的文化传统；创新是在继承各种优秀文化的基础上，推陈出新，创造新时代的新文化。教育的本质是传承文化，创新知识，促进人的发展。教育传承文化需要根据时代的发展、社会的要求加以选择，把优秀的、符合时代发展的有生命力的文化传授给下一代，摒弃一些不符合时代要求的腐朽的文化。继承不是为了照搬，而在于创新创造，在继承中创造具有时代精神的新文化、新教育③。

三、世界教育现代化未来展望

20 世纪 90 年代以信息网络科技革命推动全球化进程，也开启了第二次现代化运动，对未来教育现代化有极为重要的影响。为此，对教育现代化未来面临的问题和挑战以及发展趋势做一分析，是非常重要的。

（一）第二次现代化的社会特征

18 世纪工业革命开启了世界现代化进程，经历了从农业经济社会转向工业经济社会的第一次现代化进程，而从工业经济社会转向知识经济社会的第二次现代化正在展开。因此分析未来现代化进程中社会发展的主要特征，对把握

---

① 任平：《交往实践的哲学——全球化语境中的哲学视域》，云南人民出版社 2003 年版，第 196 页。
② 邬志辉著：《中国教育现代化新视野》，东北师范大学出版社 2000 年版，第 118 页。
③ 顾明远：《继承与创新：中国教育现代化之路》，《基础教育参考》2008 年第 11 期。

未来教育现代化发展走势意义重大①。

（1）知识化成为现代化的根本动力。知识驾驭资本，合作促进发展，知识和创新推动经济发展和社会进步。

（2）创新成为现代化的动力源泉。创新是文明进步的源泉，是知识化、信息化和绿色化的动力源泉。

（3）信息化成为现代化的典型特征。人们将驰骋于物理空间和赛博空间之间。

（4）绿色化成为现代化的基本要求。人类逐步“学会”与大自然和谐相处。

（5）全球化成为现代化的普遍现象。大家都是地球村的居民，互通有无，互相学习；彼此接受，相互尊重，和谐共处，共同发展。

（6）分散化成为现代化的空间特点。人类将生活在以文化关系为基础的社区里。

（7）多样性成为现代化的文化特点。知识时代是一个物质文明趋同、非物质文明（文化）多样化的时代。

（8）个性化成为现代化的行为特点。许多领域表现为“柔性”和“个性”。

（9）智能化成为现代化的技术特点。人工智能技术的发展和应用，不断改变着人们的工作和生活。

（10）终身学习成为现代化的生活时尚。学习成为每个人日常工作和生活的组成部分。

（二）世界教育现代化的未来趋向

依据教育现代化本质特性以及第二次现代化发展趋向，我们可以对教育现代化未来发展的基本特征做以下概述②。

第一，生产性将日趋强劲。教育现代化以工业化为起点决定了它的生产性，即以推进第三次工业革命为教育的中心任务。自工业革命以来教育现代化的全部历史进程实际上都在促使教育走向与生产劳动相结合，为经济发展服

---

① 何传启、毕晓梅：《世界广角：现代化与教育》，《教育发展研究》2015 年第 1 期。

② 冯增俊：《论教育现代化的基本概念》，《教育研究》1999 年第 2 期。

务。这种生产性将随着生产中科技含量的增加，尤其是知识经济的兴起而加强。

第二，革命性将愈显突出。教育现代化在本质上是一场变革旧教育的革命运动，它不仅要革除旧的教育观念，更重要的是彻底抛弃传统的教育模式，实现教育的根本转型。教育现代化不仅要变革教育与生产的作用模式，而且要不断更新旧的教育目的、思想、制度及内容，彻底消除封闭型学术教育与工匠型职业教育的对立。

第三，发展性将更受重视。教育现代化更强化其发展功能，不仅把促进经济增长作为核心目标，而且营造一种再生性的可持续增长过程。为了实现这种增长，未来教育将更加重视办教模式的转型，重视科学规划，以使教育现代化与经济增长间形成互动的张力，提供保持现代经济增长的重要基础。

第四，综合性将更趋重要。教育现代化将日益呈现出一种整体性的综合社会运动，不仅教育自身各种因素如观念、目标、体制、内容、方法、手段以及教师、学生、家长、社会、社团等将寻求最佳的互动形式，而且教育与社会各个方面发展将达到更高程度的协调，在综合指导下使教育发展的整体方向、功能、机制等方面实现质的转变。

第五，国际性将日益加强。教育现代化是全球化进程，在走向全球的进程中将呈现出巨大的开放性。一方面，任何一种教育现代化，都必须在国际相互交流、相互作用中实现。另一方面，教育现代化需要国际交流合作，注重国际合作、寻求共同发展是21世纪世界教育现代化的强劲主流。

【思考与练习】

1. 简述现代化与教育现代化的关系及其发展。

2. 分析英国、美国、德国等早发内生型国家教育现代化历程与现代教育改革实践特征。

3. 分析中国、日本、巴西、印度等后发型国家教育现代化历程与现代教育改革实践特征。

4. 中国教育现代化的发展历程经历了怎样的模式嬗变及面临哪些挑战？

5. 简述当代国际教育现代化发展趋势以及教育现代化中全球化与本土化

的关系。

【拓展性阅读导航】

1. 顾明远主编：《民族文化传统与教育现代化》，北京师范大学出版社1998年版。

该书以中、日、美、英、德、俄为研究样本，分析了民族文化传统与教育传统及教育现代化在不同国家的具体特征，探讨了各国教育走向现代化过程中的民族特性及差异等。

2. 冯增俊著：《教育创新与民族创新精神》，福建教育出版社2002年版。

该书通过分析不同国家如何通过教育创新实现国家富强的实践，探讨了创新与教育创新及民族创新精神的本质及互动发展关系，特别研究了中国、日本、越南、韩国及东南亚等儒家文化国家的兴衰与教育创新的关系。

3. 冯增俊、张运红、王振权、杨启光著：《教育现代化论》，广东高等教育出版社2014年版。

该书从历史总体线索上探讨教育现代化的进程，在探讨规律中把握世界与中国教育现代化的不同形态，并阐述了教育现代化的基本内涵、演进规律及中国策略。

4. 褚宏启著：《教育现代化的路径——现代教育导论》，教育科学出版社2013年版。

该书探讨了现代化与教育现代化的性质、进程、目标定位、现代性及教育现代化评价等问题，并以英国教育现代化为个案进行了具体研究。

5. 钟明华、冯增俊等著：《教育现代化的伟大实践——广东教育发展30年》，广东人民出版社2008年版。

该书探讨了广东这一中国改革开放的先行地区教育现代化的实践和经验，对了解中国推进教育现代化具有重要意义。

第五章　教育全球化与国际理解教育

【内容提要】

全球化是指世界各国人民在各方面联系日益扩大且某些居于统治地位的社会文化准则及惯例在世界的扩散，而教育全球化是指国际上的教育理念、进程和机构影响当地的教育政策与实践的过程。本章探讨了教育全球化的内涵、发展与特征及其对教育制度变革、目标调整及内容变化的影响，以此阐释了全球化背景下国际理解教育的必要性、发展进程及面临的问题。

【学习目标】

1. 了解全球化的发展进程。

2. 掌握教育全球化的内涵、进程与意义。

3. 掌握教育全球化对各国教育制度变革、教育目标调整、教育内容变化的影响。

4. 掌握国际理解教育的内涵。

第一节　全球化与教育全球化

一、全球化的发展进程

（一）全球化的含义、发展与特征

“全球化（globalization）是指促进世界各国人民在文化、政治、经济、技术和环境等生活的各个方面日益紧密联系的进程，也指一些居于统治地位的社会、文化和政治准则及惯例在全球范围内的扩散。”[①]“全球化”一词出现在第二次世界大战之后，被收入词典则始于20世纪60年代[②]。全球化作为把世界联为一体的进程始于航海时代特别是1492年哥伦布发现“新大陆”，但“全球化”真正产生影响则是在20世纪90年代之后。

全球化进程具有四大特征。第一，全球化体现为一种变化的过程。第二，全球化是一种全球一体化的进程，统一性和多样性并存其中。第三，全球化发生于多领域、多层面，涉及政治、经济、法律、文化、教育、科技等诸多方面。第四，全球化是一个不断从引发冲突、解决冲突到逐步递进发展的进程。正是不断推进的一体化进程造成新旧事物和意识形态的对立与碰撞，并引发多种参与主体间的矛盾，这些矛盾在特定时间和条件下，或被激化，或被消解。

（二）经济、政治、文化的全球化

1. 经济全球化

经济全球化不可抗拒。最近几十年的世界经济发展态势表明，经济全球化不仅使发达国家创造了历史上少见的经济繁荣，而且使发展中国家获益匪浅。经济全球化的潮流逐渐将世界上不同地域、不同体制的国家冲刷到相同的经济河道上。总的看来，经济全球化对于世界经济的整体发展具有积极的促进作用，这不仅会对世界经济格局、对各国经济建设产生深刻的影响，而且也会对世界政治秩序和文化关系产生重要的影响。

---

① Emmerij，Luis. *Economic and Social Development into the XXI Century*. Inter-American Development Bank，1997.

② M. Waters. *Globalization*. London and New York：Routledge，1995，p. 2.

2. 政治全球化

经济全球化导致了政治方面的一些后果，人们开始关注政治全球化。金融危机导致了国家政局的不稳定；国家之间相互依存关系增强，使一国更倾向于干涉与之联系密切的国家的内政；经济全球化要求一种具有普遍意义的政治规则和倡导和平发展的文化观念与之相适应。发展中国家抵制政治全球化，因为它们在经济全球化中处于被动地位，而且西方国家过分强调西方主导的所谓普世主义的价值观，忽视国家之间的差异性①。在 20 世纪 50—60 年代，有些西方学者就不仅把国家，而且把国际组织也视为国际关系中的行为体②。在 90 年代中期，西方还出现了全球治理理论，提倡在全球实行没有政府的治理。这就涉及主权国家在政治全球化及其发展中处于什么地位的问题③。

3. 文化全球化

文化全球化是世界上的一切文化以各种方式在融合、互异的同时作用下，在全球范围内的流动。它就是各民族文化通过交流、融合、互渗和互补，不断突破本民族文化的地域和模式的局限性而走向世界，不断超越本民族文化的国界并在人类的评判和取舍中获得文化的认同，不断地促进民族文化开放交流，从而将本民族文化区域的资源转变为人类共享、共有的资源。例如：对那些威胁人类生存和发展、决定人类命运而只有依靠全人类的共同努力才能解决的一些重大问题的反思，可以促使人类共同的文化价值观的形成；对文明、健康、科学的生活方式的推崇和提倡，可以促使生活方式的变革和更新；对文化交流重要性的认识，可以促使不同文化体系间的自觉交流和对话以及在此基础上的世界文化的整合和建构，使得具有人类共性的文化式样逐渐确立并成为全球自觉遵循的范式和惯例。

二、教育全球化的内涵与进程

（一）教育全球化的内涵

教育全球化是指世界范围内的教育理念、发展进程和机构影响当地教育政

① 刘杰著：《经济全球化时代的国家主权》，长征出版社 2001 年版，第 2—13 页。
② 倪世雄著：《世纪风云的产儿——当代国家关系理论》，浙江人民出版社 1989 年版，第 40 页。
③ 叶险明：《“政治全球化”辨析》，《学习与研究》2001 年第 4 期。

策与实践的过程。在教育全球化过程中，国际组织、跨国教育公司以及信息交流新技术发挥着重要的推动作用①。从具体形态上讲，教育全球化就是“教育资源的全球流动”“全球性的教育现象”“在全球范围内开展的教育活动”②。教育全球化是教育的一种普遍化，它体现为各国、各民族和各种不同文明体系之间在教育思想、制度和方法上的某种趋同。

教育全球化的基础是世界教育一体化。教育全球化越发展，各国教育之间的相互依赖性也越强，教育一体化程度也就越高。教育全球化要求各国的教育必须在一定范围与程度上与国际接轨，开展全球教育，培养具有全球化意识并懂得全球化知识的专门人才。

教育全球化要求世界各国教育的开放与适应。政治、经济、文化、科技的巨大转变使世界变得纷繁复杂。因此，国家教育发展应当具有全球战略，具有开放和适应的功能：一方面，应该将其民族文化与遗产以及教育的内容与产品向世界开放；另一方面，应该适应世界开放所带来的变化。在 20 世纪的很长一段时间里，美国的决策者在制定教育政策时很少借鉴国外经验，在 1984 年更走向极端，竟然退出联合国教科文组织，游离于国际科教大家庭之外达 20 年。后来，江河日下的教育质量让美国人痛定思痛，把眼光重新转向世界，最后布什总统于 2002 年 9 月宣布美国于 2003 年重新加入联合国教科文组织。

教育全球化要求世界各国教育参与竞争。教育全球化并非世界教育大家庭的团圆，尽管平等、共建是全球化的前提，但因为强势和弱势之别，不可避免地在教育交往中造成主动和被动。在新的世界关系中，市场规律将占主导地位，要想获取有利要素，参与竞争是唯一选择。实际上，发展中国家如果以积极的态度参与国际教育竞争，也是大有可为的。到 2006 年 11 月为止的统计数据显示，印度英迪拉·甘地国立开放大学在亚洲和非洲的 35 个国家开展了联合办学，设立了 41 个国外学习中心，其中包括阿拉伯联合酋长国、卡塔尔、科威特、阿曼、巴林、塞舌尔、毛里求斯、马尔代夫、埃塞俄比亚等③。

---

① ［美］乔尔·斯普林著，赵琳译：《论教育全球化》，《清华大学教育研究》2010 年第 6 期。

② 吴华：《“教育全球化”与中国教育发展的全球战略》，《教育发展研究》2005 年第 9B 期。

③ IGNOU. State Open University. http：//www. ignou. ac. in/2006-11-05.

（二）教育全球化的进程

教育全球化源远流长。早在中国春秋时期，鲁国孔子首开私学之风，率弟子数十人周游列国，施教于鲁、卫、陈、宋、曹、楚等诸侯国，促成了早期中国教育一体化雏形。古希腊时期的智者也周游各城邦国家，演讲论学，也可谓为西方教育一体化的开始。随着社会发展，各国间教育流动日益加强。

教育全球化发轫于世界各国教育的不平衡性。不平衡性是世界得以发展的驱动力，也是世界各国关系的显著特征。正是由于客观存在的差距和对“平衡”理想的追求，推动了世界的繁荣。

教育全球化得益于人类基本需求的推动，是历史进程的必然趋势。随着世界经济发展、现代交通和通信工具的技术创新和市场扩展，各国之间的交流日益频繁，各种教育体系也在相互交流中不断取长补短，显示出强烈的互动性。特别是进入20世纪之后，随着“经济全球化”的发展，市场的全球性成为现代社会的基本态势，也为“教育全球化”的发展提供了可能性和必要性。

教育全球化是一个动态发展的过程。依据不同历史时期的主导因素，可把教育全球化历史进程划分为三个阶段。第一阶段，在工业革命以前，教育全球化主要表现为“要素流动”，可以称为“ 观念传播阶段”。在这一阶段中，留学生成为一个教育体系和另一个教育体系相互作用的主要媒介，但由于这种交流始终停留在民间层次，故没有对不同教育体系的变迁产生直接影响。第二阶段，从工业革命开始到二战结束，教育全球化主要表现为“模式复制”，可以称为“西方主导阶段”。在这一阶段中，西方资本主义制度成为发展中国家竞相模仿的榜样，现代西方教育制度也作为发展中国家实现现代化的法宝在世界各国得到推广。第三阶段，从20世纪50年代至今，教育全球化主要表现为“资源共享”，可以称为“全球体系阶段”。在这一阶段中，伴随着经济全球化的进程，世界各国之间的交往增加，相互依赖性增强，一国教育体系功能可以部分借助于其他国家的相关资源来实现，包括资金、师资、教学仪器设备等，共享全球教育资源开始从自发阶段进入自觉阶段，一个既相互独立又相互协调的“全球教育体系”正在形成①。

① 吴华：《“教育全球化”与中国教育发展的全球战略》，《教育发展研究》2005年第9B期。

三、教育全球化的时代意义

第一，教育全球化将使教育资源配置在全球范围内最大可能地合理、优化和高效。在全球化大背景下，各国采用人才交流、合作办学等多种方式并利用卫星电视、网络等高新技术手段，充分利用国内外一切可以利用的人力、物力及文化资源，尤其是信息资源，以最少的教育投入，生产质量更高、数量更多的教育产品，提高全球教育的整体效益。

第二，教育全球化将促进教育现代化运动。教育全球化以世界为平台，通过交流、竞争、合作及分享，实现教育发展经验的最大传播，引导各国从全球社会整体发展着眼，培养有世界视野和责任的人才，避免传统教育的狭隘性、封闭性与隔离性。

第三，教育全球化将促进世界多元化教育的协调互动、可持续发展。教育全球化使世界教育相互联系、相互影响，构成一个多元化共同体，通过积极推动国际理解教育，促进各民族不同文化的理解和互动，求同存异，从人类共同繁荣出发，致力于解决全球的生存与发展问题。

第二节　教育全球化下的教育变革实践

在教育全球化过程中，各国教育都不同程度地受到相互影响并引发变化，这里仅从教育制度变革、教育目标调整和教育内容变化三个方面来做一简要探讨。

一、教育全球化与教育制度变革

（一）教育服务贸易

教育服务贸易兴起而且收益可观。在国际贸易的分类中，教育服务贸易具有正当合法的地位。20 世纪 90 年代以来，教育的国际贸易给教育水平比较高的国家带来了相当可观的经济收入。根据美国经济分析局的统计，1999—2008 年的 10 年间，美国的教育服务贸易净出口额从 78.1 亿美元增至 125.9 亿美元。据统计，90年代以来，美国的教育服务出口每年的收益都超过70亿美元，可提供超过10万个的就业机会。美国学者估计，留美学生每年可给美国增加33.5亿美元财富。“1993年，仅留学生学费一项，教育出口贸易的净收入就达55亿美元，在美国十大服务出口行业中仅次于旅游、运输和金融，名列第四。”[①] 除直接学费外，留学生用于住房、生活必需品、旅游和娱乐等方面的间接性消费也是相当可观的。每年，外国留学生对美国经济创造的价值约为700亿美元。当然，法国、德国、英国、澳大利亚和加拿大等国家也在教育国际贸易中获得巨大的好处。统计数据表明，2004年英国的大学从外国留学生身上收取了40亿英镑的学费，外国留学生所交的学费占澳大利亚高等教育经费的三分之一[②]。研究表明，中国接受外国来华留学生的目的与英国、澳大利亚等国不一样。这些国家是把接受外国留学生作为一个产业在赚钱，而中国现在发展来华留学生的目的不在经济上，而是要扩大中国的影响力，提升中国大学的知名度，建设世界一流大学，为中国和平外交创造一个好的氛围。

教育服务贸易也对各国的教育制度提出客观要求。教育贸易对各国教育制度的地位问题提出了要求，譬如，对教育服务出口国教育质量认证制度、各国间学位证书和学历证书的相互承认制度、跨国校际学分互认制度，以及各国学制对接制度等。教育贸易也同样会对各国教育制度提出要求，譬如要求政府下放文凭颁发、收费标准确立、教师聘任、课程计划制订和学校自主管理等各方面的权力，实行教育服务贸易的自由化。

任何外国教育机构在中国都可以提供全民义务教育以外的教学服务。中国在世贸组织服务贸易总协定（GATS）议定书的“减让表”中关于教育所做的承诺，包括初等和中等教育，但不包括全民义务教育。另外，在高等教育、成人教育等方面，包括英语培训方面，是没有限制的，外国教育机构可以与中国的教育机构进行合作办学，而且理论上，外国机构可以在这些联合办学的实体中持高达99%的股份。除此以外，中国还同意接受外国人员在联合办学的学校中担任高级管理职务，即可以从国外聘请国内短缺的管理人员、执行人员和

① 邬志辉著：《教育全球化——中国的视点与问题》，华东师范大学出版社2004年版，第59页。
② 杨德广：《经济全球化与教育国际化》，《高教探索》2001年第4期。

专家，在具体合作合同中规定可以长期聘用这些人员，最少可以工作三年。

（二）教育市场化

教育究竟是产业还是事业，在国内外都是一个颇具争议的问题。18 世纪启蒙运动时期，把教育视为一项事业的思想占主导地位。然而，自 20 世纪 80 年代以来，由于国家经济和社会发展的不景气使公共教育受到社会批评。在推动教育产业化经营中，美国和英国开展的“公校私营”改革十分引人注目。这是一种在不改变公立学校公共性质即政府所有权的前提下，适当让出公立学校的经营权，由私营公司或学校教师按各方认可的合同承办公立学校，承办者负责提高教育质量，政府负责提供基本教育经费，承办者依法管理学校的模式。目前，学校产业化经营改革迅速扩展，几乎在所有存在私立教育的国家都可以看到教育市场化的影子，这也反映了社会对学校教育多样化的需求。

在中国，教育产业化的呼声一度很高。应该肯定的是，教育产业化经营对一定历史时期中国教育规模的扩充起了积极的推动作用，引进市场机制也被看成是转变教育模式的关键要素。但是，片面强调教育产业化会造成政府责任缺失、政府投入严重不足，导致教育不公和滥收费等严重问题，因而备受关注。

（三）教育权力分散化

教育全球化推动下的另一教育改革是权力多元。这种教育权力分散化表现为学校办学体制改革中权力的两次分离。第一次分离是学校的所有权与主办权的分离，所有权归国家和政府，具体主办权却归学校。第二次分离是学校的决策权与管理权的分离，一般要成立在职能上类似于董事会的组织作为学校的最高决策机构①。无论是在中央集权制还是地方分权制国家，作为基层教育单位的学校都缺少必要的办学自主权，仅仅是中央或地方教育政策执行者、教育理论消费者的角色。近年来，全球化下涌起“校本管理”（school-based management）、“校本课程”（school-based curriculum）、“校本研究”（school-based research）、“校本培训”（school-based training）等潮流，是教育权力分散化运动在学校运作中的具体表现。这股潮流虽发轫于西方，其效果有待检验，但足以说明教育全球化过程中西方话语权对世界教育变革的强大影响。

---

① 邬志辉著：《教育全球化——中国的视点与问题》，华东师范大学出版社 2004 年版，第 70 页。

面对教育全球化，中国的教育制度既面临着向现代化转型的难得历史机遇，也面临着教育发展的严峻现实挑战。例如，开放教育后由于教育市场意识不足，面临着许多政策上的空缺，转变出国留学的单一教育输入模式，推进中外教育互动是一项重要的战略抉择。

二、教育全球化与教育目标的调整

（一）教育全球化对国家教育目标的影响

全球化推动各国对教育目标进行重大调整。一是在全球化下推动公民教育新目标。强调世界发展与“国家公民教育”相统一，强化民族认同与保证人类文化生态多样性相统一。二是重视培养多元思维、宽容互尊的思想情感。强调全球化时代是一个具有多种文化和多种生命的地球村生活圈，发展相互理解、关心和宽容的意识，培植对人类、物种的敬重情感，是世界上一切国家教育应共同承担的责任。1989 年联合国教科文组织以“学会关心”为口号，要求学校教育要培养儿童从只关心自己的狭隘的生活圈子中跳出来，树立“地球村”的思想，关心人类，关心地球。三是倡导为人类福祉做贡献的世界责任。全球化时代人类教育的第一职责就是培养学生服务人类未来美好生活的理想，形成“和平发展、相互合作、互惠共赢”的发展共识。

（二）教育全球化下的国家教育定位

全球化时代的各国教育目标既要面对世界未来共同发展，还必须坚持国家特定的发展道路。美国在 20 世纪 90 年代就提出了采用新颖的方法，使每所学校的每个学生都能达到知识的世界级的水准，要通过国际交流，努力提高学生的“全球意识”和“国际化观念”①。日本提出要培养具有放眼全人类、全世界的视野，受国际社会信赖的，能在各个领域为国际社会做出贡献的日本人。韩国为不断适应全球化变化的形势，充分利用国际环境，在 1995 年出台了《确立主导国际化、信息化的新教育体制改革方案》，提出培养主导国际化、信息化时代的具有世界水平的新质量的新韩国人②。

---

① 王丽敏：《再论中外合作办学与教育全球化》，《中国成人教育》2004 年第 3 期。
② 赵烁：《全球化与教育》，《河北大学学报》（哲学社会科学版）1999 年第 9 期。

（三）教育全球化下中国教育目标的转变

面对教育全球化的挑战，中国教育目标的调整就是培养具有世界视野的现代中国人。为了应对全球化挑战，中国 2001 年《基础教育课程改革纲要（试行）》中指出，基础教育课程改革的总体目标是：以“教育要面向现代化，面向世界，面向未来”重要思想为指导，全面贯彻党的教育方针，全面推进素质教育。新课程的培养目标要使学生具有爱国主义、集体主义精神，热爱社会主义，继承和发扬中华民族的优秀传统和革命传统；具有社会主义民主法制意识，遵守国家法律和社会公德；逐步形成正确的世界观、人生观、价值观；具有社会责任感，努力为人民服务；具有初步的创新精神、实践能力、科学和人文素养以及环境意识；具有适应终身学习的基础知识、基本技能和方法；具有健壮的体魄和良好的心理素质，养成健康的审美情趣和生活方式，成为有理想、有道德、有文化、有纪律的一代新人。为此，创新教育体系，培养全球化时代既有创新精神、懂得国际新规则又有中国文化根基、有能力参与国际经贸和文化交流活动的新型人才是中国对全球化进程和实现中华民族复兴大业的迫切需要。

三、教育全球化与教育内容的变化

在全球化过程中，教育不仅要满足个人和社会的需要，而且要回答全球社会的挑战。随着教育目标的调整，世界范围内的教育内容也将随之变化。

（一）突出外语教育地位

各国在课程设置和教学内容方面，普遍增加了外语教学课时数。“法国 1985 年进行的教学改革，除把第一外语作为初中必修课外，还提供第二外语作为学生选修课，要求学生至少掌握一门现代外语，鼓励更多的学生学习第二外语。”① 在现代社会中，外语作为一种交流工具，在升学、就业、学习、生活中愈发重要。近年来，一些国家提出了双语教育。双语教育的精神实质是一种生活性外语，即让第二语言融入学生的日常生活和非日常生活，全面提升学生的第二语言能力。

---

① 赵烁：《全球化与教育》，《河北大学学报》（哲学社会科学版）1999 年第 9 期。

（二）强化多元文化教育

全球化促使世界日益多元，强化多元文化教育就成了走向未来最重要的教育内容。多元文化教育以教育中存在的文化多样性为出发点，一是在尊重不同文化且依据不同的文化背景、文化特征的条件下实施教育，二是使具有不同文化特征的学生都享有同等机会的教育，三是其目的在于帮助学生形成对待自身文化及其他文化的适当方式及参与多元文化的能力。多元文化教育是要教育所有学生认识社会上各种文化，包含学生自身所处及相关的微型文化和具有普遍性且为各族群共有的国家巨型文化①。

“理解、互惠、和谐”是多元文化教育追求的主要目标，它与共同文化、主流文化并不相悖，“其决定性的任务之一，就是向学生表明并使他们认识到，在表面不同的外观的多样性下存在着人类共同的基本情况”②。它旨在帮助每个民族群体平等地意识到自己和其他民族群体的文化特征，寻求文化间的“互惠、和谐”。其一，学习不同文化，了解其各种文化间的特点，正确认识民族、社会群体间的文化差异，学会正确判断其他文化与自己文化间的关系及相互间的影响，有助个人完善。其二，学习未来世界发展对各种文化带来的挑战，了解各种文化规范和多元社会发展的特点，具备融合社会的能力，促进族群和谐。其三，学习所属社会群体的文化，参与践行不同文化的陶冶，在传承文化遗产中创新发展文化。

（三）普遍重视环境教育

早期工业化推动世界经济高速发展，催生了全球化运动，也同时产生了严重恶化的环境问题。20 世纪 60 年代环境教育概念就已出现，但为世界各国普遍认可则是 70 年代。1975 年 10 月，联合国教科文组织同国际环境教育规划署在贝尔格莱德召开了“国际环境教育研讨会”，通过了《贝尔格莱德宪章》；1997 年 10 月，两组织再次合作在格鲁吉亚第比利斯召开了世界首次部长级“政府间环境教育大会”，大会通过了《第比利斯宣言》。其中《第比利斯宣言》对环境教育界定非常有影响，它指出：“环境教育，应当恰当地理解为是一种

---

① ［英］詹姆斯·林奇著，黄政杰译：《多元文化课程》，台湾师大书苑有限公司 1994 年版，序。

② ［德］托比亚斯·吕尔克尔著，傅志强译：《多元文化教育、课程及其改革战略》，《教育展望》1993 年第 1 期。

全面的终身教育，一种能对瞬息万变的世界中的各种变化做出反应的教育……环境教育有助于显示今天的行动与明天的结果之间存有的永久关系，并证明各国社会之间的相互依赖性以及全人类团结的必要性。”

同以上世界教育改革相对应，面对全球化激烈的国际竞争和世界教育的挑战，中国教育内容也正在发生巨大的变革。2001 年教育部颁布《基础教育课程改革纲要（试行）》，全面推行课程结构和内容改革，在培养目标和教育内容上都有重大发展。例如，提出重视培养创新精神、实践能力、科学和人文素质以及环保意识的人才，强化道德教育、爱国主义教育、环境教育、文化安全教育、国际理解教育等，以求达到提升个体全面素质、提升国家全球竞争力的目的。

第三节　教育全球化下的国际理解教育

全球化时代，世界各国普遍感到需要改革教育，加强全球教育 、国际教育、多元文化教育以及国际理解教育。这些教育在目标与内容上有些交叉，但又各有侧重。本节重点探讨在教育全球化下各国实施国际理解教育的近况。

一、全球化时代国际理解教育的背景与内涵

（一）全球化时代国际理解教育的背景

全球化使各国迫切需要理解。全球化以极快的速度消除人们的距离感，把不同肤色、不同种族、不同文化背景的人们集聚在一个“地球村”里，并为大家建设美好的地球村提供了技术上、信息上的支撑系统，使得人类的交往变得更加频繁。这有力地促进了人类各种文明相互交流、相互学习、取长补短，有利于消除狭隘短视的本位主义，把目光放在全球的、长远利益上。当然全球化也使得多元文化的异质性与价值冲突变得日益凸显，它还远未能为不同文化带来价值上、情感上、文化上的相互理解和相互尊重，以及政治上的平等。人类活动的全球化还有可能导致一个充满全球问题的危险世界。

全球化因文化多元而精彩但亟待理解。人类历史上曾因存在着许多不同的

文明装点出丰富多彩、内涵深刻的人类历史画卷，但文明在发展过程中不断地发生冲突和重构。当今世界主要文明大致有中华文明、印度文明、伊斯兰文明、西方文明、拉丁美洲文明以及非洲文明，等等。但“文明没有明确的边界，也没有精确的起点和终点。人们可能而且确实重新界定过它们，结果，文明的内涵和外延会随着时间而变化。各民族的文化既相互作用又相互重合，各种文明的文化彼此相似或相异的程度也发生着相当大的变化”①。

全球化下国际理解教育可避免文化恶性倾轧。全球化引起文化碰撞与竞争，必然导致强势文化侵蚀其他文化，这既引发弱势文化为生存展开本土文明主体化运动，也极易致使弱势文化在高压下走向自卑和自我否定，不利于世界和平与发展。消解西方中心主义偏见在政治、军事及文化等方面的强势渗透，克服霸权主义下的民族虚无主义、历史虚无主义、文化虚无主义等，都在呼唤国际理解教育。

（二）全球化时代国际理解教育的概念

国际理解教育（education for international understanding）是指全球化时代世界各国在国际社会组织的倡导下开展的旨在促进“国际理解”的教育活动。具体来说，国际理解教育就是要通过教育来增进不同文化、不同种族、不同宗教信仰和不同区域、国家、地区人们之间相互了解和相互宽容；使每个人能够共同认识并积极参与解决全球社会存在的重大问题；能够将国际社会上事实的相互依赖变为有意识的团结互助，最终维护世界和平，促进世界发展。

国际理解应该是理解与被理解的统一。对他国文化片面的“排斥”和盲目的“崇拜”都有违于国际理解的本质。2011 年 10 月以构建和平文化、促进可持续发展为主题的联合国教科文组织第 36 届大会在巴黎举行，中国教育部部长袁贵仁的演讲体现了国际理解教育中的这种“统一”观。他指出，中国政府颁布实施的《国家中长期教育改革和发展规划纲要（2010—2020 年）》（以下简称《教育规划纲要》）强调要加强学生的国际理解教育，推动跨文化交流，增进中国学生对不同国家和不同文化的认识和理解；同时，中国还积极开办孔

---

① ［美］塞缪尔·亨廷顿著，周琪等译：《文明的冲突与世界秩序的重建》，新华出版社 1999 年版，第 27 页。

子学院，促进中外教育文化的交流交融，增进中国人民与世界各国人民的了解和友谊。

国际理解教育中的“理解”，有不同的境界，也有不同层次的目的。低层次仅仅是为了理解有关国家和民族的习俗知识，而理解的更高境界或高一层次的目的是为了“实现与他们的对话与交流，并通过质疑、讨论、批判和重构，最终产生新的认识”①。

因此，国际理解教育属于跨文化理解教育的范畴。它是当代教育的基本内容。

日本北海道大学大津和子教授把学校的国际理解教育分解为易于进行评价的四大目标，即体验目标（包括交流、挑战与行动等）、知识理解目标（包括文化多样性、相互依存、和平与安全等）、技能目标（包括信息处理能力和问题解决能力等）以及态度目标（包括宽容、共鸣、参与、合作等）②。

《第44届国际教育大会宣言》提出的目标是：在青少年中开展国际理解教育，是为了使青少年在认同本民族文化的基础上了解别国历史、文化、社会习俗的产生、发展和现状；学习与其他国家人们交往的技能和行为规范；建立人类共同的价值观；学习正确分析和预见别国政治、经济发展状况及其对本国发展的影响；正确认识和处理经济竞争与合作、生态环境、多元文化共存、和平与发展等方面的国际问题；培养善良、无私、公正、民主、热爱和平、关心人类共同发展的情操；担负起“全球公民”的责任和义务。国际理解教育涉及的领域主要包括：世界和平与发展、全球环境、世界人权、多元文化、世界人口、网络、跨国犯罪等方面的问题，世界各种政治体制模式、各民族的历史、联合国及其他国际机构的作用等方面的知识，以及历史、地理教学及教师培训与教科书编写等特殊领域的问题③。

---

① 杨秀玉：《为理解而教育，为理解而对话——全球化视野下的国际理解教育特征解析》，《现代教育科学》2006年第3期。

② 高益民：《“全球化时代的国际理解教育”中日研讨会纪要》，《比较教育研究》2005年第7期。

③ 陈双凤：《全球化视域下的国际理解教育基本特征探析》，《传承》2008年第18期。

二、国际理解教育的发展历程

“国际理解教育”在二战后成为教育国际化的重大主题。以联合国教科文组织的活动为例，半个多世纪以来，国际理解教育随着国际形势变化，主要历经了五个发展阶段①。

（一）观念倡导阶段（20世纪40年代）

国际理解教育的理念在联合国教科文组织成立后得到正式阐明。在该组织召开的第一次常务工作会议上，联合国教科文总干事胡克斯雷强调，教科文的活动应该从完善人类精神家园出发促进国际理解，教育行动计划也应如此。1947年，该组织将国际理解教育的核心理念确定为理解国际重大问题、尊重联合国和国际关系、消除国际冲突的根源、发展对他国的友好印象②。1948年是国际理解教育发展的重要一年。国际公众教育大会的第八次会议发表了《关于发展青年人之间国际理解和国际组织的教育之建议》。同时，八位世界著名的社会科学家联合发布了一份“关于影响国际理解形成的紧张局势”的宣言。

（二）行动起步阶段（20世纪50年代）

1952年，联合国教科文组织提出了“世界共生教育”的概念，并成立了工作小组，提出这种教育的目标之一是“发展儿童健康的社会态度，为增强国际理解与合作奠定基础”。该小组建议用“国际理解”或“国际合作”代替过去的“世界公民”“世界共同体”等带有理想主义色彩的概念。1954年以后，国际理解教育这个术语开始广泛应用。另外，这个小组还提出在联合国成员国的学校中开展国际协作性的行动方案，明确提出全世界实施国际理解教育，并作为工作核心和总结主题。

（三）低落阶段（20世纪60年代）

20世纪60年代初，国际理解教育面临着许多困境与难题，主要是理解“和平”“人权”等概念容易，但实施却很难。为此，联合国教科文组织于1962年提出了一份报告，名为《向青年人宣传有关和平、相互尊重和理解思

① 余新：《国际理解教育发展的研究》，《外国教育研究》2002年第8期。

② Japan Association for International Education. *Asia-Pacific Conference on International Education for International Understanding in Asia and The Pacific*. 1999, p. 117.

想的方法》，其主要内容为：提高青年人对世界及各国人民的认识；培养青年人以毫无偏见的赞同态度去认识他国文化；以友谊而不是强暴的方式去对待差异；激发青年人理解国际合作在解决世界问题的必要性；鼓励尊重人权，对他人具有社会责任感和道德意识及积极向上的进取愿望①。

20 世纪 60 年代后期，国际理解教育的地位转向低落。联合国大会把 60 年代称为“发展的年代”，教育被看作发展中国家促进社会经济发展的基本途径，教科文组织的重点开展项目为提高读写能力、扩充基础教育及开展教育规划等内容。于是，“发展”掩盖了“理解”的主题。

（四）转折阶段（20 世纪 70 年代到 80 年代初期）

20 世纪 70 年代以后，教科文组织倾向于动员各成员国把国际理解教育活动中的了解—态度形成—采取行动—团结一致—国际合作等若干环节前后贯通起来。1974 年该组织在联合国第 18 届会议上提出的建议，明确了国际理解教育四大方面的任务。①公民与道德方面：自由、平等、人权、消除种族歧视、尊重别人权利以及社会和公民责任。②文化方面：理解和尊重文化差异、文化遗产、不同生活方式和观点以及学习外语。③研究和解决人类主要问题：权利平等和自我选择权、维护国际和平和安全、尊重国际法和国际关系、裁军、殖民主义和新殖民主义、难民、解放运动、经济增长与社会发展等。④其他方面：国际惩罚及解决问题办法、国际合作与发展的策略等②。这些为以后的国际理解教育拟定了行动框架并提出了具体的实施方案。

从那以来，国际理解教育几乎包括与国际教育相关的所有重要问题，如人权教育、多元文化教育、教育与发展、人口教育、国际问题研究等许多方面。尽管有的活动在开展时并没有称之为国际理解教育，但是实际上都属于国际理解教育的范畴。

（五）提升阶段（20 世纪 80 年代以来）

20 世纪 80 年代以来，国际理解教育从政治阴影中走出来，一系列关于国际理解教育的行动计划相继被推出，如“1981—1989 年人权发展的教学计划”

①② Japan Association for International Education. *Asia-Pacific Conference on International Education for International Understanding in Asia and The Pacific*. 1999，pp. 118-119，pp. 119-120.

“1986—1995年国际理解、合作、和平教育发展计划”“人权和民主教育的世界行动计划”等。1994年，教科文组织在日内瓦召开第44届国际教育大会，这次大会的主题是“国际理解教育的总结和展望”。围绕这个主题的六次会议的主要内容分别是“经济全球化与教育政策”“为宽容和相互理解的教育：宗教的作用”“联合国教科文组织联合学校项目，促进为和平、人权和民主的教育所行之有效的网络”“相互开展外语教学：国际理解的一种因素”“人权教育”“媒体和国际理解：为更好地理解提供信息”等①。另外，会议通过的《第44届国际教育大会宣言》等文件都以建设“和平文化”为中心内容，实际上它们既是联合国教科文组织所推行的国际理解教育的总结，又是在当代国际形势变化与发展的背景下，为各国如何开展国际理解教育的行动指南。

三、国际理解教育实践及教育全球化展望

（一）国际理解教育在各国的实践

在联合国教科文组织等国际机构的推动和全球化浪潮的需要中，世界各国都制定了一系列相关政策，程度不同地开展了有目的、有计划、有组织的国际理解教育。各国普遍重视加强外语教育，开设国际问题课程，加强国际教育交流与合作，采用了课堂理论教学和实践活动教学相结合的方式。仅就国际问题课程中的可持续发展教育而言，已经在中国各级各类学校开展了起来。截至2011年10月，中国有1 000多所学校被教科文组织确立为可持续发展教育试点学校。

20世纪80年代初，美国就提出了全球教育思想以培养学生面对全球化的适应能力。主要内容有认识全球的人口、资源、经济发展、国内外冲突等问题，让学生形成多元文化共存的观念，理解和尊重不同的文化。

20世纪90年代，美国成立的全球教育委员会对全球教育的原则做了明确阐述。例如，所有教师、学生都应有机会与不同于自己伦理和文化背景的人一起学习与工作，课程要反映各国的相互依存性及美国在全球经济中的作用，

① 赵中建编：《教育的使命——面向21世纪的教育宣言和行动纲领》，教育科学出版社1996年版，第186页。

等等。

美国高校国际理解教育大致开设了以下四类课程。一是国际问题。这是美国高校开设的最普遍的国际理解教育课程，包括国际法学、国际组织和政府、国际关系、国际时事问题研究等宏观课程；也包括专业范围相对比较精细的课程，如外交学、领事常规或领事程序。二是外语课程。三是开设专门的国际理解教育课程，如北卡罗来纳大学关于社会正义的名为“赋权”的课程。四是综合课程，融合生活的主要方面，包括历史、地理、语言、风俗文化及道德、音乐、经济等。例如，达特茅斯大学的全球健康计划就是一门多学科、应用性的综合性课程①。

20 世纪 80 年代以来日本也非常重视国际理解教育。1988 年的日本教育白皮书指出：“在国际化不断发展的情况下，重要的是，在学校教育中加强学生对外国文化和国际相互依赖关系的必要性的理解，同时要使学生养成珍惜我国文化和传统的态度。”1998 年和 1999 年文部省分别颁布新的中、小学《学习指导纲要》，强调为了适应国际合作和使日本人能自立于国际社会的需要，必须加强国际理解教育，在提高学生民族自尊心、自豪感的基础上，提高对不同民族、国家历史和文化的尊重与理解；为了面对全球性的环境问题，要积极引导学生关注环境问题、能源问题，进一步提高他们对环境问题的理解和保护环境的意识与能力。

基于上述指导思想，日本通过设置“综合学习时间”和改革现有的外语教学来促进国际理解教育。“综合学习时间”中所要求学习的首要专题就是“国际理解”②。日本学校把综合学习时间作为国际理解教育途径，主要有以下几种。一是充分利用学校有关资源，包括图书馆、计算机、网络、在校外国留学生等。二是利用社区教育资源，包括公共图书馆、博物馆、社区自然环境、社区传统文化、社区专家、社区外国留学生等。

（二）国际理解教育实践面临的问题

国际理解教育在实践中也面临一些问题。

---

① 郭峰、王兴华：《美国大学开展国际理解教育的经验及其启示》，《外国教育研究》2011 年第 8 期。

② 陈其：《高中历史课程改革的进展与思考——从〈全日制中学历史教学大纲〉试验修订版谈起》，《课程·教材·教法》2000 年第 9 期。

第一，国际理解教育中国家立场与国际主义的关系问题。按照联合国教科文组织的精神，国际理解教育的主要出发点是培养“全球公民”。但实践过程中，往往这一出发点变成“有全球视野的国家公民”，例如，日本文部科学省就强调国际理解教育要培养“具有国际素质的日本人”。联合国教科文组织所提出的“人类共荣”之理想，与将本国利益作为出发点的国家国际化对策需求之间存在价值冲突，导致国家实施的国际理解教育的出发点主要强调国家主义而不是国际主义。例如，韩国国际理解教育的重心在于国内问题的解决。以2006年10月在首尔召开的韩国国际理解教育学会第七届年会为例，该年会的主题为“多元文化时代的国际理解教育”，但其议题紧扣全球化所带来的诸多国内问题，包括韩国与朝鲜相互理解问题、在韩国国内呈现剧增趋势的国际婚姻家庭的儿童教育问题等。虽然国家主义与国际主义并不是绝对排斥的，但在国际理解教育过程中，如何从长远意义上兼顾两者的立场，更扎实地培养全球公民，更多地着眼于全球范围内不同文化之间的相互理解和尊重、着眼于全球共同问题的解决，的确是一个问题。

第二，国际理解教育理念和内涵的认识混乱问题。“世界各国在实施中对国际理解教育理念的诠释不尽相同”，把一些原本不属于国际理解教育范畴的东西装进国际理解教育的筐子里，赋予它过多的任务。例如：美国国际理解教育还包括全球教育、国际教育、多元文化教育等；而澳大利亚则包括全球教育、未来教育、多元文化教育；在东南亚，国际理解教育多通过亚太国际教育和价值教育组织以价值教育的形式得以传播。这就导致国际理解教育的形式和内容纷繁复杂而“成为困扰国际理解教育发展的骨鲠”①。

第三，其他问题。国际理解教育还存在其他许多问题，比如，国际理解教育所需的国际交流与合作途径有限，普通学科教学中渗透国际理解教育的意识和实践力度还很不够，拥有良好的国际知识和较好的国际交流技能及国际理解态度的教师还非常缺乏，相关教材也缺乏②。

展望未来，要推进国际理解教育，必须在组织制度保障、师资素养提升、

---

① 姜英敏：《东亚国际理解教育的价值冲突探析》，《比较教育研究》2007年第5期。

② 杨小玲：《国际理解教育实践中存在的问题与对策探讨》，《成都大学学报》（教育科学版）2008年第8期。

课程内容完善、国际交流拓展等方面多做更为细致的工作。

（三）教育全球化发展展望

综观当代世界教育演进历程可见，教育全球化存在三个基本的发展趋势。

第一，功能性全球化加速发展。教育全球化的基本结构包括两个方面，即功能性全球化与制度性一体化。从前者教育内在体系的全球化发展，到后者国际社会教育发展的共同规划，既需要各国大力推动国际理解教育，建立全球化教育发展新理念和新机制，更需要在新信息革命下各国积极推行开放型发展战略，利用更好的教育开放和教育服务，促进世界各国共同发展。这些特别是功能性教育全球化已在近20年来有了重大的进步。

第二，制度性一体化的矛盾日益显现。在教育全球化发展中，国际社会不断寻求稳定的制度安排来加以维护。世界贸易组织的制度性一体化安排在教育服务贸易上的作用就是一个例子。该组织提出了教育领域国际通用的行动规则，由此产生了教育与国际接轨的问题。但是，教育全球化对不同类型国家的利益不一致，全球化的各个环节对某一国家的利弊不同。这导致了教育全球化在制度安排上分歧显著。在智力方面的国际合作中，“人才外流”无疑是一个最严重的问题。有些国家严加控制移民数额或者酌量强迫移民偿还他们在本国受训的全部投资。20世纪90年代以来，随着教育全球化的迅速发展，发展中国家日益提出制度保障的要求。

第三，国际教育旧秩序趋于定型和强化。现行的国际教育秩序是以承认竞争本身的公平性为特征的。这一秩序不承认竞争条件、现实基础和发展机会的不平等性，因而是不利于发展中国家的一种教育秩序。长期以来，改革国际教育旧秩序的进程严重滞后，而近年来的教育全球化却大大强化了国际教育旧秩序。由于全球化推动了制度性一体化，以市场机制为核心的国际教育旧秩序也就趋于定型。

全球化一词最初是二战以后人们用来说明国际经济巨大变化情况的，在短短的几十年里，它迅速影响到人类社会的诸多领域，出现了经济全球化、政治全球化、文化全球化、教育全球化等概念。教育全球化是教育的一种普遍化，它体现为各国、各民族和各种不同文明体系之间在教育思想、制度和方法上的某种趋同。教育全球化将使教育资源在全球范围内最大可能地达到合理、优化、高效的配置目标，将促进教育质量的明显提高，将促进整个社会的协调、可持续发展。全球化对各国教育制度的变革、教育目标的调整、教育内容的变化产生了全面而深刻的影响。在全球化的背景下，如何处理好本土化问题和文明冲突问题，值得重视和研究。多元文化教育受到国际社会的普遍重视。面对全球化的冲击，中国的教育应该特别强调两大策略：认同中国的历史和传统，反对历史虚无主义；热爱中国的语言文字，正确处理学中文和学外文的关系。

【思考与练习】

1. 什么是教育全球化？
2. 全球化对各国教育制度的变革有什么影响？
3. 全球化对各国教育目标的调整有什么影响？
4. 全球化对各国教育内容的变化有什么影响？
5. 简述国际理解教育的含义。

【拓展性阅读导航】

1. 邬志辉著：《教育全球化——中国的视点与问题》，华东师范大学出版社 2004 年版。

该书较好地梳理了“全球化”概念和理论中的各种观点，并以中国的视点与问题为基本立场，展开了关于“教育全球化”问题的讨论。

2. ［日］堀尾辉久著，陈俊英译：《全球化时代的教养与学力——如何学？如何教》，人民教育出版社 2009 年版。

该书阐述了全球化时代人应具备的教养、学力及其核心，研究了如何学与教的方法和内容。

3. ［俄罗斯］古卡连科著，诸惠芳等译：《多元文化教育的理论与实践》，人民教育出版社 2012 年版。

该书阐发了多元文化教育的本质特征、使命和现代社会文化环境中亟待解决的教育问题。

4. 樊锐著：《地球村：全球化与人类共同利益》，人民出版社 2005 年版。

该书以全球化为大背景阐述了全人类共同利益的表现以及人与国家利益的关系，讨论了人类共同利益、普遍价值的探寻。

5. ［美］塞缪尔·亨廷顿著，周琪译：《文明的冲突与世界秩序的重建》，新华出版社1999年版。

该书认为冷战后世界格局的决定因素不是意识形态而是文化方面的差异，是现存的各种“文明的冲突”，其观点在学术界引起了激烈争论，具有重要的参考价值。

第六章　教育国际化与国际教育合作

【内容提要】

教育国际化内涵广泛，源远流长，真正意义上的教育国际化出现于第二次世界大战以后，主要指国家在教育观念、培养目标、学科课程、教育交流等方面的国际开放。其中国际教育组织是教育国际化的重要推动力量。国际教育援助是教育国际化的重要手段。教育国际化推动世界各国教育在合作中发展，也带来了问题和矛盾。

【学习目标】

1. 了解教育国际化的内涵和发展历程，认识教育国际化的主要内容。

2. 掌握各种国际教育机构在教育国际化过程中的作用、发展历程和特点。

3. 了解推动国家教育国际化的各种因素，探讨国际教育合作的模式和基本理念。

第一节　教育国际化的基本概念

一、教育国际化的内涵

所谓教育国际化，就是用国际视野来把握和发展教育，推动教育开放，促进国际的教育合作和共同发展，解决国际性和世界性的教育问题而共同努力的过程①。学界对“教育国际化”的理解，可谓是“仁者见仁，智者见智”，这里从三个方面来加以阐释②。

（一）国际化与全球化

“教育国际化”与“全球化”密切相关。正如金融等领域一样，教育的很多问题已经被“全球化”了，这些问题的解决有赖于全球范围的合作。但“国际化”又不能等同于“全球化”。“全球化”不仅是资本、信息、商品的跨境自由流动，而且也指人（包括学生和教师）和思想的自由流动。它是产品和服务的跨国交流，是国家、人民、文化之间日益相互依存的反映。有人将之定义为“没有主题的过程”，有人称之为“涵盖人类经验许多领域的多元现象”，有人则将其定义为“有跨国含义的高等教育趋势”，如全球教育市场等。

与“全球化”不同，“教育国际化”是“把国际的、跨文化的或全球层面的内容融入教育目的、职能或教学实施的过程”，也可以定义为“一个国家、一个教育系统、一个教育机构回应全球化趋势的具体政策或举措”。

由此可见，“全球化”是不以人的主观意志为转移的一种现象、一个过程，而“国际化”则是一国政府、学校、科研机构为应对全球化而做出的有目的、有计划的一种政策导向或实践措施。在这个意义上，我们可以看到，教育国际化要“化”的内容包括：第一，“化”思想观念，扩大国际视野；第二，“化”政策导向，建立开放的创新环境；第三，“化”评估质量、效率的标准；第四，“化”课程内容，促进跨文化学习；第五，“化”教师专业素质；第六，“化”

---

① 安慧荣：《教育国际化与国际教育合作趋势的思考》，《阜阳师范学院学报》（社会科学版）2009 年第 2 期。

② 周南照：《论教育国际化的多元内涵、战略意义及实施途径》，《世界教育信息》2011 年第 5 期。

学生语言技能和国际意识。

（二）教育国际化与国际教育

从目前情况看，无论是欧美学者还是国际组织，更多地用促进“国际教育”而较少使用“教育国际化”，这是一种惯常用语，也因各自对一种趋势或政策导向判断。所以，除了高等教育外，很少看到基础教育（全民教育）“国际化”的官方文件或重大政策影响的学术著作。在远距离教育中，国际社会也更多地用“开放学习”（opening learning）、“电子学习”（e-learning）或“网上学习”，因为这种教育本来就包含了打破国界和时空限制的“国际化”学习内容，体现了课程、学业、学分国际流动的一种方式。

“国际教育”在很多情况下可涵盖或代替“教育国际化”。第一，在美国，从联邦政府组织促进教育国际化的重大活动（如由国务院和联邦教育部举办的“国际教育周”）到联邦、州、地方政府促进国际教育交流合作的法规、政策文件，到致力于教育国际化的主要非政府机构或团体，如国际教育研究院（IIE）、全国留学生协会（NAFSA）、国际教育与文化交流联盟等，再到大学主管教育“外事”的国际教育办公室，都用“国际教育”来阐述国家、学校关于教育国际化的政策。第二，无论是美国总统的“国情咨文”或政策演讲，还是英国首相的《国际教育战略计划》，大多谈“国际教育”的关键作用，而很少用“教育国际化”作为政策术语。第三，世界教育界知名学者大多把“国际教育”表述为各种国际教育交流活动。

（三）教育国际化不是什么

第一，教育国际化不是西方化或欧美化。虽然欧美地区和澳大利亚等国家以其教育、科技和管理等领域的优势占据着“教育出口国”的主导地位，我国也把支持鼓励留学生和引进优质教育资源作为教育国际化的重要内容，但是，无论从教育政策导向、教育合作方式，还是国际化的实际过程和结果来看，它都经历着“模式”的转变，越来越走向“双向”，即你“化”我，我也“化”你。比如，我国高中课程的国际化，绝不是也不能盲目照搬英国 A-Level、美国 AP 课程。我国的孔子学院及随之而来的中国文化的国际传播，以及我国的对外教育援助，无不显示中国教育改革发展已经产生积极而巨大的国际影响力和吸引力，我国已不再是单纯的教育进口国，而是有很大潜力可挖的“教育出口国”。

第二，教育国际化不是“服务贸易”倡导的自由化。尽管我国签署了世界贸易组织《服务贸易总协定》(GATS)，在某些领域做出了承诺，但联合国教科文组织等国际政府间组织和世界上最大的教师专业协会——“教育国际”(EI) 等国际非政府间组织以及包括我国在内的许多会员国，都坚持主张教育是“社会公益事业”，即使某些教育及培训活动具有服务产业的属性，而且已经在越来越广的范围内和以日益增长的速度成为国际教育合作的现实，包括“跨境支付”“境外消费”“商业存在”“自然人流动”等，但是教育终归不能当作“商品”，知识流动也不能完全“商业化”。发展中国家有权利在维护“教育主权”的前提下提出本国教育市场的准入条件、质量标准和监控认证体系等，以保障“教育服务”消费者——学生和家长的正当权益并促进社会公平。

第三，教育国际化不是一个固定标准，它对大中小学教育有不同的含义，需要不同的实施方式和评价方式。

第四，教育国际化不是目的，而是促进教育改革发展、培养国际化人才、有效配置和合理使用优质教育资源、提高教育质量和效率、增强国际竞争力的手段。

第五，教育国际化不等同于单纯的“教育外事”，不只是“外事人员”的责任。按照我们的传统习惯，一切与国外有关的工作都纳入“外事”，但教育国际化的目标、内容以及实现目标的途径都已经远远超出一般的“外事”工作。教育决策者、校长、教师、学生是促进教育国际化的主力军，因此必须扩大“外事”的内容并改进其工作方式，使教育国际化不仅仅成为“外事”部门和外事人员的事。否则，“教育国际化”和“教育现代化”、教育制度层面的“公平”与“质量”将是“两张皮”，而且会让“国际教育”成为国内外双赢机构联手为少数“富人”子弟制造特权和专制，使国际知识体系中的不平等有增无减。

二、教育国际化的发展历程

教育国际化的产生和发展经历了一个漫长的历史过程。这一历史过程大致可分为二战以前欧洲中心的形成阶段，二战后到 20 世纪 60 年代末两大阵营展开的教育国际化阶段，20 世纪 70 年代初到 80 年代中期的由两极中心转向多极中心的教育国际化阶段，20 世纪 80 年代中期以后开始进入教育全方位开放发展、多元化交流互动的新阶段①。

（一）教育国际化萌芽期（二战前）

“教育国际化可视为自古希腊就开始的在很小规模上实施的一种持续的过程。”② 例如，古希腊历史学家色诺芬到波斯国考察，在所著的《波斯国王塞勒斯传》中叙述了一些关于波斯教育的见闻。中世纪，欧洲的大学在入学方面没有国籍的限制，吸收不同地区、民族的学生和学者。这些学生和学者除了学习学术知识以外，他们还获得了许多新的经验、思想、观点、政治原则和见解。16 世纪初，欧洲新教改革运动造成的宗教藩篱和继而的民族国家的兴起使国家间的教育交流非常困难。这种局面直到地理大发现、探险、贸易的增长和传教活动的扩大才被打破。自 18 世纪到二战前，由于殖民主义的扩张，这一时期的教育交流主要是以宗主国向殖民地国家输出教育的单向模式为主。

（二）阵营间教育国际化运动（二战后至 20 世纪 80 年代中期）

二战后，世界形成了以美国和苏联为首的两大政治阵营，在政治的作用下教育国际化过程加速，不仅两大阵营加强了内部交流合作，也使两大阵营间加强了对对方的研究。东西方之间的封锁和敌视行为使文化交流和交往也受到一定的影响，各国学校的培养目标、课程设置以及学校内部管理体制，也无一不受到影响。这一时期的教育国际化进程具有明显的政治性特点。

从 20 世纪 70 年代开始，在经济危机和高新科技推动下，教育国际化进程有了重要发展。教育作为现代经济的基础，在经济发展与社会转型下，教育变革和发展浪潮风起云涌；东西方之间的封锁解冻，各国在往来中加强了教育合作和交流，或互派教育代表团考察、访问，或签订文化教育合作协议，或互派留学生。总之，世界政治格局由两极向多极的转向使这一时期的教育国际化获得了有利的发展时机和条件。

---

① 张崇善：《当代世界教育国际化发展趋向》，《教育理论与实践》1993 年第 5 期。

② Asa S. Knowles. *The International Encyclopedia of Higher Education*. San Franciscol：Jossey-Publishers，1977，p. 2294.

（三）全方位教育国际化（20 世纪 80 年代中期至今）

随着世界进入和平发展的新时期，教育国际化也进入一个全方位开放发展、多元化交流互动的新阶段。随着教育现代化运动不断深入，教育从适应经济发展转向超前于经济发展，许多国家把教育作为引导科技创新和经济转型的法宝，加速教育改革，普遍提出教育国际化的具体要求，例如，培养学生的国际思想意识，全面提升国际市场竞争的能力，使学生掌握一些将来在国际社会中工作所必备的知识和技能，等等。这一时期，无论是发达国家还是发展中国家，都开始重视教育国际化，它们积极派遣留学生到他国留学、进修，加快了教育国际化的发展步伐。

三、教育国际化的主要内容

教育国际化涉及教育的方方面面，这里列举四个方面的内容。

（一）教育观念国际化

教育国际化的前提首先在于教育观念的国际化，即要从全球的视角出发来认识教育的改革与发展问题。以国际化的观念来推动教育改革是 20 世纪中期以来各国教育发展的共同方向。美国著名学者克拉克·科尔说："我们需要一种超越赠地学院传统的新的高等教育观念，这种观念实际上是高等教育面向世界，或者说高等教育要国际化。"① 日本政府早在 20 世纪 50 年代中期就意识到："以国际化观点进行改革是关系到我国生存与发展的重要问题。"② 1995 年日本文部省在《教育白皮书》中提出："为增进国际理解，确保世界和平与国际社会的稳定，必须继续有计划地推进教育、文化、体育领域内的交流与合作，建立国际信赖关系，并且进一步对外开放。"③

（二）教育目标国际化

教育目标国际化突出表现为思想与能力两方面。在思想上，要培养学生全球相互依赖的意识，增进不同民族、文化的相互理解，能够从国际社会和全人

① Barbara B. Burn. *Expanding the International Dimension of Higher Education*. Jossey-Bass Publishers, 1980, pp. xix-xxi.

②③ 陈学飞主编：《美国、德国、法国、日本当代高等教育思想研究》，上海教育出版社 1998 年版，第 278、287—288 页。

类的广阔视野出发判断事物。在能力方面，培养学生将来在国际社会环境中工作所需要的知识和技能，如掌握一门外语、了解外国的历史和地理等。美国在《2000 年教育目标法》中强调：要大幅度地提高能掌握和使用多于一种语言的学生所占的比例，所有的学生都要了解关于本国和世界其他地区在多元文化传统方面的知识，每个美国成人都具有在全球经济中进行竞争所需的知识与技能[①]。为了培养具有上述思想和能力的学生，有学者认为，学校必须具备适应国际化社会需要的教师。因此，在教师教育中也应当考虑国际化的维度[②]。

（三）学科课程国际化

增强学生的国际意识，掌握在国际社会环境中工作所需要的相关知识和技能，提高认识、分析和解决国际问题的能力，已成为世界各国课程发展的重要目标。各国瞄准目前国际通行的标准与规则，从国际化角度出发调整培养目标，变革课程体系和教学内容，增设国际教育课程。增设国际教育课程主要体现在以下四个方面。一是在传统课程中增加国际内容。例如，我国在高中新教材《地理》中增添了诸如人口、环境污染、自然环境保护、生态伦理等国际社会普遍关注的内容。二是开设注重国际主题的新课程，例如，国际法、国际政治、国际科技、国际贸易、国际金融、国际关系、区域文化、国别史等课程，使学生接受反映国际社会政治、文化艺术、历史演变、经济发展等状况甚至风土人情和生活习惯的全方位的国际教育。三是加强外语教学或双语教学，以掌握国际交流、国际对话、获取国际信息的工具和能力。四是增加各种涉外专业，以培养懂科技、通外语、会经营、善管理的高水平的复合型人才。

（四）教育交流国际化

国际教育交流的类型多样，有学者按学校的三大职能——教学、科研和服务来划分，相应地分为教学人员（教师和学生）的国际交流、科研人员的国际交流和管理人员的国际交流[③]。当然，从人数上讲，始终都是以外国留学的学

① 谢宁：《美国克氏〈2000 年教育目标法〉评介》，《比较教育研究》1996 年第 4 期。

② Graham Pike & David Selby. *Global Teacher*, *Global Learner*. Hodder and Stoughton, 1988, p. 272.

③ Craufurd D. Goodwin and Michael Nacht. *Missing the Boat*: *The Failure to Internationalize American Higher Education*. Cambridge University Press, 1991, p. 11.

生为主。20世纪60年代以来，世界性的国际教育交流得到了空前发展，无论从规模上、数量上，还是从接受国和派遣国的教育政策及资助上都在急剧增长。美国联邦教育部1993年统计的国际学生交流人数表明了以下四点。第一，20世纪80年代以来，世界上外国学生的数量在不断增长。美国1988年有外国学生366 650人，1992年增长到419 590人。第二，从派遣的地区和国家来看，发展中国家和地区是美国外国留学生的主要遣送国。例如，1991—1992年度在美外国学生，东亚和南亚就占了总数的58.6%。第三，国家政治局面、社会生活、经济发展是影响派遣国选送留学生的重要因素。第四，从在美国留学生选择的专业和学科看，90年代与80年代仍然相似，排在第一位的是工程技术，依次是商业与管理、数学与计算机、自然与生命科学①。

第二节　国际教育机构与教育国际化②

教育国际化是各国政府积极推动的一种世界潮流，由此派生出多种国际教育组织和国际化教育机构。

一、国际教育组织体系与运行特点

各种国际教育组织是世界国际教育的组织、协调和管理机构，它们积极开展国际教育的交流与合作，积极推动国际教育教学、科研和管理工作，是推动教育国际化的重要力量。全世界的国际教育组织已达数百个，包括政府组织和民间组织。从形式上看，国际教育组织包括国际教育集团、联合国各种国际教育机构、各种国际教育协会或联合会、国际学校组织等。从结构构成上看，它分双边组织、多边组织和单个独立实体组织。

（一）国际教育组织体系

根据国际教育组织在国际教育中的地位和作用，大致可将它们分为以下四

① U. S. Department of Education，Office of Educational Research and Improvement. *Digest of Education Statistics* 1993. NCES 93-292，p. 423.

② 本节重点参考徐辉著：《国际教育初探：比较教育的新进展》，四川教育出版社2001年版。

大类。第一类是协调国际教育领域中众多参与机构、主导教育发展方向的中枢机构，如联合国以及联合国教科文组织（UNESCO）。第二类是国际教育的情报、科研和规划机构，如日内瓦国际教育局、汉堡国际教育研究所、巴黎教育研究与革新中心等。第三类是国际教育的分支独立机构，如儿童基金会、世界银行、非洲开发银行等。第四类是国际教育学校组织，如国际学校联合会、欧洲国际学校协会等。这四类组织侧重点虽然不同，但它们相互联系、相互促进，构成了一个有序的国际教育组织体系，对教育国际化的影响极大。

联合国教科文组织是各国政府间研讨和协调有关教育、科学和文化问题的专门国际组织，是国际教育的最高指导机关。它的《组织法》中明确宣告："本组织法之各签约国秉人皆享有充分与平等教育机会之信念，秉不受限制地寻求客观真理以及自由交流思想与知识之信念，特同意并决心发展及增进各国人民之间交往手段，并借此种手段之运用促成相互了解，达到对彼此之生活有一更真实、更全面认识之目的。"① 根据这个目的，联合国教科文组织注重普及与指导各国人民更加有效地发展教育事业，分析国际教育的需要和发展趋势，注重促进情报的均衡交流和汇集全世界的知识。

日内瓦国际教育局、纽约国际教育发展理事会（International Council for Educational Development）、加拿大国际发展研究中心（International Development Center）、巴黎国际教育规划研究所（International Institute for Educational Planning）、教育研究与革新中心（Center for Educational Research and Innovation）、联合国教科文组织的汉堡教育研究所（UNESCO Center Institute for Educational, Hamburg）、联合国大学等组织担负着国际教育的情报、科研和规划工作。这些组织收集和整理了国际教育的大批资料，如日内瓦国际教育局主持出版的《国际教育年鉴》《比较教育研究与调查》《国际教育局通报》等。此外，它们还系统地开展一系列重大国际教育问题研究。例如，国际教育成绩评价协会在20世纪80年代以来，对课堂环境、学前教育、国际科学教育、计算机在教育中的应用进行了大规模的国际比较研究。国际教育组织

① 阿马杜-马赫塔尔·姆博主编，郭春林等译：《联合国教科文组织四十年》，中国对外翻译出版公司1985年版，第194页。

的研究，有的涉及国际教育理论，有的指向国际教育实践，有的针对国际教育政策和规划，它们从理论、实践和政策规划等方面支撑了国际教育的框架，使国际教育有了一定的组织依托，为教育国际化的顺利发展做出了巨大的贡献。

联合国儿童基金会、世界银行等是国际教育分支独立机构的出色代表。这些分支机构虽然在管理、财政及研究项目上各自为政，但是它们在总体目标和价值取向上却以国际维度为价值取向，从各个层面、不同角度配合联合国教科文组织的行动，全力推动教育国际化进程。例如，联合国儿童基金会在帮助发展中国家改善儿童的生活状况，在儿童保健、营养、教育和职业训练、家庭和儿童福利等方面做出了积极的努力。

国际学校联合会、欧洲国际学校协会等是协调、指导国际教育实践的组织。它们直接参与国际学校的建设，设计国际学校的课程和评价体系，探讨国际学校内部的许多问题，如教学、管理以及协作等问题。成立于 1951 年的国际学校联合会，它一方面提供咨询服务，进行国际教育问题或管理事项的研究，鼓励建立新型的国际学校，提高普通学校对国际事务的兴趣；另一方面，它提倡国际教育交流，特别是国际师生的流动。

（二）国际教育组织的运行特点

国际教育组织在推动教育国际化中发挥着重要作用，其运行具有以下一些特点。

1. 时代性

在不同时代、不同社会发展阶段，国际教育组织的作用也不相同。20 世纪 20 年代建立的国际教育局和 40 年代中期成立的联合国教科文组织作用就大不相同。同样，50—60 年代，由于美、苏两大社会阵营对立，许多国际组织和国际活动都深受影响，国际教育组织的许多活动也不得不在这两大集团国家内进行，有的活动仅仅在以美国为首的西方国家范围内实行。70 年代以后，由于全球范围的经济合作的加强，国际组织活动也相对活跃，开展了多种多样的活动。80 年代以来，随着两极世界格局的解体，一个多极的世界格局正在形成，国际教育组织的作用日益突出。

2. 互动性

一方面，发达国家由于在经济及科技方面占据优势，它们总是希望通过国际教育组织及其活动来宣传它们的价值观念，力图把作用于别国的教育纳入它们的教育体系。另一方面，广大发展中国家为了寻求政治上的独立，强烈要求国际教育组织的支持和帮助。因而在国际教育活动中，它们要求改变不合理的单向输出—输入或被动接受关系，要求加强双向合作。了解国际组织的双重性，我们就能更清楚、更深刻地理解国际教育发展中出现的问题，及时调整对策，使国际教育朝着有利于世界和平与共同繁荣的方向发展。

3. 整体性

国际教育组织是相对独立的，各种教育组织及成员之网纵横交错。不同成员身份互相重叠，没有一个统辖它的权力机关，但它们又是通过一定的组织关系（如联合国和联合国教科文组织）相联系。使独立分散的活动得以相互协调与合作，产生整体性作用。因此，研究国际教育组织必须树立整体观，从总体活动中看它们的作用与价值。同时还要把国家、国际组织与国际社会三者联系起来，区别整体与局部的关系，从而了解国际教育组织的活动规律。

4. 合作性

在整体上，国际教育组织的宗旨是促进国际合作，以求各国教育的取长补短和共同发展。但是合作各方在经济实力、科学水平上的差别，决定了它们各自的地位。因而研究国际教育组织与机构的发展，一方面要从各组织的根本宗旨出发，另一方面也不能不考虑合作各方的政治、经济和科技发展的因素。

二、联合国教科文组织的作用

联合国教科文组织是国际性教育的主要领导和协调机关，由世界各国政府派出的代表团组成，是规模庞大的官方正规国际教育组织。它通过召开世界各国政府间的国际教育会议、签署国际教育有关方面的合约和协定、发布有关国际教育的建议和调查报告、组织国际教育的调研、开展国际教育的合作，在国际教育的重大问题上发挥着突出的作用。

联合国教科文组织在《组织法》前言中写道“务须于人之思想中筑起保卫和平之屏障”，其宗旨和职能是“通过教育、科学及文化促进各国间之合作，对和平与安全做出贡献，以增进对正义、法治及联合国宪章所确认之世界人民不分种族、性别、语言或宗教均享人权与基本自由之普遍尊重”①。可见，联合国教科文组织肩负的首要使命是人类的和平与相互理解。它在世界范围内促进教育发展的全部行动则是为了完成这些使命。它的价值取向主要包括：第一，促进国际理解与和平，消除国家、民族和种族间的对立、隔阂和冷漠，反对暴力和战争；第二，注重教育的全球化；第三，注重人的发展和人类共同发展。

在不同历史阶段，联合国教科文组织在教育国际化进程中都发挥了重要作用②。

20 世纪 40 年代，联合国教科文组织在教育领域内的主要目标是重建和恢复。1947 年，联合国教科文组织制订了一揽子扫盲计划，范围涉及整个世界。教科文组织专门为基础教育设计了一个受众广泛的推广项目，对此还设立了一个特别委员会，编辑出版了有关基础教育的专著《人人共有的基础教育》，拉开了扫盲计划序幕；为了加强不同国家之间成人教育方面的信息、技术以及教学方法的交流，1948 年举办了成人教育的国际领导人会议。

20 世纪 50 年代，联合国教科文组织率先发起“联合学校计划”，主旨是为了医治战争给人类带来的巨大精神创伤，消除民族间的矛盾和仇视，以增强国际理解、和平与合作。这一阶段，联合国教科文组织组织出版了《成人教育国际辞典》《基础教育和成人教育》《教育摘要》《大学和成人教育》等文献。1951 年，联合国教科文组织对基础教育给予了特别的关注，是年 5 月 9 日，位于墨西哥的拉丁美洲区域基础教育研究中心正式成立，该中心为基础教育培养了许多专家。同年 7 月，第 14 届国际公共教育大会在日内瓦举行，会议决定在学前教育、基础教育和职业教育方面，联合国教科文组织将联合国际教育局向亚洲、非洲和拉丁美洲许多国家提供技术援助。

20 世纪 60 年代，联合国教科文组织逐渐意识到：设立专门部门为教育活动制订相应的发展计划，可以保证教育活动的顺利开展。1962 年，教育规划正式成为联合国教科文组织的优先活动之一。根据联合国教科文组织第 12 届

---

① J. C. Aggarwal and S. P. Agrawal. *Role of UNESCO in Education*. Vikas Publishing House PVT LTD, 1982, pp. 3-4.

② 周佳苗：《联合国教科文组织研究》，青岛大学硕士学位论文，2007 年，第 10—13 页。

大会的决定，1963 年 5 月，国际教育规划中心在法国巴黎正式成立，其目的在于研究和规划教育活动，组织由成员国高级官员、教育专家参与的专题研讨会，从而更好地对教育活动进行规划。这一阶段，联合国教科文组织还强调人权和基本自由的教育并发表了《反对教育歧视公约》。

20 世纪 70 年代，为了促进教育事业的发展，联合国教科文组织宣布 1970 年为“国际教育年”，在这一年中，联合国教科文组织联合许多相关部门开展教育活动。到 1970 年 12 月 31 日，已经有 114 个国家加入“国际教育年”计划。为配合国际教育年的宣传，联合国教科文组织出版了《终身教育引论》《终身教育介绍》《学会生存——教育世界的今天和明天》《国际教育年报告》等重要文献。此外，联合国教科文组织还发表了《为国际理解、合作与和平的教育及与人权和基本自由相联系的教育的建议》，明确提出了国际教育的国际理解价值取向，把国际理解教育规定为教育国际化的基本目标，并较为全面、深刻地分析了国际理解教育价值取向的内涵。

20 世纪 80 年代以来，联合国教科文组织投入了很大的精力，在其会员国及全世界范围内发起扫盲运动。1981—1983 年，一项旨在扫除拉丁美洲和加勒比地区文盲人口的教育项目全面展开，其目标是到 2000 年基本扫除这些地区的文盲人口。为寻求解决当今世界所共同面临的重大问题的途径。在其两个中期规划（1984—1989 年）里，教科文组织明确指出“教育规划过程的起点应该是对全球性问题的分析”，在内容上重点是“世界问题分析”，并从“世界化（或全球化）”“相互依存”“新国际经济秩序”等方面分析了教育国际化的现实基础。在该规划的五项具体任务中，有三项直接涉及国际教育的全球化问题。

20 世纪 90 年代以来，高等教育发展出现了新趋势。联合国教科文组织顺应时势，于 1998 年在巴黎总部举办了“21 世纪高等教育会议：视野与行动”。180 多个国家的代表以及学术领域的代表，包括教师、学生和高等教育界的重要人物参加了这次会议。1998 年 10 月 9 日，该次会议通过了《21 世纪高等教育和高等教育改革发展优先领域框架的宣言》。该宣言先后被许多国家采纳，部分条款也被写入一些国家高等教育发展计划当中。这一阶段，联合国教科文组织主持召开了世界全民教育大会、国际教育大会等一系列重要国际教育会议。例如，1990年召开的世界全民教育大会，主张以人类的共同发展为方向，以满足全体儿童、青年和成人的基本学习需要为目标。2000年，在塞内加尔达喀尔举办的国际教育论坛为之后教科文组织教育事业的发展确定了一个行动框架。在达喀尔框架内，联合国教科文组织又拟定了中期战略（2002—2007年）：增进教育这一基本人权；通过内容和方式的多样化改善教育质量；在这一领域促进试验、创新、公布、交流和分享数据及更好的办法，并鼓励围绕教育政策进行对话。

三、国际教育援助

国际教育援助是国际组织和富裕先进国家对贫困落后国家和地区的援助，以帮助这些国家和地区改善生产、经济、卫生、教育和公共福利。它是以外援、技术援助、发展援助和国际发展教育等名义进行的人力、物力和财力以及技术上的援助和支持。真正的国际援助主要产生于二战以后，其先决条件是众多的殖民地国家先后获得了独立。纵观二战后教育国际援助的历程，我们可以归纳其发展特点为：①学习和培训援助的地点由援助国逐渐倾向于受援国；②由提供教师变为培训教师；③由全方位扫盲到功能性扫盲；④由重视正规教育到重视多样化教育；⑤由对整个教育制度的资助转向重点资助教育剥夺（education deprivation）；⑥由对教育发展的“硬件”贷款到各种“软件”贷款；⑦由对援助的数额评估到重视运用成本一效益评估。

国际教育援助是教育国际化的重要支撑，促进了世界教育大发展。首先，它通过资助一定的课程项目、教学材料、具有某种倾向性的教师教育、先进的教学技术，以及帮助国立大学集中力量搞特色科研，增强教育行政的管理能力等，极大地影响了这些国家教育制度和教育规划的形成，进而促进了国家整个教育事业的发展。其次，在过去的几十年里，国际教育援助机构还支持了大量有关世界教育发展问题的重大研究，得出了许多有益的令人信服的结论，促进了世界教育国际化的进程。再次，国际教育援助为世界各国，特别是发展中国家的学生、教师、学者提供了大量的到工业化国家进修、学习、调研和考察的资助，为发展中国家教育的发展提供了人才支持。

尽管国际教育援助具有上述发展特点和成就，但在发展的过程中也遇到了一些必须处理的关系和问题。①联合国教科文组织与基金组织的关系。在联合国建立之初成立的联合国教科文组织，其任务是要对教育、科学和文化提供专业知识支持和援助。创建该组织的目的就是要对成员国负责，并较少受到联合国常任理事国否决权和控制经营组织的那些富国的限制。到了 20 世纪 90 年代，国际金融机构已成了全球指令的主要实施者，各种基金组织实际上都已超越了像联合国教科文组织这样的技术援助机构。在这种背景下，国际金融机构日益赋予自身以发展咨询服务之特征。实际上，许多国家也已逐渐看到高度制度化的联合国组织不可能提供比世界银行更为有效的教育咨询服务。因此，两者关系如何处置，可能成为国际教育执行者下一步不得不考虑的问题。②发展教育与国际投资的关系。发展教育需要外来资金的援助，但投资并不是教育本身。自从 1963 年第一笔教育贷款以后，世界银行大量地增加了教育基金，1980—1995 年在数量上增长了三倍，并且在世界银行总贷款中的份额翻了一番。然而，这么庞大的份额，累计起来还占不到发展中国家教育支出总数的 0.5%。所以国际投资只是国家发展教育的辅助成分，正如世界银行所坚持的“主要的捐助必须是建议和设计如何帮助政府发展适合他们国家环境的教育政策。银行贷款基本上以政策变化为导向”① 一样，发展中国家也需要认真考虑迎合国际投资者与解决自身问题之间的复杂关系，不能随意复制欧洲模式的课程、教学法以及等级制组织，甚至模仿它们的建筑乃至员工和学生的行为规范。③援助与改革的关系。在二战后重建的心理状态下，教育被理解为重建世界的主要工具。国际教育投资者一般都按照这样的诊断来开药方：第三世界贫穷是一种第三世界现象，其贫穷是贫困政策的结果，因此，实施政策改革——结构调整，就成为基本的补救措施。结构调整提供了获得资本的权利，以用来交换国家改革对外政策甚至放弃国家的某些自主权。但教育改革更是一种国家责任。尽管广泛使用像合作、伙伴关系以及委托这样的术语，但是实际上援助基本上都会逐渐削弱当地的权威性和主动性。以外部决定来取代当地自治，这只会削弱能力而不是建构能力。如何协调国际控制和国家实施之间的紧张关

---

① World Bank. *Priorities and Strategies for Education*: *A World Bank Review*. Washington, D. C.: World Bank, 1995, pp. 14-15.

系，是国际援助方和国家建设方都必须认真对待的问题。

第三节　国家教育国际化与国际教育合作

教育国际化的主体是国家，国家教育国际化是建立在经济和科技走向全球一体化基础上的政治、文化等方面在全球范围内相互渗透、相互影响、相互融合的一种教育趋势。

一、国家教育国际化的发展动因

影响和推动教育国际化的因素是复杂且多方面的。除了国际组织的大力推动外，各国还应该积极推动，其主要动因如下。

（一）为国家的利益服务

服务于本民族或国家利益是教育国际化的重要目标之一。许多学者认为教育国际化有利于培养融通东西方文化的人才，在经济全球化中更好地为国家服务①。二战以后，美国为了其政治目的，先后制定了《美国新闻与教育交流法》（1948）、《国防教育法》（1958）和《国际教育法》（1966）。《国际教育法》提出："在促进国家间的相互理解和合作中，有关其他国家的知识是至关重要的……要确保这一代和未来几代的美国人在整个有关其他国家、人民和文化的知识领域，有充分机会并在最大可能的程度上发展其智力。"中国政府认为："接受和培养外国留学生，是我国外交工作的组成部分和应尽的国际主义义务，也是促进我国改革开放，加强与世界各国教育、科技、文化交流和经济合作，积极吸收和利用外国智力为我国社会主义建设服务，同时增进我国人民同世界各国人民之间的友谊和了解，创造和维护国际和平环境的一项具有重要战略意义的工作。"② 当今世界，任何国家都不能不重视自己在历史发展进程中的位置。教育国际化将日益重视为本国在世界竞争中提供人才与科技优势，成为制

---

① 张芹：《高等教育国际化的内涵、标准与实施对策》，《继续教育研究》2005年第1期。

② 徐海宁：《中美日三国留学生教育的状况与政策比较研究》，《河北科技大学学报》（社会科学版）2001年第1期。

胜法宝和长期保持国际竞争力的要素。

（二）世界经济全球化的必然趋向

世界经济的全球化决定了教育的国际化走向。20 世纪以来，西欧、北美、亚太等地区经济的迅速发展、商品的极大丰富，有力地推动了国际贸易和投资金融的自由化，推动了统一劳动市场的建立、跨国公司的发展和网络经济的崛起，从而导致世界经济全球化的形成。经济全球化以生产全球化为表现形式，推动了各国经济的发展，为教育发展奠定了物质基础。经济全球化要求教师、科研、学术等方面必须走出国门，加强国际交流，要求学校培养跨国公司的经营人才、国际谈判人才、驻外服务人员和加入国际组织的人才。此外，经济全球化促进了国际教育产业的发展。自 1979 年英国首先改变留学生政策，以营利为目的对外国留学生实施全额收费以后，20 世纪 80 年代开始世界上的主要国家也相继改变了以往政府对外国留学生实现全额资助或优惠的收费政策，将留学生教育和教育服务等商品化和产业化。据美国改善中学后教育基金会主席的估计，外国留学生每年可给美国带来 33.5 亿美元的财富①。

（三）文化多元发展的内在要求

多元文化发展要求教育国际化。当今世界是一个多元文化的世界，各国都有自己的文化特点、价值趋向，要使全世界人民和平共处，各国间文化交流起着十分重要的作用。学校作为生产、传递和再生产文化的机构，在世界文化交流中扮演着主要的角色。随着全球化、一体化趋势越来越明显，各国人员交往增多，人们要了解世界其他国家文化的需求越来越大。在这种背景下，各国学校教育不仅担负着传递和发扬本国优秀传统文化的重任，而且要借鉴和吸收外国先进文化，以充实本国文化的内涵，使本国文化既体现其民族特点又迎合国际化发展趋势。目前，进行文化交流已经成为教育国际化的重要组成部分。

（四）现代信息技术是教育国际化的重要载体

现代信息技术有力地促进了教育国际化的发展。随着现代信息技术和通信技术的飞速发展，多媒体和互联网等成了现代教育发展的重要载体。计算机技

---

① K. H. Hanson and J. W. Meyerson (eds.). *International Challenges to American Colleges and Universities*. American Council on Education, 1995, p. 20.

术的突飞猛进和全球性计算机网络的建成，给整个社会的教育理念与教育模式带来了深刻的变革。在20世纪前期及其以前，一种新的教育理论从一个国家传入另一个国家需要相当长的时间，如今它却可以在短时期内传遍世界。“新的通信技术显然是一种教育财富，因为这些技术可使建立在合作式工作方式、实践交流或资源与技能共享基础之上的新的教育方式发展起来。”① 借助现代化信息技术手段，人们很容易地了解别国的教育情况，研究解决面对的共同课题，有力地促进了教育国际化的发展。

二、国家教育国际化进程中的矛盾

国家教育国际化是教育发展适应世界历史发展变化的结果，它在促进世界各国教育和社会发展的同时，也给各国尤其是第三世界国家教育的发展带来一系列问题和矛盾。

（一）人员交流与人才流失的矛盾

教育国际化首先遇到的重要问题就是人才外流。在教育国际化浪潮日益高涨、人才竞争日趋激烈的今天，人才外流更加突出，尤其是那些急需人才的发展中国家。教育国际化中的人员交流和人才流失的矛盾无法彻底避免，尽管各国政府包括人才目的国的政府都做出了很多的努力。因为正是文化和经济发展差异，各国才需要人员的国际教育交流，但文化和经济的差异自然也会造成各国的人才流失问题。尽管并不是所有的人员都外流了，但人才外流的确给人才输出国，特别是许多发展中国家带来了巨大的损失。就派遣学生而言，改革开放后的30年中，中国共派出各种留学生30多万人，只有不到15万人学成回国，大部分未归。

（二）教育的国际化与民族性矛盾

教育国际化涉及教育的民族性与国际化两个方面的属性及其矛盾问题。教育民族属性的根据有四个。第一，教育目的是为自己的民族、种族的延续、兴旺培养新一代的继承人，这就决定了教育有着强烈的民族性。第二，教育一般都以民族文化为主要内容，尤以爱祖国、爱自己的民族以及继承民族的优秀传

---

① 弗朗索瓦·路易：《法国教育中网络和信息技术的应用》，《教育展望》1998年第2期。

统为内容。第三，教育的传媒主要以自己民族的语言文字为媒介，因而使教育更具民族的特点。第四，教育的民族性还表现在每个民族都有自己民族教育的传统制度、原则、方法等①。教育的另一方面的属性是它的国际性。法国教育家加斯东·米来拉雷和让·为来尔曾说："一个教育系统只有当它牢牢地扎根于本地的、地区的和民族的环境中，才能以它的经验、思考能力尤其是它的判断来丰富别国的遗产。然而，具体地确定各国教育系统的特性又得仰仗国际合作。"②

（三）教育研究的国际化与本土化的矛盾

在教育国际化的过程中，教育研究的国际化与本土化也是一对矛盾。这实际上是不同的教育学科研究对象与研究方法的普遍性与特殊性问题③。首先，研究方法的国际化表现在，不论是对于追求普遍规律的实证主义方法，还是强调互动交往的质的研究方法，其方法是普适的，关键是持有哪种研究立场的问题。其次，教育研究对象的本土化表现在，有些教育学科的学科对象是根植于一个国家或民族文化之中的，在研究的国际化推动学科多元发展下，国际化必须促使不同国家学者运用新的研究范式开展研究，推动研究多样交流，促进学科开放，建立更开放有效的本土教育体系，只不过国际化使交流更为频繁，更为直接罢了。

三、教育国际化进程中的国际教育合作

全球化趋势使得国际教育合作日益受到关注。处理好全球化和教育国际化中面临的人才外流、民族性、本土化等问题，需要不同文化背景的不同种族的、不同宗教信仰的和不同区域、国家、地区的人们之间相互了解和相互宽容，通过对世界的进一步认识来了解自己和了解他人，学会合作，将事实上的相互依赖变成为有意识的团结互助，国际教育合作应运而生。

---

① 赵树铎：《教育国际化初探》，《教育改革》1997 年第 1 期。

② 王海燕：《高等教育国际化的理念与实践——论美日欧盟诸国及中国的高等教育国际化》，《北京大学学报》2001 年国内访问学者、进修教师论文专刊。

③ 杜育红：《关于教育国际化的几点思考》，《教育理论与实践》2000 年第 12 期。

（一）国际教育合作的模式

国际教育合作的模式是多种多样的，大致可以分为政府间的和民间的教育合作①。

1. 政府间的国际教育合作

各国间教育合作是国际教育合作的主要内容。在国际教育合作过程中，政府为国际教育合作提供环境、法律及财政等方面的支持。政府间的国际教育合作主要通过政府间的谈判确立合作计划，并以条约的形式确定下来，具有国际法律效力。政府间的教育合作条约，主要包括以下几种类型。①专门的教育合作双边条约。例如，1994 年我国政府和肯尼亚政府签订的高等教育发展项目协议（1994—1996 年），1998 年我国政府与美国政府续签的《中美教育合作协议书》等。②文化合作协议。教育合作一直是国际文化交流的重要内容之一，这种重要性反映在国际文化条约中，教育合作是主要条款之一。例如，1994 年我国对外签订的 16 个文化交流协定，其中涉及教育合作的条款共有 12 个，占有较大比重。③双边条约中关于教育合作原则的规定。④多边条约，国际教育组织或其他多边教育合作协议以及全球性或地区性的教育会议。

2. 民间的国际教育合作

民间国际教育合作与政府间的教育合作不同，民间教育合作是在政府教育合作协议的框架下，由民间机构从事的国际教育合作活动。相对于政府间的教育合作，民间教育合作内容更为丰富，形式更加多样。民间教育合作的丰富性体现在从事民间国际教育合作机构的多样性上。从理论上说，无论是个人还是机构，在法律框架内，都能从事民间的国际教育合作。在合作主体的类型上，可分为个人、非教育性机构和团体、教育机构和团体三类。民间的国际教育合作具有一定的自发性，它并不因为是否有政府间的条约协议来决定是否进行教育合作。相反，民间的国际教育合作的增多将会在较大程度上推动政府间的国际教育合作，比如，英国 1997 年重返联合国教科文组织就是由非政府团体推动的②。

---

① 熊永根等：《国际教育交流与合作浅探》，《江苏高教》2003 年第 5 期。

② Sagarika Dutt. The European Union Faces East. *Phi Delta Kappan*, Sep. 1996, Vol. 78 Issue 1.

（二）国际教育合作的基本理念

国际教育合作不仅是世界各国积极交流、消除教育差异、融入国际教育发展的共同运动，而且也表现为国际教育机构主导和推动的一系列国际性协调、教育和交流活动。一般来说，国际教育合作主要包含以下基本理念[①]。

1. 强调真正的文化对话

文化对话作为一种文化上的"人际关系"发生过程，体现为现在与过去的对话、解释者与文本的对话、解释者与解释者的对话。掌握外族语言是理解异族文化的重要条件。克服语言障碍将有助于减少"文化独白""自言自语"的封闭与隔离的状况，有助于推动文化间的交流。

2. 强调基本价值观的自我建构

自我建构的价值有助于形成和平文化，排除对异域文化的歧视与仇恨。国际教育合作强调给予人权以普遍意义的一套道德价值观念和态度，必须发展一种各种文化所共同认可的价值观即"和平文化"，如尊重、宽容、民主、正义、仁爱与和平等。中国倡导的"共同发展、互惠互利、合作共赢"的新大国理念，也成为未来国际教育合作的重要基石。

3. 强调动态的文化理解

其一，理解是历史的。只有认真学习其文化发展史，开阔文化视界，才能真正地接受外来异域文化，理解其文化要义。其二，理解是开放的。国际的理解是一个不断变化、不断发展和不断生成的开放的动态过程。对异域文化的理解也是在不同文化间相互渗透、相互交流中完成的。

4. 倡导可持续发展的教育理念

可持续发展的教育理念主张人类文明必须走可持续发展道路，恢复人类与自然之间、精神与物质之间、信仰与科学之间的和谐与平衡。不论是教育目的、内容、手段还是教育过程，国际教育合作都强调贯彻与运用可持续发展理念。

在现代教育发展过程中，国际教育合作逐渐形成了国与国之间、地区与地

① 胡炳仙、秦秋田：《国际理解教育：以文化合作与生活理解为核心的新教育》，《锦州师范学院学报》（哲学社会科学版）2003 年第 2 期。

区之间教育优势互补、优质教学资源共享、东西方文化互渗、平等互利、携手育人、共同发展的运行机制，开始改变着世界各国教育，服务于国家与民族利益，注重扩大国际教育的横向比较与联系，促进了各国教育之间的物质、能量和信息等方面的交流和交换，使得国际教育合作成果越来越显著，并加快了教育国际化的步伐①。

【思考与练习】

1. 什么是教育国际化，我们可以从哪几个方面来把握它的内涵?
2. 教育国际化的主要内容是什么?
3. 国际教育组织在教育国际化的过程中起到了什么作用?
4. 试分析教育国际化进程中的各种矛盾。
5. 简述国际教育合作的模式及基本理念。

【拓展性阅读导航】

1. 联合国教科文组织国际教育委员会编著，华东师范大学比较教育研究所译：《学会生存——教育世界的今天和明天》，教育科学出版社 1996 年版。

该书是国际社会对二战后教育问题进行全面考察的重要报告，在探讨世界教育面临的挑战中倡导教育革新、建设学习化社会以及开展教育的国际合作，是现代教育重要的政策参考书。

2. ［英］安迪·格林著，朱旭东、徐卫红等译：《教育、全球化与民族国家》，教育科学出版社 2004 年版。

该书是探讨全球化时代的民族国家和教育的著作，在对欧美、亚洲国家的教育史和比较研究的基础上，审视了不同地区教育和民族国家之间的变革关系等。

3. 陈学飞主编：《高等教育国际化：跨世纪的大趋势》，福建教育出版社 2002 年版。

---

① 安慧荣：《教育国际化与国际教育合作趋势的思考》，《阜阳师范学院学报》（社会科学版）2009 年第 2 期。

该书通过对美国、欧盟和中国等国的研究对高等教育国际化进行了宏观考察，对高等教育国际化的科学内涵及特征、趋势等关系进行了分析，提出了我国推进高等教育国际化的策略。

4. 刘金源、李义中、黄光耀著：《全球化进程中的反全球化运动》，重庆出版社 2006 年版。

全球化操控者是西方发达国家，因此是一把“双刃剑”。该书对全球化与反全球化进行了独到的分析。

第七章　教育民主化与全民教育

【内容提要】

教育民主化是现代教育的主要特征之一，也是21世纪全球教育发展的一个重要趋势。随着教育民主化兴起的全民教育运动，也成了20世纪90年代以来世界教育亮丽的风景线之一。本章阐明教育民主化的内涵和原则，阐释全民教育的目标、行动纲领和进展，阐述作为全民教育重要组成部分的扫盲教育的发展状况、主要措施和方法，并探讨国际扫盲教育的成功经验与主要问题。

【学习目标】

1. 掌握教育民主化的内涵和原则。
2. 了解全民教育的目标、行动纲领和进展。
3. 了解国际扫盲教育的进展、成功经验和主要问题。

第一节　教育民主化的内涵和原则

一、教育民主化的演进及其内涵

工业化、科技革命、民族主义和民主化是主导20世纪人类社会发展的四大浪潮①。教育民主化是当今整个社会民主化的组成部分，既是现代教育的基本特征之一，也是二战后全球教育发展的主要趋势之一。

教育民主化是一个多维的术语，内涵丰富。迄今为止，关于教育民主化尚没有一个被广泛接受的确切定义。不同的人或国家都是从不同的角度或立场来理解或实施教育民主化。然而，教育平等一直被认为是教育民主化的核心。教育平等的观念可谓源远流长，不仅在柏拉图和文艺复兴时期一些思想家们的著作中可以找到带有相关印记的论述，近代以来的诸多思想家和教育家更是积极倡导教育平等。17世纪捷克教育家夸美纽斯明确提出“人人都应学到关于人的一切事项”，18世纪法国启蒙思想家们把天赋人权和教育权利平等紧密相连，20世纪初期美国教育家杜威著名的《民主主义和教育》一书系统、深刻地阐述了民主和教育的关系。

在教育实践上，早在16世纪宗教改革时期一些欧洲国家就有了普及教育的尝试。到19世纪末，伴随着资本主义的兴起、大工业生产的出现以及民族国家的形成，教育平等成为许多欧美发达国家教育政策中的一个主导思想，相继推进初等教育的普及②。普及初等教育是教育发展史乃至人类历史上划时代的大事，是打破少数人对教育权利的垄断和享有，让越来越多的人能够享受和掌握教育权利，把教育平等思想付诸实践的制度变革，是现代学校和现代教育诞生的标志③。到20世纪初，普及初等教育和相关义务教育制度已在欧美发达国家确立。

1948年12月10日，联合国大会通过并颁布《世界人权宣言》。这一具有

① 丛日云著：《当代世界的民主化浪潮》，天津人民出版社1999年版，第1页。
② 单中惠主编：《外国中小学教育问题史》，山东教育出版社2005年版，第29页。
③ 黄济、王策三主编：《现代教育论》（第二版），人民教育出版社2004年版，第138—139页。

历史意义的宣言的第 26 条明确提出："人人都有受教育的权利，教育应当免费，至少在初级和基本阶段应如此。初级教育应属义务性质。技术和职业教育应普遍设立。高等教育应根据成绩而对一切人平等开放。"从此，受教育权被列为一项基本人权加以保障。联合国教科文组织召开了数次国际会议来专门研讨教育民主化与教育平等问题。例如，1978 年 7 月召开的亚太地区教育部长和经济规划部长会议的一个重要议题就是从民主化的观点看入学机会均等，1985 年在巴黎召开的"教育民主化国际研讨会"专门探讨通过教育民主化促进教育机会平等问题。

1989 年 11 月 20 日，联合国大会通过并颁布《儿童权利公约》，强调所有儿童都有平等的受教育权，要求各缔约国：实现全面的免费义务小学教育；鼓励发展不同形式的包括普通和职业教育的中学教育，使所有儿童均能享有和接受这种教育，并采取适当措施，诸如实行免费教育和对有需要的人提供津贴；根据能力以一切适当方式使所有人均有受高等教育的机会；使所有儿童均能得到教育和职业方面的资料和指导；采取措施鼓励学生按时出勤和降低辍学率。现在已经有 192 个国家签署了该公约。

教育平等在概念上随着时代发展而不断变化，其最初的中心是教育机会平等，现在已逐渐扩展到包括某些教育结果平等的观念。约瑟夫·法雷尔（Joseph P. Farrell）从四个不同的层面对教育平等进行了划分。

——入学的平等（equality of access）：来自不同社会集团的儿童进入学校系统，或者进入某个特定的学校层次或特定位置的可能性。

——升学的平等（equality of survival）：来自不同社会集团的儿童继续待在学校系统某些特定层次上，通常是完成一个周期（初等教育、中等教育、高等教育）的可能性。

——学习结果的平等（equality of output）：来自不同社会集团的儿童在学校教育系统中特定的点上学习相同东西达到相同水平的可能性。

——学习效果的平等（equality of outcome）：来自不同社会集团的儿童在继学校教育之后，并作为学校教育的结果，使之过上相对类似的生活水平（有相同的收入、工作地位大致相同以及获得相同政治权力位置的机会等）的可能性①。

尽管教育平等与教育民主化密切相关，但是教育民主化并不简单地等同于教育平等。教育民主化涉及教育实践的方方面面，包括许多不同的形式，如师生关系民主化、学生管理民主化、学校管理民主化、教学活动民主化以及教育评价民主化等。可以说，教育民主化就是基于民主的精神，按照民主的要求，通过民主的方式改造教育、重建学校。

二、教育民主化的主要原则

教育民主化在不同国家、不同地区和不同历史时期所面临的课题和表现不尽相同。然而，“教育民主化是全世界所有国家和所有与教育有关的人最关心的问题。这是一个无数关于教育的言论和出版物中可以反复见到的主题。有时作为一种时髦的政治或理想主义的口号，有时又作为一件人们最为关心的事和哲理深邃的分析对象。教育民主化是一个无穷无尽的课题，并且是一个实际上包含所有教育问题的概念。事实上，在教育领域中很难找到一个不包含这样或那样‘民主化’方面的问题”②。教育民主化作为一种教育改革行动，需要遵循一些基本原则以促使教育民主化的顺利进行。这些基本原则主要包括平等原则、参与原则、自主原则和宽容原则。

（一）平等原则

教育民主化的平等原则是指，在教育资源的配置、使用以及教育关系的建构方面，不论民族、种族、性别、财产状况、宗教信仰等，所有人都应享有同样的机会和权利，受到平等的对待和平等的尊重。教育民主化反对任何形式的特权、歧视或排斥。教育民主化的平等原则所要求的是相对的平等，而不是绝对的平等，其目的在于“最大可能地减少由于自然和社会的不平等所带来的教

① Robert F. Amove and Carlos Alberto Torres. *Comparative Education*: *The Dialectic of the Global and the Local*. 2nd ed. Rowman & Littlefield Publishers, Inc. 2003, pp. 155-156.

② ［瑞士］查尔斯·赫梅尔著，王静、赵穗生译：《今日的教育为了明日的世界：为国际教育局写的研究报告》，中国对外翻译出版公司 1983 年版，第 68 页。

育机会及人际关系上的不平等，同时给予不同的儿童以同样的成功的机会或可能”①。从另一个角度意味着“任何自然的、经济的、社会的或文化方面的低下状况，都应尽可能从教育制度本身得到补偿”②。为此，教育民主化的平等原则还需要对处境不利的人或群体给予特别的教育补偿和关怀，而这以不损害社会整体的教育公正和效益为限度③。

（二）**参与原则**

教育民主化的参与原则是指，在教育实践的各个环节，如政策制定、目标确定、教学组织、学校和班级管理、课程改革等方面，最大可能地调动社会机构、组织、家长以及学生的积极性，让尽可能多的人有机会参与到教育实践中来。“教育民主化不仅要把更多的教育给予更多的人，也要有更多的人参加教育管理。传统教育已不能适应大量增加学生人数的需要，教育必须重新建立。但是，谁来重建这种学校呢？不是教育管理人员和官员，而是人民，全体人民。他们最了解自己的需要和意愿。教育民主化的问题必须交给每一个国家的人民去解决。这就是说，我们必须把各阶层的人民组织起来，或者毋宁说发动起来，进行关于教育与教学的讨论。让教育民主化从真正的民主行动开始，让尽可能多的人民帮助重新创造教育。”④ 参与的问题是教育民主化的基本方面之一，没有社会各界的广泛参与就没有教育的民主。

（三）**自主原则**

教育民主化的自主原则是指，在教育实践中要尊重教育或学校的相对独立性，尊重校长、教师和学生在教育教学和学校管理中的主体地位，使教育或学校免于对社会政治和市场的过度依赖，在学校内部构建民主的人际关系，尽可能大地发挥全体人员的积极性和主动性。坚持教育民主化的自主原则，有助于学校与其他社会机构之间建立民主、平等的关系，有助于学校排除某种社会势

---

① 石中英：《论教育的民主化》，《教育科学研究》2002年第8期。

② ［瑞士］查尔斯·赫梅尔著，王静、赵穗生译：《今日的教育为了明日的世界：为国际教育局写的研究报告》，中国对外翻译出版公司1983年版，第69页。

③ 顾明远主编：《中国教育大百科全书》，上海教育出版社2012年版，第825页。

④ 联合国教科文组织国际教育发展委员会编著，华东师范大学比较教育研究所译：《学会生存——教育世界的今天和明天》，教育科学出版社1996年版，第108页。

力、其他社会机构或某些人为因素的不良干扰，有助于学校更好地发挥促进社会发展和进步的作用。在一定程度上讲，遵循自主原则既是实施教育民主化的必要条件，也是衡量教育民主化程度的重要标志。

（四）宽容原则

教育民主化的宽容原则是指，在教育实践中要允许、尊重、鼓励和保护多样的价值观念、行为方式、制度和模式等，而不是压制或打击。在民主社会，“多元化教育不仅是抵御暴力的卫士，而且是丰富现代社会的文化生活和公民生活的富有活力的源泉”。为此，“宽容教育和尊重他人的教育作为民主的必要条件，应被视为一项综合性的持久的事业”①。遵循教育民主化的宽容原则，可以让教育制度和教育实践更具有灵活性、开放性，不仅有助于打破固定和僵化的模式，而且有助于推动教育民主化的制度创新和实践创新。但是，宽容原则不等同于迁就差异性这种低层次的宽容，而是应促进文化多元化，尊重和赞赏以其他文化为基础的多元化教育，并把多元化作为人类财富的源泉加以宣传，通过各种文化的交流以摒弃那些排斥或歧视其他文化的偏见或暴力。

第二节　全民教育的提出及其目标和进展

一、全民教育的提出

从第二次世界大战结束到 1990 年，伴随着教育民主化的发展，世界上受教育人口的规模空前扩张。发达国家不但有效地实现了初等教育和中等教育的普及化，而且高等教育也向大众化阶段发展。发展中国家教育也取得了突出成就，儿童的初等教育入学人数从 1960 年的 2.17 亿增加到 1990 年的约 5.053 亿，6—11 岁儿童的入学率则从 1960 年的 48%提高到 77.8%；与此同时，全世界的识字成年人数（15 岁及 15 岁以上者）在 20 世纪 50 年代约为 8.9 亿，1990 年增加至 26.33 亿；全世界的成人文盲率从 1950 年的 44%下降到 1990

① 国际 21 世纪教育委员会著，联合国教科文组织总部中文科译：《教育——财富蕴藏其中》，教育科学出版社 1996 年版，第 44—45 页。

年的 26.5%。尤其在发展中国家，成人文盲率在 20 年（1970—1990）中就从 54.7%降低至 34.9%①。

但是，从全球范围来看，教育的以下情况仍令人十分担忧。

——一亿多名儿童，其中包括至少 6 000 万名女童，未能接受初等学校教育。

——9.6 亿多名成人文盲，其中三分之二是妇女；功能性文盲已成为包括工业化国家和发展中国家在内的所有国家的严重问题。

——世界三分之一以上的成人未能学习能改进其生活质量并帮助他们适应社会和文化变化的文字知识及新技能和新技术。

——一亿多名儿童和不计其数的成人未能完成基础教育计划；更多的人虽能满足上学的要求，但并未掌握基本的知识和技能。

与此同时，人类社会正面临着如何改善恶化的环境、如何控制激增的人口数量和如何确保经济和社会可持续发展等多种问题与挑战。这一系列问题和挑战限制了为满足人们基本学习需要所做的努力，而相当一部分人缺乏基础教育又阻碍了各国有效地解决上述问题和面对的挑战②。

正是在这样的教育背景下，1990 年 3 月 5—9 日，由联合国教科文组织、儿童基金会、开发计划署和世界银行联合发起和组织的“世界全民教育大会”在泰国的宗滴恩（Jomtien）召开，也称为“宗滴恩大会”。来自世界 150 多个国家和地区以及联合国系统各机构、20 个政府间组织和 150 多个非政府组织的大约 1 500 名代表出席会议。他们包括政府和各种组织的官员、观察员和专家。中国派出了以国务委员兼国家教育委员会主任李铁映为团长的中国政府代表团与会。

世界全民教育大会由全体会议、24 个国别圆桌会议、23 个专题圆桌会议和 66 个展览 4 个系列组成，在 6 个场地同时进行。大会讨论并通过了《世界全民教育宣言》和实施宣言的《满足基本学习需要的行动纲领》，正式提出“全民教育”这一概念。这次大会是近几十年来最重要的国际性教育会议之一。

① 马约尔著，陆锡纯译：《全民教育：2000 年挑战》，《教育展望》1991 年第 28 期。

② 赵中建选编：《教育的使命——面向 21 世纪的教育宣言和行动纲领》，教育科学出版社 1996 年版，第 13—14 页。

它重申了人人具有受教育的基本权利，促使政府与非政府组织更加关注教育的发展，加强了国际和各国教育界的合作，使全民教育成为一个全球性的课题①。

全民教育概念虽然是在 1990 年正式被提出，但是在第二次世界大战结束后，随着教育民主化的发展，全民教育思想就已被提出来，并与终身教育一道成为 20 世纪后半叶的两大重要教育思潮②。20 世纪 90 年代以来，全民教育已经为越来越多的国家所接纳，并为多次重大的国际性会议所重申，成为国际社会的共识，同时成为教育研究领域中的一个不容忽视的主题。

二、全民教育的目标和行动纲领

（一）1990 年全民教育目标和行动纲领

1990 年 3 月在世界全民教育大会上通过的《世界全民教育宣言》中首先明确了教育及全民教育的意义和作用：接受教育是全世界各个民族中每一个人的基本权利；教育有助于确保一个更安全、更健康、更繁荣和环境更好的世界，同时有助于社会、经济和文化的进步以及宽容和国际合作；教育对于个人和社会进步，尽管不是一个充分的条件，却是必不可少的关键所在；传统知识和本土的文化遗产具有其固有的价值和效力，并能够限定和促进发展；目前教育设施在整体上的严重不足；教育必须更具针对性，其质量必须提高，而且必须普及；健全的基础教育对提高教育水平，增进科学技术知识与能力，并由此对促进自力更生的发展是至关重要的；为了迎接巨大且复杂的挑战，有必要扩大基础教育之设想，更新我们对基础教育的义务，并将之代代相传③。

据此，《世界全民教育宣言》明确指出了全民教育的如下最终目标。

第一，每一个人——儿童、青年和成人——都应能获得旨在满足其基本学习需要的受教育机会。基本学习需要包括基本的学习手段（如读、写、口头表达、演算和问题解决）和基本的学习内容（如知识、技能、价值观念和态度）。

---

① 石伟平：《当前发展中国家全民教育问题研究》，《外国教育资料》1996 年第 3 期。

② 顾明远：《学习化社会的全民教育》，《教育研究》2001 年第 2 期。

③ 赵中建选编：《教育的使命——面向 21 世纪的教育宣言和行动纲领》，教育科学出版社 1996 年版，第 14—15 页。

这些内容和手段是人们为能生存、为发展自己的智力、为有尊严地生活和工作，为充分参与发展和改善自己的生活质量、为做出有见识的决策、为继续学习所需要的。基本学习需要的范围及其满足的方法因各个国家和各种文化的不同而不同，并不可避免地随着时代的变化而变化。

第二，满足基本学习需要可以使任何社会中的任何个人有能力并有责任去尊重和依赖他们共同的文化、语言和精神的遗产，促进他人的教育，推动社会正义事业，保护环境，宽容与自己不同的社会、政治和宗教制度，从而坚持为人们所普遍接受的人道主义价值观念和人权，并为这个相互依存的世界建立国际和平与团结而努力。

第三，教育发展的另一个但更基本的目的就是传递并丰富共同的文化和道德价值观念。正是从这些价值观念中，个人和社会发现了自己的特性和价值。

第四，基础教育本身不仅仅是目的。它是终身学习和人类发展的基础，而各国可以在这一基础上系统地建立其他层次、其他类型的教育和培训①。

作为实施《世界全民教育宣言》的指导方针和行动指南而颁发的《满足基本学习需要的行动纲领》重申了全民教育的最终目标是要满足全体儿童、青年和成人的基本学习需要后，提出了如下一些更为具体的近期目标：扩大针对幼儿的，尤其是贫困儿童、处境不利的儿童和残疾儿童的看护和发展活动，包括家庭和社区的参与；到 2000 年普及并完成初等教育（或任何被认为是“基础”的更高层次的教育）；提高学习成绩（如 14 岁年龄组的 80％达到或超过规定的必要学习成绩的水平）；降低成人文盲率，到 2000 年减少至 1990 年水平的一半，要特别重视妇女扫盲以明显减少男女文盲率之间的差异；扩大对青年人和成人所需要的其他重要技能的基本教育与培训，以行为的变化和对健康、对就业、对生产率的影响来评价培训计划的有效性；保证个人和家庭掌握那些为了更好地生活以及健全而持续地发展所需要的知识、技能和价值观念，这通过所有教育渠道进行，包括大众传媒、其他现代和传统的通信方式和社会行动，以行为的变化评价其有效性；等等②。

①② 赵中建选编：《教育的使命——面向 21 世纪的教育宣言和行动纲领》，教育科学出版社 1996 年版，第 15—16、28 页。

（二）2000年全民教育目标框架

1990年世界全民教育大会以后，一系列的全球性国际会议都重申了全民教育的重要性，并对如何实现全民教育问题做出了相关的承诺。例如，世界儿童问题首脑会议（1990）、环境与发展会议（1992）、世界人权会议（1993）、世界特殊教育会议：机会与质量（1994）、国际人口与发展会议（1994）、世界社会发展高峰会议（1995）、第四届世界妇女大会（1995）、全民教育国际磋商论坛中期会议（1996）、第五届国际成人教育会议（1997）和童工问题国际会议（1997）等。此外，中国、印度、孟加拉国、巴基斯坦、印度尼西亚、墨西哥、巴西、埃及和尼日利亚还定期召开“九个人口大国全民教育部长级会议”来专门探讨九个人口大国的全民教育问题。这些会议都不同程度地推动了全民教育的发展。

到了2000年，尽管许多国家已经取得了重大进展，但是仍然有1.13亿名儿童上不了小学，8.8亿名成人是文盲，教育中仍然普遍存在性别歧视的现象，学习的质量、价值观的培养和技能的传授均与个人和社会的期望和需要相去甚远。青年人和成年人学不到从事高收入的职业和充分参与社会所需要的技能和知识。如果不加快实现全民教育的步伐，各国和国际上减少贫困的共同目标就无法实现，各国之间和各国内部的差距将会扩大。

在这种情况下，2000年4月26—28日，联合国教科文组织在塞内加尔的达喀尔召开世界教育论坛，也称“达喀尔论坛”。会议对1990年以来的世界全民教育的10年发展进行了全方位的检讨和评估，通过了《达喀尔行动纲领》，重申了《世界全民教育宣言》所描绘的远景，适当地调整了全民教育发展战略，提出了在2015年以前实现全民教育的以下六项目标。

——目标1，幼儿保育和教育：全面扩大和改进幼儿，尤其是最易受到伤害和处境最不利的儿童的保育和教育工作。

——目标2，普及初等教育：确保到2015年使所有儿童，尤其是女孩、处境困难的儿童和少数民族儿童都能接受并完成良好和免费的初等义务教育。

——目标3，青年和成年人的技能：确保通过平等取得学习各种必要知识和生活技能机会的方案满足所有青年和成人的学习需求。

——目标4，成人扫盲：在2015年以前使成人脱盲人数，尤其是妇女脱盲人数增加 50%，并使所有成人都有平等的机会接受基础教育和继续教育。

——目标 5，性别均等和平等：在 2005 年以前消除初等教育和中等教育中男女生人数不平衡的现象，并在 2015 年以前实现教育方面的男女平等，其中尤其是要注意确保女孩有充分和平等的机会接受和完成良好的基础教育。

——目标 6，教育质量：全面提高教育质量，确保人人都能学好，使所有受教育者都能取得公认的、可衡量的学习成果，尤其是在读、写、算和基本生活技能等方面①。

无论是 1990 年的《世界全民教育宣言》及其纲领还是 2000 年的《达喀尔行动纲领》，都把教育平等视为实现全民教育的首要目标。与《世界全民教育宣言》相比较，《达喀尔行动纲领》中所提出的全民教育的目标更为具体化，并为目标的实现确定了时间表。

需要指出的是，上述六项全民教育目标——扫盲、发展幼儿教育、普及初等教育、促进男女教育机会平等、生活技能培训和全面提高教育质量中，普及初等教育和男女教育机会平等内容已列入 2000 年 9 月联合国千年首脑会议上提出的“千年发展目标”。促进全民教育的发展与“消除贫困、男女平等”的千年发展目标结合在一起表明全民教育不仅是教育问题，更是人类社会发展问题。

从 2001 年起召开的世界全民教育高层会议，重点讨论上述全民教育六项目标中的一项。高层会议被视为监督和指导全民教育目标的实现和发展的最主要的机制。2005 年在中国召开的第五届全民教育高层会议的主题是“扫盲工作与农村教育”，主要内容包括总结实现全民教育目标过程中取得的成绩、教育在农村人口实现千年目标中的作用、实行教育的性别平等以确保千年发展目标与达喀尔目标的协调、为全民教育筹集资金、发布联合公报等。

三、全民教育的进展与评价

（一）全民教育的进展

自 1990 年的世界全民教育大会，特别是 2000 年的达喀尔世界教育论坛确

---

① UNESCO. *Education for All: Is the World on Track?* UNESCO Publishing, 2002.

定全民教育目标框架以来，很多国家的政府和众多的国际组织为实现全民教育目标付出了巨大努力，全民教育的实践取得了相当大的成就。同时，全民教育也面临着艰难的挑战。

——目标 1，幼儿保育和教育：2000 年以来，学前教育大幅度扩展。全球学前教育的总入学率从 1999 年的 33%提高到 2011 年的 50%，进入学前教育机构的儿童人数增加了近 6 000 万，但依然有大量儿童没有得到幼儿保育和教育。2012 年，25%的 5 岁以下儿童发育不良，撒哈拉以南非洲的学前教育入学率仅为 18%。

——目标 2，普及初等教育：在 122 个国家中，实现初等教育普遍入学的国家比例从 1999 年的 30%提高到 2011 年的 50%。在此期间，小学一年级的净入学率小幅上升，从 81%升至 86%，失学儿童人数减少了近一半。但是，儿童没有读完小学就辍学的情况几乎没有发生变化，2010 年约有 75%的小学生升入毕业班，2011 年失学儿童人数约为 5 700 万。2015 年，尽管一半以上的国家将普及初等教育，然而，对于很多国家来说，实现该目标还是一个遥不可及的梦想。

——目标 3，青年和成年人的技能：由于没有设定具体目标或指标来监测进展情况，这项全民教育目标最容易被忽视。要掌握基本技能，最有效的途径是接受并完成初中教育。1999—2011 年，初中总入学率从 72%提高到 82%，但是 2010 年前后，低收入国家的完成率仅为 37%。自 1999 年以来，失学青少年人数减少了 31%，降至 6 900 万。然而，这一数字从 2007 年开始几无变化，众多青年人需要参加培训计划以便掌握基本技能。

——目标 4，成人扫盲：成年文盲人数自 1990 年以来减少了 12%，但自 2000 年以来仅下降了 1%，目前依然居高不下，2011 年为 7.74 亿。其中，女性几乎占到成年文盲总数的三分之二，而且自 1990 年以来，旨在降低这个比例的努力没有取得任何进展。印度、中国、巴基斯坦等 10 个国家的成年文盲人数几乎占到全球总数的四分之三。据预测，到 2015 年仍将有 7.43 亿名成年文盲，一半以上的成年文盲生活在南亚和西亚，另有超过五分之一的成年文盲生活在撒哈拉以南非洲。由于进展缓慢，实现成人普遍脱盲的国家数量没有太大的变化。到 2015 年，大多数国家无法实现这个目标，其中有些国家还存在很大差距。

——目标 5，性别均等和平等：自 2000 年以来全民教育实践取得的最大成功之一就是初等教育入学率上性别差距的缩小。2011 年，60%的国家在初等教育阶段实现了性别均等，预计 70%的国家有望到 2015 年实现初等教育入学的性别均等。另外，在学前教育阶段基本上实现了性别均等，但是仅有 38%的国家在中等教育阶段实现了这一目标。在初等教育和中等教育阶段实现性别均等，是单独提出的到 2005 年应实现的一项目标，早于其他各项目标，但是到目前，很多国家依然存在性别差异，没有实现这项目标。

——目标 6，教育质量：提高教育质量和改善学习在 2015 年后全球发展框架中有可能占据更加核心的位置。2011 年，约有 2.5 亿名儿童不会读书写字、不会进行基本数学运算，他们当中有一半的人至少在学校里学习了四年，但没有掌握基本知识，这是教育质量低下的明证。教师质量是决定教育质量的关键。在有据可查的国家之中，大约三分之一的国家按照国家标准接受过培训的小学教师在师资队伍中所占比例不足 75%。而且，相当一部分国家初等教育的生师比超过了 40∶1。

由上可见，虽然全民教育在实现各项目标方面取得了进展，但是还有太多国家距离 2015 年的目标相差甚远。从目前来看，到 2015 年，没有一项目标能够在世界各地实现①。尽管大多数全民教育目标难以实现，总体上前景暗淡、不容乐观，但在一些国家，特别是世界上最贫困的国家所取得的进展表明，只要各国政府和国际组织履行承诺，就能实现某些目标，包括增加接受学前教育、完成小学教育和升到中等教育的儿童人数②。

（二）全民教育发展指数

尽管《达喀尔行动纲领》中提出的六项实现全民教育的目标被广泛接受，但是就如何对这些目标的实现程度进行准确的评估仍然有很多疑问③。为此，

① 联合国教科文组织著：《全民教育全球监测报告 2013—2014——教学与学习》，2014 年，第 5 页。

② 联合国教科文组织著：《全民教育全球监测报告 2012——青年与技能》，教育科学出版社 2013 年版，第 306—307 页。

③ Havey Goldstein. Education for All: The Globalization of Learning Targets. *Comparative Education*, 2004, Vol. 40, No. 1.

联合国教科文组织在2003年开始采用全民教育发展指数（The EFA Development Index，简称EDI），来评价不同国家全民教育的总体进展情况①。

全民教育发展指数是根据《达喀尔行动纲领》中提出的全民教育目标来衡量全民教育发展状况的一个量化的综合指标。尽管六项全民教育目标同等重要，理想的全民教育发展指数应该能够体现所有目标，但是，由于学习和生活技能计划的目标难以量化，而且关于幼儿保育和教育的数据没有完全标准化，因此，全民教育发展指数目前纳入了其他四项目标，用以评估不同国家对全民教育目标的完成情况。这四项目标是：

（1）普及初等教育：净入学率；

（2）成人识字率：15岁和15岁以上人群的识字率；

（3）两性均等和平等：以按性别划分的全民教育指数计量，即小学和中学毛入学率以及成人识字率这三种性别均等指数的平均数；

（4）教育质量：五年级续读率。

一个国家的全民教育发展指数就是以上四个构成要素的算术平均值。

从2012年开始，幼儿保育和教育指数被纳入全民教育发展指数，使全民教育发展指数增加到五项目标，并被称为扩展全名教育发展指数。这反映了幼儿保育和教育日益受到重视的世界潮流。

因为所有构成要素都用百分比来表示，所以全民教育发展指数的范围可为0%—100%，如果用比率关系来表示，其范围可为0—1。一个国家的全民教育发展指数值越接近1，也就是说越接近最大值，它的全民教育成就就越大，也越接近全面实现全民教育目标。若一个国家的全民教育发展指数值为0.5，可以认为它正在朝着实现目标前进的路途中。

全民教育发展指数作为一个简单平均数，可能会掩盖其各项构成要素的一些重要变化。换句话说，由于全民教育发展指数赋予每一项构成要素以同等的价值，所以，如果一个国家在某些目标方面进展较小，其结果可能会抵消在其余目标上的进步。但是，如前所述，全民教育的所有目标同样重要，如果一个

① 联合国教科文组织著，王晓辉等译：《全民教育全球监测报告2003—2004——性别与全民教育》，人民教育出版社2004年版，第111页。

国家仅专注于部分目标，就很难说它已实现了全民教育。全民教育发展指数是一个综合指标，它的目的在于了解全民教育所有目标的重要性，并突出强调其内在的协同增益效应。

2010年，在205个国家中，120个有计算标准全民教育发展指数所需的全部四项指标数据。按照全民教育指数值可以把这些国家分为高、中、低三类。

高类（EDI>0.95）有58个国家，其中大部分国家位于中欧、东欧、西欧或北美，没有一个来自南亚、西亚或撒哈拉以南非洲的国家。日本、瑞典、挪威和英国等国家名列前茅。

中类（0.95>EDI>0.80）有42个国家，其中大多数在阿拉伯国家地区以及拉丁美洲和加勒比地区。前一地区有70%的国家被列入全民教育发展指数，后一地区则有60%的国家被列入。

低类（EDI<0.80）有20个国家，都是低收入和中低收入国家，其中五分之三是撒哈拉以南非洲国家，印度和巴基斯坦也属于此类。埃塞俄比亚、中非、马里和尼日尔等位于最后。

需要指出的是，2002年中国全民教育发展指数曾达到0.954，超过当时的墨西哥（0.949）、印度尼西亚（0.938）、巴西（0.905）、埃及（0.887）、印度（0.789）和孟加拉国（0.722）等，在联合国教科文组织九个人口大国中率先进入全民教育发展指数高的国家行列①。

第三节　全民教育行动之扫盲教育

一、当代国际扫盲教育的发展

文盲与识字密切相关。在20世纪前半期，大部分欧洲和北美发达国家就基本普及了成人识字。第二次世界大战以后，随着教育民主化的发展，如何减少发展中国家的文盲人口数量，降低文盲率成为国际社会日益关注的一个焦点问题。

① 联合国教科文组织著：《全民教育全球监测报告2006——扫盲至关重要》，2006年，第256页。

（一）20世纪90年代以前扫盲教育的发展

1946年，在第一届联合国教科文组织大会上，赫胥黎作为第一任总干事就指出："世界上一半的人口放弃了读写这一基本的自由。"1958年该组织第一次对识字进行了定义："识字人就是能读、写并能理解与其日常生活有关的简短文章的人。"① 这样，文盲就可以被理解为"不能读、写并不能理解与其日常生活有关的简短文章的人"。这个定义对后来的扫盲教育产生了重大影响。在20世纪50年代，尽管国际社会开始就扫除文盲问题达成了一定共识，但实际开展的扫盲行动仍然十分有限。扫盲教育政策是以发展基础教育为中心的，包括以儿童和成人为对象的非正式教育在内的基础教育被广泛地视为减少文盲的有效手段。

1965年9月8—16日在伊朗德黑兰举行的关于扫盲教育的"世界教育部长大会"提出关于扫盲的新概念，即功能性扫盲（functional literacy）。"扫盲本身并不是目的；应该超越仅以读写教学为内容的初期读写训练的范围，把扫盲看作为使人发挥其社会、公民和经济作用而进行预备教育的一个途径。"② 另外，会议强调功能性扫盲是整个世界发展必不可少的要素，并明确指出："新的功能性扫盲的概念提示了读写的基本知识以上的要求，扫盲教育使不能读写的人们能够参与新世界的社会经济活动。这种活动需要有比从前更多的知识与专业性。"扫盲本身不仅不被视为目的，而且被视为促进文盲群体的全面而和谐发展的不可缺少的手段③。功能性扫盲与传统的扫盲是完全不同的，它意味着所有的扫盲行动不再是孤立的和分离的行动，而都是以发展为目的，与发展相结合，并成为整个发展工程中的一个组成部分④。

德黑兰会议唤起了国际社会对文盲现象的注意，并促使联合国教科文组织大会发起的"实验性世界扫盲计划"得以实施。该计划从1967年开始先后在阿尔及利亚、厄瓜多尔、埃塞俄比亚、几内亚、伊朗、马达加斯加、马里、苏

---

① UNESCO. *Recommendations Concerning the International Standardization of Educational Statistics*. 1958.

② 联合国教科文组织著：《全民教育全球监测报告2006——扫盲至关重要》，2006年，第154页。

③ ［瑞士］查尔斯·赫梅尔著，王静、赵穗生译：《今日的教育为了明日的世界：为国际教育局写的研究报告》，中国对外翻译出版公司1983年版，第54页。

④ Jagannath Mohanty. *Education for All* (*EFA*). New Delhi: Deep & Deep Publications, 1994, p. 17.

丹、坦桑尼亚、印度和叙利亚11个国家实施，于1973年终止，其目的就是通过实验来验证功能性扫盲的经济和社会效果。该计划由于过分强调技术性和经济性目的而受到批判。

1975年9月3—8日在伊朗波斯波利斯召开的国际扫盲研讨会重新审视了功能性扫盲的概念，通过了《波斯波利斯宣言》。该宣言的内容涉及扫盲的目的、必要性、内容、方法和手段等，对扫盲做出了如下的界定：扫盲不仅是读写算能力的学习过程，而且有助于人类的解放与全面发展。因此扫盲是批判性地意识到人类生活的社会及社会目标的矛盾的必要条件，是指引人们作用于世界、变革世界的计划，并参与这种计划的必要条件。该宣言还明确指出：扫盲自身不是目的，扫盲是人的基本人权。扫盲不仅是争取解放的手段之一，也是一切社会变革不可或缺的工具①。

1978年，联合国教科文组织大会通过了一个“功能性识字”的定义，并沿用至今。该定义是：“一个有功能性识字能力的人，是指他能够从事需要有识字能力的各种活动，从而有效发挥他的群体和社会功能并使他能够继续利用其读写和计算能力，以谋个人与社会发展。”

20世纪60—70年代，扫盲教育受到国际社会的广泛关注，各种国际组织和机构都对发展中国家的扫盲计划与行动给予了相应的支持。

然而，从20世纪80年代开始，国际组织和机构对扫盲教育的关注日益减弱，资金投入不断减少。特别是世界银行开始侧重于增加对初等教育计划的资助，而相对忽视了成人教育。各国政府也由于预算压力加大，相对减少了对非正规教育和成人扫盲计划的投入。在此背景下，1987年联合国大会通过决议，宣布1990年为“国际扫盲年”。大会重申扫盲是确保受教育权利的一项先决条件，强调许多发展中国家文盲普遍情况严重阻碍了经济和社会发展以及文化和精神进步的进程，这种情况是与人类正在目睹的科技革命飞跃进展的需要是完全不相容的。同时大会指出扫盲需要整个国际社会的努力和合作，提议拟定全球性扫盲战略和组织国际性扫盲运动。这为90年代国际扫盲教育的发展奠定

① ［瑞士］查尔斯·赫梅尔著，王静、赵穗生译：《今日的教育为了明日的世界：为国际教育局写的研究报告》，中国对外翻译出版公司1983年版，第56页。

了框架基础。

（二）全民教育背景下扫盲教育的发展

1990 年泰国宗滴恩大会发表的《世界全民教育宣言》及其纲领中，把扫盲作为全民教育的重要组成部分，并拟定了扫盲教育的具体目标。受宗滴恩大会的影响，1996 年发表的《教育：财富蕴藏其中》与 1997 年发表的《汉堡宣言》都强调了扫盲教育的重要性，认为扫盲教育对于终身学习至关重要，并且是积极参与社会的催化剂。尽管有如上宣言，但是在 20 世纪 90 年代人们关注的重点是普及初等教育，扫盲教育没有受到重视，国际社会未能有效地实现《世界全民教育宣言》中所提出的到 2000 年使成人文盲率减少到 1990 年水平的一半这一扫盲目标。

自 2000 年以来，围绕《达喀尔行动纲领》六项全民教育目标和联合国千年发展目标，掀起了国际扫盲热潮。其间，包括国际货币基金组织、经合组织、世界银行和联合国等许多国际组织和非政府组织都认为扫盲是 21 世纪初期发展中国家乃至整个国际社会发展面临的主要挑战之一，必须承认文盲现象带来的诸多问题，研讨扫盲教育问题，积极拓展扫盲行动。

2001 年 12 月联合国大会通过一项决议，决定从 2003 年起至 2012 年实施《联合国扫盲十年计划》。该计划以“全民扫盲、共同心声、一起学习”为口号，目的在于帮助 8.61 亿名成人和 1.13 亿名失学儿童脱盲，使所有地方，包括最穷困、最边缘地区的人们都应在自己的社区或更大的范围内进行有效的交流；并在各地建立可持续的文化学习环境，由此给予人们表达自己观点、从事有效学习、参与书面交流和与他人交流知识的机会，同时这些环境将带来电子媒体和信息技术的广泛应用，从而增加人们自我表达和接触越来越多的海量知识的机会。

该计划还明确提出全民扫盲是全民教育的核心，是所有各级各类教育，正规和非正规教育，特别是初等教育的核心。同时，全民扫盲应该优先针对青年和成人文盲及失学儿童，还需要特别关注那些弱势群体和女性文盲。

《联合国扫盲十年计划》是在全民教育备受关注的背景下提出并实施的，是一个旨在协调全球努力使各个方面重新承诺并致力于扫盲教育，进而实现全民教育目标的计划。

在宗滴恩大会和特别是在达喀尔论坛之后，消除文盲问题被置于满足所有儿童和成年人的基本学习需要这一更广泛的背景之下。

全世界的文盲总数从20世纪90年代开始不断减少，从1990年的8.72亿人下降到2004年的7.81亿人，1990—2004年，全球的成人识字率从1990年的75%提高到82%①。然而，自2005年起，降低成人文盲率的进展明显放缓。

二、扫盲教育的主要措施和方法

（一）开办正规学校

学校是多数人获得读、写和算等基本技能的场所。历史表明，对在全球范围内扫盲教育影响最大的单一因素就是正规学校教育的扩大。随着正规学校教育，特别是义务制学校教育体系的发展，文盲率慢慢降低。有研究表明小学净入学率和成人教育程度与成年和青年人的文盲率有着密切的相关性，文盲率与至少受过一些正规学校教育的人口数量关系最为密切。

（二）开展群众扫盲运动

很多国家通过开展群众扫盲运动来推动扫盲教育的发展。这样的活动一般可以分为两类，第一类是持续几年的持久的扫盲运动，第二类是短期或一次性的扫盲运动。这两类活动都可被视为是对初等教育的补充。群众扫盲运动主要是针对那些没有上过学或上过学但没达到脱盲水平的成年人。与学校教育不同，群众扫盲运动的影响一般只限于特定地区和历史阶段。

群众扫盲运动作为政府行为包括制定扫盲政策、改革扫盲活动的行政管理机构、建立新的培训扫盲教员的地区或国家机构、制定支持扫盲的新法律、与大学和非政府组织建立合作关系等。许多国家都把群众扫盲运动作为促进国家建设和国家团结、树立威信的重要手段。

1. 持久的扫盲运动

持久的群众扫盲运动可以追溯到1919—1939年的苏联扫盲运动。苏联的

---

① UNESCO. 2007 *EFA Global Monitoring Report—Strong Foundations: Early Childhood Care and Education*. UNESCO Publications, 2006, p. 58.

识字率从1919年的30%提高到1939年的85%。这可以说是最早的，也是最有效的群众扫盲运动之一。

坦桑尼亚、索马里、埃塞俄比亚和巴西等国家都开展过扫盲运动①。

1970年，坦桑尼亚宣布该国的550万名成年文盲（其中56%为女性）应该学习读书写字。政府为此招聘了教师和其他扫盲教员，印刷了大量书籍和文件，募集了交通工具，分发了几百万副眼镜。结果，初等教育规模扩大了，到1980年，学龄儿童的入学率达到90%以上。据估计，识字率从1967年的33%提高到1975年的61%。

1973年，索马里政府采用书面索马里语并发起全国扫盲运动。通过“如果识字，请教给别人；如果不识字，请向别人学习”的口号调动受过教育的索马里人。尽管在组织方面有困难、缺少称职的教师、没有教室和课本，但在整个活动期间仍有40万名成年人顺利完成了脱盲。整个计划又延长了五年，以进一步减少文盲人数。

埃塞俄比亚在1979—1983年实施扫盲运动，设立了45万个扫盲中心，对2 200万人（52%为女性）进行培训，其中2 000万人（51%为女性）通过了初学者的识字测试。国家用十几种语言印刷了500万册教材，分发了大量的学习材料，包括黑板、练习本等。该运动的绝大多数参与者都参加了扫盲后的继续培训并学完了全部课程。

在20世纪，巴西实施了几次成人教育活动和扫盲运动，提供短期培训并发动非专业扫盲监督员。1947—1950年开展的运动，有80多万成年人参加；1970—1972年的巴西成人扫盲运动，有730多万成年人参加。

2. 短期和一次性的扫盲运动

这类群众扫盲运动有时会在相对较短的时间内大幅减少文盲人数。例如，古巴的识字率从76%（1961年）提高到96%，索马里的识字率从5%（1974—1975年）提高到20%，越南南部的识字率从75%（1976—1978年）提高到86%，尼加拉瓜的识字率从50%（1980年）提高到77%，厄瓜多尔的

① 联合国教科文组织著：《全民教育全球监测报告2006——扫盲至关重要》，2006年，第197页。

识字率从85%（1988—1989年）提高到89%①。一般来说，促使某些一次性群众扫盲运动成功的因素有如下几个。第一，在运动开始前，扫盲的起始水平比较高，文盲人口相对有限。第二，这些运动往往是由新上台的政权发动的，民众热情较高。第三，在开展这些运动的国家，有一种语言占主导地位，减轻了教师培训和识字材料的准备工作。第四，许多一次性运动还包括后续的扫盲活动，增加了成人的学习机会。

（三）开发成人教育计划

很多国家都通过实施大规模成人教育计划，增加成人的学习机会，进而达到扫盲的目的，如博茨瓦纳、巴西、布基纳法索、佛得角、印度、肯尼亚、墨西哥和津巴布韦等国。当然，这些计划是更广泛的政府政策的一部分，旨在实现包括扫盲教育在内的多重目标。其他国家支持地区性小规模的扫盲项目。例如，在坦桑尼亚，乌贾马村（一种小型的农村民主单位）直接承担了开展扫盲活动的责任。

在印度喀拉拉邦进行的“民众科学运动”是一个成功的成人教育计划的例子。从1988年年底开始，一些志在将科学、世俗的观念传播给普通大众的科学家在喀拉拉邦发起扫盲运动，不仅要培养民众读写的基本技能，而且要将人类的基本需求、性别平等、公共卫生健康、政治制度等常识传送给民众。志愿者到各社区开办扫盲班，并用科学家们一贯充满创意、活力与欢乐的方式，如街头剧、集体读报等方式，赢得普通民众的参与。扫盲方式与文化表演带来的欢乐气氛，帮助民众克服了不识字的自卑，自愿加入扫盲班。在扫盲班开办后，“民众科学运动”还举办各类文化活动，让村民能表演所学到的知识，以增强自信与学习兴趣。到了1991年4月，喀拉拉邦基本扫除了文盲，成为印度第一个全民识字邦。

（四）通过各种媒体进行扫盲教育

1. 广播和录像扫盲教育

利用各种媒体扫盲也是国际全民教育的一大经验。古巴在1961年开始利用广播和录像进行扫盲教育。在两个多月的时间内，学习者经过65课时、每天最

---

① 联合国教科文组织著：《全民教育全球监测报告2006——扫盲至关重要》，2006年，第198页。

多两小时的学习，就可以掌握基本的读写技能。这种学习方法引导学习者通过数字学习阅读和写作，它假定学习者由于天天都进行买卖交易，对数字比较熟悉。每次上课都先播放30分钟录像，对学生和教员同时进行培训。然后用一本教员手册和几本学生练习展开探讨（思考）、实验（实践）与总结（对技能进行巩固和测评）。每位教员指导的学生不超过20名，他们引导学生结合生活对录像中的课程进行思考和讨论，使学习非常贴近生活。这种方法也被称为“我能”扫盲方法，其取得成功的关键是学习者与教员的关系，以及学习者连续上课建立起来的社会文化环境认同感。“我能”方法已经被应用到阿根廷、厄瓜多尔、墨西哥、新西兰、委内瑞拉等国家的扫盲教育计划中，最近又被引入玻利维亚、莫桑比克和尼日利亚。“我能”扫盲计划的成功率在90%左右①。

2. 远程扫盲教育

有的国家还通过开发远程教育来实施扫盲教育。例如，印度在1989年创办国家开放式学校进行成人基础教育，在小学、初中、高中阶段开设学习者选修的知识性和职业技能性课程，对象为14—29岁的弱势群体，多数人为18—24岁。1998—1999年，从印度大部分邦和联邦属地招收了约13万名学员，成立了900个学习中心，8个地区中心，并编制了大约650万册书。1998年，共有140 796名持有毕业证的初中学生②。

3. 游牧扫盲教育

尼日利亚在1999年实施为期一年的试验性的游牧教育计划，该计划以游牧民族成年和青年人为对象，组织学习者收听广播，学习实用知识和计算，开展创收和农业推广活动，培养公民意识、职业技能。利用广播、流动影院、活动挂图、印刷品及盒式录音带。定期进行监督，并建立服务和支持中心，以便于联系和分发学习资料。

三、国际扫盲教育的成功经验与主要问题

（一）国际扫盲教育的成功经验

综观20世纪以来的国际扫盲教育，可以发现下列共同的成功经验。

①② 联合国教科文组织著：《全民教育全球监测报告2006——扫盲至关重要》，2006年，第228、228页。

1. 寻求对扫盲教育的政治支持

扫盲教育作为一种政治行为，政治支持对于扫盲教育来说是至关重要的。扫盲教育取得成功的国家经验都表明，没有持续而强有力的政治支持就不可能有成功的扫盲教育计划。只有国家和地方领导人真正认识到扫盲有助于促进国家发展，并为扫盲教育提供财政及其他资源的支持，扫盲教育才能取得进展。例如，在印度尼西亚，扫盲运动就是通过村长签名来为扫盲培训班寻求支持的。在村长意识到有必要进行扫盲的地方，扫盲培训班开展得就顺利；反之就不顺利。

2. 建立协作的伙伴关系

扫盲教育不是一种孤立的行为，建立伙伴关系对于扫盲教育来说是不可缺少的。扫盲教育不仅是学校和教育部门的事务，它涉及社会各个方面，所以它需要社会各方面的积极参与。社会各方面建立协作的伙伴关系既能提高扫盲教育计划的一致性，又能为扫盲教育计划筹划到更多的资源，从而促进扫盲教育的发展。例如，巴西的“团结扫盲计划”就是在联邦政府、地方当局、高等教育机构和非政府组织结成相互协调的伙伴关系后得以实施的。

3. 结合当地的实际情况

现在，扫盲教育的目的不是单纯地传授读、写、算等基本技能，而是使人们能够运用这些技能，与其所处的环境协调一致地发展。扫盲教育如要取得有效的成果就必须与当地的实际情况相结合，采取灵活的方式。例如，苏丹政府针对该国游牧人口的特点制订了专门的扫盲教育计划，以建立流动学校的方式，向游牧民族进行扫盲教育。

4. 考虑学习者的需求

扫盲教育既是社会整体行为，也是个体行为，这要求扫盲教育不能不考虑学习者的需求。成功的扫盲教育计划都充分考虑学习者的年龄、性别、生活环境、现有文化水平、学习动机和愿望，调动学习者参加扫盲的积极主动性，为扫盲教育提供动力，提高扫盲教育的效果。例如，在伊斯兰教盛行的一些国家里，就通过阅读《古兰经》来进行扫盲教育，取得了很好的效果。

（二）当前国际扫盲教育面临的主要问题

尽管全球范围内的扫盲教育取得了相当的成就，但是要实现《达喀尔行动纲领》中所提出的关于扫盲的全民教育目标还是一项非常艰巨的任务。这里列出当前国际扫盲教育面临的几个主要问题。

1. 初等教育不普及和大批失学儿童

普及初等教育和减少失学儿童对于扫盲教育的成效来说是至关重要的。研究表明，初等教育净入学率和成人教育程度与青壮年文盲率有密切的相关性，文盲率与至少受过一些正规学校教育的人口数量也有着密切的关系。历史记录表明，普及初等教育能够有效地降低文盲率。世界文盲人口的绝大多数都集中在尚未能普及初等教育并每年都有大批失学儿童的发展中国家，这是扫盲教育面临的严峻挑战。

2. 重视程度不够和经费投入不足

尽管扫盲教育对于实现根除贫穷、减低儿童死亡率、控制人口增长、实现男女平等和确保可持续发展等人类社会发展目标至关重要已经成为全球共识，并且扫盲教育被视为全民教育的核心，其成败直接关系到能否实现全民教育目标，但扫盲却是全民教育中最被忽视的目标之一。整个国际社会，包括各国政府、国际组织和非政府组织对于扫盲教育的经费投入和其他资源的支持尚远远不足以开展有效的大规模行动。这是影响扫盲教育顺利实施的巨大障碍。

3. 国家和地区差距

不同发展中国家之间的经济、社会和教育发展的不平衡使全球性的扫盲教育计划难以实施。另外，很多发展中国家自身存在的严重的地区差距问题也使这些国家自身难以实施统一的扫盲教育计划，特别是使扫盲教育难以在最贫困地区和边缘地区进行。

4. 群体差异

很多国家都存在着严重的群体差异问题。女性约占世界文盲人口总数的三分之二，但是在许多国家，由于女性受到歧视，社会地位偏低，因此针对女性的扫盲教育一直进展缓慢。另外，弱势和边缘群体未能得到重视，很难制订专门针对他们的扫盲教育计划。

【思考与练习】

1. 教育民主化的内涵和原则是什么？
2. 全民教育的目标与行动纲领主要包括哪些内容？
3. 什么是全民教育发展指数？
4. 试述国际扫盲教育的成功经验和主要问题。

【拓展性阅读导航】

1. 联合国教科文组织著：《全民教育全球监测报告2012——青年与技能》，教育科学出版社2013年版。

该书全面地介绍了近年来全民教育特别是青年技能教育的进展情况。

2. 联合国教科文组织著，王晓辉等译：《全民教育全球监测报告2003—2004——性别与全民教育》，人民教育出版社2004年版。

该书详细地介绍了全民教育背景下的妇女和女童教育的发展。

3. 黄志成著：《被压迫者的教育学——弗莱雷解放教育理论与实践》，人民教育出版社2003年版。

该书介绍了著名教育家弗莱雷的解放教育理论。该理论以培养批判意识为目的，从文化人类学的角度阐明了教育与觉悟的关系，指导了发展中国家的成人扫盲教育。

4. 赵中建编：《教育的使命——面向21世纪的教育宣言和行动纲领》，教育科学出版社1996年版。

该书收录了20世纪90年代前半期关于全民教育的重要教育文献。

5. 吴德刚著：《中国全民教育问题研究——兼论教育机会平等问题》，教育科学出版社1998年版。

该书系统地研究了全民教育和教育机会平等的理论问题，并论述了中国全民教育的发展。

第八章　教育信息化与学习型社会

【内容提要】

教育信息化是二战后世界教育最重要的发展趋势之一。教育信息化是在教育中普遍运用现代信息技术，开发教育资源，优化教育过程，以培养和提高学生的信息素养，促进教育现代化的过程。本章阐述了世界教育信息化的发展历程和基本经验，分析了世界教育信息化变革的现状及存在问题，探讨了信息化与终身教育、终身学习和学习型社会的关系以及世界教育信息化发展的基本趋势。

【学习目标】

1. 了解世界教育信息化的产生与发展过程，总结各国教育信息化发展的基本经验。

2. 掌握世界教育信息化变革的现状及特点，分析各国教育信息化变革中存在的问题。

3. 明晰教育信息化与终身教育、终身学习和学习型社会的关系，把握世界教育信息化发展的基本趋势。

教育信息化是二战后世界教育一个重要的发展方向。发轫于二战后、20世纪90年代获得迅猛发展并将延续下去的全球信息革命，对各国教育的发展带来了前所未有的巨大冲击和变革。以计算机和信息通信技术在教育领域的广泛应用为标志的教育信息化不同于以往的变革，它带来了不同于传统教育的新理念，是教育现代化发展史上一场具有里程碑意义的革命。世界范围内教育信息化的迅猛发展必将促使基于信息技术的学习型社会早日实现。

第一节　信息化与世界教育信息化的演进

一、信息化与教育信息化

信息化是不断追求或推动一个系统中信息资源利用和信息技术应用的过程①。随着计算机的产生，人类社会在经历了漫长的游牧文明、农业文明、工业文明之后，开始步入了信息化社会。信息化社会的端倪初见于1959年美国社会学家D. 贝尔斯提出的“后工业化社会”，1962年，美国普林斯顿大学教授F. 马克鲁普又提出“知识产业”的概念，它们成为信息化社会概念提出的基础。1964年，日本学者梅棹忠夫首先提出信息化社会的概念，后迅速传播到了世界各国。信息化社会具有智能性、虚拟性、超时空性和综合性等特征。

社会的信息化必然要求教育的信息化，教育信息化是教育面向信息化社会的客观要求和必然趋势。二战后冷战格局使得世界两大对立阵营之间展开了激烈竞争，以计算机和通信技术为代表的新科技革命一诞生，就引起了世界各国的普遍重视。教育信息化也是二战后民主化运动发展的必然要求，随着二战后民主、平等、人权思想的深入人心，人们追求教育机会平等的需求也越来越高涨，计算机、网络等信息技术所具有的公平性也为教育平等理念的实现提供了广阔前景。教育信息化是指在教育中普遍运用现代信息技术，开发教育资源，

---

① 信息化这一高度概括性的词汇具有东方色彩，广为中、日、韩等东方国家所运用，西方各国则倾向于用 E-Learning、E-Education、Online Education 等来表示这一新领域的学习和教育活动。

优化教育过程，以培养和提高学生的信息素养，促进教育现代化的过程①。教育信息化是信息技术在教育领域的应用，它具有技术和教育两个层面的特征。从技术属性看，教育信息化具有数字化、网络化、智能化和多媒体化等特征。从教育属性看，教育信息化的基本特征是开放性、共享性、交互性与协作性。教育信息化实际上是一个追求信息化教育的过程。在信息化社会里，信息化教育表现为教材的多媒体化、资源的全球化、教学的个性化、学习的自主化、活动的合作化、管理的自动化和环境的虚拟化②。

二、世界教育信息化的演进历程

（一）计算机与教育信息化的肇始

20世纪40年代末期至70年代前半期是世界教育信息化的初萌时期。1946年，美国宾夕法尼亚大学的莫希利（J. W. Mauchley）与埃克特（J. P. Eckert）在费城领导研制了世界上第一台电子计算机。第一个电脑网络——奥普网络（ARPANET）于1969年9月1日上线，该网络设置于加州大学洛杉矶校区、斯坦福研究所、加州大学圣塔芭芭拉校区及犹他大学间。

计算机应用于教育首先催生了计算机辅助教学。计算机辅助教学（Computer Aided Instruction，简称CAI）是在计算机辅助下进行的各种教学活动，以对话方式与学生讨论教学内容、安排教学进程、进行教学训练的方法与技术。计算机辅助教学首创于美国，最早将计算机用于教学的是美国IBM公司，它在1958年开发出教小学生算术用的计算机辅助教学系统。1959年伊利诺伊大学开始进行计算机教学实验，由此拉开了美国教育信息化的序幕。1970年美国初中拥有并使用计算机的比率已经达到了34.4%，到1975年这个数字增加到58.2%③。从世界范围来看，20世纪50年代末到70年代中期是计算机辅助教学的研究实验时期，一些发达国家相继成立了研究计算机辅助教学的专门机构。英国是较早把计算机应用于教育领域的国家之一，1972年英国实施

---

① 南国农：《教育信息化建设的几个理论和实际问题》（上），《电化教育研究》2002年第11期。

② 祝智庭：《教育信息化与教育改革》。http：//www. sxtu. edu. cn/change/xyxs/jyjs/xueke/xuketu/luiwei8. htm.

③ 洪明：《美国信息技术教育的演进和现状》，《电大教学》2002年第2期。

了为期 8 年的“国家计算机辅助学习发展计划”，每年投资 200 万英镑用于计算机的辅助学习材料的研制和应用。整个 20 世纪 70 年代欧洲尤其是西欧国家计算机辅助教学发展迅速。

此阶段由于计算机刚刚诞生，教育信息化的范围大多限于研究领域，或与开设计算机课程直接相关的高等教育领域，主要以计算机辅助教学的研究及其应用为主要内容。此阶段的研究成果在理论和方法上为 20 世纪 80 年代的计算机普及与发展奠定了基础。

（二）微型机与教育信息化的推进

20 世纪 70 年代后期到 90 年代初是世界教育信息化进一步发展时期。1977 年世界上第一台微型计算机问世，微型机价格便宜、使用方便、便于普及；网络的扩展也很迅速，由局域网逐渐发展到广域互联网。受此影响，世界教育信息化的步伐迅速加快，信息革命对教学的影响不再局限于研究领域和高等教育领域，计算机和互联网对整个教育领域及广泛的社会生活领域的影响已经初露端倪。

发达国家重视推广与普及中小学计算机教育。美国国家科学部初等、中等学校数学、科学和技术教育委员会 1983 年提出的《为 21 世纪而教育美国人》报告中指出：“我们决不能面对 21 世纪而给儿童以 20 世纪 60 年代的教育。我们必须回到基础，但 21 世纪的‘基础’已不仅是读写算，还应包括通信技术、高超的解决问题的技能，以及科学技术方面的素质培养。”① 这就把信息能力确定为中小学生的基本素质之一。20 世纪 80 年代中期以后，更多的计算机进入了美国校园，1986—1989 年，美国公立学校的计算机拥有率从每 40 名学生一台增长到每 15 人一台。1988 年美国政府组织的“明星学校”计划，发展到 1997 年已使 6 000 多所学校联通了信息高速公路。1978 年英国教育与科学部制订了第一个旨在促进在学校教育中运用计算机的计划，大力鼓励、支持和帮助中小学配备计算机与其他电子设备。1980 年又启动了“微电子教育计划”，该计划的实施使各大、中、小学普及了计算机教学，培训了一大批教师和管理

① 华东师大教育科学学院教育科学资料中心编：《新技术革命与教育》，华东师范大学出版社 1984 年版，第 186—187 页。

人员。80 年代初德国制订“信息与通信技术教育”计划，把新技术作为学科基础，在中学课程中有计划地渗透新技术知识。法国于 1985 年在小学新设“科学与技术课”，规定从第四学年开始在“科学技术”学科中设置计算机入门必修课，并启动了一项耗资 20 亿法郎的“人人学习计算机”计划，为中小学配置了1 万—2 万台微机和万余套软件，掀起了声势浩大的教育信息化运动。不过，由于设备与软件不配套，教师培训未能跟上等原因，造成了大量设备闲置，利用率仅为 20%，一度影响了计算机在法国发展的速度。这也直接导致了当时欧洲教育信息化的程度除英国一枝独秀外，普遍落后于北美的状况。在亚洲国家中，日本 70 年代计算机技术发展很快，80 年代中期以后更加重视计算机发展及其在教育领域的应用。1985—1990 年，日本召开信息教育改革审议会并提出调查研究报告多达 16 次。至 1988 年日本已有 94%的高中、36%的初中和 14%的小学拥有了计算机①。

这一阶段，各国主要重视教育信息化的硬件平台建设，开始关注信息技术教育的教学特点，重视教学软件的开发，心理学家和教育学家携起手来共同参与课件开发，信息技术与课程整合思想逐渐形成，计算机教育系统普遍应用于教育管理和课堂教学之中。

（三）万维网与教育信息化的高涨

20 世纪 90 年代中期以后，万维网（WWW，也称为全球信息网）广泛使用起来。这项新技术的发展，使互联网迅速扩散并逐渐进入社会主流。教育理论的相关研究也有了新的突破，建构主义教育理论为信息技术教育的进一步发展奠定了理论基础。

美国前总统克林顿率先发起了连接信息高速公路计划，世界教育信息化运动开始进入了一个新的阶段。1996 年美国教育部制订了美国第一个国家教育技术计划——《让美国的孩子为 21 世纪做好准备：迎接技术读写的挑战》，提出了教育信息化的国家目标，重点发展教育信息化基础设施。此后，又分别于 2000 年、2005 年和 2010 年发布了国家教育技术发展计划书——《数字化

① http：//www. nenu. edu. cn/department/dianjiao/xwx/cg/content/chapater/chapater1/section/chapater1-4/1. htm.

学习：将世界级的教育置于儿童的指尖》《迈向美国教育的黄金时代：因特网、法律和当代学生变革展望》《变革美国教育：技术推动学习》，根据时代发展指出了教育信息化发展的新方向。2010 年的《变革美国教育：技术推动学习》在强调基础设施建设的同时，将关注重点放在了教学质量和效果上，更强调通过信息技术在学习、教学和评估系统的应用来提高学生的学习效果。随着国家计划的推行，美国的信息化程度迅速提高，到 2005 年 12 月，美国公立中小学学生与联网计算机的生机比例为 4∶1，公立中小学校和教室的联网率分别达到 99%和 89%，96% 的学校采用了 ISDN、Cable Modem、无线等高速上网方式，极大地促进了学校与外界的联系与沟通①。新一轮的教育信息化浪潮迅速遍及全球。英国于 1995 年推出名为“教育高速公路：前进之路”的计划，1997 年启动了英国国家学习信息系统建设计划，2005 年颁布实施《利用技术：改变学习及儿童服务》信息化策略，2008 年修订颁布的《利用技术：新一代学习》更新策略中，阐述了英国政府希望通过一种更为良好的合作方式建立一个完全自信的技术体系、未来学习形式更为灵活以及更恰当满足学生个体需求、学习评估与监测更为常态化与准确化的技术愿景。截至 2005 年年底，小学已经实现每 6.7 个学生 1 台计算机，63%使用电子白板，91%有适当网络，99%建立因特网连接，78%有宽带连接。中学已经实现每 4.1 个学生 1 台计算机，99%有适当网络，99%建立因特网连接，99%有宽带连接②。信息化发展一度受挫的法国也加大了推进教育信息化的力度，1995 年立项了大批有关教育信息化的课题，建立了网上信息资源，将 13 个学区的学校进行联网。1997 年法国教育部长宣布推行为期三年的多媒体教学发展计划。这次计划吸取了以前的教训，重点突出了教师培训。将教师培训学院和教师进修学院合并，增设 100 个计算机专业教师，培训 1 000 名年轻博士从事多媒体教学，把新教学技术作为教师继续培训的最重要内容。德国教育历来具有地方分权的传统，联邦政府很少直接干预各州的教育事务，但在推行信息技术教育方面，德国政府却采取了积极的干预措施。1996 年 12 月，德国议会率先通过了世界第一部全面

① US Department of Education. *Budget News*. http://www.ed.gov/offices/budnews.htm.

② 于志涛：《英国 ICT 国家教育计划及其启示》，《中国远程教育》2006 年第 9 期。

规范互联网的法案——《联邦德国多媒体法》；1999 年，德国政府又提出了“21 世纪信息社会创新和就业行动计划”；在德国政府的大力推动下，1998 年德国互联网使用者有 1 400 万人，有 15%的学校接入互联网，而到 2001 年 10 月，德国实现了所有学校全部免费上网①。

此时期，发达国家中小学已经基本普及计算机和互联网等硬件设施，以教学软件的开发及应用为主，信息技术与学科课程整合的思想占据主流，在高度发达的硬件和软件环境基础上，教育观念和人才培养模式发生了根本改变。

三、世界教育信息化的经验

在世界教育信息化的发展过程中发达国家基本经历了大致相同的信息化推进过程，积累了丰富的历史经验，对发展中国家教育信息化的发展具有很好的借鉴意义。

（一）各国政府普遍重视教育信息化发展

世界各国政府都把发展教育信息化上升到关系本国国际竞争力和 21 世纪发展前途的重要因素予以重视，纷纷制定教育信息化国家发展战略，从政策制定和资金投入两方面大力支持教育信息化事业。美国 20 世纪 90 年代以来四次制定了教育信息化发展战略，从 1997 年开始基础设施投资逐年增加，1998—1999 年，公立学校技术上的花费超过 55 亿美元。2004 年英国政府投资 10 亿英镑支持学校发展信息技术②。

（二）大力加强教育信息基础设施建设

教育信息化的推进是以计算机和网络等设施建设为基础的，世界各国普遍意识到了信息技术硬件建设的重要性，不惜投入巨资建设计算机和网络等基础设施。发达国家更是凭借着雄厚的经济基础，对中小学校加大了投资力度。由经济合作与发展组织教育改革与发展中心出版的《1999 年教育政策分析》一书指出：经济合作与发展组织国家普遍将信息技术教育置于优先发展的地位。每年在中小学信息技术方面的投入已近 160 亿欧元，占各国教育经费 1%—

---

① 王卿、韩颖：《德国教育信息化历程之启示》，《科教文汇》2009 年第 11 期。

② 罗明东、和学仁：《发达国家基础教育信息化发展策略之比较》，《学术探索》2008 年第 6 期。

2%，成为各国教育投资的一个重点。

（三）注重教学软件资源的开发和利用

教育信息化的发展不仅仅依靠硬件设施，软件资源的建设更为重要。美国在实施《国家信息基础设施行动计划》的同时，确立了今后“重点建设数据库，促进网络信息资源开发和利用”的战略发展重点，大力促进中小学网络信息资源的开发。目前美国所有的公立学校都可以通过网络获得必要的教学课程，包括代数、微积分、物理、外语、职业技能以及生活技能等。

（四）强化教师的信息素质培养和培训

促进教育信息化的关键是提高教师的信息素养，世界各国普遍重视教师的信息技术培养和培训。各国约三分之一的信息技术教育投入资金都用在了教师培训上。2004 年 6 月法国政府宣布对全国 2 000 所实验“信息教育文凭”学校的教师进行新技术培训，政府为此拿出了 1 000 万欧元支持这一项目。澳大利亚政府决定，给每位中小学教师每年增加 200 澳元，专项用于教师信息技术的发展和培训。2000 年开始日本把“信息设备操作”规定为教师培训的重要内容，该年度用于资助教师培训的经费超过了 300 万日元。

（五）学校、政府和社会力量密切合作

教育的信息化是涉及学校、社会、家庭各领域的一项复杂事业，将学校、社会团体、政府机构联合起来，共同促进教育信息化发展是各国共同的举措。发达国家推进教育信息化的经验也充分表明，企业等社会力量在教育信息化的推进中发挥着十分积极的作用。美国的“明星学校计划”即是通过公立和私立学校合作以及由政府和教育机构来传递网络远程教育的一个最大也是最成功的计划。在日本政府的大力提倡和鼓励下，民间企业对学校的信息化做出了很大的贡献。

第二节　当今世界教育信息化的变革

一、教育信息化与教育变革

教育的信息化带来了教育观念的巨大转变。与传统教育相比，信息化教育孕育着更为科学的教育观念。传统教育重视知识的传授，轻视能力的培养；重视教师的主导作用，轻视学生的主体作用；重视教育的社会需求，轻视学生的个人价值。而信息化教育则重视以人为本，通过人机对话，实现个别学习，突出个性化教育。近年来流行起来的依托微课而进行的“翻转课堂”提倡知识传授通过信息技术的辅助在课前完成，知识内化则在课堂上经教师的帮助与学生的协助而完成，是由“先教后学”向“先学后教”的翻转，是对传统课堂的颠覆，不仅是课堂教学方式的翻转，更是教师的教育观念的翻转。

教育的信息化扩展了教育的内容。除了传统的教科书外，更多的教学内容来自于教师精心筛选和汇编的网上资源。现代化的信息技术手段可以避免传统教科书在承载内容上的局限，使教育内容可以无限地拓展，并且能够及时地更新。信息化时代的教材在形式上既有以单纯文本形式表现的文本性文件，又有以多媒体形式表现的集科学性和艺术性于一体的教学软件。在信息化时代，信息能力和信息素养的培养已经成为各级各类教育的重要内容。

教育的信息化丰富了教育的手段，带来了传统教学方式的重大变革。从空间上看，信息化教学扩展了传统的课堂范围，把传统的课堂教学由固定的教室延伸到网络所能够覆盖的范围；从时间上看，信息化教学模糊了时间概念，变传统课堂的固定教学时间为网络环境下的任何时间；从环境上看，信息化教学改变了教学环境，课堂的必备工具不再仅仅是传统的黑板、粉笔、课桌，电子白板、网络、电子书包等正在成为课堂的重要工具；从过程上看，教材的多媒体化使一些在普通条件下无法实现或无法观察到的过程与现象生动而形象地演示出来，增强了学习者对抽象事物及其过程的理解和感受。

教育的信息化还极大地优化了教学组织形式和学校管理模式。传统的以班级授课制为主的教学组织形式发生了很大的变化，个别化教学、网络学习、虚拟大学、移动学习、泛在学习等成为教育教学的重要形式。传统的学生管理也发生了很大变化，电子注册代替了传统的学生注册，传统教学中的学校机构及职能面貌一新，数字化校园和智慧校园正在形成。

二、信息化社会中的各国教育改革

世界各国纷纷转变教育观念，调整各级各类教育的培养目标。调整的重点在于提高青少年掌握现代化信息技术和从事收集、加工、分析信息情报资料工作的能力，强化中小学生的信息素养，以培养适应信息社会的新型人才。日本20世纪80年代开始的第三次教育改革明确提出教育改革的四大目标之一就是“适应未来社会的要求，促进教育的信息化”。1996年，日本中央教育审议会提出了培养学生“生存能力”的21世纪发展总目标，其中之一就是培养学生具备正确选择、加工、处理信息的能力和自主思考的能力。1996年，时任美国总统克林顿提出了雄心勃勃的教育信息化发展目标，要“让每一个青少年8岁能阅读、12岁能上网、18岁上大学，让每一位成年美国人都能进行终身学习”，美国的信息教育除了强调培养学生获取信息的基本能力外，更注重培养学生的信息素养。1997年，法国制订了“信息社会的政府行动计划”，提出教育系统在应用信息与通信技术上的两大使命：要使每个青年毕业时能够掌握未来个人生活和职业生活所需要的信息与通信技术，利用丰富的多媒体资源开展教学活动。

教育内容的信息化主要表现在各国的课程改革中，主要方式为开设计算机课程和开发网络课程。在基础教育领域，课程的变化主要体现在两个方面，一是在课程中单独开设信息技术课程，二是在各科教学中整合信息技术。美国启动的面向21世纪中小学课程改革的“2061”计划提出，未来的青年应具有将自然科学、社会科学与信息技术三者结合在一起的思想与能力，并将中小学12年应获得的基本科学知识重新划分为12个学科类群，在每一个新的学科类群中，都力图渗透自然科学、社会科学与信息技术三者结合的思想，此后信息技术与学科教学相整合成为美国教育信息化最重要的发展方向。另一方面，美国也通过专门的学习时间或具体的课程将信息技术应用于教学，针对性较强地开展信息技术教育。20世纪80年代英国中小学开设了独立设置的信息技术教育课程，1998年，英国政府以立法形式规定所有中小学信息技术课程由原来的选修课改为必修课，2000年实施的新国家课程则将原来的信息技术课程改为信息与通信技术（ICT）。在单独开设信息技术课程的同时，英国还十分强调信息技术与学科课程的整合，大力提倡学生在学科学习中应用信息与通信技术来辅助学习，并能够利用信息与通信技术进行交流与解决问题。1998年，日本教育课程审议会发表“改善教育课程标准的基本方向”的咨询报告明确提出了两个方面的要求：一是在小学、初中、高中的各个学科中必须积极利用计算机等信息设备进行教学；二是要求小学阶段的“综合学习”课要适当运用计算机等信息工具，初中阶段则要把现行的“信息基础”选修课改为必修课，高中阶段开设必修的“信息”课。

在高等教育领域，各国高校十分重视信息与通信技术的应用，开发了大量的网络课程。据美国教育统计中心调查，2000 年年底，美国已有2 000多所高等院校开设了各类网络教育课程。高等院校开设的各种网络课程备受学习者青睐，凤凰大学、世界校园等成为举世闻名的网络大学。2011 年秋季开始一种新型的在线课程开发模式——慕课（MOOC）迅速兴起。慕课是大规模的网络开放课程，它是为了增强知识传播而由具有分享和协作精神的个人组织发布的、散布于互联网上的开放课程。第一个字母“M”代表 Massive（大规模），与传统课程只有几十个或几百个学生不同，一门 MOOC 课程动辄上万人，最多达 16 万人；第二个字母“O”代表 Open（开放），以兴趣导向，凡是想学习的，都可以进来学，不分国籍，只需一个邮箱，就可注册参与；第三个字母“O”代表 Online（在线），学习在网上完成，无须旅行，不受时空限制；第四个字母“C”代表 Course（课程）。慕课的兴起被誉为“印刷术发明以来教育最大的革新”，呈现“未来教育”的曙光。2012 年被《纽约时报》称为“慕课元年”。同时，各国为了保障网络教育的质量，也建立了严格的质量保障体系。英国开放大学的课程材料素以高质量闻名，调查表明英国开放大学的教学质量在全英 101 所大学中排名第 10 位，科研水平排名第 27 位。

各国普遍利用信息和通信技术改革教学模式和学习方式，提高教育和学习的效率。在基础教育领域，各国十分重视中小学数字校园建设，推行电子书包工程已成为世界各国基础教育的共同举措。1999 年，新加坡德明中学一年级 163 名学生，人手一个电子书包轻松步入学校课堂。它实际上是一本应用于课堂教育的多媒体无线电子簿，这是在全世界首次推出的电子书包，新加坡因此获得了“第一个走进电子书包时代的国家”的美誉①。2000 年，法国将电子书包引进了学校，电子书包在法国东部城市斯特拉斯堡的一所学校里投入使

① 周器：《手提“电子书包”，轻松上学》，《前线》1999 年第 12 期。

用，这是世界上第二个推广电子书包的国家①。中小学在教学中普遍应用互联网，明显地促进了学生学习的积极性与主动性。在各国中小学，教师利用电子邮件批改作业、通过互联网技术获得大量信息已成为普遍现象，各国中小学的校园网和全国教师网的建设极大地方便了教师的教和学生的学。早在2000年，日本邮政省与文部科学省合作编写电子课本，2010年10月，日本通信部在10所小学进行电子课本试用，2011年参与学校增加到50所。日本政府计划到2015年为全国的每一位中小学生都配备一台电子课本。美国加州在2009年秋季在高中开始使用在线电子版数学教科书，成为美国第一个使用电子课本的州。2012年3月，美国联邦通信委员会和教育部长召集苹果、英特尔等公司举行会议，讨论制定具体措施以应对未来发展的挑战，并计划未来5年推动交互式数字化课本在全美K-12学校的普及和应用②。

教育信息化对高等教育教学模式和学习方式的改变更为巨大。实施网络教育是世界各国高等教育信息化的通行策略，综观世界各国高等网络教育的实践，在组织与实施方式上形成了三种主要模式③。

（1）网络教育的单一院校模式。该模式又称开放大学模式，是由单一的远程教育大学提供网络教育，普通高等院校不提供通过多种媒体传送的网络教育的模式，或者是普通高校不以提供本科阶段的网络教育为主，只少量提供研究生层次的网络教育的模式。采取该模式的典型国家是英国，英国网络远程教育的主体是开放大学。

（2）网络教育的双重院校模式。该模式是由普通高等院校提供网络远程教育，没有建立专门的开放大学或网络大学（即使有，也为数不多且不占主导地位），普通高校既提供传统的校园面授教育，又提供通过多种媒体传送的远程教育的模式。采取该模式的主要有美国、澳大利亚和俄罗斯等国。澳大利亚采取双重院校模式的主要原因在于地域辽阔、人口分散以及高等院校主要集中于

---

① 印刷知客：《利益变局——关于电子书包及其他》。http：//hi. baidu. com/yijifeiyu/blog/item/cc76cb19c0f2177bdbb4bd77. html.

② 祝智庭：《教育信息化的新发展：国际观察与国内动态》，《现代远程教育研究》2012年第3期。

③ 20世纪90年代由丁兴富提出。进入21世纪后，上述模式区分因越来越多的混合交叉发展而变得模糊起来。

大城市等。在美国，地方分权的教育传统使得美国高等院校均处于相当自治的状态，没有全国性的高等教育系统，也没有设立专门的开放大学进行网络远程教育，各州的高等院校是提供网络远程教育的主体。

（3）网络教育的多种系统模式。该模式是指在同一个国家中并行存在多种模式的网络教育系统，既有独立设置、专门开展网络远程教育的院校，又有举办网络教育的传统院校。法国、加拿大、中国、日本等国在发展网络教育中主要采取了此种模式。法国的网络远程教育主要由单一模式的网络大学——法国国家远程教育中心和双重模式的高等学校来承担。法国的教育行政体制是典型的中央集权制，地方教育行政单位划分是学区和分学区，法国国家远程教育中心属于特殊学区，负责全国网络远程教育体系的管理和实施；各种高等教育机构开展的网络教育则构成了双重院校的模式。

将信息技术应用于学校教育管理也是各国教育信息化的一个重要发展方向。韩国于 20 世纪 90 年代中期开始投入大量资金建设教育行政管理信息化平台，2003 年年底国家教育信息系统开始投入使用，该系统的启用极大地方便了教育行政管理和学生学籍管理，提高了教育行政的效率和透明度。随着高等教育信息化的迅速发展，美国高校也出现了一种新的信息教育的专门管理职务——CIO 体制（Chief Information Official）。CIO 属于副校长级别的高级管理职务，主要职责是制订和管理整个学校的信息技术发展规划及实施工作，同时也负责学校信息化日常工作的管理。1990 年美国高校约有 200 名 CIO，2000 年 40％的美国高校均设立了 CIO 体制，到 2003 年超过 69.3％的高校建立了 CIO 体制①。

三、各国教育信息化的问题

信息化在以其巨大的优势给教育带来极大便利的同时，也带来了一定的负面影响。随着全球范围内教育信息化运动的开展，教育信息化的局限性和存在的问题也不断暴露出来。

首先，从全球范围看，世界各国的教育信息化存在着不平等现象。从技术

① 李逢庆、桑新民：《高校信息化建设中的 CIO 角色研究及启示》，《复旦教育论坛》2009 年第 1 期。

上看教育信息化本质上具有平等、公平的特性，这是教育信息化的特性也是教育信息化的终极目标。不过，这种公平得以实施的一个前提条件是所有的学习者都能够充分地接触和使用信息技术，在满足这一前提之前，信息教育的平等性还是受到各种因素制约的。由于各国信息化的发展水平不同，教育信息化在不同发展水平的国家、地区、人群之间呈现出一种不平衡发展的态势，从而形成了巨大的数字鸿沟。数字鸿沟是指在信息时代里，那些拥有工具的人以及那些未曾拥有者之间存在的鸿沟。从数字鸿沟的表现形式来看，主要有以下几种形式。一是全球鸿沟。全球教育信息化的推进程度极不平衡，北美地区是教育信息化的“技术发明”和“技术领先”地区；大洋洲和欧洲地区是教育信息化的“积极推进”地区；中美、南美和亚洲地区则大大落后于以上三个地区，但其中的日本、中国、韩国、新加坡和印度等有可能成为教育信息化发展的主要“追赶”地区；非洲地区是教育信息化发展最落后的地区。二是地区鸿沟。不仅发达国家与发展中国家之间存在着巨大的差距，在发展中国家内部经济较发达地区与欠发达地区之间也存在着严重的信息不对称现象。俄罗斯的欧洲部分和亚洲部分、中国的沿海地区和内陆地区、墨西哥的北部和南部地区就存在着显著的差距。发展中国家的城乡之间教育信息化的显著差距也是地区鸿沟的一种表现。三是语言鸿沟。语言鸿沟是指在信息通信上使用英语和使用其他语言的差距，以及由这种差距带来的阅读、理解、交流、获取信息、使用信息技术等方面的障碍。目前以美国为主导的西方文化正成为信息交流的主流文化，英语在信息交流中的广泛使用导致了非英语国家的语言和传统文化、价值观面临严重威胁。此外数字鸿沟还表现为性别鸿沟、种族鸿沟、代际鸿沟等①。这些鸿沟的存在严重阻碍着国际教育信息化的发展，只有真正消除这些鸿沟，教育信息化的平等、公平理念才能实现。

其次，教育的信息化具有一定的负面效应。教育信息化的负面效应主要表现为网络沉溺、网络人格等。网络沉溺是指学生陷于网络环境而不能自拔的现象，网络沉溺会导致视力下降、营养不良、注意力不集中、能力下降、社会活动减少等症状。美国匹兹堡大学的一份研究报告表明，全球每一亿网民中就有

---

① 周志毅著：《网络学习与教育变革》，浙江大学出版社2006年版，第209—215页。

至少570万人患有不同程度的“网络综合征”①。长期的网络学习和交往易使学生的语言、性格、特征、态度或日常行为习惯出现显著变化，从而形成网络人格。网络人格的变异极易导致出现道德失范现象，表现为粗言恶语、虚拟性爱、浏览网络色情影视等，还可能诱发网络犯罪。

此外，各国在推进教育信息化的过程中还面临着许多亟待解决的共同问题。网络教育的质量有待提高，网络教育的文凭可信度低，网络教育尚不能很好地将信息技术与教育学、心理学相整合以适应学生学习的特点，教师缺乏信息技术方面的知识和技能，网络教育中师生呈永久性分离的状态也易使学习者情感态度与体验欠缺，校园文化建设困难重重，等等，这些问题的解决有待于各国教育工作者携起手来共同努力。

第三节　世界教育信息化的未来走向

一、教育信息化与学习型社会

20世纪50年代产生于法国、60年代后在世界各国广泛传播的终身教育思潮是影响二战后世界各国教育发展的一种重要理论，也是世界教育发展的一个重要方向。终身教育理论是教育信息化得以迅速发展的前提和理论基础，而教育信息化又成为实现终身教育、构筑学习型社会的一个重要而有效的途径。

终身教育的概念目前尚没有形成统一的权威性定论。一般来看，终身教育是教育发展的一个基本原则，是人们在一生各阶段当中所受各种教育的总和，是人所受不同类型教育的统一综合。它包括教育体系的各个阶段和各种方式，既有学校教育，又有社会教育；既有正规教育，也有非正规教育。它主张在每一个人需要的时刻以最好的方式提供需要的知识和技能。终身教育思想已经成为很多国家教育改革的指导方针。联合国教科文组织国际教育发展委员会的报告《学会生存——教育世界的今天和明天》把终身教育定义为：“终身这个概念包括教育的一切方面，包括其中的每一件事情，整体大于其部分的总和，世

① 龚花萍：《教育信息化与高校信息道德素质教育》，《现代情报》2003年第7期。

界上没有一个非终身的而又割裂开来的永恒的教育部分。换而言之，终身教育并不是一个教育体系，而是建立一个体系的全面组织所根据的原则，而这个原则又是贯穿在这个体系的每个部分的发展过程之中的。”① 终身教育思想最早是于1965年联合国教科文组织召开的成人教育促进国际会议期间提出的。联合国教科文组织负责成人教育的法国成人教育专家保罗·朗格朗（Parl Lengrand）提出了一份关于终身教育构想的提案，认为：数百年来，个人的生活被分成两半，前半生用于受教育，后半生用于劳动，这是毫无科学根据的；教育应是个人从生到死一生中继续着的过程，因此，要有一体化的教育组织。今后的教育应当是，随时能够在每一个人需要的时刻，以最好的方式提供必要的知识和技能。朗格朗的报告引起与会者极大反响。1970年，朗格朗出版了《终身教育引论》，把终身教育的概念阐述得更为全面、清晰、具体，促使终身教育由一种思想转为各国主导的教育政策和普遍的教育实践。受终身教育理念影响，美国学者哈钦斯于1968年出版的《学习社会》一书中最早提出了学习型社会的概念。1972年以富尔为首的联合国教科文组织国际教育发展委员会完成的《学会生存——教育世界的今天和明天》的研究报告，把朗格朗倡导的终身教育思想向前推进了一步，将终身教育思想的实施同创建“学习型社会”结合起来。1989年，联合国教科文组织在中国召开了主题为“学会关心：21世纪的教育”国际研讨会。90年代《教育——财富蕴藏其中》将终身教育和终身学习的内涵系统化为未来教育的四大支柱：学会认知、学会做事、学会共同生活和学会生存。1994年11月在意大利罗马举行的“首届世界终身学习会议”确定“终身学习是21世纪的生存概念”。罗马会议标志着由重视政府行为的“终身教育”向重视个人需求的“终身学习”发展，终身教育运动发展到了一个新的阶段。尔后，世界各国普遍掀起了构建学习型社会的热潮，从而使得终身教育由理念的提出、内涵的丰富发展为一种政策化和法制化的探索与实践。学习型社会是由相应的机制和手段促进和保障全民学习和终身学习的社会，是一个人人均能自由的平等的终身学习的理想社会。终身教育、终身学

① 联合国教科文组织国际教育发展委员会编著，华东师范大学比较教育研究所译：《学会生存——教育世界的今天和明天》，教育科学出版社1996年版，第223页。

习、学习型社会是广为引用、互相联系而又不可分割的三个基本术语。终身教育偏重于以教育者为中心，终身学习转为强调学习者为中心，学习型社会则是终身教育和终身学习理念得以实现的一个社会载体，更侧重于终身教育和终身学习的实践层面。由终身教育到终身学习，再到学习型社会建构，是一个从理念到实践、从学校到社会扩展的过程，反映了终身教育思想不断成熟和完善的过程。

信息社会即学习社会，这是由信息教育、信息社会与终身教育、学习社会的共同特性所决定的。终身教育作为人类教育发展的一个新的理念，它提出了不同于传统的新的思想，具有终身性、全民性、广泛性和灵活性的特点①。在终身教育理念指导下建设的学习型社会中的学习也不同于传统的学习，学习型社会中人们的学习具有学习进程的终身性、学习机会的平等性、学习者的主体性、学习内容的多元性、学习空间的开放性等基本特征。显然，学习型社会即为“人人是学习之人，处处是学习之所，时时是学习之机，事事是学习内容”的社会。这种社会要求有一种教育形式能适应和满足它的要求，能和它同步，而推进教育信息化、实现信息化教育正与学习型社会的要求相符合。信息化教育的特点决定了其是适应和满足这一未来理想社会的理想教育模式，是构建学习型社会的最有效的手段。可以说，教育信息化是学习型社会的技术基础，建设学习型社会必然要求教育的信息化。学习型社会与教育信息化二者相辅相成，互为条件，未能实现教育信息化的国家，也不可能建立起一个学习型社会。

二、教育信息化与各国学习型社会构建

随着终身教育思想的传播以及信息工具越来越成为一种重要的新型教育手段，网络教育对终身教育体系构筑所具有的重要作用也越来越为众多的国家所认识，各国普遍将发展网络教育、大力推进教育的信息化作为构建信息社会和学习社会的重要途径。

---

① 熊光慈、王秋丽：《学习化社会的特征和创建》，《河南师范大学学报》（哲学社会科学版）2004 年第 5 期。

在欧洲，终身教育受到广泛重视，终身教育体系比较发达。欧盟曾把1996年定为“终生学习年”，2001年欧盟委员会专门发布《实现终身学习的欧洲》，对终身学习概念进行重新解释和阐释。2006年，欧盟再次发布了《关于设立终生学习行动计划的决定》。该计划为期7年，目的是通过终生学习促进欧洲社会成为高度发达的知识社会，拥有持续的经济发展、更多更好的就业机会和更大程度的社会融合，同时为下一代提供更好的环境①。英国是西方成人教育的发源地之一，是世界“继续教育之乡”，以成人为对象的继续教育在世界上享有很高的声誉。早在1919年，英国的学者就提出：“成人教育是永远的民众教育，又是公民不可分割的部分，所以具有普遍性和终身性。”② 1972年出台的《拉塞尔报告》提出了“永久教育”的概念，建议重新组织英国的教育体系，以适应人们对教育的终身需求。20世纪90年代以后，终身学习更是引起了人们的普遍关注。1997年10月，英国首相布莱尔发表了《连接学习社会——国家学习信息系统建设》的政府报告，宣告英国国家学习信息系统建设计划的正式启动，把网络和信息技术建设作为学习型社会构建的必然通道。集中体现了这一理念的是2000年建立的英国产业大学。产业大学是一种开发和推行远距离学习的组织，它力图通过现代化网络和通信技术向社会提供高质量的学习产品及服务，使人们在家中、工作场所和社区的学习中心都可以灵活方便地学习。产业大学已构成了英国政府终身教育理念的核心，是英国政府“学习时代”战略的一个重要组成部分。德国的双元制职业技术教育举世闻名，德国的学习型社会也是紧紧围绕着职业继续教育而构建。1970年，德国教育审议会制订的《教育制度结构计划》指出，终身学习是社会、科技与经济发展的关键之一。1990年，德国联邦议会的研究委员会发表的《未来的教育政策：教育2000》报告书再次确认了继续教育在未来社会的重要意义。1997年，德国联邦教育与科学部在《终身学习：职业继续教育的状况与展望》中强调，教育政策的目标必须促使职业继续教育成为完整教育体系中的一部分，应大力激发在职者的终身学习动机，为学习型社会建构开辟途径。欧盟成员国之一的法

① 朱国仁：《新世纪国际教育改革发展动向及启示》，《清华大学教育研究》2010年第3期。

② 王志学、黄慧娟：《英国终身学习的发展动力及策略》，《成人教育》2004年第10期。

国也十分重视学习型社会的构建，1971 年法国颁布的《终身教育中继续职业教育组织法》指出，职工的继续教育应以终身教育作为指导思想，规定国家有责任为公民提供终身的职业训练。1972 年法国通过了《终身教育法》，并于 1973 年在教育部设立了“终身教育发展局”，对促进全国终身教育的发展起到了十分重要的作用。

构建终身学习型社会也成为美国教育法规的重要指导原则和组成部分。美国在 1976 年颁布《终身学习法》（也称《蒙代尔法》），并在联邦教育部设立“终身教育局”。1983 年美国教育部发布《国家处在危险之中：教育改革势在必行》报告，对学习型社会做了详细的论述。《美国 2000 年教育战略》指出，一个人若想在今天的美国生活得更好就必须不断地学习。1991 年美国政府提出教育发展的“四大战略”，其中第三项便是“把美国变成人人学习之国”，第四项战略是“把社会变成大课堂”。美国十分重视现代信息技术在构建终身学习型社会的作用，大力发展网络教育。

在亚洲，日本的终身学习体系构建最为发达，水平最高。1971 年，日本中央教育审议会咨询报告就指出：“必须从终身教育的观点出发，全面调整教育体制。”20 世纪 80 年代日本政府把向终身学习体系过渡、逐步建立“终身学习社会”作为第三次教育改革的一个基本原则。1985 年，日本在教育改革的报告中把完善终生学习体制作为 80 年代教育改革的最主要任务之一。1990 年 6 月又制定了第一部终生学习法——《终身学习振兴法》，并于 8 月成立了终身学习审议会。日本构建学习型社会采取的主要措施有：设立终身学习局，将文部省的社会教育局更名为“终身学习局”；地方教育委员会设置专门的科室负责终身学习的开展；设立终身学习理事会，作为文部省的咨询机构；大力促进“社区学习中心”等各类社区终身学习设施的建立；普及计算机网络，以完善学习社会的基础。信息社会的构建作为学习型社会的一个重要物质基础得到了广泛的重视。

选择何种方式构建本国的终身学习体系，既与教育发展的客观规律和科学技术条件有关，又与各国的国情和历史传统相连；前者决定了世界各国建立终身学习体系的共同走势，后者决定了不同国家和民族又会有一些不同的特点。具有大学教育传统的英国采取开放大学和产业大学的方式构建全国学习网络；

具有区域自治传统的美国采用社区学院的方式促进教育与社会生活的紧密结合和学习型社会的形成；日本则颁布专项法律、建立专门的教育行政机构和咨询机构来推动终身学习体系的建立；中国则不断完善自学考试制度，形成社会化、开放式的教育网络来逐渐完善终身学习体系。但不论何种方式，在大力推进教育信息化，积极构建学习型社会的基础这一点上是相同的。

三、各国教育信息化的趋势

（一）教育信息化的全球化趋势日趋明显

随着世界经济一体化、教育全球化的进一步深入及全球互联网技术的不断改进，各国教育的信息化已经突破了国家的范围，进一步走向全球。由全球互联网构建起的全球市场越来越活跃，学生可以在全球范围内寻找最合适的课程和学位，教育信息化的国际竞争和院校合作不断加强，一些著名的网络教育系统已经实现了全球教学。1996—1997 年英国开放大学在世界各地注册学习的外国学生已经超过 2.5 万人[①]，1999 年法国国家远程教育中心在 190 个国家拥有 3 万名学生。在全球教育信息化进一步扩展中，文化的民族化和本土化问题将越来越成为发展中国家和发达国家所共同关心的问题。

（二）教育信息化发展逐渐由量的扩张走向质的提高

自计算机产生到 20 世纪末，世界各国的教育信息化发展主要以量的扩张为主，各国普遍将增加计算机数量和促使所有学校联网作为推进教育信息化的基本方针，确定了计算机普及和连接互联网的具体目标和进度，大力推动各级各类学校的信息基础设施建设。目前，发达国家已经基本普及了计算机和网络等信息设施，发展的重点正由量的扩展走向质的提高，更加关注教育内部的有效实施，即如何能够更有效地达成教育信息化的目标、提高信息化教育的质量。挪威、法国、德国等国家纷纷通过立法形式，提出质量管理的指导性意见，以保护网络教育消费者的权益；加拿大、英国则成立专门的网络远程质量管理机构进行质量监控。

---

① 丁兴富：《远程教育的全球化趋势》。http：//www. sxtu. edu. cn/change/xyxs/jyjs/xueke/xuketu/luiwei6. htm.

（三）教育信息化将更加重视信息技术与学科的整合

信息化教育课程目标的实现主要通过独立开设专门的信息技术课和把信息技术与各学科相整合两种模式。从全球范围看，20 世纪 90 年代中期以前各国基本上是单独开设计算机课程或计算机应用基础课程；到 90 年代中期以后一些国家开始试用信息技术与课程整合的模式，但单独开设信息技术课程的模式仍占主流位置，整合模式只是少数国家的部分地区或部分学校进行的试验性探索。目前信息技术与学科整合的模式已引起人们的普遍关注，日、美、加等发达国家和中国等发展中国家参加这种探索试验的学校越来越多。2000 年美国教育技术国际协会出版的《国家教育技术标准》详细列出了从学前到 12 年级的技术应用于教学的国家标准，核心目标是将课程与技术有机地结合起来，使技术成为课堂活动不可分割的组成部分。

（四）教育信息化将实现由“技术”到“人本”的根本转变

教育信息化推进以来，各国更多地关注的是教育信息化的技术层面。实际上教育信息化不仅具有技术的属性，更重要的是还具有教育属性。随着信息技术的逐渐成熟，以人为本、以学习者为中心、重视学习者的学习需求等正成为未来信息教育发展的主流。现代教育科学、心理科学和学习科学在信息教育、教学中的应用将会得到更多的重视，教育科学、心理科学和学习科学的最新发展和演进趋势成为推动教育信息化发展的学科体系支撑。由“应试”教育到素质教育，由英才教育到大众教育，由以教师为中心、院校为中心以及学科为中心的教学到以人为本、以学生为中心的开放的、个性化的学习等现代教育科学理念正在成为教育信息化发展的重要指导原则。

（五）教育信息化将进一步促进教育公平的实现

网络教育等信息化教育形式由于实现了资源的充分共享和时空跨越，降低了教育成本，吸纳了更广泛的受教育者，这是传统教育所无法比拟的优势。通过远程网络控制，可以汇集不同地区和领域的教育资源，供学习者选择，实现教育资源的优化配置。教育信息化的推进，也将进一步缩小全球和各国内部的数字鸿沟，远程教育可以聚集起不同地区、不同性别、不同年龄段、不同收入的人群接受同等的教育，真正实现教育的公平正义。日本始终十分重视通过推进教育信息化来缩小发达地区和偏僻地区的教育差距，在偏僻地区学校的计算机配备及政策上提供优先支持政策，并促进偏僻地区学校和城市学校通过互联网合作，取得了很好的效果。

（六）教育信息化在学习型社会中的作用愈益重大

信息技术教育的独特作用和优势，使得各国政府将发展信息教育作为构建学习型社会的重要手段，各国政府越来越关注教育信息化的发展。信息化的发展使人们的学习从“课堂学习”转变成了“网络学习”（e-Learning），进而转变为“移动学习”（m-Learning），也将进一步走向“泛在学习”（u-Learning）。“泛在学习”是无时无刻的沟通，无处不在的学习，是一种任何人可以在任何地方、任何时刻获取所需的任何信息的学习方式，这种学习方式使得学习型社会成为可能。随着教育信息技术的突飞猛进，相信不久的未来学习型社会不再是一个美丽的梦想，而是实实在在的现实。

【思考与练习】

1. 什么是教育信息化？教育信息化的基本属性是什么？
2. 什么是数字鸿沟？试分析数字鸿沟在全球范围内的分布。
3. 简述世界教育信息化的基本经验及发展趋势。
4. 试述各国网络远程高等教育实践的模式及特点。
5. 试析各国教育信息化过程中出现的问题，并思考解决的对策。
6. 结合各国推进终身教育的政策，谈谈对我国终身教育发展的启示。

【拓展性阅读导航】

1. 杨汉清主编：《比较教育学》（第三版），人民教育出版社 2015 年版。

该书在第十九章“世界教育的当前形势”中论述了教育信息化的成就与缺失、挑战与机遇。

2. 规划编制专家组编：《〈教育信息化十年发展规划（2011—2020 年）〉解读》，人民教育出版社 2012 年版。

该书是对我国教育部 2012 年发布的《教育信息化十年发展规划（2011—2020 年）》的专业解读，内容包括教育信息化发展的国际背景、我国教育信息化的现状与挑战、规划编制的思路和过程、对规划各部分的详细解读等。

3. 徐晓东主编：《信息技术教育的理论与方法》，高等教育出版社 2004 年版。

该书阐述了信息技术教育的理念、内容，介绍了学校教育中信息素养培养的主要途径等，分析了最适合信息素养培养和发展的环境和国家政策及教学实施案例。

4. 南国农主编：《信息化教育概论》，高等教育出版社 2004 年版。

该书在总结我国信息化教育实践的基础上，对信息化教育的基本概念、基本理论、技术和方法进行了全面阐述，并对信息化教育理论和技术在教学和管理中的应用进行了分析。

5. 祝智庭主编：《信息教育展望》，华东师范大学出版社 2002 年版。

该书主要包括信息教育的概念、目的、内容及参照标准、信息教育与方法、信息教育中的教师、发达国家的信息教育、发展中国家的信息教育、我国的信息教育等。

第九章　现代化进程中的亚非拉教育

【内容提要】

本章探讨亚非拉在迈向现代化的进程中教育传统、教育公平和教育效率面临的挑战，分析亚非拉在推进教育现代化进程中面临的两难境地及原因，探讨亚非拉在教育管理体制、全民教育运动和区域教育合作等方面实施相关改革举措的功效，分析亚非拉教育现代化与世界教育现代化的异同及其得失和未来愿景。

【学习目标】

1. 了解亚非拉的教育传统及其现代化进程中遭遇的挑战。
2. 明了亚非拉面临“示范”和“依附”两难的原因。
3. 了解亚非拉致力于实现教育现代化的改革措施。
4. 分析亚非拉与世界教育现代化的共性及差异。
5. 明了亚非拉教育现代化的得失及愿景。

亚洲、非洲、拉丁美洲（简称亚非拉）占全球陆地总面积的63.4%，分别为29.4%、20.2%、13.8%；人口总数55.77亿，占世界总人口的比例分别为66.67%、13%、5.6%；国家和地区总数136个，分别为48、54、34个。亚非拉是道教、佛教、伊斯兰教、基督教、原始宗教和天主教的策源地，历史悠久，文化多元，对世界文明贡献巨大。15世纪以后，随着欧洲资本主义的兴起，亚非拉国家因长期积弱，成为列强争夺土地和资源的竞技场，许多国家沦为殖民地或半殖民地。二战后，它们通过不懈抗争，才摆脱长期的殖民统治，走上民族独立发展之路。亚非拉教育现代化是不断变革传统教育，追赶并努力超越发达国家，形成现代教育体系的过程。

第一节　亚非拉教育的传统与挑战

亚非拉国家教育现代化是后发型国家教育发展与变革的典型。亚非拉是人类文明的发祥地，数千年来所形成的个性鲜明的文化传统，孕育了亚非拉独特的教育传统。亚非拉大多数国家都经历了漫长的封建社会，其教育传统具有浓厚的封建色彩。工业革命后，亚非拉教育传统受到西方现代教育的冲击和挑战。

一、亚非拉国家教育现代化演进

亚非拉国家的教育现代化演绎了一条从封建和殖民地教育到独立后走出后发外生型国家教育现代化的道路。

（一）二战前沿袭封建和殖民地教育体系

二战前，亚非拉国家的教育大都具有浓郁的封建和殖民化色彩。亚非拉国家大都经历了漫长的封建社会，教育具有浓重的封建色彩，教育主要是培养为封建统治阶层服务的人才，“读书做官”的思想浓重，教育具有鲜明的阶级性和等级性。学校教育的内容是古典人文学科和治人之术，学校与社会脱节，轻视职业教育。从15世纪开始，亚非拉深受欧美列强的殖民统治，其教育深深打上西班牙、葡萄牙、荷兰、英国和法国等宗主国的教育烙印。殖民时期亚非拉学校受教会的控制，学校由教会和修道院主持，实行封闭式体制，着重对学生思想意识和行为进行规范教育；教育成为培养殖民统治的工具，很少传授科学技术知识和技能。

（二）二战后国家独立初期的教育发展

二战后，亚非拉国家通过民族解放运动纷纷取得政治上的独立，把发展教育作为立国之本，首先面临的是教育民族化问题。亚非拉国家的领导人大多接受过西方教育，又大多是民族主义者，具有强烈的民族意识，主张奋发图强，缩短同发达国家的差距。亚非拉国家在20世纪50—60年代，普遍感受到殖民主义时期遗留下来的教育制度不符合新兴国家的政治选择和发展需要，需要实行教育改革。因此，亚非拉国家独立后，在制定第一部国家宪法时，首先确立了国家对教育的领导权，取消了教会对学校的垄断，强调民主享受教育的权利和国家对公民实施教育的义务，重视科学技术课程和职业课程，加强学生社会实践和能力的培养。20世纪60年代后，亚非拉国家逐步清除教育殖民化现象，初步实现教育民族化的发展目标。

（三）新时期作为后发型教育现代化的追赶

西方发达国家为获得独立的亚非拉国家提供了教育现代化的“理想”目标，让亚非拉国家无比向往。20世纪70年代以来，亚非拉国家积极开启教育现代化，其措施和路径主要体现在以下三个方面。

其一是把教育置于前所未有的发展地位。亚非拉国家普遍认识到，只有像发达国家那样实现教育现代化，才能逐步跻身于先进国家之列。另外，办教育也符合以往读书做官的思维，因此也受到民众欢迎。因此，亚非拉国家发展教育的热情很高，积极参加或组织全洲性发展教育的国际会议，研究教育问题，提出奋斗目标。1976年，非洲国家的教育部长云集尼日利亚的拉各斯举行会议，研究非洲教育的非殖民化等问题。亚非拉教育投入也不断增加，1988年，非洲国家的教育拨款平均占其国民生产总值的6.6%，高于整个发展中世界的平均指标，有18个国家教育经费的支出约占当年国家财政总预算的20%。拉丁美洲国家在1960—1975年，教育经费占国内生产总值的比重由2.56%增加到 2.86%，有 10 个国家的教育经费年增长率超过 6%[①]。

其二是积极借鉴发达国家的经验。亚非拉国家长期遭受西方的殖民统治，教育发展极不正常，独立之后意识到与发达国家在教育发展水平上存在巨大差距，迫切需要解决教育如何向发达国家看齐、尽快实现教育现代化的问题。亚非拉国家教育现代化属于后发型的，西方发达国家教育现代化的模式和经验，对亚非拉国家具有样板作用。借鉴发达国家的经验，有助于突破顽固的传统，且不必重复西方发达国家曾经历过的漫长的摸索过程。当然，这种外生的教育现代性因素与教育传统的对抗此起彼伏，有时甚至很激烈。

其三是在摸索中变革与创新。许多亚非拉国家试图照搬西方发达国家的发展模式，却未能收到预期的效果。亚非拉国家认识到，脱离国情、不加选择地“全盘西化”是产生问题的根源。20 世纪 70 年代后，许多亚非拉国家开始重视联系国情，积极探索本国发展道路，在借鉴西方发达国家的经验的同时，结合本国实际加以创新发展，寻找本国教育现代化道路。

二、教育传统与现代化对立造成冲突

教育传统是一种指经过长期的历史积淀而形成，并通过教育实践传承下来的教育观念、制度、内容和方法等。亚非拉教育在由封建性转向现代性的进程中，教育传统的保守性、封闭性和滞后性等特征与教育现代化存在着本质上的对立和冲突。

（一）传统教育目的与现代化对立

亚洲的教育传统是在官本位的封建社会形成的，因此非常重视知识教育以获取功名做官，获得荣华富贵。例如，中国古代教育重视修身为本，通过格物致知、修身养性，实现治国平天下的目的；同时设立科举制，教育就成了求取功名、升官发财的工具。这种渗透着“学而优则仕”思想的传统教育，把知识和教育作为升官发财的重要手段，作为维护封建统治阶级的利益和统治的工具。这些导致了盛行学历主义和“精英”教育，造成“应试教育”等现象。在

① 陈作彬：《拉丁美洲教育的发展》。http：//book.lh.chaoxing.com/ebook/detail.jhtml？id＝10296322&page=1.

中国，“万般皆下品，唯有读书高”的思想一直影响到今天；日本的教育也素有“考试地狱”之称。人们重视普通教育，轻视职业教育，侧重培养知识精英，追求高学历。这种价值选择表现为：在教学中的师生关系上，崇尚教师的绝对权威，排斥变革和创新，忽视学生的需要和权利；在处理教与学的关系上，重视教师教的作用，忽视学生主动学习的重要性；在选择教学方法上，教师多以讲授为主，学生普遍采用死记硬背；教师在教学中习惯于发号施令，不擅长在师生之间进行坦诚的讨论和交流。亚非拉教育传统具有浓厚的学历主义思想，重权威、轻民主，忽视学生的主动性和创造性。而现代教育强调教育民主、平等、创造及学生的全面发展。

（二）人文精神与科学精神较量

亚非拉教育传统弘扬为统治阶级服务的人文精神，致使学生缺乏独立思考、大胆怀疑、开拓进取和创造的科学精神，这有悖于现代教育的本性。亚非拉封建教育传统，是依照封建帝王伦理价值建立起来的，追求所谓的理想人格。例如：亚洲以儒学为主体的教育体系注重人的修养和自我教育，强调安分守己、听天由命，缺乏开拓和主动进取的挑战精神；以伦理道德为最高目的，把道德教育放在首位，强调封建社会所需要的德行和理想的人格，强调奴性顺从，漠视个体的权利，倡导循规蹈矩；教育内容上多为封建伦理纲常，自然科学知识较少，视科学技术为不登大雅之堂；在思维模式上，习惯于用内省、顿悟的手段来达到所谓的理想境界，轻视逻辑分析，形成求同性、墨守成规、循规蹈矩的思维模式，使教育中充满注释性和守成性的特性。

如何面对独特的教育传统是亚非拉教育现代化真正实现历史转变的关键。积极扬弃教育传统，遵循现代教育发展规律，吸收国际教育经验，全面推进教育现代化，实现教育模式转型，这是亚非拉国家致力于教育现代化的重要步骤。

（三）旧教育体制导致教育不公平

其一，教育供需矛盾导致强势阶层抢夺教育机会。亚非拉国家人口多但教育资源匮乏，教育供需失衡，强势阶层尽占优先。例如，亚洲一些国家，21岁以下受教育人群占国家总人口的40%—50%[①]，但政府无力承担教育重任，

① 梁可：《亚洲教育合作前景广阔》，《21世纪》2004年第10期。

失学儿童比例居高不下。20 世纪 90 年代，在拉丁美洲国家中，能让大多数学生进入中学就读的国家屈指可数，其中 7 个国家的适龄儿童的入学率低于 90%。在这种情境下，强势阶层挤压弱势群体的受教育权利，导致贫富阶层子女教育严重不平等。拉丁美洲是世界上收入和财富分配最不公平的地区，10%的高收入与 50%低收入人群占有国民收入比例分别是 50%和 10%①。这就致使富裕阶层占有优质教育。例如，智利 1998—1999 年 25 岁以上的人群中，占人口总数 10%的富人阶层所接受的教育年限，要比占 30%的穷人阶层多 5—8 年②。

其二，城乡差异致使教育不平等。亚非拉城乡差距较大，造成教育不平等现象。泰国一份学前教育评估报告显示，1982 年接受学前教育的城市儿童的比率为 50.3%，而乡村儿童仅为 28.8%。对同年级的城乡学校数学测验中，城镇学生平均成绩比乡村学生高出 68%。拉丁美洲国家也如此。联合国教科文组织统计，在拉丁美洲国家城市中有近六分之一的孩子未能完成初等教育，而在乡村比例达五分之二。换句话说，乡村学生至少比城市学生少上两年学。另据统计，1997 年，年龄在 25—29 岁，接受过 12 年或更长时间教育的人数所占的比例，城乡之间表现出巨大的差距。例如：智利的城市平均为 50%，乡村仅为 12%；拉丁美洲国家乡村地区的文盲率最高，通常高出城市 2—3 倍③。

其三，性别和民族差异也造成教育不平等。许多亚非拉国家教育中有严重的性别偏见。例如：巴基斯坦和孟加拉国有近三分之二的成人以及约 80%的妇女是文盲；尼泊尔的成人文盲率接近 74%，妇女文盲达到 87%。在撒哈拉以南非洲国家中，女性的入学人数还不到总数的一半，到 20 世纪 90 年代中期，女性在整个高等学校的入学人数中仅占三分之一。在拉丁美洲阿根廷、巴西、哥伦比亚、尼加拉瓜、巴拿马、乌拉圭等国，接受高等教育的女性仅占总

① 邬志辉、安晓敏：《拉丁美洲教育公平指标的发展及启示》，《外国教育研究》2007 年第 12 期。

②③ 参见［美］罗伯特·阿诺夫等主编，冯增俊等译：《比较教育学：全球化与本土化的辩证关系》，人民教育出版社 2012 年版，第十二、十三章。

人数的50%[①]。此外，民族差异也是导致教育不平等的要素。许多亚非拉国家学校中种族分化明显，部分国家私立学校师资水平高、学校设施好，与公立学校差别明显。南非还存在教育的种族隔离现象，在玻利维亚和危地马拉土著民儿童入学率只有10%—15%，远低于非土著的民族。1999年巴西文盲率是13%，但白人的文盲率是8%，黑人的文盲率却是22%，巴西的种族差距比性别差距更为显著。

综上所述，解决国家教育供需矛盾和教育发展失衡，逐步消除教育中城乡、性别和民族差异，确保教育公平，是亚非拉教育在迈向现代化征程中必须正视的焦点问题。

三、从"依附"转向"创新"教育的发展困境

多数亚非拉新兴国家的教育现代化，基本上是依靠西方发达国家的示范作用启动的。西方发达国家教育发展的道路、经验的"示范"和教育援助，对它们很有吸引力。但实践证明，这种"示范"作用效果并不佳，造成亚非拉国家对发达国家教育及外援的过度依赖，使教育发展形成恶性循环，面临两难处境。

（一）"示范"作用陷于尴尬

在选择教育现代化进程的路径上，亚非拉国家往往把西方发达国家教育发展道路作为样板，并醉心于学习和借鉴早发型的西方发达国家的教育经验，但并没有收到理想的效果，有的还碰到了意想不到的困难和挫折。例如，非洲现行的教育制度不合理是制约非洲教育发展的深层次问题。非洲国家独立时，大多是沿袭殖民地时期的教育制度，学校教学轻视学生的能力培养和社会实践。在教育结构上同样存在着不平衡，出现了高等教育优先于初、中等教育发展的结构性失衡。这种教育制度的不合理以及教育结构的不平衡，带来了教育不平等、教育质量低下等一系列严重的问题，也使得许多亚非拉国家在是否接受西

---

① 参见联合国教科文组织著，罗进德等译：《世界教育报告1998：教师和变革世界中的教学工作》，中国对外翻译出版公司1998年版。

方教育“示范”上，面临两难的选择①。

（二）**教育过度依附形成恶性循环**

对外援过度依赖使教育发展形成恶性循环。许多亚非拉国家热衷于得到外国的援助，由此产生不同程度的依赖性。这种依赖主要表现在两个方面，一是依赖国外的教育援助和赞助，二是依赖对发达国家教育经验的模仿。其中依赖程度最高的是非洲国家。非洲国家真正用于教育的经费很少。例如，截至1995年，在撒哈拉以南非洲地区，为每个小学生支出的费用仅为87美元，而北美洲是5 150美元，欧洲是4 552美元，拉丁美洲和加勒比地区则为444美元②。因为非洲国家的教育经费非常紧缺，所以依赖外国资助机构的教育拨款。例如，非洲70%以上的高等教育研究经费依赖于各种外部捐助。这些捐助组织主要有世界银行、加拿大国际开发署、美国国际开发署，它们分别援助非洲2 592亿美元、723.66亿美元、172.2亿美元③。2002年美国国际开发署开始实施“非洲教育行动计划”，为非洲提供了60亿美元的教育援助，通过提供奖学金、教材和教师培训等项目的方式提高非洲基础教育的质量④。拉丁美洲同非洲一样，也具有典型的“依附发展”的特点。接受外援的亚非拉国家，很难取得发展教育的理想效果，甚至会形成一种依赖—落后—深层依赖—更加落后的恶性循环。

高度依赖外援限制了教育的独立发展。亚非拉国家教育对西方发达国家的依赖，初衷是为了迅速摆脱教育发展中存在的各种困境，促进其教育现代化的进程。但后来它们发现，西方国家的各种教育援助是有附带条件的，它们对受援国进行一定的政治和经济干预，企图控制受援国的教育政策，使之朝西方所期望的方向发展。亚非拉国家也意识到，教育对外援的过度依赖，在一定程度上限制了其独立发展的可能性及条件。例如，非洲国家高等教育对外援的高度

① 王建梁、史琦：《和谐教育：全球化时代非洲教育发展的必然选择》，《外国教育研究》2008年第7期。

② 参见［美］罗伯特·阿诺夫等主编，冯增俊等译：《比较教育学：全球化与本土化的辩证关系》，人民教育出版社2012年版，第十六章。

③ ［美］丹条·特佛拉、［加］简·奈特主编，万秀兰、孙志远等译：《非洲高等教育国际化》，浙江教育出版社2013年版，第38页。

④ 段明希、吴敏、张红喜：《非洲教育行动计划》，《全球教育展望》2007年第3期。

依赖，增加了对外国教职员的依赖，削弱了非洲大学培养自己的有研究生学位的教职员的能力，迫使它们雇用更多国际教职员工以应对学生人数的增加。亚非拉国家的教育研究者对外援进行了深层思考，有的把亚非拉国家教育的落后，归因于对西方发达国家的过度依赖，有的提出要改变对非洲进行教育援助的政策和方式。例如，非洲教育发展联盟（ADEA）在 2012 年出台了一个新教育援助计划。这一计划的核心内容是构建以关键能力培养为核心的教育与培训体系，培养有知识的非洲公民、高技能的应用人才、高素质的科技创新人才，促进非洲经济和社会的快速可持续发展。这一计划体现了对非洲教育援助政策的转型①。

第二节　亚非拉教育现代化变革

亚非拉国家教育现代化呈现出独特的发展与变革特征。这主要表现在：实行教育分权化和私营化，以改良传统的教育管理体制；推进全民教育运动，以大力促进教育公平；加强区域教育的合作，以冲破传统教育的封闭格局。

一、改革教育管理体制

亚非拉传统教育体制存在权力集中、效率低下等问题，与教育现代化的目标相冲突。为此，亚非拉各国非常重视教育管理体制的改革，积极推行教育分权化和私营化政策。

（一）教育分权变革

教育分权化是亚非拉教育管理体制改革的重要内容，但目前亚非拉国家实行教育分权化的形式不一。非洲的教育分权化侧重于提高教育管理的效率。拉丁美洲国家教育分权化则赋予自治市、区或教育管理部门以财政和课程的责任。拉丁美洲已成功地实行教育分权化的国家有哥伦比亚、阿根廷、墨西哥和智利等国家。亚非拉教育分权化的政策有利于加强管理，提高教育效率，减少

① 楼世洲：《培养关键能力，促进非洲的可持续发展》，《比较教育研究》2013 年第 11 期。

官僚习气，增强人们的民主参与，但在实际的运作中，教育分权化也会出现一些难以规避的问题。首先，教育分权化出现了权力转移的失效，部分国家的教育领导者并不情愿下放权力。其次，由于分权化就是一个言明在特定的范围内谁来统治的过程，但在不同的时期，中央调控和地方自治两者必须兼顾，使中央和地方保持一定的平衡，而教育分权化却难以实现这种平衡。再次，教育分权化强化了地方的利益，在一定程度上妨碍了教育财富的再分配。

（二）教育私营变革

亚非拉教育管理体制改革的另一项重要内容便是教育私营化。亚非拉教育的私营化体现在各类型的教育上，目的在于减少政府财政支出的负担，提高学校经营管理的效率，增加教育供给方式的多样化和选择性，提高学校的责任感。解决教育经费短缺与国家教育发展的矛盾，是亚非拉国家实行教育私营化最直接的动因。从 20 世纪 70 年代后期开始，亚洲国家由于经济、社会政治等方面的原因，逐渐减少了对高等教育的投入。在 20 世纪 80 年代，日本高等教育经费比 70 年代下降了 14%[①]。马来西亚是高等教育私营化发展较快的国家，到 2000 年，私立学院迅速发展到 283 所。埃及的私立大学的数量从 1982 年的 1 所发展到 2007 年的 13 所[②]，加纳私立大学的发展速度超过公立大学，2006 年私立大学的数量为 13 所，公立大学为 6 所，在私立大学就读的学生，从 1999 年的 750 人增加到 2005 年 9 497 人，增长了 10 多倍[③]。

亚非拉国家在 20 世纪 70—80 年代所出现的教育私营化趋向，除了政治、经济和社会等因素之外，与公立教育自身存在的弊端有关，如机构臃肿、官僚主义、效率低下等问题。教育私营化是医治这些疾病的良药。例如，二战后，拉丁美洲私立高等教育机构的管理效率高于公立高等教育，私立高等教育发展迅速，近年来，越来越多的学生进入私立的高等教育机构。70 年代，拉丁美洲只有 5%的学生进入私立高等教育机构就读，而现在增至 40%。亚非拉国家教育的私营化措施，促进了国家教育供给方式的多样化和选择性，成为亚非拉国家教育现代化进程中最重要的特征之一。教育供给方式的多样化和选择性的

① 王英杰：《高等教育不应也不能产业化》，《中国高等教育》1999 年第 21 期。

②③ ［美］丹条·特佛拉、［加］简·奈特主编，万秀兰、孙志远等译：《非洲高等教育国际化》，浙江教育出版社 2013 年版，第 102、169 页。

增强，更有效地促进了教育机会均等，也为处境不利的人群提供选择适合于自身情况的受教育的机会，为实现教育机会均等提供了平台。

二、开展全民教育运动

亚非拉国家大力发展全民教育，积极推进义务教育的均衡发展，针对教育中的性别和民族的不平等问题，实施了一些行之有效的政策。这些改革举措提高了亚非拉国家教育机会的公平性，为教育现代化的发展奠定了坚实的基础。

（一）实施全民教育策略

亚非拉国家启动教育现代化都把普及教育列为首要目标，到20世纪80年代，亚非拉国家积极实施全民教育，取得了实质性的进展。中国拥有亚洲乃至世界上最大的受教育的人口群，2013年全国小学净入学率达到99%以上，初中、高中和高等教育阶段的毛入学率分别是95%、84.6%和30%①，在全民教育的道路上迈出了坚实的步伐。部分非洲国家在扩大国民受教育的机会和权利方面取得了突出的成绩。例如，1960—1997年，撒哈拉以南非洲地区初等教育的入学人数增加了6倍，中等学校的入学人数增加了26倍，高等学校的入学人数增加了108倍②，各级教育得到了较大发展。非洲文盲多，非洲撒哈拉沙漠以南地区的尼日尔、乍得、马里、布基纳法索、塞拉里昂、塞内加尔、贝宁这7个国家的识字率在40%以下③。2003年，联合国第56届大会推出了《联合国扫盲十年：普及教育》计划，扫盲的重点是非洲撒哈拉沙漠以南的国家和地区，目标是到2013年将文盲数量将少50%④。目前这一扫盲目标在非洲正逐步实现。

拉丁美洲教育改革运动的重要内容，首推“大众教育”计划。从20世纪60年代开始，拉丁美洲出现了各种非正式的教育，它们是正式教育的补充，

---

① 申继亮：《当前我国高中教育改革的热点与难点问题》，《中国教师》2013年第9期。

② 参见［美］罗伯特·阿诺夫等主编，冯增俊等译：《比较教育学：全球化与本土化的辩证关系》，人民教育出版社2012年版，第十六章。

③ 联合国教科文组织著：《全民教育全球监测报告2006——扫盲至关重要》，2006年。

④ 徐梦杰、董春林、应一也：《21世纪联合国非洲扫盲政策及实践评述》，《全球教育展望》2007年第3期。

而“大众教育”计划是非正式的教育的一部分。大众教育计划强调非等级制度的学习环境。在这种环境中，师生能自由对话，学习者的知识也融入教学内容中，教育强调学习者的学习行为，而不是简单地传授知识。总体而言，“大众教育”的发展，为拉丁美洲提供了一些可供选择的教育模式，要求政府提供更好的社会服务设施和资源。

（二）推进义务教育均衡发展

为保障人人都有接受基础教育的权利，实现教育公平的目标，亚非拉国家大力推进义务教育均衡发展，南非在这方面的表现比较突出。南非政府主要是通过加强公共教育资源的均衡配置，对贫困学生采取“免费教育行动计划”，实施“全国学校营养计划”，采用“均衡分配准则”，并出台《国家学校经费规范和标准》，来构建公平合理的教育经费拨款机制，实现教育机会公平和教育质量的均衡发展。2003 年 6 月，南非政府通过采用“免费教育行动计划”，来确保贫困社区的弱势儿童接受基础教育的权利，逐步为南非所有穷人建立免费的、高质量的学校教育体系。南非政府还实施了“全国学校营养计划”，为来自贫困社区的儿童提供免费午餐。

南非政府通过加强公共教育资源的均衡配置，调整教育经费结构，来实现教育机会公平的目标。南非政府采用了两个机制来促进教育经费的均衡分配，即采用“均衡分配准则”和实施《国家学校经费规范和标准》。“均衡分配准则”主要是根据各省在国家收入中所占的份额，来确定对各省投入的数量。这种投入机制需反映学龄人口的规模、公立学校学生入学的数量、教育和医院设施中对资金需求的分布、各省农村人口规模以及根据贫困指标确定的社会保障基金涉及的人口规模等①。2000 年，南非开始在全国范围内实施《国家学校经费规范和标准》的政策。这项政策的目的在于使各省在学校非人员经费支出方面能进行贫困纠正，以实现机会均等的目标。

（三）制定消除教育不公的政策

亚非拉国家针对教育中的性别和民族的不平等问题，制定和实施了一些行之有效的政策。例如，新加坡在高等教育的发展中，性别和民族问题比较敏感

① 丁秀棠：《南非推动义务教育均衡发展的经验及其启迪作用》，《教育导刊》2006 年第 9 期。

和复杂。从1960年以来，新加坡接受高等教育的女性人数不断增加，但在医药、牙科和工程学之类的专业领域中学习的女性很少。对此，新加坡政府制定了专门的政策，规定在上述领域内学习和研究的女生需要达到一定的比例。比如，在医药学和牙科学方面，女生的比例至少要达到三分之一。另外，新加坡政府极力反对利用配额的手段来平衡各民族在教育发展上的差距，相反，它鼓励发展各种类型的民族自助组织来提升各民族的经济和教育成就。马来西亚政府采取了“种族定额分配”的招生政策，使少数民族接受平等的教育。马来西亚在1970年实行了“新经济政策”，其中的一个重要目标就是把接受高等教育作为重建社会的重要手段，希望消除以经济作为唯一标尺来认同民族群体的现象，努力让少数民族学生获得更多的教育机会。为达成这一目标，马来西亚政府推出了一项颇具特色的“种族定额分配”制度，根据这种制度，每一所大学的大学生构成必须反映各种民族的成分。为此，马来西亚政府还专门设立了中央大学招生部来控制各大学的招生，确保整个国家的大学招生建立在“种族定额分配”的基础上。这项制度增加了马来西亚少数民族学生接受高等教育的机会。

三、加强区域教育合作

在全球化和现代化的背景下，亚非拉国家产生了加强区域教育合作、建立教育合作有效机制的愿望。亚非拉国家加强区域教育合作，有利于冲破其传统教育的封闭，使各自的教育逐步走向现代化。

（一）搭建区域教育合作平台

亚非拉国家非常重视教育合作平台的搭建，使区域教育合作能够顺利进行。例如，2004年8月，在北京举行了“亚洲教育北京论坛”，正式建立了亚洲教育合作的磋商机制，成为亚洲各国教育部门共商教育合作的高端平台。2000—2014年，“中非合作论坛”共举办了五届部长级会议，已成为中国同非洲国家开展集体对话、交流治国理政经验、增进相互信任、进行务实合作的重要平台和有效机制。在中非合作论坛框架下，中非教育交流与合作呈现出“多主体”“多层次”“多领域”“多形式”的特征。中非教育交流与合作主要有政府层面的高层互访、院校层面的交流和科研合作、留学生的双向流动、派遣援非教师和赴非志愿者、对非洲的人力资源开发、非洲汉语教学与研究等多种形式。亚洲和非洲建立区域性教育合作组织的事实，反映了全球教育领域发展的两大趋势。一是教育贸易化。自从 1995 年 WTO《服务贸易总协定》生效之后，教育服务在全球服务总量中所占的比重越来越高。亚非拉在教育方面是世界上最主要的市场，发达国家在向亚非拉输出教育时，从中获得很大的实惠。二是教育的国际化。亚非拉国家开放后，面对最大的挑战就是如何去参与国际竞争，总体而言，亚非拉国家在教育领域的声音较弱，在全球教育竞争中处于劣势。

（二）开放教育及教育市场

在过去几十年中，亚非拉国家努力开放教育及教育市场。例如，在亚洲，新加坡是教育开放比较彻底、效果最好的国家。长期以来，新加坡一直实行双语教学，国民普遍接受了英语培训，这成为它开放教育市场的基础。中国教育开放的步伐很快，自 2002 年以来，已经同 19 个发达国家签订了互认学历学位的协议，目前，中国在外留学人员中，分布在亚洲国家和地区的超过五分之一①。马来西亚在开放教育市场方面的特色是实行“双联课程”。20 世纪 90 年代中期，马来西亚仅有 7.2%的大学生在国内大学求学，而大部分学生到国外接受高等教育。马来西亚许多大学都提供“1+2”或者“2+1”或者“3+0”模式的课程②。马来西亚政府对合作办学的内容、合作方式和合作对象都提出了明确的要求，与之合作的国外大学都是在全球排名前 20 或者在英国排名前 20 的大学。此外，日本政府有一个长期的海外教育促进计划，到 2004 年 4 月，有一万名外国学生在日本的高等院校学习，这项计划由日本政府提供奖学金资助，93%的海外学生来自亚洲国家③。自新中国成立到 2004 年年底，中国已向非洲 50 个国家提供政府奖学金 17 860 多人次。目前，中国每年向非洲国家提供的奖学金名额已达 1 200 人次。2005 学年度共有 46 个非洲国家的 1 981名学生享受中国政府奖学金，接受学历教育。2008 年，来自非洲的政府奖学金人数达到 3 700 人，占中国政府奖学金总数的 27.6%。除了提供政府奖学金外，中国还为非洲国家培养了一定数量的自费留学生。到 2004 年年底，来自尼日利亚、利比亚、埃塞俄比亚、苏丹、南非、肯尼亚、毛里求斯、坦桑

①②③ 梁可：《亚洲教育合作前景广阔》，《21 世纪》2004 年第 10 期。

尼亚、埃及等非洲国家的869名学生自费来华学习①。

（三）建立教育合作长效机制

亚非拉国家建立了教育合作的长效机制，深化了区域教育合作。据中国教育部统计，在韩国、日本、伊朗等亚洲国家到中国留学的学生越来越多。马来西亚、新加坡、菲律宾、印度尼西亚之间的学术和学生交流非常频繁。在高等教育领域，斯里兰卡同中国、印度、日本、巴基斯坦、韩国、孟加拉国和其他亚洲国家密切合作。“亚洲教育北京论坛”的成功举办，开辟了亚洲区域教育合作的新前景。该论坛设立了亚洲留学生奖学金，启动亚洲MBA认证，筹建亚洲管理学院；论坛还深入探讨了亚洲教育服务贸易、职业教育、民办教育等问题。2009年非盟国家和政府首脑峰会正式发布了《非洲教育“二·十”行动计划（2006—2015年）》②。该计划主要目的在于开发各国教育管理信息系统，建构区域教育一体化的有效机制，使教育完全成为非盟和区域经济共同体的主要议题，大力提高教育绩效，充分实现两性平等。该计划将性别和文化、教育管理信息系统、教师发展、高等教育、职业技术教育、课程开发及质量管理确定为优先发展领域。该计划是非洲教育一体化进程中的重要里程碑，体现了当今国际先进的教育理念和诉求，强调了非洲教育的本土化，对非洲教育实践产生了重要影响。

第三节　亚非拉教育现代化展望

一、遵循教育现代化基本规律

亚非拉国家的教育现代化是世界教育现代化的重要组成部分，既是迎接新技术挑战的必然抉择，也是遵循世界教育现代化基本规律的行动。

（一）迎接新技术挑战的必然选择

二战后国际竞争是经济实力的较量，谋求发展科学技术成为每一个国家的

① 牛长松：《中国与非洲教育合作的新范式》，《比较教育研究》2010年第4期。

② 万秀兰、田甜：《〈非洲教育“二·十”行动计划（2006—2015）〉评析》，《比较教育研究》2010年第4期。

愿望和共识。推动教育现代化培养高端科技人才，造就大批合格的熟练劳动力，成为亚非拉国家迎接新技术革命的重大选择。例如，马来西亚通过调整职业教育，增加电子学、计算机科学等高层次科目，来增强学生的知识基础和应变能力，为高技术时代培养具有创造能力的劳动力。非洲的赞比亚大学，其发展重点已从社会科学转移到科学技术的学科上。巴西通过实施“大学扩充教育事业”的教育现代化策略，在高等教育领域贯彻教育与科研相结合、教学科研与社会经济发展需要相结合的方针。

（二）有力推动教育民主化思潮

亚非拉教育现代化中特别重视推进教育民主化进程，强调教育机会平等、共享教育权利等。二战后，亚非拉国家对过去殖民统治遗留下来的传统殖民教育制度进行改造，推进教育制度的现代化，努力满足人民对教育民主化的要求。在亚洲，20 世纪 60 年代以后，泰国、马来西亚、菲律宾、印度等国积极实施教育改革，推行教育现代化，把为少数人服务的精英教育，转变为服务多数人的大众化教育，普及义务教育①。非洲国家也是如此，1960—1983 年，非洲各个层次及类型的教育的在校人数增加了 8 倍，达到 6 300 万人，1970—1980 年在校人数的增长率为 9%②。拉丁美洲国家优先发展初等教育，延长义务教育的年限，把普及初等义务教育作为教育民主的基础，体现了教育机会均等。

（三）巩固政治及发展经济的需要

教育现代化成为发展中国家适应世界政治和经济格局的变化，巩固政治独立和促进民族经济发展的关键。20 世纪下半叶出现了全球性的现代化浪潮，亚非拉国家纷纷卷入这场现代化运动。教育现代化是社会现代化的重要组成部分，为社会现代化提供人才、知识和智力上的支持。亚非拉国家在二战后，通过增加教育投资、扩大教育规模和提高师资水平等改革措施，使其教育现代化水平逐步提高，有效地巩固了国家的政治独立，推动了民族经济的发展。例如，亚洲的印度从独立至今，基本上保持着国大党占优势的相对稳定的政治格

① 冯增俊主编：《战后东盟教育研究》，江西教育出版社 1996 年版，第 6 页。
② 李建申主编：《战后非洲教育研究》，江西教育出版社 1996 年版，第 4 页。

局，这与其实施的改造原有的殖民教育体系、创建适应印度发展的新民族教育制度这一教育现代化的政策是密不可分的。埃及通过教育的社会化和经济化政策，来巩固本国的政治独立和促进民族经济的发展。墨西哥目前已发展成为仅次于巴西的拉美第二大经济强国，其经济的发展是与优先发展教育的政策密切相关的。

二、亚非拉教育现代化的国家特色

亚非拉国家教育现代化存在“多元文化”的冲突与整合，政治色彩浓烈，这些是亚非拉国家教育现代化独特之处。

（一）存在“多元文化”的冲突与整合

亚非拉国家的“多元文化”冲突问题非常突出，教育现代化是在这种“多元文化”的冲突和整合中获得新生的。亚非拉国家具有深厚的民族文化传统，亚洲的文化传统主要体现在儒家文化、道家文化及佛教文化上。非洲主要是伊斯兰文化传统。拉丁美洲虽然有欧洲文化的血统，但社群主义和独裁主义的文化传统非常明显①。亚非拉的文化传统在近代饱受西方文化的冲击，形成了东方文化与西方文化、传统文化与现代文化、宗教文化与世俗文化的交融。亚非拉国家怎样采取有效的措施和方法来整合“多元文化”，更好地促进教育现代化的顺利进行，成为其教育现代化进程中需要认真思考的问题。其普遍的做法是积极地扬弃和重构教育现代化发展的文化基础，按照教育现代化的要求，直接吸取多元的文化传统与时代所要求的精神相一致的地方，同时对文化传统的某些精神进行现代转换。例如，日本在明治维新时期和二战后的崛起阶段，成功地利用和转化了儒家文化的传统。日本在现代化进程中，在发挥传统文化的影响力的前提下，认真吸收了欧美发达国家优秀的文化成果，如民主、科学、开拓、创造的精神，表现出对西方文化的一种选择、融合和创造。韩国在20世纪60年代的崛起也是如此。可见，运用传统文化的力量并融合西方文化的优秀成果，在日、韩两国教育现代化过程中都有充分的体现。

---

① ［美］塞缪尔·亨廷顿著，周琪等译：《文明的冲突与世界秩序的重建》，新华出版社2002年版，第30页。

（二）政治教育色彩浓烈

政治教育色彩浓烈是亚非拉教育现代化的显著特征。欧洲列强的殖民统治对亚非拉国家的政治发展有深刻的影响，殖民统治重塑了殖民地国家的政治和经济结构，也改变了殖民地国家原有的生产方式和社会关系。所以，亚非拉国家在独立之初，几乎全盘继承了外来的国家结构和治国方略。欧洲对亚非拉进行殖民统治的教育，是适应欧洲殖民统治者对亚非拉国家的社会、经济和政治统治的需要的，教育的目的是为了殖民者进行有效的殖民地管理而培养下层的公务员和一般的技术工人，这避免了被殖民的统治者在政治和经济上与欧洲人竞争。这种浓烈的政治教育成为亚非拉教育现代化的一个鲜明特征。例如，尼日利亚在教育中特别突出国家意识的培养，目的是维护民族与国家的统一。

（三）受教育中的“两极化”困扰

亚非拉国家在欧洲殖民统治终结时，在政治、经济和文化等领域“两极化”现象严重。这是目前亚非拉国家在现代化道路上很难跨越的障碍。亚非拉教育的两极化，主要表现在受教育权利的两极化和教育结构的两极化这两个方面。例如，拉丁美洲的中等和高等教育，基本为上层社会垄断，这就决定了所培养出来的高级人才要流入上层社会，在社会的重要部门扮演关键角色。拉丁美洲大多数中高等学校集中在城市，学生需要通过严格的入学考试，收费昂贵，所以拉丁美洲国家的中下层的子弟，是比较难接受中高等教育的。这种受教育权利的两极化也是欧洲殖民统治时期拉美教育存在的一个突出的问题。亚非拉教育的两极化的另一个表现就是教育结构的两极化。比如，拉丁美洲国家的基础教育被边缘化，城市的中高等教育却走向大众化。这样，农村和城市的中小企业对熟练劳动力的需求无法得到满足，而在城市重要工业部门的中等技术层次的熟练劳动力却出现过剩的现象。

三、亚非拉教育现代化的反思与前瞻

（一）失误和问题

亚非拉国家在教育现代化的进程中取得了比较大的成就，也存在教育经济功能未得到充分体现、教育质量下降、义务教育中性别歧视较严重等明显的失误和问题。

1. 教育的经济功能未能充分展现

亚非拉国家在教育现代化的过程中，对教育的经济功能的急功近利的定位，对国家经济和教育的发展并未带来理想的结果，教育的经济功能未能得到充分展现。获得独立后的亚非拉国家的经济基础非常薄弱，加上20世纪60年代西方“人力资本”理论盛行，亚非拉国家相信，人力资源的投资会带来更多的产出，能让人们过上幸福的生活。在这种信仰的驱动下，通过大力发展教育事业来促进民族经济的发展，成为亚非拉国家的强烈诉求。所以在亚非拉国家教育现代化的启动阶段，只是简单地套用教育发展就会带来经济发展的模式，使教育发展出现错位。例如，在亚洲，印度和菲律宾为了尽快改变贫穷落后的状况，把有限的教育资金全面投入高等教育，结果高等教育迅猛发展，而经济的发展远未达到预期的目的。从20世纪50年代到70年代，非洲的教育规模扩大了4倍，中等和高等教育的入学率增加了6倍①。可是，教育数量的扩充并未带来非洲经济的繁荣，却引发了教育性失业、人才外流等问题。20世纪70年代，拉美国家进行了大规模教育改革，但教育改革的结果并不尽如人意，大量的居民生活在贫困线以下。目前除了少数国家，如亚洲的日本、新加坡和韩国以及拉丁美洲的巴西和墨西哥，大多数亚非拉国家的经济状况仍不容乐观。

2. 教育的质量生命线迷失

教育的数量和质量是衡量一个国家教育现代化水平两个重要指标。亚非拉国家在教育现代化的过程中出现了片面追求教育数量的扩充，忽视教育质量的提高，这严重阻碍了教育现代化的进程。所以，如何处理好教育发展中的数量和质量的关系，已成为亚非拉教育现代化建设能否取得突破性进展的关键。

亚非拉国家推进教育现代化的一个重要举措是扩大各级各类教育的规模，提供更多资源来减少文盲，提高国民素质，促进经济发展。但忽视教育质量几乎成为亚非拉国家教育中的普遍问题。非洲基础教育数量的扩充非常迅速，教育质量普遍下滑。拉丁美洲初等教育的注册人数从1960年的2 760万人增加

① 曾昭耀主编：《现代化战略选择与国际关系——拉美经验研究》，社会科学文献出版社2000年版，第3页。

到1975年的5 720万人，同期中等教育的注册人数从320万人增至1 220万人。拉美教育数量的增长相当可观，但基础教育中留级率居世界之首，近年来每年约有1 800万名学生留级，约占学生总数的三分之一①。亚非拉国家在教育现代化的过程中非常重视高等教育的发展，高等教育的规模不断膨胀，教育质量下降，出现高级人才大量外流和大学生失业等问题。

3. 义务教育中存在性别歧视现象

亚非拉国家经过几十年的努力，在普及义务教育方面取得了巨大成就，但各国在普及义务教育的过程中出现了许多失误，义务教育中的性别歧视是一个明显的例证。亚非拉国家在普及义务教育中普遍存在歧视女童的现象。例如，在亚洲的印度，女童教育明显落后于男童，女性的社会地位比男性低，当家庭收入水平影响到儿童入学时，女童是首先的受害者。在非洲也出现类似的情形。例如，1980年撒哈拉以南非洲国家，男孩毛入学率为87.7%，女孩仅为67.3%，两者相差20个百分点。拉丁美洲国家的情况比亚洲和非洲要略好一些，女生的入学率比男生低1—3个百分点②。事实表明，亚非拉国家要想消除普及义务教育中的性别歧视现象，依然有很长的路要走。

（二）未来展望

亚非拉国家教育现代化建设的美好愿景主要表现在有效地消解西方的文化殖民、实现传统教育模式的现代转型两个方面。

1. 有效地消解西方的文化殖民

西方发达国家总是不甘心在二战后退出对亚非拉国家的殖民统治。在和平时期，它们处心积虑地用一种“新殖民主义”的方式，对亚非拉国家进行政治干涉、经济控制和文化殖民。以“文化殖民”形式为显著特征的意识形态的渗透，直接威胁到亚非拉国家独立自主的政治基础。亚非拉国家清醒地意识到，要想避免民族文化传统和思想意识形态被彻底西化，必须不断地构筑民族教育现代化的堡垒。印度第一任总理尼赫鲁极力主张：“教育必须训练我们的青年男女去欢迎在我们的文化和其他国家的文化中所有良好的、有价值的和富有生

①② 曾昭耀主编：《现代化战略选择与国际关系——拉美经验研究》，社会科学文献出版社2000年版，第383页。

命力的东西，抵制狭隘的和无价值的东西。”① 有学者指出：“非洲人不应该满足于他们卑微的工作，而应该去追求与欧洲人一样的经济、社会和政治上的平等。”② 拉丁美洲国家通过实施双语教育，建立对西方文化和教育理论与实践的批判机制，来抵制西方的文化殖民。

2. 实现传统教育模式的现代转型

亚非拉国家传统教育模式转型需要进行持久的努力，在继承其精华的同时，赋予其现代意义，取其精华，去其糟粕。传统教育并非毫无价值，对传统教育的扬弃就是要让优秀传统教育精华成为促进教育现代化的有利因素，让教育传统中的某些因素获得新生。例如，亚洲国家传统教育强调人本位，反对人成为知识、技术的奴隶，注重受教育者健全人格的培养，这也是教育现代化所需的精神。

教育传统的现代转换需要基础性工作的支撑。亚非拉对教育传统进行现代转换，需要做好三个方面的工作。首先，要明确教育传统与教育现代化之间的根本差异，革除教育传统中阻碍教育现代化建设的因素，包括权威主义、功利主义、精英主义、专制主义等，这些是与教育现代化的要求格格不入的。其次，要转变教育观念。教育传统的转化说到底是教育观念的转化，这是因为教育传统的物质和制度层面都受教育观念的影响，而教育观念的转变是比较难的。再次，要进行制度的创新。由于教育传统体现在人们的教育观念和行为方式之中，改造教育传统就是要改变人们长期固化的消极的教育观念和行为方式③。

教育传统向现代教育的转化需要一个漫长的过程。在教育传统向现代教育的转变历程中，亚非拉教育传统和现代教育总是处于并存的状态。这种状态不是互相对立、互不相容的消极状态，而是共存的过渡状态。在这种共存的过渡状态中，亚非拉教育传统与现代教育发生互动，使教育传统发生变化和改造，以适应教育代化的需要。

---

① 瞿葆奎主编，赵中建等选编：《教育学文集·印度、埃及、巴西教育改革》，人民教育出版社 1991 年版，第 286 页。

② ［澳］W. F. 康纳尔著，孟湘砥、胡若愚主译：《20 世纪世界教育史》，湖南教育出版社 1991 年版，第 579 页。

③ 冯增俊：《文化传统与现代教育改革》，《教育研究》1992 年第 4 期。

【思考与练习】

1. 如何理解亚非拉教育传统遭遇的冲突？

2. 亚非拉教育公平和效率面临的挑战是什么？

3. 亚非拉教育现代化变革的措施是什么？

4. 亚非拉教育现代化与世界教育现代化有何异同？

5. 亚非拉教育现代化有什么发展愿景？

【拓展性阅读导航】

1. ［英］埃德蒙·金著，王承绪等译：《别国的学校和我们的学校——今日比较教育》，人民教育出版社 2001 年版。

该书对比较教育的目的、内容和方法提出了新见解，是一本被广泛赞誉的入门书。

2. 顾明远、梁忠义主编：《世界教育大系》，吉林教育出版社 2000 年版。

该丛书第一部分选取中国、日本、印度、埃及、巴西、美国、英国、法国、德国、俄罗斯 10 个国家进行国别教育研究，第二部分是二战后各类教育专题比较研究。

3. ［美］菲利普·库姆斯著，赵宝恒、李环等译：《世界教育危机》，人民教育出版社 2001 年版。

该书考察了世界教育危机的新发展以及解决这些问题的措施和途径，展望了世界教育发展前景及各种影响因素。

4. 曾昭耀主编：《现代化战略选择与国际关系——拉美经验研究》，社会科学文献出版社 2000 年版。

该书选取拉丁美洲 7 个各具特色的国家，从经济全球化的国际大背景出发，分析了各个国家战略选择中的国内外要素及实践建议。

5. 王桂主编：《当代外国教育——教育改革的浪潮与趋势》，人民教育出版社 1995 年版。

该书选择具有代表性的 16 个国家为对象国，以研究当代国外教育改革的理论与实践为中心，介绍了外国教育改革的动向和趋势。

第十章 后现代背景下的北美及澳大利亚教育

【内容提要】

北美及澳大利亚通过教育移植与制度创新，建立了现代教育体系。在后现代背景下，北美及澳大利亚对其现代教育体系进行了重建和改革。北美及澳大利亚现代教育制度呈现了告别整体性和同一性的后现代特征，呈现出很强的教育全球化、多元化、信息化的新时代发展趋势，但也面临着重建与超越现代的教育发展难题。

【学习目标】

1. 掌握北美及澳大利亚现代教育体系重建的变动过程及各阶段的教育发展主题。

2. 分析北美及澳大利亚学校教育制度、教育行政制度和教育财政制度的后现代特征。

3. 讨论后现代背景下北美及澳大利亚教育发展的新趋势、难题及其发展抉择。

美国、加拿大和澳大利亚是世界上三个主要的多民族、多元文化的移民国家，它们通过其强大的教育机器铸造了有自己特点的现代国家。正如埃德蒙·金所指出的："倘若不是它教育上的各种发明和它的历史熔铸了一个充满激情的国家，那么美利坚合众国现在就可能是一个松松垮垮的联邦。"① 历史地说，美国是"轮子上的国家"，加拿大是"马赛克社会"，澳大利亚是"骑在羊背上的国家"和"坐在矿车上的国家"。当下，它们都是世界上经济、科技和教育发达的"后工业化"国家，国土面积分别约为937万、998万和769万平方公里，人口分别约为3.15亿、3 459万和2 320万，人均国内生产总值分别约为5.2万、5.1万、6.7万美元，在后现代背景下继续引领着世界教育发展的潮流。

第一节　重建教育发展的现代教育体系

20世纪中期以来，环太平洋地区的北美及澳大利亚开始从工业经济向知识经济转型，人们用后工业社会、后资本主义社会、信息社会、技术时代、虚拟世界之类的词语来描述这种变化。北美及澳大利亚的现代教育正向后现代教育转型，后现代背景使北美及澳大利亚教育改革与发展的历程就像一种钟摆现象，不断受到科学主义和人文主义思潮的夹击，政府、市场和社会对教育的改革与发展提出了不同要求，这正是后现代背景下北美及澳大利亚教育改革突出发展性和追求创新性的根本体现。

一、现代教育体系的形成与发展

北美及澳大利亚的现代教育体系是历史地形成的，其教育发展经验成为新兴移民国家现代教育发展的典型代表。作为三个新兴移民国家，美国、加拿大、澳大利亚教育的兴起、发展以及赶超的过程与经验值得借鉴。尤其值得思考的是，美国人、加拿大人、澳大利亚人是如何在欧洲教育传统的基础上创建

① [英] 埃德蒙·金著，王承绪等译：《别国的学校和我们的学校——今日比较教育》，人民教育出版社2001年版，第288页。

其现代教育体系的。

（一）奠定现代教育基业的移植借鉴

1607 年，英国清教徒登陆美洲东海岸的詹姆斯敦，建立了美洲殖民地。加拿大在 1605—1763 年属于新法兰西殖民地，1763 年的《巴黎条约》使加拿大成为英属殖民地，1867 年根据《英属北美条约》组成统一的联邦国家。从 1787 年开始，英国开始对澳大利亚原土著民进行殖民统治，直到 1901 年才组成澳大利亚联邦。在 17、18 世纪，欧洲人在北美及澳大利亚的殖民扩张导致激烈的文化遭遇，最终把宗主国的教育模式移植到新大陆，对北美及澳大利亚的政治、社会和教育产生了非常重要的影响。

殖民者最初在北美及澳大利亚通过移植建立起以社会经济地位为基础的欧洲双轨学制（dual-track school system），特别是英国的教育传统与学校制度。殖民地学校主要是以信仰为基础的私立学校，来自较低社会经济阶层的男女童都可到初级学校学习读、写、算以及宗教（4R）；只有上层男孩可以上拉丁文法学校，以及为殖民者开办的学院。

（二）在制度创新中崛起的教育发展

19 世纪，北美及澳大利亚边疆开拓者的平等主义思想、政治民主化进程和经济变革，使以欧洲为基础的双轨制教育结构逐渐消失，取而代之的是普及公立教育制度或国民教育制度在北美及澳大利亚“新大陆”的创建与实行。

美、加、澳独立后，共和国的领导人希望创建新型现代教育，以教育促进各自国家文化身份的形成和民主政治的建设。19 世纪上半叶的“共同学校运动”对美、加、澳的现代教育发展具有重要的意义，创立了由政府控制和拨款的、对应工业化初期需要的现代初等教育制度。例如，澳大利亚于 1830 年前后提出了共同学校法案，并实行了国民学校制度。共同学校的制度创新为北美和澳大利亚大多数的儿童提供了公共支持的现代教育，促进了教育的普及与发展，建立起由州（省）和地方控制的现代公共教育制度。

（三）形成现代教育发展的赶超态势

随着公立初等学校的建设与发展，北美及澳大利亚在 19 世纪末 20 世纪上半叶形成了现代教育发展的赶超态势，其现代教育体系不断完善，并超越了欧洲的教育发展模式，形成了具有美、加、澳新兴工业化国家特色的现代教育体系。其一，确立了教育地方分权制，形成了联邦、州、地方学区的教育发展的办学格局。其二，确定用公共经费支持现代教育发展的政策与法律。例如，在1874年密歇根州的卡拉马祖案件后，美国一些州确立了为公立中学征税的制度。其三，公立中学运动蓬勃发展。19世纪末20世纪初，美、加、澳各州（省）相继通过义务教育法，对所有学校设置了最低的办学标准。例如，到1914年，澳大利亚所有的州都完成了现代教育制度和学校组织的建构任务。其四，进步主义运动推动了现代教育的发展与转型，现代教育的发展也有助于满足城市化和工业化社会对各种专业人才的需求。

总之，北美及澳大利亚现代教育制度的形成与发展过程，是一个从美、加、澳各国实际出发不断创新的过程，不仅移植和模仿了欧洲教育制度的传统与经验，而且大胆实验和革新，形成了具有北美及澳大利亚特色的地方自主办学、联邦协调发展的现代教育体系。

二、现代教育体系的重建与改革

二战至20世纪80年代，是美、加、澳现代教育体系重建与改革的激荡时期，也是现代教育发展矛盾突出的时期。作为不断崛起的新兴移民工业化国家，其教育体系的不断改革创新推动了美、加、澳现代教育的发展。

（一）加强国防与科技教育

二战后，全球政治与军事的国际竞争十分激烈，一个科技发达的时代正走进人们的生活，核能、电子计算机、激光等科技发明取得重大突破。1957年，苏联第一颗地球人造卫星成功发射，标志着空间时代的到来，震惊了世界各国。由此，美、加、澳发动了一场意义深远的教育改革，以加强国防和科技教育。

加强国防与科技教育是后现代背景下北美及澳大利亚教育发展的共同政策选择。例如，1958年美国通过了《国防教育法》，要求加强数学、自然科学和外语教学，重视现代技术教育，设立国防奖学金，培养优秀科技人才，以增强国防能力。澳大利亚于1963年实施“联邦科学实验室计划”，资助科学教育[①]。为加强科技教育，落实政府的英才教育政策，1959年9月美国科学院在

① 王桂主编：《当代外国教育——教育改革的浪潮与趋势》，人民教育出版社1995年版，第549页。

马萨诸塞州伍兹霍尔召开了中小学数理学科课程改革会议，推行结构主义课程改革。再如，1965 年 3 月南澳大利亚州强调教育要适应学生的个体差异和能力，使用结构化教学材料，进行设计教学、分组教学和适应性教学。

总之，20 世纪 50 年代末的教育改革主要是由国家间科技、军事竞争引起的，目标是使教育满足现代科技发展和激烈国际竞争的需要。但由于强调英才教育，导致多数学生学业失败，教育脱离生活、教育机会不均等问题日益突出，这是北美及澳大利亚教育发展的另一个难题。

（二）**倡导教育机会均等，实行教育民主化**

教育机会均等与教育民主化是现代教育发展的客观要求，反映了二战后世界教育改革与发展的共同追求。20 世纪 60 年代，北美及澳大利亚开始掀起民主浪潮，社会平等和教育平等的呼声此起彼伏，标志着北美及澳大利亚教育发展的“后现代”转向。

在追求教育平等的过程中，美国最高法院在 1954 年“布朗判决”中，否决了“隔离但平等”的原则，对废除美国学校种族隔离起到了重要推动作用①。1964 年，美国颁布《民权法》，对黑人教育、双语教育、废除种族隔离以及联邦教育资金的使用进行了规定，体现了教育公平的原则。1965 年，美国通过了《初等和中等教育法》《高等教育法》，成为联邦倡导平等教育机会而参与教育的开始，为联邦政府干预教育事业确定了法律依据。

在动荡不定的北美及澳大利亚社会中，失业问题日益严重。因此，美国教育总署署长西德尼·马兰于 1971 年提出“生计教育”计划，希望为学生提供生计的技能，缓解社会失业所带来的社会颓废的矛盾。生计教育是尼克松政府的一项教育政策，希望通过各学科为学生提供接触多种职业的机会，但由于过度强调生活化的教学，严重影响了学生的基础知识。

北美及澳大利亚在追求教育平等过程中，由于没有很好地解决教育与生计关系的问题，特别是在影响了基础教育质量的情况下，社会各界对学生严重缺乏读、写、算等基本技能强烈不满，美、加、澳等国在 20 世纪 70 年代中期提出回归基础（back to the basics）的呼吁，要求重视基础知识学习，压缩选修

① 程晋宽：《美国教育司法制度论析》，《外国教育研究》2002 年第 1 期。

课程，加强对学生的纪律管理，恢复教师权威。

（三）推动高质量取向的教育改革

20 世纪 80 年代，美、加、澳三国向“后现代”信息社会快速迈进，不仅要面对全球化的挑战，参与国际经济竞争，而且要面对产业结构的变化，向知识社会转型。面对国内“平庸”的教育以及国际化的挑战，美、加、澳各国发动了一场着眼于提高教育质量的运动。

首先，为了扭转教育质量严重下降的状况，美国高质量教育委员会于 1983 年发布了《国家处在危险之中：教育改革势在必行》的报告，提出加强学术标准和新基础课的教学，实行教育责任制，提高教育标准。澳大利亚工党政府则于 1983 年提出了“参与和平等计划”“青年训练计划”“技能训练计划”等教育改革举措，试图改善中学的课程和学生的知识基础。

其次，为了提高教育质量，1989 年美国公布了《2061 计划：为了全体美国人的科学》，旨在普遍提高美国国民的“科学素养”，把中小学基本科学知识重新划分为：科学的本质、数学的本质、技术的本质、自然界构成、生态环境、人体机能、人类社会、技术世界、数学世界、科学史观、共同主题和思维习惯 12 大类。1987 年，澳大利亚就业、教育和培训部（DEET）公布了《澳大利亚人所需的技能》，1988 年又发布了《加强澳大利亚的学校》，重申了教育对经济发展的巨大推动作用，提出加强对学生的技能训练。

再次，为了提高教育质量，北美及澳大利亚确定了面向 21 世纪的教育发展战略。例如，1989 年 4 月，全澳各州教育部部长通过了《霍巴特学校教育宣言》，提出国家教育发展的十大目标，包括向所有学生提供优质教育、培养学生的优秀品质、培养学生多样能力等。这是澳大利亚作为一个国家以来所达成的一个全国性教育发展战略。再如，宣称要做“教育总统”的美国老布什总统于 1991 年签发了《美国 2000 年教育战略》，提出了六大“国家教育目标”和四项“教育战略”。克林顿政府于 1994 年又通过了《2000 年目标：美国教育法》，从法律上规定了“更多、更优、更高”的教育发展战略，目的是建立世界一流教育，提高教育质量。

总之，20 世纪 80 年代北美及澳大利亚的教育发展已呈现后现代意识。为了扭转日益恶化的教育质量，美国和澳大利亚通过媒体向公众公开传播了“国家处于危险之中”“澳大利亚人所需的技能”等令人震惊的事实，激起了各州和民众的教育改革愿望。

三、现代教育体系的后现代转向

20世纪90年代以来，美、加、澳在进入知识经济社会的过程中，对教育的需求越来越多样化，教育改革既要满足政府的需要，也要满足民众和市场的需要。北美及澳大利亚在面对日益多元的后现代社会需求的情况下，发动了“学校重建”运动，提出了学习化社会的“后现代”教育设想，以促进网络时代与知识社会的学习。

（一）以市场竞争机制重建公立学校

北美及澳大利亚的公共学校系统历时200多年，由于缺乏灵活的激励机制，造成公立学校管理不善、教育质量低下、资源浪费严重等问题。20世纪90年代后，美、加、澳通过责任制、择校、学券制、特许学校等教育改革措施，在教育界引入竞争机制，试图改变公立中小学长期以来体制僵化、质量低下的状况，逐步增加其弹性和可选择性，同时强化联邦政府对全国教育改革的干预能力，以继续保持其世界新兴发达国家的地位。

美、加、澳等国进行市场化的教育改革后，决策权开始大幅度地下放到学校层面，学校成为更加自治的决策单位，扩大了教育选择的自由。通过市场化的教育改革，三国政府希望把学校办得更好，满足民众和国家的教育需求。例如，1989年，澳大利亚新南威尔士州改州教育部为学校教育部，强调分散管理，让学校和家长有更多的自主权和教育选择权。1992年，澳大利亚维多利亚州政府明确提出在公共服务的提供中优先采用市场机制，调整政府和市场在教育发展中的作用及其相互关系，促进了澳大利亚教育培训市场的发展。

（二）提出全民教育新设想

全民教育与教育平等的观念密切关联，是美、加、澳政府长期坚持的一种教育思想。一是因为教育领域的不公正经常遭到社会各界的批评，二是在更高水平上普遍提高劳动者素质成为美、加、澳社会发展的迫切需要。例如，2002年，美国小布什总统签署了《不让一个孩子掉队法》（*No Child Left Behind*

Act），要求建设21世纪社区学习中心，致力于绩效责任的落实，实现高质量的全民教育，以教育质量的“全面优异”使美国再创21世纪的辉煌。

然而，是保障全民平等的教育还是追求优异的教育，这是美、加、澳政府在艰难的时代面临的艰难选择。例如，2009年1月20日，奥巴马政府公布了美国基础教育改革的方针，包括加大对基础教育投入、提升中小学教师质量、提高教育质量、加强教育问责、扩大教育公平等。同年7月10日，奥巴马政府又制订了“力争上游计划”（race to the top），设立了43.5亿美元的“力争上游基金”，激励各州提高学生的学业成就，缩小学业差距，为学生升学和就业做好准备①。这些政策既提出了教育平等的要求，又强调了教育质量的提高。

（三）促进网络时代与知识社会的学习

知识社会不同于工业社会，美、加、澳越来越把“数字化”学习作为其教育发展的重点，希望以网络信息技术手段建设学习化社会，促进知识社会的学习。例如，2000年美国教育部颁布了《E-learning在所有孩子的指尖上构建世界课堂》和《数字化学习——让所有的孩子随时都能得到世界一流的教育》；2005年又颁布了《美国国家教育技术计划——迈向美国教育的黄金时代》，提出加强对技术教育的领导，支持E-Learning和虚拟学校，走进数字知识。

在面向21世纪的教育改革中，澳大利亚政府则明确提出了加强知识社会的学习要求，发布了《知识社会的学习》《网络世界中的学习》《面向信息经济的灵活学习》《未来之路——面向信息经济的高等教育行动计划》等一系列教育改革计划，全面回应后现代社会状况对教育改革的要求，希望传授澳大利亚人身处信息经济时代所需要的技能和教育，加强知识社会、网络世界和面向信息经济的学习②。

总之，美、加、澳现代教育体系的形成与重建表明，美、加、澳的教育发

① 刘学东、程晋宽：《艰难的时代，艰难的选择——奥巴马政府基础教育政策的两难抉择》，《外国中小学教育》2010年第2期。

② 周满生、吕达主编，国家教育发展研究中心编译：《发达国家教育改革的动向和趋势》（第七集），人民教育出版社2004年版，第426—427页。

展存在着不确定性和变动性特征，其演进的历程是：从教育移植，到教育发展的制度创新；从把教育作为国防予以重视，强调科技教育，到以追求教育平等为目的，强调人本教育；从教育质量危机，敦促建设世界一流教育，提高国家竞争力，到教育市场化，把责任制和竞争机制引进教育；从全民教育设想，构建学习化社会，到知识社会和网络世界的学习，满足信息经济的需要。

第二节　教育制度的后现代张力

美、加、澳等国不存在统一的国家教育制度。在后现代背景下，北美及澳大利亚的现代教育制度已经发生了巨大的后现代转型，具有了告别整体性和同一性的后现代特征，体现了教育制度多元化趋势，教育的运行依赖于多样化的学校制度，教育机构越来越个性化，教育管理的权力分配和教育财政的经济责任分担也保持着必要的后现代张力。

一、学校教育制度的分化与多元

在后现代背景下，北美及澳大利亚学校教育制度不断分化，体现了多元化、灵活化的后现代学校制度特征与趋向。美、加、澳等国各州（省）各有自己的学校制度，为各地教育发挥自主性和创造性留下了巨大的空间，但也导致各地教育质量参差不齐。这既是北美及澳大利亚教育的历史传统和法律基础的反映，也是后现代社会状况对学校教育制度的客观要求。

（一）日益丰富多彩的学制类型

北美及澳大利亚学校教育制度是世界上最具多样性、分权性以及活力的制度。例如，美国各州的普通基础教育存在着不同的学制，如六三三制、六六制、八四制、四四四制、五三四制等，多数州实行 12 年免费义务教育。学制的多样性是美国各州和地方教育发展的反映和要求，而且美国还存在着一个与普通基础教育系统相互联系的职业教育系统、成人教育系统和高等教育系统。当代美国学制系统的基本结构如图 10-1 所示。

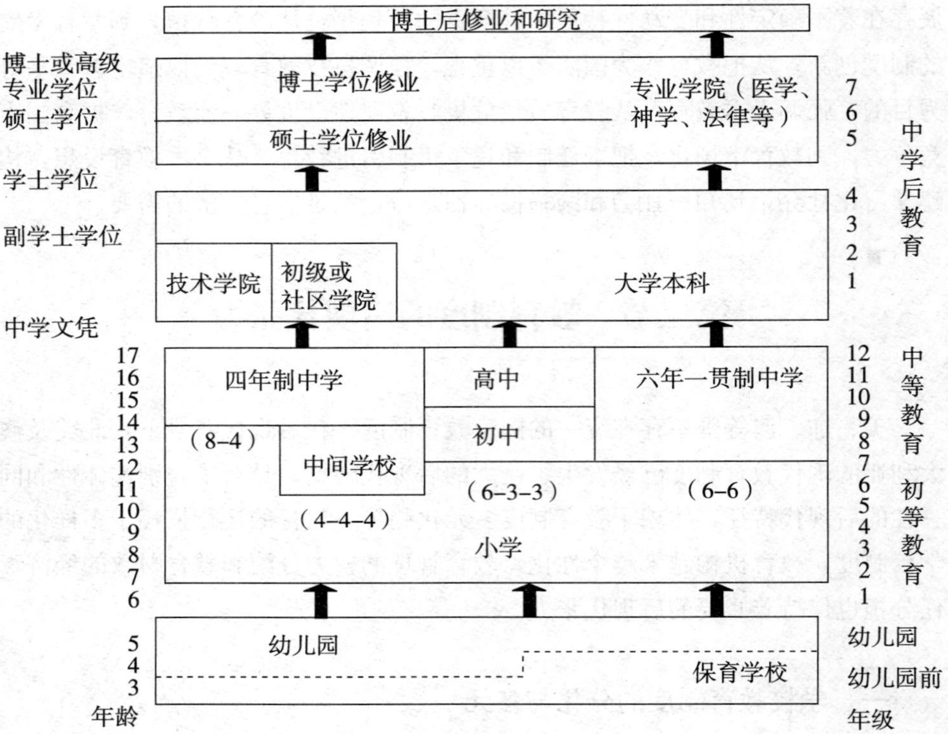

图 10-1　当代美国学制系统基本结构①

加拿大教育制度具有与美国教育制度类似的后现代特征，先后受到法、英、美等国教育制度的深度影响。加拿大中小学学制主要是 12 年，各省实行不同学制，有八四制、七五制、六三三制、六六制、六五制、五七制等多种形式。加拿大各省中小学均为免费教育，除魁北克省主要语言为法语外，其他省均为英语。当代加拿大学制系统的基本结构如图 10-2 所示。

① U. S. Department of Education，National Center for Education Statistics. *Digest of Education Statistics 2012*. NCES 2013-031，p. 7.

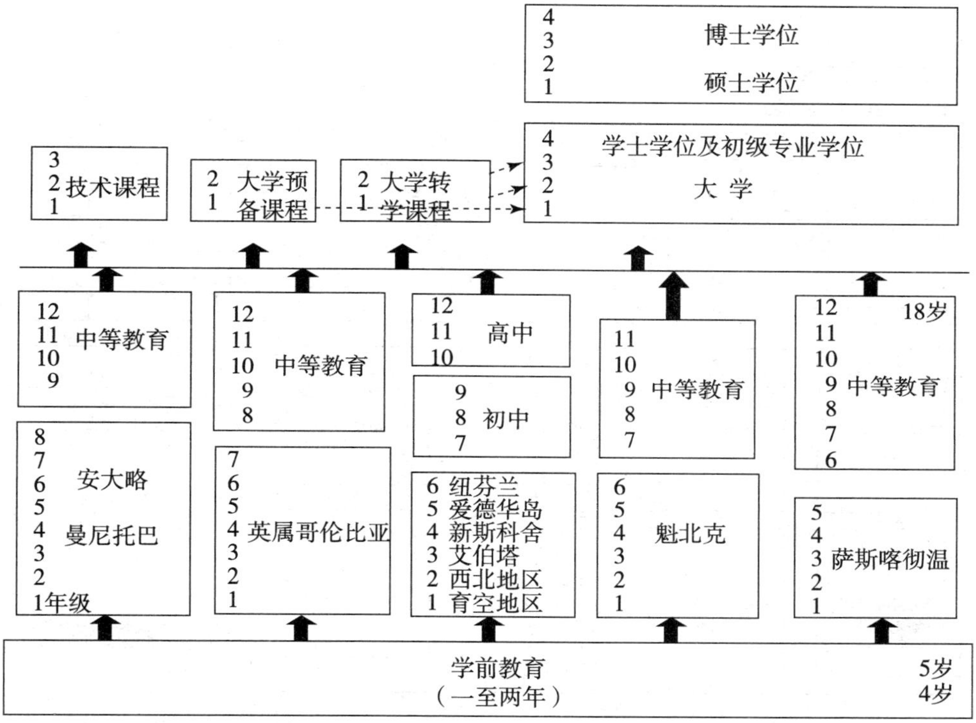

图 10-2　当代加拿大学制系统基本结构①

澳大利亚学校教育制度受到英国教育制度的深刻影响，但在后现代背景中，澳大利亚学校教育制度已具有了自己的特色，中小学办学形式越来越多样化、灵活化。澳大利亚儿童通常 6 周岁入学，12 岁进入中学，有的州是 5 岁入学。澳大利亚中小学的修业年限主要为 12 年，中小学学制具有伸缩性，有的州实行 6—6 分段，有的州实行 7—5 分段，也有的州实行 6—4—2 分段。澳大利亚多数州实行 10 年义务教育制度，适龄儿童的入学率为 100％，但义务教育阶段后的高中入学率只有 71.3％。当代澳大利亚学制系统的基本结构如图 10-3 所示。

① 高义展编著：《比较教育概论》，台北鼎茂图书出版股份有限公司 2005 年版，第 242 页。

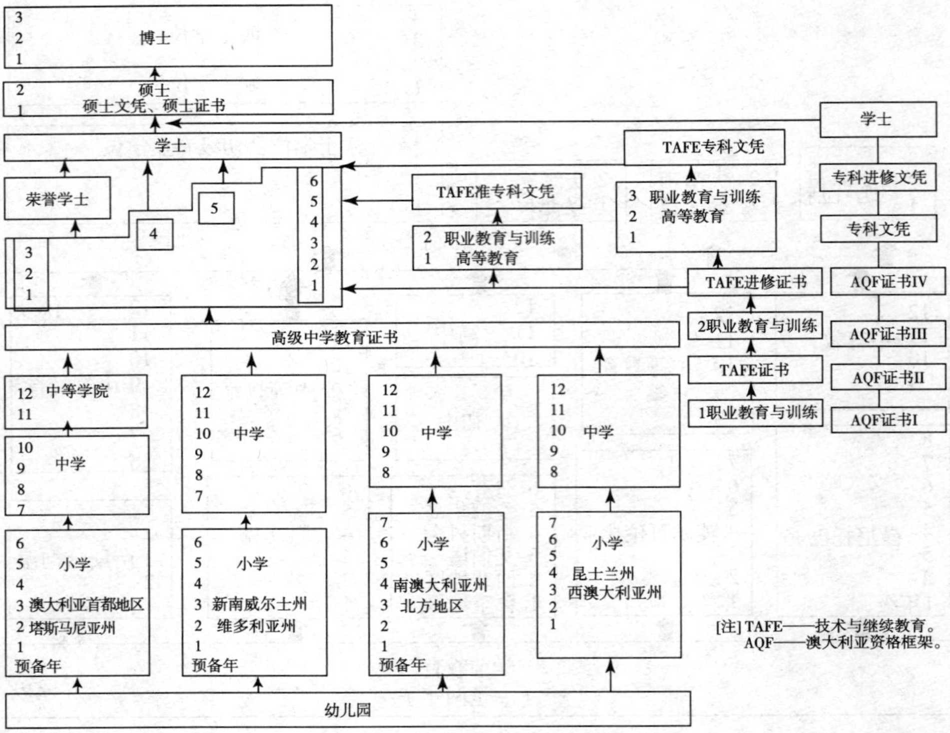

图 10-3　当代澳大利亚学制系统基本结构①

（二）发展相互补充的公、私立学校系统

学校系统是实施教育的正式组织，美、加、澳的学校大致可以分为公立学校和私立学校两个系统，分为学前教育、初等教育、中等教育和中学后教育四个阶段，共同承担着儿童的教育任务。例如，美国学校教育制度主要由公立和私立学校系统两部分组成，公立学校仍然是实施教育的主要机构；私立学校代表着广泛的利益和文化传统，是公立学校的必要补充；各种公立可选择性学校更是多彩纷呈，成为后现代背景下美国教育改革与实验的前沿阵地。2013—2014 学年，美国有公立小学62 739所，私立小学16 623所；有公立中学21 682所，私立中学2 487所；有公立一贯制学校5 087所，私立一贯制学校8 292所；有公立高校1 707所，私立高校2 357所，私立高校多于公立高校。

① 沈珊珊著：《国际比较教育学》，台北正中图书出版公司 2000 年版，第 252 页。

加拿大中小学有地方公立学校、私立学校和联邦学校三种类型。公立学校接受地方政府的管理，隶属国民教育体系；私立学校由个人和团体开办，不受政府的直接管理，经费主要来自学费；联邦学校直接由联邦政府管理。加拿大全国共有中小学 15 870 所；社区学院 216 所；大学和学院 88 所，其中 77 所大学有学位授予权。加拿大人均受教育年限为 12.5 年。

澳大利亚学校教育制度是一种“双轨制”，基础教育是以州政府办学为主体、私人办学为辅的二元办学体制。政府办的公立学校约占中小学总数的 75%，招收的学生占总学生数的 72%左右；非政府办的私立学校约占 25%，招收的学生约占总学生数的 28%。在澳大利亚各州，非政府办学校主要有天主教学校、独立学校以及其他形式的非官办学校，政府按私立学校在校学生人数给予适当资助。与美国学校教育制度一样，澳大利亚的学校也是千姿百态的，按不同的标准还可分为寄宿学校、教会学校、男校、女校和男女生混合学校，反映了后现代社会状况对学校教育制度的需求。

（三）教育机构的个性化与特色化发展

作为世界教育发达的国家，美、加、澳已成为“学习自由”的国度，它们在不断创造着新的学校类型，学校教育机构越来越具有个性化与特色化的发展趋向。例如，美国的“另类理念学校”有数十种之多，诸如卡登（Carden）学校、科默（Comer）学校、核心知识学校、实现教育本质的学校、自由学校、蒙台梭利学校、多元智能学校、进步主义学校、瑞吉欧（Reggio）学校等①。学校机构的个性化、特色化、多样化发展正是后现代状况的要求，表 10-1 反映了美国学校机构的主要类型，各种学校之间存在着可渗透性和边界开放性的后现代特征。

---

① ［美］Ronald E. Koetzsch 著，薛晓华译：《学习自由的国度——另类理念学校在美国的实践》，华东师范大学出版社 2005 年版，第 81—266 页。

表 10-1　当代美国学校教育机构的类型

公立学校	公立可选择性学校	私立学校
幼儿园（K） 初等学校（K/1—6 或 K/1—8） * 初级（primary：K—2） * 中级（intermediate：3—6） 中间学校（middle school：5—8） 中等学校 * 初级中学（junior high school：7—8 或 7—9） * 中学（high school：7—12，9—12 或 10—12） 中学后学校	开端计划（head start） 前学前班课程（pre-kindergarten programs） 实验学校（laboratory school） 不分级学校（non-graded school） 磁石学校（magnet school） 特许学校（charter school） 加速度学校（accelerated school） 联合学校（cluster school） 职业技术学校（vocational-technical school） 专业发展学校（PDS） 政府办学校（government-run school） 家庭学校（home-schooling）	保育学校和学前学校 概念学校（concept school） * 蒙台梭利（Montessori）学校 * 华德福（Waldolf）学校 * 斯坦纳（Steiner）学校 …… 种族学校 * 非洲中心学校 * 印第安人保留区学校 教区学校或宗教学校 大学预备学校 中学后学校

后现代教育观不再崇尚统一性和标准化，多样性和差异性的学校教育制度不仅有助于个体的发展，而且有助于社会的发展。丰富多彩的学制、公私立互补的教育系统、个性化的学校，为人们自由选择教育提供了机会。

二、教育行政制度的分权与制衡特征

教育行政制度反映了一个国家教育管理的权力分配模式。美、加、澳的教育行政是地方分权制。后现代背景下，美、加、澳教育行政的基本趋向是“集中控制、分权管理和民主参与”，各级政府共同承担教育的责任，各级教育行政的权力关系保持着必要的制衡。

（一）联邦教育行政权力的进一步加强

加强联邦政府的教育领导和干预能力是 20 世纪 90 年代以来北美及澳大利亚教育行政改革的方向。美、加、澳教育虽然是各州或省的责任，但教育在北美及澳大利亚国民意识中已成为需要接受联邦支持和领导的一个重要领域，集中控制是其教育行政改革的特征之一。

美、加、澳联邦教育行政主要是通过联邦政府部门以及有关政策措施，对全国的教育进行的指导、调控和资助。例如，美国联邦教育行政部门是1979年底成立的教育部，是内阁级联邦教育行政机构，主要任务是协助各州推行各项教育措施，并为各州提供有关教育信息。其主要职权有：一是管理联邦有关教育经费，联系各州教育厅、学区和大学；二是从事教育研究、教育统计和教育情报工作，以促进教育改革；三是提供教育咨询和教育服务。美国教育部自成立以来，展示了其独特的教育影响力，逐渐成长为一支重要的教育决策力量。

（二）州级教育行政的分权管理体制

分权管理是美、加、澳各州或省级教育行政的基本特征，州级教育行政的责任和权力是州宪法、立法机关和法院赋予的，它与联邦教育行政不是直接的隶属关系，但会受到联邦教育政策的影响。美、加、澳州级教育行政主要是根据州的法规，通过一定教育行政机构和人员，对本州教育进行管理、监督和指导，担负着举办、支持和保护本州学校的法定职责。

例如，美国州级教育行政具有分权管理的特点。第一，各州州长具有管理教育事务的权力，包括向立法机关提出教育预算，任命或调动学校人员，否决某些教育措施。第二，州立法机关具有制定各州教育法律的权力，包括制定行政人员的选举法规、决定为学校征税标准、决定教学标准。第三，州教育委员会是各州最有影响的教育决策机构，基本职责是制定州的教育政策、审定州教育预算、制定学校设立的标准及学校规章、确定各种教育人员的资格与证书等。第四，州教育厅是在州教育委员会指导下运行的，职责是执行州教育委员会的政策，制订州教育工作计划，编制并执行州教育预算，开展教育监督、评估和研究活动等。

加拿大和澳大利亚州级教育管理的权力关系也同美国一样复杂，在教育立法、执法、司法之间相互制衡、相互监督，构筑了三权分立的分权管理教育行政体制。

（三）地方教育行政的民主参与性

民主参与是北美及澳大利亚教育行政的一贯原则，学区是北美及澳大利亚地方教育行政的基层组织。例如，美国公立学校是按照学区组织和管理的，1930 年美国有学区 13 万多个，到 2012 年只有不足 1.4 万个学区。美国不足 300 名学生的学区大约占 26%，其学生数只占全国总学生数的大约 1.3%；超过 2.5 万名学生的学区只占 1.1%，但其学生数却占全国总学生数的 28%。成千上万的学区只有一所学校，而少数都市学区则多达 500 所学校①。

美国地方教育行政的执行部门是学区委员会，学区委员会有常规会议、专门会议和行政会议三种。前两种会议是开放的，公众可以参与，第三种会议不对公众开放，主要讨论学区人事、财政等重大问题。美国地方教育行政强调民主参与，最重要的官员是学区主任，负责学区委员会并做出明智的决策，具体人员包括管理专业人员和非教学人员、课程和教学带头人、行政管理人员。学区委员会的主要职责包括学区的组织、预算、长远规划、贯彻州及联邦的教育政策。

加拿大和澳大利亚地方教育行政类似于美国地方教育行政体制，由地方学区负责办理和维护地方公立学校。学区的设置因州而异，有的州根据行政建制的县、市、镇设立学区，有些学区则与普通行政区域无关，是专为教育设立的学区，称作独立学区。地方学区的教育行政机关也由两部分组成，包括具有决策职能的学区董事会和具有执行职能的学区教育局。

总之，后现代背景下，美、加、澳联邦通过强调统一课程标准、统一考试的政策，加强了国家对教育的集中控制，但分权管理、民主管理与参与管理仍是北美及澳大利亚教育行政体制的基本特色，具体表现为：①采取以州为基本单元的地方分权制度，州级教育行政独立于普通行政；②联邦设有主管教育的部门，但是以协调者角色出现；③地方学区负责经营学校和对具体事务的管理，重视民众对教育事务的参与。

三、明确教育财政制度的责任分担机制

教育经费问题是一个难解的多元方程，即使在最富有的美、加、澳社会

① James A. Johnson, et al. *Foundations of American Education: Becoming Effective Teachers in Challenging Times*. (16th ed.). Boston: Allyn and Bacon, 2013, p. 185.

中，教育财政也常常捉襟见肘。教育财政困境、教育财政使用效率低下、教育财政不平等是美、加、澳教育普遍存在的难题。美、加、澳各国教育财政采取了不同的经济责任分担制度。

（一）庞大的教育财政支出

教育财政支出是国家经济实力的表现，美、加、澳都是世界经济发达的后工业化国家，具有投资教育的财政基础，也是世界上生均教育经费最多的国家。但北美及澳大利亚的教育财政困境也一直存在，并没有解决教育财政困境的良策。

例如，美国教育是一个巨大的市场或产业。1996—1997 学年，美国教育经费支出为 5 639 亿美元，占国内生产总值的 7.45%。2001—2005 年美国教育总经费情况如表 10-2 所示。

表 10-2　2001—2005 年美国教育总经费情况①

年　度	2001	2002	2003	2004	2005
教育总经费（亿美元）	4 010	4 850	5 310	5 570	5 730
比上年年增长率（%）	37	21	10	5	3
占当年财政预算百分比（%）	6.0	6.7	6.3	6.4	7.0

加拿大属于世界上教育投入最多的国家之一，1991—1992 年度，加拿大的教育支出占国内生产总值的 8.1%，占国民生产总值的 7.3%，在西方国家中名列前茅，年教育经费达 580 多亿加元。1997—1998 年度，加拿大教育总支出为 593 亿加元，占 GDP 的 6.93%②。

澳大利亚教育也是依靠强大的财政支持才得到蓬勃发展的。在 1989—1990 年度，澳大利亚教育经费为 197.28 亿澳元，占国内生产总值的 5.3%。20 世纪 70 年代末以来，澳大利亚教育经费一直保持在国内生产总值的 5.7% 左右，而教育支出则占政府支出费用总额的 15.2%。1994—1997 年澳大利亚教育总经费情况如表 10-3 所示。

---

① www.whitehouse.gov/omb/budget.

② 中华人民共和国教育部国际合作与交流司组编：《世界 62 个国家教育概况》，首都师范大学出版社 2001 年版，第 612 页。

表 10-3　1994—1997 年澳大利亚教育总经费情况①

年　度	1994—1995	1995—1996	1996—1997
教育总经费（亿澳元）	261.32	274.30	292.62
政府教育总经费占国内生产总值的比例（%）	4.8	4.7	4.8
教育总经费占国内生产总值的比例（%）	5.7	5.6	5.7

衡量一个国家教育投资的重要指标是教育经费占国内生产总值的比例。图 10-4 反映了 2010 年经济合作与发展组织（OECD）主要国家教育经费占国内生产总值的比例。其中 2010 年美、加、澳三国教育经费占国内生产总值的比例分别约为 7.4%、6.7%和 6.1%，它们都是世界教育投资较高的国家。

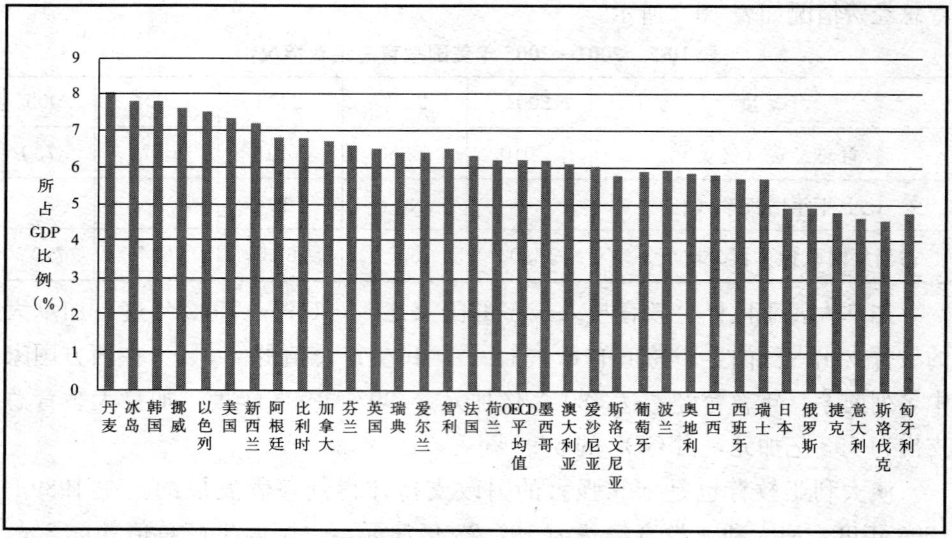

图 10-4　2010 年 OECD 主要国家公共教育支出占 GDP 的比例②

（二）不同的教育财政分担与分配机制

美国和澳大利亚都实行地方分权的教育财政制度，但联邦和地方的教育财

① 牛道生著：《澳大利亚基础教育》，广东教育出版社 2004 年版，第 118 页。

② OECD. *Education at a Glance 2013*. OECD Library，2013. p. 182.

政作用是不同的。美国地方财政为地方教育做出了重要贡献，州政府把教育经费的责任转嫁给了地方，而澳大利亚的地方教育财政责任很少，教育经费主要由州政府和联邦政府共同承担。例如，2005年，美国用于公立教育的经费超过5 730亿美元，初等和中等教育的经费占年国民生产总值的7.6%，来自联邦政府的收入约占9%，来自州政府的经费占46%，而来自地方政府的经费占45%。后现代背景下，美国联邦政府通过法律和政策途径担负了越来越多的教育责任，美国各州对教育的贡献在持续增长，美国地方政府一直是公立学校的主要财政承担者①。

加拿大教育经费的分担与分配机制与美国的相似，1992—1997年加拿大教育经费分担情况如表10-4所示。在加拿大教育总经费中，中小学教育经费约占62%，职业教育经费约占10%，高等教育经费约占28%。加拿大教育经费85%以上来自于各级政府的财政收入。

表10-4　1992—1997年加拿大教育经费分担情况②

单位：百万加元

年　度	1992—1993	1993—1994	1994—1995	1995—1996	1996—1997
经费总额	55 760.3	57 119.0	58 621.8	59 135.0	58 694.4
联邦政府	6 220.0	6 288.0	6 630.3	6 722.6	6 451.3
省政府	32 104.1	32 566.3	32 771.5	32 693.3	32 274.3
市政府	11 639.5	11 966.2	12 381.5	12 660.9	12 929.7
学　费	3 101.5	3 346.7	3 581.2	3 692.5	3 838.7
其他来源	2 670.8	2 951.7	3 257.4	3 365.8	3 200.3

澳大利亚教育财政的分担机制与美国的形成了巨大的反差，联邦政府要承担大学和高等教育学院的全部教育经费，并对学前教育、政府和非政府的学校，以及技术和继续教育提供一般的经常性教育经费，联邦教育经费已

① ［美］Fred C. Lunenburg、Allan C. Ornstein著，孙志军等译：《教育管理学：理论与实践》，中国轻工业出版社2003年版，第303—304页。

② 高鉴国著：《加拿大文化与现代化》，辽海出版社1999年版，第172页。

成为国民教育经费的主要来源。在澳大利亚教育经费的来源中，联邦政府承担约40%，州政府承担约60%。澳大利亚教育经费对不同层次和类型教育的分配比例为中小学60%、大学13%、其他高等教育机构9%、职业训练8%。

（三）教育财政不均衡的矛盾突出

教育财政不平等是所有国家都存在的问题。作为分权制国家，美、加、澳虽然有强大的教育财政基础，但教育财政不均衡的矛盾十分突出，教育财政不公平是一个由来已久的问题。

首先是各州教育财政之间存在严重的不均衡。以美国教育财政为例，由于美国各州经济发展不均衡，各州政府的教育财政能力存在明显的不均衡。1997—1998年度，美国年生均支出是6 189美元，有的州年生均教育费用高达9 000多美元；而有的州年生均教育费用则不足5 000美元。澳大利亚各州的经济发展水平和教育财政也存在差异，比较富裕的州是新南威尔士州和维多利亚州，教育投资最低的是西澳大利亚州。1993年西澳大利亚州的教育经费占州财政收入的25%左右，小学生年生均经费3 100澳元，中学生年生均经费为4 600澳元。

其次是各学区间贫富差距显著。例如，在美国，财产税是地方学区收入的主要来源，占全国地方教育经费的70%，有11个州的财产税甚至占整个地方学校收入的98%以上。以财产税作为地方学校经费的来源，并不是一种公平的税收，美国富裕学区和贫困学区的经费差距巨大。在美国多数州，最富裕的5个学区的生均经费通常是最贫穷的5个学区的2—4倍。

总之，北美及澳大利亚教育制度具有明显的后现代特征，具体表现为：①办学形式灵活多样，学校教育制度多元化，满足不同群体的教育需求；②承认差别，认可多元文化和多元价值，不同地区的教育发展存在不均衡性；③采取地方分权的教育行政体制和财政体制，各州具有控制教育的不同权力和财政责任；④各级政府承担不同教育责任，积极推进教育的改革与发展，社会团体和政治力量广泛参与教育。

第三节　现代教育发展的超越与抉择

美、加、澳不仅是世界上经济最发达的后现代国家，而且已经成为典型的多元文化国家。北美及澳大利亚教育发展的成就举世瞩目，已成为世界教育发展的典范，创造了世界教育发展的奇迹。北美及澳大利亚的教育发展在一定意义上是对现代教育制度的重建与超越。

一、超越现代教育发展的新趋势

现代教育制度是一种标准化、统一化、正规化的教育形态，它是对应于工业社会需要的。美、加、澳在20世纪确立的现代教育制度如今仍对其教育的运行和治理发挥着重要作用，但随着美、加、澳社会的后现代转向，它们在超越现代教育的过程中出现了一些新趋势。

（一）跨越民族国家边界的教育全球化发展

现代教育的建立与发展是与民族国家的形成密切联系的，它是一种民族国家的国民教育体系①。在后现代背景下，民族国家的教育体系开始跨越国家的边界，走向教育全球化。教育全球化已成为美、加、澳教育发展的一个新特征，改变着民族国家的教育体系。

美、加、澳都是极力倡导教育全球化的国家，教育服务贸易已经成为美、加、澳的重要服务出口项目。北美及澳大利亚教育全球化的特征具体表现为：一是教育越来越面向全球开放，开始变国内的教育系统为国际的教育系统；二是教育越来越强调国际交流与合作，北美及澳大利亚的教育全球化程度在增强，已经成为世界教育境外消费的主要市场；三是教育越来越具有国际通用性，北美及澳大利亚教育已经成为全球教育的典范，具有国际通用性。

教育全球化已使美、加、澳教育开始超越民族国家的边界，从民族主义国

① ［英］安迪·格林著，王春华等译：《教育与国家形成：英、法、美教育体系起源之比较》，教育科学出版社2004年版，第91页。

家取向的教育，走向国际主义全球取向的教育。虽然北美及澳大利亚“民族性国家教育体系加大了国际的相互渗透，但是它们并不表明民族性国家教育体系本身的终结。国家政府仍然主要控制着它们自己的制度，并仍然利用它们来实现国家目的”①。

（二）现代公共教育系统的多元化、多样化发展

现代公立学校（public school）的建立与发展源于现代工业社会需要，受到工业化、城市化、国家干预和家庭结构的变迁等因素影响，它是现代教育系统的典型组织形态。但在后现代背景下，那些曾经被作为现代教育形态典型样板的公共教育系统，其弊端日益暴露，它们的垄断地位开始被打破，教育系统开始出现了多元化、多样化发展的趋势。

早在1955年，经济学家弗里德曼（M. Friedman）就提出过“教育券”（educational voucher）计划，认为学校不应该完全由政府包办，应该将自由市场竞争机制引入学校，鼓励公立学校之间以及公立学校与私立学校之间展开竞争。1990年，政治学家查布（J. Chubb）和莫（T. Moe）在《政治、市场和学校》一书中为家长自由选择学校提供了理论，认为学校只有在自由市场中通过竞争，才能减少科层制，并促进学生成绩的提高。

在后现代背景下，北美及澳大利亚政府明确提出在公立学校和私立学校之间推行择校制度，打破了现代公立学校系统的垄断地位，通过实行家长自由选择学校、私有化、特许学校、教育券、家庭学校、多元文化教育等一系列“后现代”教育改革，现公共教育系统开始呈现教育多元化发展、多样化发展的后现代转型趋势。

（三）学校教育手段的全面信息化发展

后现代社会的主要特征之一是全面信息化。早在1991年，美国就率先实现了从工业时代向信息时代的转变。1998年，全世界网民有1.5亿人，美国则占了54.7%，加拿大和澳大利亚也积极发展网络信息技术，它们已经成为全球信息化和网络化的优势中心和前沿阵地。

---

① ［英］安迪·格林著，朱旭东等译：《教育、全球化与民族国家》，教育科学出版社2004年版，第196页。

网络信息技术已经为学校教育的全面信息化提供了可能，为学校教育的重建提供了新的技术手段，必然要导致学校教育的革命。例如，根据《因特网接入美国学校和教室：1994—2003年》的报告，2002年美国公立学校的学校入网率达到99%，大体实现了“校校通”。公立学校在线的教学教室由1994年的3%增加到2003年的93%①。学校教育将逐步走向信息化，学生和教师将带着个人电脑从一个课堂到另一个课堂，第四次教育革命正在改变着学习和课堂。

随着国际互联网的全面开通，各种教学软件的开发和教学信息技术的发展，E-learning已经在北美及澳大利亚得到广泛推广。信息时代的到来要求现代教育必须向后现代教育转向，以适应信息化社会的需要，进行广泛的、协作的、开放的、无止境的学习。

二、后现代教育发展的难题

北美及澳大利亚正在向后现代知识经济社会和信息社会快速迈进，面临着许多后现代教育发展的难题。其中，对教育不平等问题的解决、对根深蒂固的地方分权体制的改革、对自由民主教育造成的恶果的消除，成为长期困扰北美及澳大利亚教育发展的难题。

（一）难以消除的教育不平等

追求教育平等是美国精神的精髓，美国《独立宣言》就宣告“人生而平等”。在后现代背景下，受教育权或学习权作为一项基本的人权受到空前的重视，但不平等的教育仍是北美及澳大利亚社会的一个十分突出的问题。

北美及澳大利亚社会的教育不平等现象仍十分严重。一是少数民族学生入学机会的不平等。少数民族的学生注册率远远低于白人。二是不同社会阶层受教育年限的不平等。例如，在美国，个体受教育的年限依赖于家庭的社会经济背景。三是受教育环境和条件的不平等。北美及澳大利亚在城市学校、郊区学校和农村学校之间都存在着显著的教育条件差别。四是学业成就和就业的不平等。少数民族的学生在升学和就业方面仍受到歧视，例如，美国黑人和西班牙

① 钱松岭等：《美国基础教育信息化最新进展述评》，《中国电化教育》2006年第9期。

裔学生的毕业率比全国的平均数要低10%—20%。

在后现代背景下，北美及澳大利亚在关注普及教育，保证教育平等的同时，更强调提高教育质量，把普及义务教育质量的全面提高作为教育发展的重点。教育平等长期以来成了一个真实而美丽的谎言，教育不平等是北美及澳大利亚教育难以破解的难题。

（二）难以克服的地方分权体制弊端

地方分权的体制为北美及澳大利亚教育提供了灵活多样的运作机制，但其弊端也明显，主要表现有三。一是宏观调控乏力。由于联邦不具备监管和约束地方教育的权力，联邦教育政策难以落实。二是缺乏全国性教育标准。不仅各州的标准不统一，而且教育标准低下，形成了放任自流的教育风气，教育水平参差不齐。三是容易造成教育发展不平衡。例如，美国既有世界上最好的大学和中小学，也有世界上最差的大学和中小学，各州和学区的教育以及各级各类学校之间存在着严重的不平衡。

虽然地方分权制存在明显的弊端，但在后现代背景下，北美及澳大利亚在重建公共教育制度的过程中，有进一步下放权力的趋势，各州或省通过渐进的放权和授权，扩大了民众的教育参与权、选择权和自主权，放权与择校已成为后现代背景下的一种全球教育现象。

（三）为自由民主教育付出沉痛代价

自由与民主是后现代教育的特征，美、加、澳一贯把自己的国家标榜为民主的国家。它们尊重个人的尊严，突出个人的权利和幸福；它们强调个人自由，重视教育机会均等；它们崇尚平等参与，尊重多元价值。北美及澳大利亚学校教育一直以培养“宪政式民主政治所需要的有能力、负责任的社会、政治参与者”为目标，相信每个人都有其固有的存在价值，尊重和培养人的个性，并开发其独特的个体潜能。美、加、澳都是把自由与民主原则作为立国之本的后现代国家，但却因民主与自由的教育使之蒙受巨大的现代性危机。由于长期奉行“个人主义”为信仰和生活哲学，学校教育处处渗透着个人主义的阴影，把个人权利置于公共责任之上，强调学生的主体性，重视培养学生的个性和创造力，但却放任自流导致严重的校园暴力、学业成绩低下、性观念混乱、学生吸毒、早孕等现象，有人把美国中小学校园形象地比喻为“战争地带”，校园安全成为民众普遍关注的社会问题。

三、后现代教育发展展望

美、加、澳等国作为世界高度现代化的后现代国家，现代教育制度对于其民族国家的形成以及社会经济的发展发挥了重要的作用。但在后现代背景下，如何通过教育进一步促进社会的可持续发展，是北美及澳大利亚必须做出的后现代教育发展抉择。

（一）继续追求优异教育

经过一个多世纪的教育现代化历程，美、加、澳等国的教育已经走在了世界的前列，普及教育、义务教育、平等教育、民主教育等现代教育观念已经成为其教育发展的历史基础。在后现代背景下，北美及澳大利亚在关注普及教育、平等教育的同时，则把追求高质量、高效能的优异教育（excellence in education）作为其教育发展的价值取向和目的①。

优异教育是一种效率优先兼顾平等的教育，希望通过民主参与的方式，实现对每一个学生的高质量教育，其基本教育理念是追求教育的效率、效益和效能。美国前总统克林顿曾指出："在2000年及以后的年代，我希望整个民族竭尽所能，使我们所有的孩子都获得他们所需要的世界一流的教育，把美国的公立学校变成21世纪最好的公立学校。"② 2009年3月10日，奥巴马总统在全美拉美裔商会上发表演讲，对美国教育的弊端大加挞伐，呼吁革除美国教育体制中的弊端，从而提高美国的长远竞争力。

美、加、澳等国家为追求优异教育，进行了全方位的教育改革，诸如全面实施国家课程标准和国家统一考试，评选模范学校，重视办学效率，推行教育券和家长择校政策，实行校本管理和能力本位教育，加强全面质量管理等。这些措施将极大地推动北美及澳大利亚教育向全面优异教育的方向发展。

（二）深入推行教育市场化

北美及澳大利亚现代教育制度是一种公共教育制度，学校由政府垄断。现

---

① 程晋宽：《全球化背景下世界一流基础教育发展水平与特征比较分析》，《比较教育研究》2012年第3期。

② 陈永明等著：《比较教育行政》，华东师范大学出版社2005年版，第232页。

代公共教育制度由于缺乏必要的市场竞争机制，导致了效率低下和资源浪费。现代学校对学生的个性化学习没有担负起应有的责任。北美及澳大利亚教育改革的经验表明，后现代背景下教育改革的出路在于深入推行教育市场化，走教育市场化和私有化的教育发展道路。

在后现代背景下，北美及澳大利亚教育市场化的抉择主要体现为：一是改革公立学校的办学体制和办学模式，把特许学校作为提高教育质量、增加办学自主权和教育参与权的一种机制；二是扩大家长和学生的教育选择权，采取教育券制度，鼓励家长择校；三是实行公立学校私有化管理，由私营公司接管公立学校；四是推动私立学校的发展和质量的提升。

教育市场化是北美及澳大利亚后现代教育的必然选择，建立与后现代市场体制相适应的、具有办学活力和竞争力的学校制度，是北美及澳大利亚现代教育制度转型的表现。虽然现代公立学校为教育的平等和公正提供了可能，但在后现代背景下，教育平等不仅要强调受教育权利和机会的平等，还要倡导教育的选择权和参与权的平等，学校只有按照市场的规律运行，满足家长、社会和学生多样化的后现代教育需求，才能持续生存与发展。

（三）实行多元文化教育

美、加、澳是世界上三个典型的多元文化国家，也是世界上积极实行多元文化主义教育的国家，放弃了文化一体化的政策、奉行文化共存的政策。实行全球多元文化教育和国际理解教育是后现代背景下北美及澳大利亚不能回避的教育发展抉择。

美国是一个多民族的国家。历史上，美国一直奉行文化同化主义政策，以使外来移民美利坚化。在后现代背景下，美国开始确立文化多元主义的观念和政策，很多美国人意识到，自诩美国为民族“熔炉”的时代已经过去，它今天已转化为“炖锅”，各种民族会在其中相互渗透和影响。因此，美国政府为培养宣称的世界公民，呼吁帮助学生学会用他人的眼光、心态看待事物，建立一种能为地球上人们更好地生活负责的价值体系。

加拿大教育和文化具有崇尚多元、兼收并蓄的特质，不同美国“熔炉”式的种族同化，而是采取了“色拉盘”或“马赛克”式的多元文化共存政策，以保持各民族的独特性。

澳大利亚为了与美、英、德、法等国争夺国际优秀人力资源，也完善了移民法，结束了“白人主义”政策，实行多元文化主义的民族和文化政策，把多元文化作为澳大利亚教育发展的重点，强调公民的责任、文化的尊重、社会的平等、人口出身的多样性①。

多元文化是北美及澳大利亚的历史基础，没有移民，就没有美国、加拿大和澳大利亚。在21世纪初，移民到北美及澳大利亚的家庭和儿童比任何时候都多。到2000年，美国有“外国血统”的人口已达5 500多万，几乎每5个孩子中就有一个是移民子女。据预测，到2050年，美国将不存在多数人口的种族，这种人口的变迁要求学生必须学会如何在文化多样的环境中生存。2008年以来，澳大利亚移民人口年均增长达30多万。仅2011年上半年，澳大利亚就吸纳了29 547名中国移民、23 931名英国移民、21 768名印度移民。移民已经使澳大利亚成为一个多民族的全球化国家。

【思考与练习】

1. 试述北美与澳大利亚现代教育发展与改革的过程。
2. 北美及澳大利亚现代学校教育制度分化与多元的表现有哪些？
3. 后现代背景下北美及澳大利亚教育行政模式有哪些特征？
4. 分析后现代背景下北美及澳大利亚教育财政制度的机制。
5. 试论北美及澳大利亚教育发展的新趋势及其存在的难题。

【拓展性阅读导航】

1. 王承绪、顾明远主编：《比较教育》（第五版），人民教育出版社2015年版。

该书第二、三、四、五、六、七、八、九章中论及了美国的学制、学前教育、义务教育、普通中等教育、职业技术教育、高等教育、师范教育、教育管理的有关情况。

2. 杨汉清主编：《比较教育学》（第三版），人民教育出版社2015年版。

---

① 牛道生著：《澳大利亚基础教育》，广东教育出版社2004年版，第96—97页。

该书第九章专论了美国教育的现状、特点、问题和对策。

3.［英］杰夫·惠迪等著，马忠虎译：《教育中的放权与择校：学校、政府和市场》，教育科学出版社 2003 年版。

该书对英格兰和威尔士、新西兰、澳大利亚、美国、瑞典等国的教育重建运动进行了比较与分析，从放权和择校两个维度探讨了公立学校被推向市场的基本途径及其效果。

4.［英］安迪·格林著，朱旭东等译：《教育、全球化与民族国家》，教育科学出版社 2004 年版。

该书以后现代主义和全球化的视角，比较分析了欧美和亚洲一些国家的国民教育制度，论述了在自由市场下民族国家教育体系的新特点。

5.［美］约翰·丘伯、泰力·默著，蒋衡等译：《政治、市场和学校》，教育科学出版社 2003 年版。

该书以制度理论的视角分析了美国学校的治理问题，倡导教育市场化，要求把自由市场机制引入美国教育体系，推动了“择校运动”的开展。

第十一章　后现代背景下的欧洲教育

【内容提要】

欧洲国家的教育发展水平处于世界领先地位，在步入后工业化时代后，欧洲教育获得了进一步发展，但同时也遭遇了严峻挑战。本章介绍欧洲国家的教育传统及其面临的挑战，着重阐述了欧洲国家教育变革所采取的措施，并剖析了欧洲国家在教育变革进程中存在的问题，指出了欧洲教育发展的趋势，最后分析了欧洲国家教育变革的经验。

【学习目标】

1. 了解后现代背景下欧洲国家的教育传统及其面临的挑战。
2. 了解欧洲国家教育变革的时代背景。
3. 掌握欧洲国家教育变革的具体举措及其经验。
4. 了解欧洲国家教育变革进程中存在的问题及其发展趋势。

欧洲是世界上经济最发达的地区之一，教育发展居于世界前列。20 世纪 70 年代以来，在经济全球化及国际教育市场竞争日益激烈压力下，欧洲国家顺应时代潮流，积极推行教育改革，呈现出鲜明的后现代发展特色。

第一节　欧洲教育的传统与挑战

欧洲教育传统源远流长，曾是世界学术中心，取得了举世瞩目的辉煌成就。二战后，欧洲教育雄霸全球的地位虽然逐渐被美国所超越，但依然是世界教育格局中最具实力的一极。

一、欧洲教育发展的历史演进

欧洲教育的历史演进大致经历了三个阶段：从古希腊到工业革命前，工业革命后到二战前，二战后至今。欧洲教育发展经历了兴起、转向、繁荣及新发展的过程，构成了欧洲大陆别具一格的教育风貌。

（一）古代欧洲教育的兴起与转向

位于欧洲南部的古希腊，是古代欧洲教育的重要领地、现代西方文明的摇篮，以及现代西方教育的发源地。古希腊城邦斯巴达的军事教育、雅典的公民教育世人皆知。而古罗马文化教育则被认为是西方文明的四大渊源之一。除了雅典及古罗马教育外，还有体现中世纪欧洲教育特色的教会学校。宗教与欧洲历史发展有着千丝万缕的联系，教会学校教育在欧洲有着悠远的传统和深厚的社会影响。教会学校主要有僧侣学校、大主教学校和教区学校等，这些学校主要以培养对上帝虔诚和服从教权与政权的教士为目的，其教育内容主要是“七艺”，各个科目都贯穿着神学。教会学校教育在欧洲教育发展中有着举足轻重的作用，在世界教育发展中有着广泛的影响。欧洲还是近代大学的发源地。众所周知，真正意义上的大学诞生于中世纪的欧洲，如意大利的萨莱诺（Salerno）大学和博洛尼亚（Bologna）大学、法国的巴黎（Paris）大学、英国的牛津（Oxford）大学和剑桥（Cambridge）大学等都是世界上最早的具有现代意义的大学。中世纪大学不只研习神学，还代表了一种新的教育思想和精神。从文艺复兴运动起，并经历宗教改革运动、欧洲国家政教分离等变革，传统教会逐渐失去优势，欧洲教育逐渐转向世俗化，逐渐兴起的人文主义教育是欧洲文艺复兴时期新兴资产阶级提倡的新文化、新思潮，意大利的维多里诺（Vittrino）、尼德兰的伊拉斯谟（D. Erasmus）、英国的莫尔（T. More）等为这一时期欧洲人文主义教育的典型代表。人文主义教育思想代表资产阶级的利益和要求，以资产阶级个人主义为核心，歌颂和赞扬“人”的价值与尊严，宣扬人的自由、平等和个性解放，提倡科学，反对封建教会宣扬的神性至上和宗教桎梏，反对蒙昧主义。人文主义教育削弱了封建教会对学校教育的控制，冲击了整个经院主义的学风，开创了欧洲近代教育之先河。

（二）工业革命推动欧洲现代教育的繁荣

18 世纪始于英国的工业革命和法国大革命，让资产阶级登上了历史舞台并成为了历史的主角。受工业革命带来的影响，欧洲教育逐渐由注重书本转向注重经验，由注重思辨转向注重科学实践①。这些重要的转变使得英国、法国、德国、俄国等主要欧洲国家的教育都展示出各具特色的新面貌，资产阶级教育思想迅速传播，欧洲教育呈现出一片繁荣景象。英国出现了倡导“科学教育”“知识就是力量”的培根新思想，德国兴起了实科教育的哈勒学园，俄国创办了莫斯科大学，等等。到 19 世纪，欧洲各国的教育发展取得了前所未有的成绩，其中最令人瞩目的是德国。德国教育开展了一系列改革，并取得了巨大的成效。德国最早实施了普及义务教育，特别是高等教育改革，不仅成立了工学高校，而且在 19 世纪初实现了大学职能由单纯的教学拓展到了教学和科研。完成这一使命的是高等教育史上里程碑式人物、柏林洪堡大学的创建者——威廉·洪堡（Wilhelm von Humboldt）。柏林洪堡大学倡导的“教学与科研相统一”思想，很快就演变成为世界高等教育新理念。新的理念与成就让以柏林洪堡大学为代表的欧洲大学由此成为世界高等教育的“领军名校”和学术中心。19 世纪末，随着欧洲第二次工业化运动兴起，也同时爆发一场范围广泛的“新教育运动”，“科学教育学”“实验教育学”等一时成为教育新潮流。到二战前，欧洲基本实现教育国家化，各国加强教育改革，民主主义和民族主

① 吴式颖、李明德主编：《外国教育史教程》（第三版），人民教育出版社 2015 年版，第 153 页。

义成为许多国家教育的核心内容。

（三）二战后至今欧洲教育的发展

二战后国际形势发生了巨大变化，美国成为新的世界“霸主”。作为老牌资本主义强国的欧洲各国，为迎接新的挑战纷纷实施教育变革与创新。英国实施《1944年教育法》，到20世纪60年代初普及了10年义务教育。联邦德国积极恢复教育事业，到60年代初实施重大教育改革。70年代以来，世界科学技术迅猛发展，欧洲作为全球科技发展的领跑者，取得了令世人瞩目的卓越成就，它们与美国遥相呼应，率先在全球跨入信息化、网络化的高科技发展时代。目前，欧盟已建成世界先进的信息、通信、网络系统，欧洲已变成了一个网络化、信息化和现代化程度相当高的区域。高科技的迅猛发展使欧洲国家教育的形式、手段发生了许多革命性变化，比如，电脑的普及与广泛应用改善了欧洲国家的教育设施，也促进了教育方法、师生交流形式的改变。在高等教育领域，近年来越来越多的欧洲国家的大学提供跨校、跨国以及跨洲的学位课程，欧洲一些发达国家如法国、英国、德国等国家，积极通过网络（虚拟）大学的远程教育方式提供多种多样的学位课程，为世界各国学生提供高等教育学历教育。毫无疑问，欧洲国家经济迅速增长与科学技术的迅猛发展有力地推进了欧洲教育发展，从总体上看，科学技术的高速发展及其广泛应用，使欧洲国家学校与学校之间、学校教育和社会教育之间、不同国家或地区各级各类学校教育之间发生着前所未有的变化。

二、欧洲教育思想的嬗变

欧洲历史上生发的璀璨的教育思想，对世界教育有深远的影响。从古希腊的“三哲”思想到文艺复兴时期的人文主义教育思想，从新教改革的天职观与平民教育思想到工业革命时代的各种思潮，再到“新教育”思想，欧洲教育思想引领世界，长盛不衰。

（一）从古希腊到文艺复兴：欧洲教育思想引领世界

在西方教育发展过程中，古希腊教育尤其是雅典教育的地位无疑是至关重要的。灿烂的古希腊文明也给人类留下了丰富的教育遗产，这些遗产通过古罗马人的传递与传播，对西欧近代教育的发展产生了直接而巨大的影响，这也是古希腊教育对世界教育发展的重大贡献。古希腊教育思想最具代表性的三位人物是被称作古希腊“三哲”的苏格拉底、柏拉图和亚里士多德，他们的教育思想对其后两千多年西方教育思想的发展有着深远影响，后世诸多教育家及教育流派的思想观点都可以从“三哲”的思想中找到踪影。而在文艺复兴时期，不论是人文主义教育，还是新教教育或者天主教教育，都对欧洲及世界教育产生了重要影响。例如，人文主义教育冲破宗教禁锢，打开了教育世俗化大门。而新教教育为后世以洛克、夸美纽斯为代表的唯实主义教育思想奠定了坚实基础。文艺复兴时期的宗教和教育改革运动，开始了西方教育近代化（国家化、世俗化、普及化）历程①，也奠定了近代西方教育发展的基本格局。文艺复兴之后，继承人文主义教育思想成果的夸美纽斯将教育带入了一个新的时代。他所著的《大教学论》是教育学学科独立形态的开端标志。夸美纽斯总结了他四十余年丰富的教育实践经验，系统论述了教育的理论与实践问题，提出了“把一切知识教给一切人”的“泛智教育思想”，对世界教育的发展做出了巨大的贡献，在世界教育史上占有特别重要的地位。

（二）从新教改革到工业革命：欧洲教育思想博大精深

德国 1615 年年初开始的新教改革是西方历史上最伟大的思想解放运动之一。新教不仅倡导天职观，把改造世界、成就事业与进入天堂的人生归宿结合起来，激发信徒钻研技术、创造财富，更重要的是新教倡导识字、读经、信教就能过好日子的平民教育及职业技术教育运动，使文艺复兴运动人性落实到具体生产者，激发起改造社会、创新科技的热潮，打破了传统宗教对人的思想禁锢。英国实行新教为国教后，职教和平民教育大发展，于数十年后爆发了工业革命，使欧洲教育思想迅速兴起。这一时期涌现出一系列新教育思想，包括以法国卢梭为代表的“自然主义教育思想”、瑞士裴斯泰洛齐为代表的“要素主义教育思想”、德国赫尔巴特为代表的“主知主义教育思想”、德国福禄培尔为代表的“幼儿教育思想”、德国马克思为代表的“社会主义教育思想”等，这些教育思想长时期地引领了世界教育理论发展，对现代教育影响巨大。其中，赫尔巴特的教育思想无疑是最有影响的教育流派之一，被称为“传统教育”集

① 吴式颖、李明德主编：《外国教育史教程》（第三版），人民教育出版社 2015 年版，第 136 页。

大成者。他强调“教师中心、课堂中心、教材中心”的“三中心”，倡导把心理学引入教育实践，提出了一个较为完整的教育思想体系和教学模式，使教育学成为一门独立学科，成为19世纪末20世纪初欧美国家中占据统治地位的教育思想。20世纪初美国教育家杜威首次对“传统教育”进行了批判，并以此创建起他的“现代教育理论”。尽管如此，赫尔巴特教育思想直到现在仍然是一种影响世界教坛的重要教育思想。

（三）从“新教育”到当代教育思潮：欧洲教育思想影响难以为继

“新教育”思潮是伴随着19世纪末20世纪初欧洲“新教育运动”（new educational movement）而兴起的。“新教育运动”以广泛开展各种科学研究和实验、创办新学校为特征，涌现了以梅伊曼（E. Meumann）和拉伊（W. A. Lay）为代表的“实验教育学”、凯兴斯泰纳（G. Kerschensteiner）的“公民教育”及“劳作学校”理论和蒙台梭利（M. Montessori）幼儿教育理论等教育思潮。“新教育”思潮促使了欧洲对教育传统进行全面反思，一系列新教育创办的新学校为现代教育的改革也提供了新的模式。“新教育”思潮让欧洲在20世纪有了新的发展起点，并对欧美国家教育发展产生了广泛而深远的影响。蒙台梭利独具特色的幼儿教育思想及“蒙氏教学法”，至今仍在世界各地幼儿园发挥着巨大影响力。马卡连柯的集体主义教育思想，在世界教育思想库中也占有显赫的地位。二战后，尽管赫尔巴特的主知主义教育依然受到重视，并出现范例教学的新样式，然而欧洲教育思想创新性逐渐少见，昔日欧洲教育思想主导世界教育的盛况不再，以美国为主的当代教育思想创新不断并扮演了“主力军”角色，欧洲教育思想影响已日渐式微。

三、后现代背景下欧洲教育面临的挑战

在后现代背景下，欧洲教育既面临新机遇，也面临着内外诸多方面的压力和挑战。为此，欧洲各国正针对教育体系的差异性、教育资源缺乏有效整合，以及经济全球化、教育国际化、知识经济潮流等因素带来的教育发展问题，开展教育改革与合作。

（一）复杂多样教育体系弊端日益凸显

欧洲有四十多个国家和地区，其教育体制种类繁多、复杂多样，主要体现

在学校体系设置、学位设置和学习期限等方面。以高等教育为例，第一，各国学校体系和学位设置，有单一高教体制（学校体系设置和学位体系比较单一，如英国、西班牙等）和双元高教体制（同时存在两种不同的高等教育学校体系，一种是以传统研究为主的大学，一种是以专业化为导向的应用型高等学校，如法国、德国、意大利、丹麦等）。第二，欧洲国家学位结构也各不相同。例如，德国、奥地利、西班牙、意大利、希腊等国实行本科毕业就攻读博士学位的一级制学位结构，而英国、法国、丹麦、芬兰、冰岛等国则实行本科后读完硕士再读博士的两级制学位结构。第三，欧洲国家学习期限的差别也较大。例如，法国大学第一阶段只有 2 年；第二阶段为 3 年，如不再读博士，可取得准硕士学位；第三阶段 3—4 年，可取得博士学位。而德国没有学士学位，大学 5 年取得硕士学位，再学 4—5 年（实际需要 6—7 年）取得博士学位①。第四，在入学标准方面，法、德等国都不设入学门槛，只要有中学毕业文凭就可以进大学，而英国等国家有严格的入学限制。从整个欧洲来看，复杂多样的教育体制，导致了各国教育质量参差不齐。在经济全球化、欧盟一体化的时代背景下，欧洲学生跨国流动日益频繁，但不同的学位制度、教育体系妨碍了这种流动。各国纷杂的学制和教育体系极大地影响了学位的透明度和可比性，严重阻碍了欧洲社会以及教育的未来发展。

（二）庞杂教育资源缺乏有效整合

在欧洲1 016万平方公里的土地上，40 多个国家和地区拥有丰富而庞杂的教育资源。欧洲作为义务教育制度与大学的发源地，以其丰硕的人类文明成果和卓越的教育成就闻名于世。在历史上，欧洲国家普遍重视教育，对教育大力投入，各类教育十分普及，优质教育各具特色。比如，意大利和英国拥有世界上最古老的大学和优质的高等教育，德国的职业教育独具特色，芬兰基础教育的均衡性与公平理念享誉世界，还有匈牙利的医学及教师教育、北欧的学分制教育等，都长期处于世界领先地位。但是，二战后，由于经济、政治及语言复杂等多种原因，世界教育的重心开始向美国转移。特别是高等教育，尽管二战后欧洲高等教育得到恢复与发展，仍以高质量著称于世，但其国际声誉与吸引力，

① 袁东：《博洛尼亚进程：建立共同的欧洲高等教育空间》，《中国高等教育》2005 第 17 期。

已被美国、加拿大、澳大利亚等国家所超越。在后现代背景下，欧洲国家面临的一个共同问题是，如何使各国庞杂的教育资源有效整合，达到合作互补以重振欧洲教育的目的？特别是在推进政治、经济一体化日益发展的情况下，欧洲国家的人力、资金、商品、服务、知识、技术和信息等方面如何实现跨国自由流动？特别是欧洲教育如何优势互补、整合优化已成为迫在眉睫的现实问题。

（三）国际形势变幻加剧教育竞争

在后现代背景下，欧洲教育发展既面临着机遇，同时也有诸多来自国际社会的压力和挑战。这些挑战主要包括经济全球化、教育国际化、知识经济的潮流等。比如，教育国际化要求各国积极开放国内教育市场，广泛开展国际交流与合作，以增强国际教育资源的共享性，同时要求各国教育不断进行改革，在教育理念、教育内容和教育方法上主动调整并适应国际化发展的需要，全球化、国际化的压力迫使各国努力提高教育质量，以在激烈的国际竞争中求得生存和发展。以高等教育为例，自 20 世纪 70 年代以来，欧洲大学的国际声誉、学术吸引力逐渐被其他一些国家赶超。在竞争激烈的国际教育市场，欧洲大学面临着严峻的挑战，与非欧盟国家特别是与美国相比，欧洲大学在国际市场上越来越缺乏竞争力和吸引力，逐渐失去了往日的风采。2004 年，在美国大学学习的外国留学生达到 58 万人，超过英、德、法三国留学生数目的总和，成为世界上最大的教育服务贸易进口国①。相比之下，作为近现代大学发源地的欧洲大学在国际教育市场的争夺战中风光不再。面对日益激烈的国际教育竞争，欧洲各国正在积极寻求重新崛起之路，它们已充分意识到只有加强相互间的教育交流与合作，充分利用和整合各国的教育资源，积极推进教育一体化改革，才能提升欧洲教育的活力和吸引力，增强欧洲在国际教育市场的竞争力。

第二节　后现代背景下的欧洲教育改革

20 世纪 70 年代以来，经济全球化、教育国际化浪潮席卷全球，欧洲教育

① 李长华：《推进欧洲高等教育一体化的博洛尼亚进程》，《外国教育研究》2005 年第 4 期。

受到严峻挑战。同时，“欧洲维度”“欧洲主义”等建设“统一欧洲”的强烈愿望以及各国教育自身发展的迫切需要，促使欧洲国家开始改革教育，以重建后现代背景下的教育新秩序，提高欧洲教育的竞争力。

一、推进欧洲教育一体化进程

从20世纪70年代起，欧洲国家开始一系列促进全欧教育合作的政策措施，全面开启了欧洲教育一体化的进程，其主要措施有下列三个方面。

（一）建立欧洲学分转换系统

欧洲学分转换系统（European Credit Transfer System，ECTS）由欧洲委员会研发和推行，始于1987年，其目的在于促进欧洲国家高等教育系统学分的互认，以增强欧洲国家高等教育的兼容性，提高欧洲高等教育整体的吸引力和竞争力。截至2001年，加入该“系统”的高校已达1 800所①。1999年6月欧盟签署的《博洛尼亚宣言》将建立欧洲学分转换系统（ECTS）作为实现欧洲高等教育一体化的基本目标之一。欧洲学分转换系统承认以往在欧洲不同国家、大学获得的学分，这一系统的实施，为学生跨越国界到欧洲其他国家求学创造了便利条件。在欧洲学分转换系统中，一学年为60个学分（就工作量而言），通常而言六个月为30个学分，一学期为20个学分②。ECTS允许学生在不同国家学习，确保了学生在国外的学习成绩得到认可，促进了欧洲国家高等教育学分制度的可比性、融合性和透明性，有利于促进欧洲各国学生相互流动。目前大部分欧盟国家都采用了欧洲学分转换系统。

（二）促进欧洲各国学位制度的统一

为了促进欧洲教育一体化进程，欧盟开始了统一各国高等教育学位制度的进程，努力促进各国学位制度接轨。1998年5月法国、意大利、英国和德国签署了《索邦宣言》，探讨了各国学位统一问题，提出欧洲各国本科生和研究生阶段实行相同的学位制度的设想。1999年欧洲29个国家签署的《博洛尼亚宣言》明确提出了“实行清晰、透明的和可比较的学位制度”“实行两级制的

① 李春生等：《欧洲学分转换系统与俄罗斯高校的学分制改革》，《比较教育研究》2006年第4期。

② 赵卫平等：《欧洲学分转换系统：从单一功能到双重功能的转变》，《外国教育研究》2004年第10期。

学位制度（本科生/研究生）”①。由于各国学位制度改革涉及各国高等教育学习年限、课程设置等众多因素，为了进一步推进各项改革措施，欧盟此后召开的布拉格会议（2001）、柏林会议（2003）、卑尔根会议（2005）等部长会议，进一步促进了欧洲统一学位的进程。欧盟各国之间实行清晰的、透明的、可比较的学位制度改革实践，其目的是使欧洲各国授予的学位具有统一性和可比性，促进欧洲国家学生和教师的跨国流动。在欧洲教育一体化趋势下，欧盟成员国积极采取行动，对本国的学位制度进行改革，推动各国高等教育的相似性和兼容性。到目前为止，欧洲国家的学位制度逐渐趋同。

（三）加强欧洲各国学历学位的互认

欧洲国家原有的课程及学位制度各不相同，在学位类型、学时学制、入学途径、学位颁发等方面存在着很大差异。为了加强欧洲国家的交流合作，促进学生之间的流通，提高欧洲教育一体化的程度，欧洲国家在20世纪90年代后期加强了各国学历学位的互认。1997年4月，在欧洲委员会和联合国教科文组织的联合推动下，欧洲国家在葡萄牙首都里斯本举行会议，发表了《欧洲地区高等教育资格证书互认公约》，又称《里斯本公约》。《里斯本公约》在欧洲国家高等教育学位学历互认方面具有里程碑式的重要意义，它是目前为止欧洲乃至世界范围内对学历认证最重要的法律文件。《里斯本公约》要求各国高校对所有签署国的毕业证书予以认可，开启了欧洲国家文凭互认的进程。随后《博洛尼亚宣言》《布拉格公报》《柏林公报》等均积极推进各国学位和学历认可的问题。2007年5月，欧洲高等教育部长级会议发表的《伦敦公报》，正式同意了欧洲学历认证联合学位的设置。目前欧盟国家基本都签署了相互承认学历学位证书的协议，有效地推动了欧洲教育一体化进程。

二、提高欧洲高等教育竞争力

随着经济全球化的加速发展，高等教育的国际竞争也变得越来越激烈。欧洲作为近现代大学的发源地，在19世纪及20世纪初曾是世界教育最为发达的区域，但目前欧洲教育雄霸全球的地位已经被美国所超越，为此，欧洲国家积

① 李长华：《推进欧洲高等教育一体化的博洛尼亚进程》，《外国教育研究》2005年第4期。

极采取措施提升高等教育的竞争实力，应对教育市场日益激烈的竞争。

（一）**建立统一的欧洲高等教育区**

1998年5月25日，法、英、德、意四国教育部部长签署了《索邦宣言》，该宣言提出了建立“欧洲高等教育区”（European Higher Education Area，简称EHEA）的设想，同时号召欧洲大学通过不断提高和改善教育质量，巩固和加强欧洲教育的世界领先地位。1999年6月19日，欧洲29个国家教育部部长在意大利博洛尼亚共同签署了《博洛尼亚宣言》，该宣言对欧洲各国教育产生了深远的影响，是欧洲高等教育发展史的一个里程碑。“宣言”明确提出了“2010年前建立一个统一的欧洲高等教育区”的计划，具有划时代的历史意义，开启了促进欧洲高等教育一体化的“博洛尼亚进程”。《博洛尼亚宣言》倡导欧洲各国加强交流与合作，主张各国共同改革和一致行动，提高欧洲高等教育的国际竞争力。宣言对欧洲高等教育区的内涵、本质及措施进行了明确的阐释，并提出了实现这一目标的时间表和工作计划。“宣言”提出的“实行清晰、透明的和可比较的学位制度”“实行两级制的学位制度（本科生/研究生）”“实行学分制”“通过消除障碍促进流动”“加强在质量保证领域的欧洲合作”“促进欧洲维度的高等教育”六个目标成为欧洲高等教育一体化改革的指导思想。此后，欧盟于2001年签署的《布拉格公报》、2003年签署的《柏林公报》、2005年签署的《卑尔根公报》等，重申了2010年建立统一“欧洲高等教育区”的重要性，并提出了推进欧洲高等教育一体化的具体改革举措。这些举措有力地促进了欧洲统一高等教育区的建设。

（二）**加强在质量保证领域上的欧洲合作**

质量是欧洲教育永恒的主题，也是提升欧洲各国高等教育透明度、兼容性和国际竞争力的有效手段。1994年欧盟推出了“欧洲高等教育质量评估先导计划”，试图在整个欧盟层面上探索欧洲共同的质量保障框架。1998年9月欧盟委员会又发表了《关于加强欧洲高等教育质量保障合作的建议》，对加强各国高等教育质量保障合作的目标、应采取的举措以及合作的领域等提出具体的建议。1999年《博洛尼亚宣言》强调加强欧洲国家在质量保证方面的合作，并将其列为未来10年内建设“欧洲高等教育区”的主要目标之一。为了促进各国在质量保证领域内的合作，欧盟建立了“欧洲高等教育质量保障网络”

（ENQA），目前 ENQA 在欧洲高等教育质量保证方面扮演着重要的角色。2003 年欧盟发布的《柏林公报》把质量保证体系问题放在优先发展的战略地位，支持进一步建立在院校、国家和欧洲层面上的质量保证体系，强调制定共同的质量保证准则和方法，并一致同意各国的国家质量保证体系应涵盖多方面的内容。目前，欧洲高教体系已经建立了比较成熟的质量保障标准与准则，同时创建了欧洲质量保障机构注册机制，建立了与欧洲高等教育区理念相呼应的国家资格框架，实行了文凭附加说明以及欧洲学分转换及累积体制，大大增强了高等教育质量保障的认可度和交流性。

（三）积极发展远程教育以吸引海外生源

远程教育是伴随着现代网络信息技术的迅猛发展而兴起的教育形式。在知识经济时代，欧洲远程教育的发展速度加快。2000 年 3 月，欧盟在里斯本召开会议，各国政府协调一致，共同合作，确定了“欧洲电子学习行动计划”，加大对新技术和新产业的投入，出台优惠政策吸引人才、培养人才，提高竞争能力，加速追赶美国，加快欧洲一体化进程①。为实现欧盟里斯本会议确定的宏伟目标，加快欧洲的知识化进程，欧盟各国政府要求加大对通信和互联网基础设施的投入，提供更丰富的网络学习内容和服务。欧洲作为世界上科学技术的发达地区，在发展远程教育方面在世界上居于领先地位。欧洲拥有一大批世界一流的大学，如英国的牛津大学和剑桥大学、德国的柏林洪堡大学和慕尼黑大学、法国的巴黎索邦大学和昂热大学、意大利的罗马大学和比萨大学、瑞士的苏黎世大学等。这些大学有着悠久的历史和崇高的学术声誉，同时拥有先进的教学设备、深厚的文化底蕴以及浓厚的学术氛围，深深地吸引了各国留学生就读。现代网络信息技术的发展为欧洲国家向世界其他国家提供远程学历教育成为可能，目前欧洲大部分国家如英国、德国、法国、意大利、荷兰、比利时等设有开放大学，它们积极采用远程教育的形式向全球各国学生提供学历教育，有力地提高了欧洲高等教育的整体竞争力。

---

① 杜建京：《欧盟的远程教育培训》，《中国人才》2002 年第 2 期。

三、实行欧洲公民教育、跨文化教育及终身教育

在后现代背景下，欧洲教育变革的重要内容还包括实行欧洲公民教育、加强多民族和多种族的跨文化教育、推行欧洲一体化的终身教育等，这些教育变革措施适应了建设“统一欧洲”的需要，旨在培养欧洲公民的“欧洲意识”，同时促进欧洲各国学生形成“欧洲维度”“欧洲主义”的世界观和价值观。

（一）巩固欧洲公民意识及价值观教育

为重现欧洲往日的辉煌，实现一体化、知识化欧洲的崭新目标，欧盟注重重建“欧洲意识”，加强欧洲公民身份认同教育，以增强公众的归属感，同时注重培养学生“欧洲人身份”的世界观和价值观，从意识形态上建设一个“统一的欧洲”。重建“欧洲意识”理念的提出，始于1993年的《欧洲教育绿皮书》。该绿皮书认为“教育的目的就是为青年人在一个更为广阔的社会和经济领域行使自己的责任而做准备”，指出“引入‘欧洲意识’的努力必须被认为是教育适应新的经济、社会、文化环境的一个重要因素”①。在重建“欧洲意识”的理念指导下，欧盟加紧了在教育领域的合作，许多促进各个国家教育合作的计划在欧洲化的思想框架下纷纷出台，如1996年《普通教育和职业教育绿皮书》、1997年《为了一个知识的欧洲》等。同时，启动了一系列教育计划或项目，如著名的“苏格拉底计划”“达·芬奇计划”“欧洲青年人项目”。这三个大的项目标志着欧盟在教育、培训和青年方面的行动进入了一个新的时代，对欧洲公民意识的建立起到了十分关键的作用。目前，欧洲巩固公民教育的原则上被欧洲国家广泛接受，并贯穿在学校课程和师资培训中。

（二）加强多民族的欧洲跨文化教育

跨文化教育（intercultural education），一般是指在多种文化之间进行的教育。欧洲是个多民族、多种族的区域，各个民族有着悠久的文化历史传统。比如，希腊、法国、德国、英国等国家的文化传统源远流长且各具特色，这些多元的文化传统不断融合并深深地影响着欧洲社会的发展。在不同的历史时期，欧洲许多国家都有大量移民涌入，众多的移民使欧洲的文化更具多样性。欧洲多民族、多种族的文化也随着时代的进步而不断得到发展、丰富和更新，

---

① 蒋莉：《走向终身学习化的欧洲》，《成人教育》2004年第4期。

在全球化步伐日益加快的时代背景下，欧洲各民族仍保持着独具特色的文化内涵，时至今日仍呈现出蓬勃发展的青春气息。由于欧洲各民族文化以及移民文化的多样性，欧洲国家在积极推进教育一体化的实践中，也十分关注多民族、多种族的特有文化，并力求把它们融合到教学中，实施跨文化教育，努力保持文化的多样性，使主流文化和各少数民族的文化都得到和谐的发展。1995 年欧盟推出的“苏格拉底计划”，是多元文化背景下欧洲实施跨文化教育的重要举措，它依托欧洲多元文化背景，建构全方位的、整合的、互动的跨文化教育的网络，有效地推进了欧洲跨文化教育。

（三）推行欧洲一体化的终身学习

20 世纪 90 年代以来，欧洲加紧了在教育领域的一体化行动，在推行欧洲“终身教育”一体化方面也做出了积极的努力。1994 年 11 月在欧洲终身学习促进会和联合国教科文组织的支持下，在罗马举行了“首届世界终身学习会议”。欧洲委员会在 2000 年的《欧盟终身学习备忘录》中提出了欧洲向终身学习社会转型的目标，同年颁布的《实现终身学习化欧洲的理想》等文件，对欧洲终身学习的发展也产生了重要影响。2001 年 5 月，布拉格会议基于《博洛尼亚宣言》提出的基本框架，又把终身学习纳入高等教育区目标之一，同时提出欧洲必须建立与之相适应、开放、灵活和多样的终身学习体系。2003 年 9 月的柏林会议声明也进一步指出终身学习的重要性，倡导欧洲国家积极实行终身教育。2004 年欧盟出台了“2007—2013 年教育行动计划”。这是欧盟的综合教育计划，是欧盟教育发展的风向标，被称之为终身教育整体行动计划和欧盟教育中长期发展计划。2009 年，在欧洲“博洛尼亚进程”2010—2020 年优先领域中，把国家政策应支持终身学习列为十大优先领域之一。上述一系列举措促进了各国终身学习的一体化。

第三节　后现代背景下的欧洲教育展望

在后现代背景下，欧洲实施教育改革虽然存在一些问题，但是从整体上看成就巨大，教育呈现出快速发展的势头，竞争力有了重要提升。展望未来，欧洲教育一体化进程将继续加快，高等教育及师生跨国自由流动加强、各国合作将进一步加强。

一、欧洲教育变革进程中凸显的问题

自20世纪70年代始，欧洲国家实施了一系列教育变革。由于欧洲各国不同的政治、经济及文化背景，在语言上也存在着较大差异，因此在教育制度、教育法律法规以及教育教学实践活动等方面都有着很大的不同。由于欧洲教育的变革超越了国家的界限，忽略了各国教育的差异，使得欧洲国家教育在不断发展壮大的同时，也不可避免地遇到一些问题。从整体上看，欧洲教育变革进程中主要面临以下几个方面的问题。

（一）欧洲教育一体化与各国教育多样化发展需求的矛盾

从20世纪90年代开始，欧洲国家加强了在教育领域内的交流与合作，1999年《博洛尼亚宣言》的签署，开启了欧洲教育一体化的进程，欧盟教育一体化政策的实施使得各国教育体制逐渐融合并走向统一。但在欧洲教育一体化的进程中，由于欧洲国家文化传统的多样性，各国的教育也有着多样化发展的内在需求。一体化与多样化既相互矛盾又相互联系，它们存在于欧洲教育改革的不同层面。一方面，实现教育一体化是欧洲国家在激烈竞争的国际环境中的一个共同抉择，欧洲教育一体化有利于欧洲国家提高教育整体竞争力；另一方面，欧洲各国教育的多样性丰富了欧洲教育的内涵，使其教育更加多姿多彩而具吸引力，如果过于强调一体化则会削弱各国教育的独有特性。因此，如何在统一的趋势下保持教育的多样化发展，这是欧洲教育变革面临的一大难题，它牵涉到民族性的维系和公民的角色认同等一系列问题。民族性是各国教育富有特色的“个性”，为各国教育增添了与众不同的色彩，如果因为一体化的推进而忽视了各国独具一格的特性，那么各国教育独特的魅力也将在教育一体化的发展进程中黯然失色。

（二）欧洲福利社会基础教育与高等教育均衡发展的矛盾

欧洲的英国、法国、德国、瑞典、丹麦、瑞士等国家都是典型的福利社会国家，在福利社会中，人们平等接受教育的权利得到了较好的保障。欧洲国家的基础教育比较发达，如各国普及义务教育的年限一般为10—12年，居全球前列，其义务教育的质量和效果均得到较好的保障。大部分欧洲国家在福利社会下实行免费的义务教育，高等教育实行收费政策。随着高等教育规模的扩张，欧洲各国也开始关注高等教育公平与均衡发展的问题，注重对所有公民提供平等的教育机会，各国政府对弱势群体和个人，特别是那些低收入家庭予以特殊的关注和支持。欧洲国家资助低收入家庭学生的政策形式多样、各具特色。大部分欧洲国家已经步入高等教育大众化阶段，并逐渐向普及化阶段过渡，大学生数量的增长为各国政府带来了沉重的经济压力，特别是金融危机、经济不景气给高等教育带来的一个直接影响是政府投资被削减。欧洲大学协会2010年年底公布的一份调查报告显示，受国际金融危机影响最大的国家包括英国、爱尔兰、希腊、匈牙利等，这些国家的高等教育经费削减10%以上，西班牙、荷兰、斯洛文尼亚等国的高教经费则削减了5%—10%。特别是英国，其2014—2015年预算将比2010年减少40%，而教学方面预算减少的幅度更是高达79%①。保障人们特别是低收入家庭学生接受高等教育，是欧洲面临的一项长期而艰巨的任务。

（三）教育一体化语言统一与民族语言的矛盾

欧洲各国语言呈现出多样化的特征，大部分欧洲国家的语言都自成系统且各具特色。目前欧盟国家已由最初的15国扩充为27国，“大欧洲”的梦想正一步步变成现实，但是与欧洲一体化很不协调的是，欧盟没有一种统一的官方语言，欧盟充分尊重和理解各国的语言传统，将其成员国所使用的语言均纳为官方语言。随着欧洲教育一体化进程的推进，欧洲国家多样化的语言使教育一体化实施面临严峻挑战。为适应欧洲教育一体化进程，提高教育竞争力和吸引力，1995年欧盟推出“苏格拉底计划”，其中“欧洲语言学习计划”将英语、法语和德语作为欧盟最主要的三种官方语言。目前，欧盟教育委员会致力于促进外语教育朝着统一、明晰的体系方向发展，英语作为国际语言，在欧盟国家中使用最广泛，大部分非英语欧洲国家将英语作为外语，法语、德语在欧盟国家中影响也较广泛。欧洲国家非常重视提升外语的地位，普遍在中小学阶段开设外语课程。此外，外语学习者年龄不断下移，语种也多样化。例如，德国一

① 侯定凯：《金融危机重塑欧洲高等教育》，《中国科学报》2012年4月4日。

些学校从一年级开始实行双向沉浸式双语教育，教学用语除德语外，也有英语、法语、意大利语、葡萄牙语、波兰语等。因此，在大力推行统一语言和学习外语背景下，保存民族语言就成了一个极为矛盾的问题。

二、欧洲教育发展的趋势与展望

欧洲国家推行的一系列教育改革，取得了良好的效果。展望未来，欧洲教育一体化进程将进一步加快。同时，随着欧洲教育一体化程度的提高，各国之间的教育交流将日益紧密，欧洲跨国的教师、学生自由流动不断加强，规模也日渐扩大。为维护欧洲整体利益和各个国家自身利益，各国在教育领域内的合作与竞争共存。

（一）欧洲国家教育一体化进程加快

历经半个世纪的发展，欧洲一体化的步伐已经从最初 1952 年的“欧洲煤钢联营”发展到了今天的“欧洲联盟”，欧盟成员国的规模也不断扩大，一个“统一欧洲”正逐渐变为现实。20 世纪 70 年代以来，欧洲国家在经济一体化之后又开始了教育领域内的合作，并先后启动了一系列的教育行动计划。到 1999 年 6 月，欧洲 29 国签署《博洛尼亚宣言》明确提出 2010 年建立“欧洲高等教育区”计划，并提出六项改革的措施，欧洲教育走向一体化步入实质性的发展阶段。随后于 2001 年 5 月举行的布拉格会议、2003 年 9 月的柏林会议以及 2005 年 5 月的卑尔根会议，研究和讨论了欧洲教育发展所面临的共同问题，统一了欧盟各国教育改革的进程，进一步推动了欧洲的教育一体化。2010 年启动的“欧洲高等教育区”（EHEA）目前涉及 47 个成员国、6 000 多所大学的 3 000 多万名学生，其涉及的区域范围显然超过了欧元区。“欧洲高等教育区”也将继续推进一个更加可比较、相互匹配和一体化的欧洲高等教育体系，鼓励各成员国的学生和学者的流动①。在经济全球化、教育国际化趋势日益明显的时代背景下，欧洲国家的教育合作日益紧密，其教育一体化趋势也日趋明显。

---

① 侯定凯：《金融危机重塑欧洲高等教育》，《中国科学报》2012 年 4 月 4 日。

（二）**欧洲各国更加注重教育创新**

随着经济全球化和信息化的迅速推进，未来世界的竞争焦点也逐渐转移到知识竞争上，而知识经济的所有要素都依靠现代教育。能否建立起持续有效的教育创新体系，可以说关乎着国家的发展、竞争和兴衰。欧洲国家具有教育创新的传统，在复杂的国际与区域竞争中，欧洲各国未来也必将更加注重教育创新。2009 年 7 月，瑞典公布了其在教育、文化及青年领域的五大工作重点，其一就是培养儿童和青年的创造力。西班牙则出台了《2015 大学战略》，该战略的展开与博洛尼亚进程基本平行，目标是建设面向未来的、具有高竞争力的开放型大学。从欧洲整体层面看，2008 年 3 月，欧盟委员会通过的建议案宣布 2009 年为“欧洲创造与革新年”。欧盟还公布了一份《创新标志》，据此设置的指标，欧洲地区的创新领军国家为德国、瑞典、芬兰、丹麦、英国和瑞士[①]。2009 年，欧洲大学协会在题为《欧洲大学——充满信心面对未来》的政策宣言中强调开设具有创新性的课程体系，引进新的教学方法，继续课程改革和更新。2010 年 3 月 25—26 日的欧洲理事会春季峰会审议了《欧盟 2020 战略》，确定战略的主要思路是：以教育促创新，以创新促增长，以增长促就业，以就业促和谐。可见，不论是国家层面还是欧洲地区，教育创新已经被提升到了一个非常重要的战略地位。

（三）**各国教育合作与竞争并存**

20 世纪 70 年代以来，欧洲国家在国际教育市场上的领先地位逐渐被美国、加拿大、澳大利亚等国赶超，失去了往日的辉煌与竞争优势。为了维护欧洲国家的整体利益，各国加强了教育领域内的合作，采取积极的措施提高欧洲教育的国际竞争力和吸引力。从 1999 年欧洲推行促进教育一体化的博洛尼亚进程以来，合作一直是欧洲各国教育发展的主题，共同建立欧洲高等教育区是提高欧洲教育整体竞争力的有效手段，欧洲国家在教育领域内的合作达到了共赢的结果，但与此同时，欧洲国家教育发展之间也存在着竞争，各国之间的合作与竞争并存，这是由市场竞争规律所决定的。在欧洲区域内，由于各国综合

---

① 教育部教育发展研究中心专题组：《近年来世界各国教育政策的趋势及特点》，《教育研究》2011 年第 1 期。

国力水平、教育发展水平、语言教育有很大差异，欧洲各国在国际市场上的地位各异，为了吸引世界各国留学生，欧洲各国也积极启动了提高本国高校竞争力的方案，同时也加大了对本国教育的投入，努力提升本国教育的竞争力以吸引国际生源。因此，欧洲国家教育发展的竞争并没有因为合作而减弱，相反，在今后很长一段时间内，欧洲国家在教育领域内的合作与竞争共存。

三、欧洲国家教育变革的经验与反思

在经济全球化、教育国际化以及知识经济兴起的时代，欧洲国家提出了“重建欧洲”的宏伟战略目标，推行一系列教育改革措施，取得了诸多宝贵经验，而存在的问题也值得反思。

（一）欧洲国家教育变革的成功经验

1. 在全球化背景下加强合作，提高欧洲教育的竞争力

伴随着经济全球化和科学技术的飞速发展，国际教育市场的竞争日益激烈，欧洲国家意识到只有加强教育领域内的合作，充分利用和整合各国的教育资源，才能增强欧洲教育在国际教育市场的竞争力和吸引力。随着经济全球化和教育国际化的发展，欧洲各国积极顺应国际化潮流，在竞争激烈的全球化时代背景下加强相互合作。由于欧洲各国文化传统等存在差异，各国的教育体系、学位制度也各不相同，不利于各国文凭、学历互认，也不利于欧洲教育竞争力的提高。为了提高欧洲教育的国际竞争力，1999 年欧洲启动了促进欧洲教育一体化的博洛尼亚进程，它是 20 世纪以来欧洲教育领域内最重要的一场教育改革，其主要目标是建立欧洲统一的高等教育区，以增强欧洲教育的活力和吸引力。通过一系列促进教育一体化的改革计划，欧洲高等教育系统逐渐趋向一致，有效地促进了欧洲教育的共同发展。从整体上看，欧洲各国的相互合作有力地增强了欧洲教育的凝聚力，提高了欧洲高等教育的在全球的整体竞争力和吸引力。

2. 加强欧洲公民教育，培养统一的“欧洲意识”

长期以来，欧洲人心中有一种统一的“欧洲意识”，他们憧憬建立一个和平、统一和强大的欧洲。在经济竞争日益激烈的时代背景下，为应对全球化的压力、维护共同的经济利益，欧洲国家建构“统一的欧洲”的愿望变得越来越

强烈。从1952年“欧洲煤钢共同体”经济合作组织为起点，欧洲国家开始了建立联盟的尝试，开始了建设“统一的欧洲”的曲折发展历程。1993年“欧洲联盟”的成立是欧洲一体化进程中的里程碑，具有重要的历史意义。自成立以来，欧盟阵营不断扩张，至2012年欧盟已扩大到27个成员国，欧洲人实现“大欧洲”的梦想渐渐成为现实。同时，欧盟还实施了“苏格拉底计划”等一系列教育改革计划，加强了欧洲公民教育，其目的在于加强欧洲公民的“欧洲意识”，从意识形态上建设一个“统一的欧洲”，培养学生“欧洲人身份”的世界观和价值观，增强其认同感和归属感，以提高欧洲人的凝聚力和竞争力。实践证明，欧盟不断加强欧洲化教育，对提高欧洲国家整体竞争力和教育一体化具有重要的战略意义。

3. 在教育发展进程中，注重数量增长与质量保障并重

欧洲国家经济普遍较为发达，它们历来非常重视教育的发展。20世纪70年代以后，欧洲的教育发展迅速，取得了较大的成绩。在数量增长方面，欧洲国家义务教育年限普遍延长，目前不少国家已经达到11—12年。随着义务教育年限的延长，欧洲国家也加强了对义务教育质量的巩固力度，各国政府每年拨出专款专门用于提高义务教育质量。在高等教育领域，欧洲国家也取得了突出的成就，其高等教育规模不断扩大。欧洲一些发达国家如法、德等国已经先后进入了高等教育大众化阶段①。到目前为止，不少欧洲国家的高等教育已步入普及化时代，大学生的数量和高校数量增多，类型也逐渐多样化。在质量保障方面，随着欧洲高等教育数量的增长、规模的扩大，在一定程度上造成欧洲高等教育的质量滑坡，为了保障和监督各国课程学习、学位授予的质量，建立有效的质量保证机制，欧盟通过一系列的改革措施，例如，欧洲高等教育质量评估先导计划、关于加强欧洲高等教育质量保障合作的建议、博洛尼亚宣言等加强了欧洲国家在质量保证领域的合作，并建立了“欧洲高等教育质量保障网络”。目前欧洲国家已普遍建立了高等教育质量保障体系，加强了高等教育质量的评估和监督，以确保和提升高等教育质量。

（二）欧洲教育变革的评价与思考

欧洲教育变革中有不少问题值得反思，其中最值得深思的问题是如何在教

① 谷贤林：《向市场转变：当前欧洲国家高等教育发展的特点》，《现代大学教育》2005年第3期。

育一体化进程中做到既互相融合，又能体现出各民族的教育特色，以及如何兼顾各个国家的具体国情和差异、如何应对金融危机带来的消极影响等问题。

1. 如何在欧洲教育一体化进程中彰显各民族特色

欧盟是欧洲多个主权国家的联合体，自成立以来一直致力于欧洲一体化建设，在推进欧洲经济一体化进程中发挥了极其重要的作用。欧盟在20世纪90年代后期开始推行欧洲教育一体化政策，积极促进各成员国在教育领域的交流与合作。随着欧洲教育一体化程度的日益提高，各国之间的教育逐渐走向融合，国别性的差异日渐淡化甚至开始消失，各个国家教育的“特色”和“个性”逐渐被消磨，这虽然有利于欧洲教育走向统一、提高欧洲教育整体竞争力，但同时也使得欧洲教育过于简单化而失去丰富多彩的特色，从另一方面使它渐渐失去具有多元内涵的吸引力。因此，欧洲国家已经不得不思考这样的一些问题：欧洲教育一体化发展是否意味着各个国家教育传统的消失？如何在各国教育走向融合的同时，也能体现和彰显各国教育的特色和优势？如何使各成员国教育做到既互相融合、和谐发展，又能体现出各民族国家的多元文化传统，增加欧洲教育的丰富性和吸引力？由此看来，欧洲在提高教育一体化程度的同时也需要鼓励、保持和发扬各个国家多元化的教育传统，彰显各民族教育的特色和优势。

2. 如何在欧洲教育变革中兼顾国别差异

由于欧洲四十多个国家和地区的文化背景、综合国力、经济发展水平等存在差异，各国的教育体制也各不相同，它们的义务教育年限、高等教育入学率、学校的类型及学位学历的要求与层次也不一样，教学质量方面也参差不齐，因此欧洲各国实行教育一体化改革的步伐并不一致，如果在较短的时间内使欧洲高等教育统一到一个水准上，必然存在着许多困难与障碍。因为教育制度的改革并不仅仅只是把新的制度强加于旧的制度、用新的教材替换旧的教材就了事，还涉及课程标准的修改、学历学位层次的转变、教学质量的评估等问题；此外，还与各个国家的教育传统、人们的思想观念、社会制度等息息相关。面对这一系列的问题，欧洲教育一体化的推进不能只注重发展进程，还应兼顾各个国家的政治、经济利益，充分认识到一体化进程是个渐进的过程。有专家指出，博洛尼亚进程在时限规定方面还不够成熟，不少人认为如果将教育一体化进程的执行期限延长，充分兼顾各个国家教育的差异性，让各国尤其是基础较差的国家有充分的时间对学历学位互认、学分转换体系的建构、学制的改革、质量认证等方面进行循序渐进的改革，将更有利于稳妥、深入地推进欧洲高等教育一体化进程。

20世纪70年代以来，在经济全球化、教育国际化及第三次工业革命的大力推动下，欧洲国家教育既面临新的发展机遇，同时也面临着诸多挑战。为了应对激烈的竞争，欧洲国家推行了一系列教育变革，如建立欧洲学分转换系统、促进各国学位制度的统一、加强各国学历学位的互认、建立统一的欧洲高等教育区、加强质量保证领域的合作、实行欧洲公民教育、跨文化教育和终身教育等，有效地推进了欧洲教育一体化进程，同时也提高了欧洲教育的整体竞争力和吸引力。目前欧洲推行的这些教育变革进程中已取得了一些积极的成效，但也凸显出一些问题，如欧洲教育一体化与各国教育多样化发展需求、福利社会下的教育公平与教育均衡发展、统一官方语言要求与各国多样化语言相融互动、如何使各国教育相互融合又包含差异彰显出各国教育特色等，引起了人们的关注。

【思考与练习】

1. 简述欧洲教育发展的历史阶段和特征。
2. 简述欧洲教育思想的嬗变。
3. 后现代背景下欧洲国家教育变革有哪些举措和问题？
4. 简述欧洲高等教育一体化的进程及其意义。
5. 经济全球化及教育国际化对欧洲教育变革有哪些影响？

【拓展性阅读导航】

1. ［荷兰］彼得·李伯庚著，赵复三译：《欧洲文化史》，江苏人民出版社2012年版。

该书是一本欧洲文化史概览，作者从宗教、文学、雕塑、绘画、音乐及科技等角度来审视源于古希腊并不断演化而来的欧洲文化，既有古典精研深究之功，又有大众文化艳彩之妙。

2. 周满生、吕达主编，国家教育发展研究中心编译：《发达国家教育改革的动向和趋势》（第七集），人民教育出版社 2004 年版。

该书收录了发达国家 2000—2003 年的重大教育法规、发展战略、改革报告、统计报告等权威性资料。

3. 曹德明主编：《文化视角下的欧盟研究》，上海外语教育出版社 2009 年版。

该书从文化和文化诠释学视角出发，加强了对欧盟文化及其文化背景研究，以此拓展了以欧盟经济和政治研究为主的研究视角。

4. 徐辉著：《国际教育初探：比较教育的新进展》，四川教育出版社 2005 年版。

该书对国际教育组织、国际教育交流与合作、国际教育的目的及学校、课程和语言等问题做了系统的阐述。

5. 李化树著：《建设欧洲高等教育区（EHEA）：聚焦博洛尼亚进程》，人民出版社 2014 年版。

该书以博洛尼亚进程为主线，以新功能主义、经济增长极理论等为理论依据，综合运用多种研究法，探讨了欧洲高等教育区建设的思想渊源、运行机制及成败得失。

第十二章　剧变后的俄罗斯与东欧教育

【内容提要】

20 世纪 90 年代初，东欧各国政体剧变，随着社会的转型，教育进行了全方位、多层次的变革，以适应新的社会民主体制、市场经济、多元文化的需求。本章着重探讨剧变后该地区教育的改革与发展，揭示其特征、挑战及走向。

【学习目标】

1. 了解苏维埃学校教育体制变革进程及特征。

2. 明晰俄罗斯与东欧国家推进教育变革的内驱力。

3. 了解俄罗斯与东欧国家推进教育新变革面临的问题、主要措施及发展特征。

20 世纪 80 年代后，苏联及东欧各国陷入内外交困的境地，经济严重衰退，1990 年苏联 GDP 仅增长 1%，其他国家甚至出现负增长，从而引发了从 1989 年年底起波兰“团结工会”开始到 1991 年 12 月苏联解体的东欧集团国家社会剧变。仅两年间，各国“民主派”取代共产党领导，相继建立亲西方的政权。暴风骤雨般的社会剧变后，东欧各国社会发生了重大转型，教育也相应展开了举世瞩目的全方位、多层次改革，迈向新的教育变革进程。

第一节　俄罗斯与东欧的教育传统及挑战

俄罗斯与东欧各国有 3 亿余人口。在悠久的发展历程中，形成了独树一帜的传统文化。东欧各国教育也经历了曲折漫长的发展历程，二战后，教育发展水平跃入欧洲发达国家行列，基本实现了教育现代化，其经验对世界教育的发展产生了重大影响。

一、东欧国家教育传统的演进历程

剧变前，东欧国家教育经历了十月革命前、二战前、二战后的发展阶段，建立了具有东欧社会主义基本特征的苏维埃教育体制模式。

（一）十月革命前传统教育的特点

东欧国家的学校教育起源于 9 世纪后叶，即拜占庭教会势力向东欧各国渗透，基辅罗斯、白俄罗斯、匈牙利、保加利亚、波兰等逐渐出现教会学校，个别修道院还设有女子学堂。学习内容以宗教学为主，也包括阅读古希腊作品，学习辩证法、修辞学、文法、歌咏等。12—17 世纪，波兰、捷克斯洛伐克王国、立陶宛、爱沙尼亚、俄国等陆续创建起封建主世俗学校。世俗学校偏重古希腊学校课程的学习，学制一般为 4 年。同样，多数国家的高等教育也产生于教会机构，近代后得到较快的发展。1348—1364 年，捷克查理大学、波兰雅盖大学是当时中东欧最早的大学，这些学校有著名学者和神职人员讲课，课程内容除一些数理课程外，还讲授神学和法律等。另外，有的国家大学的起步就具有较强的世俗性，例如，1701 年 1 月起俄国在短时间内建立了大量的实科高等技术学校，1707 年捷克建立了享誉欧洲第二古老的布拉格技术大学。

19 世纪末，东欧各国基本上建立起具有近代性的教育体制，即国家掌管教育、教育体系形成、公立学校规模化、教育内容实科化、六年制义务教育，以及以教师、教材、课堂为中心的教学模式。

（二）二战前苏维埃教育模式的雏形

20 世纪初，东欧国家结束了封建制，多数成立资本主义共和国，少数国家跨入社会主义时期。其教育发展的重点是建立国家教育法律、加强教育的国家管理权、完善教育体系与学制、进一步普及义务教育、中等教育向各阶层开放、促进高等教育发展等，这为推进教育现代化奠定了基础。

苏联初期，各加盟共和国有效地改造了旧教育体制，建构起社会主义国民教育体制。1918 年立陶宛开始进行建设性的教育改革，范围包括制度教育和非制度教育，20 世纪 30 年代末 9—49 岁居民中，识字的人数占 76.7%，教育事业有了较大的发展。1932 年白俄罗斯实现了初等学校义务教育，1935 年建立了一套比较完整的初中高等国民教育体系。1927 年，乌克兰只有 39 所高等院校，而 1938 年则拥有 129 所高校，40 年代 17 个州建立了 316 所培养学校，同时基本完成 7 年义务教育的过渡。另外，各加盟共和国还开办了大量的夜校、寄宿学校、孤儿院、学前教育机构等。总之，二战前苏联逐渐建立起了以民主性、平民性、统一性为特征的苏维埃教育体制雏形。

同时，其他东欧国家教育也得到较快的发展。1918 年波兰重获独立后，统一全国教育制度，并颁布了七年制义务教育法令，1929 年高等学校发展到 27 所，1937 年已有 717 所中等职业学校。1918 年后，捷克斯洛伐克开始 8 年制的义务教育，同时各种类型和级别的学校不断涌现，20 世纪 30 年代全国母语教学中学达到 56 所，并创办了大量高等技术学校①。1912 年 11 月阿尔巴尼亚独立后，首先大力改组学校，即将部分中等学校改造为技术学校以加强其教育的实用性，1912 年起开始八年制义务教育，1933 年政府将一切学校收归国有。1921 年保加利亚颁布的“公共教育法”，要求进一步推进义务教育、学校管理、中等普通教育以及职业教育的统筹性发展。

---

① http：//euroasia. cass. cn/news/85615. htm.

（三）二战后苏维埃教育模式的形成

二战后，人类新技术革命时代来临、生产能力飞速发展、冷战时期军备竞赛等导致对各种人才的需求急剧增加，这些极大地促使东欧国家教育进入快速发展时期。各国以苏联教育体制为引领，有效地推行并完成初中等的义务教育，为特殊需要的儿童开办学校，建立起大量的学前机构、多层次的妇女与少数民族学校、校外教育协助机构网、庞大的高等教育与大学后教育，推行了统一的学校管理。

从教育管理上讲，苏联及东欧各国教育部为国家教育主管部门，制定教育方针、发展纲要、教育投入、教育标准、教学大纲等，统筹国民教育体系工作。各州及直辖市设教育局负责管理所在地区的学校，为学生、教育工作者及青少年提供社会保障等（见表 12-1）。

表 12-1　苏联与东欧国家 20 世纪 80 年代的教育体制模式①

项目＼国家	阿尔巴尼亚	保加利亚	波兰	民主德国	捷克斯洛伐克	罗马尼亚	匈牙利	苏联	南斯拉夫
教育管理	教育部与部门共管	教育部与部门共管	教育部与部门共管	教育部与部门共管	教育部与部门共管	教育部与部门共管	文化与教育部	教育部与部门共管	自治州与利益团体
教育投入	国家预算的5%	国家预算的10%	国家预算的10%	国家预算的6.5%	国家预算的7.2%	国家预算的8%	国家预算的6%	国家预算的15%	国家与利益团体
义务教育	8年	10年	10年	10年	10年	10年	8年	10年	10年

教育学制层面，学前教育由苏维埃区政府、社会团体或集体农庄等开设，分为两个阶段：第一个阶段是托儿所，主要由卫生部门领导，负责儿童护理，确保健康成长，招收 2 个月至 3 岁的儿童；第二阶段是幼儿园，配合家庭对儿童进行和谐发展的教育，为读小学做准备，招收 3—6 岁的儿童。初中等教育学制

① Источник：http：// comparative. edu. ru：9098. федеральный специализированный информационный портал，сравнительная образовательная политика.

11 年，小学阶段 4 年，初中阶段 5 年，初中毕业后学生即可进入普通中等或中等职业学校。全日制普通中等教育为 2 年、半日制的 3 年，学生完成学业可获普通高中毕业证书。中等职业教育分为综合技术学校、中等职业技术教育、高级职业学校，招收初中毕业生。初中等职业学校学业为 2—3 年，可以颁发职业技术资格证书，而高级职业学校学业年 3 年，成绩优秀者可申请进入高校深造。东欧各国高等教育体系虽有一定的差异性，但一般专科教育为 2—3 年，本科教育 5—6 年，大学后教育 3—4 年。苏维埃高校类型是：综合性大学为教学、科研、教学法研究中心，培养专门人才和师资；理工学院为培养工程技术人员的基地；专业学院为各行业部门所属，培养各行业高级专业人员。

苏联时期，东欧国家进行了有别于西方国家教育现代化模式的探索，苏维埃教育模式的成就是巨大的。它以社会需要和个人志愿相结合的原则，保障每个儿童、青年和成年人接受教育的均等机会，使每个公民不论性别和社会地位，都能享受各种水平、各种类型和各种形式的教育；所有教育以马列主义世界观为基础，密切联系工作和生活，教学与科研、生产及社会相结合，与社会主义建设的实际需要相结合，培养德、智、体、美、劳全面和谐发展的人才。

二、苏维埃教育模式的困境

剧变导致社会性质发生根本性的变化，这自然对苏维埃教育模式产生了多重冲击，凸显出众多的矛盾。

（一）意识形态教育与民主价值的相悖

苏联时期，教育是社会主义建设的工具，这决定了各类学校将掌握马列主义思想与共产主义教育作为首要任务，学校教育被赋予了浓厚的意识形态色彩。东欧各国制订了一系列内容相同的学生政治思想教学计划，比如，设置党史、马列主义哲学、政治经济学、科学共产主义等课程并实行全国统一考试，同时进行生产劳动教育、社会主义教育、无神论教育等。苏联的教育目标是“培养新人的思想品德，可概括为共产主义信念、热爱劳动、集体主义、爱国主义和人道主义等方面”，保加利亚的教育任务是“学校使年轻人懂得如何在社会主义和共产主义社会中生活”，波兰的教育目的是“努力使个性的各个方面得到发展，并为在社会主义中生活和劳动做好准备”，民主德国的教育目的是“有技术、文化、道德、身体健康的社会主义建设人才”。这些教育目标的定位保障了教育为社会主义建设发展服务。

剧变后，各国着力推动“民主社会”的发展。其一是倡导每个公民自由地表达不同意见，其二是允许包括马列主义、民主主义、人道主义、宗教等思想共存，其三是树立公民的人权、自由、平等、全人类的多元价值观。显然，苏维埃的“意识形态一元化”教育与此有巨大的冲突，培养学生多元价值观成为各国教育改革所面临的首要任务。

（二）集权管理制面临市场体制的冲击

东欧国家曾经经历了比老牌资本主义国家更漫长的封建专制时期，“十月革命”后，封建集权因子遗留下来且冠冕堂皇地踏入了社会主义殿堂，在未能培育起民主文化土壤的情况下，它们自然演变成中央集权制的基石。民主文化的欠缺加之计划经济模式，滋生了高度统一化的教育管理体制，甚至也影响着学术界的发展。比如，苏维埃时期东欧各国教育界在“教学论”的统领下，对西方“课程论”很陌生。匈牙利教育科学研究所伯泽所长说，“课程论”这个术语过去使用甚少，多数学者视为是一个新概念，更不了解“课程”具有民主性之含义，即学校和教师对课程的决策、计划、实施等都具有相当的自由选择权。

市场经济体要求从根本上转变中央“行业部门”条块分割的教育管理机制，以避免学校盲目听从而缺乏自主权等矛盾。教育实行市场体制调节、与社会需求建立起必然的联系，这种趋势成为政体转变后教育改革的关键，是推行教育现代化的前提。

（三）科技至上教育受人文主义的挑战

“技治论”是指苏维埃时期，在西方国家封锁下，苏联与东欧国家在社会主义建设中强调“科学技术决定一切”的强国战略观。在“技治论”的指引下，各国以“加速发展”和“赶超欧美”为核心，从落后的资本主义国家向社会主义现代化国家迈进。从20世纪20年代“俄国电气化计划”的制订、50年代苏联人造地球卫星上天、70年代高科技精密仪器的发展，到80年代苏联成为唯一能与美国抗衡的超级大国；东欧各国也同样实施“赶上现代化”的战略，国家现代化取得了较大的发展，多数国家整体实力达到西欧中等发达国家的水平。

“技治论”在教育上则是强调科学主义至上的教育价值观，这种取向在基础教育课程政策上表现为某种程度上重自然学科、忽视人文学科的课程设置。若将20世纪70—80年代苏联、东欧社会主义国家与西方资本主义国家的学科课时数相比较，前两者重理轻文的现象显而易见（见表12-2）。同时，“技治论”在高等教育中体现为重复又狭窄的专业设置，比如，苏联达2 600余种、罗马尼亚达354种、捷克达1 300种等。这种科技教育模式旨在培养“先”而“尖”的高级科技人才以应对现代科技发展和冷战竞争的需要。

表12-2　苏联、东欧各国与西方资本主义国家教学计划中的人文学科与自然学科课时①

课程系列	苏联（%）	东欧社会主义各国（%）	西方资本主义各国（%）
人文学科	35	37	46
自然—数学	34	33	21.5
艺术—审美	5	7.1	10
生产—劳动	18	10.2	10
体育—健康	8	8.9	11

然而，市场经济社会要求受教育者不仅具备专业知识，也要拥有精神丰富、道德纯正、人类责任感的人文素养，能以人文主义思想与方式处理人与人、社会、周围世界的关系。因此，培养市场经济社会所需的既具适应力又有创造力的人才，是东欧各国教育改革的现实问题。

三、苏维埃教育模式改革的时代契机

经济全球化、欧洲一体化、教育国际化是东欧国家剧变后所面临的国际大环境，也是各国实现教育全面现代化的契机。

（一）回归统一的新欧洲之愿望

基于欧洲文化，包括古希腊罗马文化、基督教传统、文艺复兴的人文主义精神、启蒙时代的理性主义、科学、民主传统等的同源性，二战后西欧国家逐步向经济、政治、文化等多方位的联盟迈进，争取在国际舞台上成为一个独立

① 王义高、肖甦著：《苏联教育70年成败》，北京师范大学出版社1999年版，第426页。

的、有影响力的联盟体。冷战结束后，东欧国家纷纷提出融入欧洲体系的口号。以匈牙利为例，1989年后匈牙利开始向市场经济国家过渡，1992年正式提出加入北约的申请，积极发展与欧盟的经贸关系并加入欧盟成为其一项基本国策。2000年匈牙利与西欧的贸易迅速发展且吸引了其大量的直接投资，同时与欧盟和中欧自由贸易地区国家进口工业产品的关税也随之取消；1997—2001年国内生产总值增长较快，通货膨胀率下降。可以认为，东欧各国通过包括教育在内的系列改革来达到成员国的资格要求，尽快地与欧洲社会、经济、文化融为一体，是它们的近期目标。

（二）欧盟教育一体化进程的张力

为了建构统一的整体欧洲，同时迎接全球化和信息社会的挑战，2003年3月欧盟首脑会议通过了未来十年发展战略规划《里斯本战略》。其目标为“成为在经济上可持续发展并拥有更多更好的就业岗位以及更强的社会凝集力的，世界上最具竞争力和活力的知识型经济体”。基于此发展战略，会议还通过“建设知识化欧洲纲要”，即欧盟应为欧洲公民提供终身学习和培训的机会，不断增强其就业能力。各成员国应将教育和培训作为一项重要国家战略实施，应将基础、职业、高等和终身教育作为主要环节，将基础知识、应用技能和创新能力作为发展重点，培养能够适应科技与文化不断发展的专业型、复合型和国际型人才。该会议被认为是欧盟“区域教育一体化”建设的转折点，体现了对建设知识化欧洲、保持经济持续增长、增强整体竞争力的愿景。融入欧盟教育一体化，让年轻人为在一个共同的欧洲生活做准备，这自然是各国教育现代化改革的又一动因。

（三）教育全面现代化的抉择

针对苏维埃教育模式的困境，东欧各国相继确立了实现教育全面现代化的战略方针，力图建立一个完善的教育体制以使本国社会更加公平、经济更具竞争力，并迎接21世纪国际社会、经济和文化发展的挑战。2000年3月俄罗斯政府颁布的《俄罗斯联邦教育发展纲要》决定将教育系统定为国家发展的优先领域，充分发挥教育在转向民主、法制的市场经济国家中所应有的作用，确保经济增长、民族安全、公民幸福，特别是要克服落后于世界经济、社会发展趋势的危险性。为此，2001—2003年相继颁布《2010年前俄罗斯教育现代化构想》《高等职业教育现代化》《师范教育现代化纲要》《俄罗斯普通教育内容现代化构想方案》等系列教育国策，要求“必须对教育实现深刻而全面的现代化”，使“俄罗斯教育系统有能力与各先进国家的教育系统开展竞争”①。同样，白俄罗斯政府认为，社会、经济和政治的改革，教育应被视为一个优先发展领域，政府应建设高质量的现代教育体系，以促进科学技术文化、社会与经济稳定发展、国家主权安全等。20 世纪 90 年代初，波兰政府提出“回归欧洲”的口号，对教育进行全面改革，1995 年波兰教育部发表了由 30 个专家联合撰写的《变革社会中的教育》报告，确定了教育现代化发展的主要目标。1993 年匈牙利颁布《公共教育法》，提出了现代教育体制运行、组织、管理和融资等的基本原则。

第二节　社会转型下俄罗斯与东欧的教育改革

在民主思潮、市场经济、教育国际化、“博洛尼亚进程”的推动下，东欧国家进行了一系列的教育改革，其根本目的是建立民主化、人道化、个性化、国际化的国民教育体系，致力于实现教育的全面现代化。

一、现代教育理念的践行

在世界教育发展影响下，东欧国家确立了一系列的现代教育理念，作为该地区教育全面现代化的指导思想。

（一）个性发展的教育理念

原苏维埃学校一切活动的开展是计划性的，包括教育教学的计划、大纲、方法等，这种模式忽视了教师的主动性和影响学生多元能力的培养，与欧美国家现代学校教育相比有着较大的差异。随着民主文化的兴起，东欧各国将学生个性化发展作为现代教育的前提，实行个性化发展的教育。所谓个性化发展教

① Министерство образования РФ. Концепция модернизации российского образования на период до 2010 года. http：// www. edu. ru/db/mo/Data/d _ 02/393. htm.

育是指教育过程中的人性化、人道化、个别化，即以个体的身心特点、天赋、兴趣、志向和职业选择为出发点的培养目标、课程体系、专业设置，以及采用相应的教学内容、方法、手段的教育教学活动。换言之，教育应该承认个性的唯一性，将其置于教育教学过程的中心地位，以达到学生个性的形成。

随着个性化教育理念的践行，东欧各国学校教育呈现出系列变化。一是教育教学方式多元化，推行探究性、任务性、问题性、对话性等方式。二是普通高中侧重专业化教学，加深拓宽个别化的教育大纲，实施侧重一种或几种专业性的教学内容，以满足学生择职兴趣。三是课程权利地方化，各地区或学校根据本地文化特征和学生需求增设多样化的自选课程，以满足学生的兴趣和爱好。例如，2007 年 9 月，捷克教育部推行的一项重大改革是取消全国统一的教学大纲和教材，由各校根据情况编写教学大纲、选择教材及设置课程，并首先在普通教育的 1—6 年级试行，使公立学校增强对学生的个性化培养。目前，俄罗斯中学选修课约占课程计划的 25%，捷克和斯洛伐克允许 20%的教学活动由学校确定，波兰高中阶段的选修课学时已达 19%，罗马尼亚为 10%，保加利亚为 6%—12%。

（二）人文主义的教育理念

人文主义教育理念兴起，促使教育从科学主义立场转向以全人类文化教育为中心，倡导通过世界的历史文化、精神珍品来丰富学生的人文知识，揭示人性的高尚精神与本质，各层次学校课程体系中提高人文科目的地位来摆脱平淡乏味的理性主义取向，防止过于科学技术至上而出现对社会集体、人类道德价值漠不关心的专业人才培养。

目前，俄罗斯小学至大学均增加了人文学科课程。基础教育计划中人文学科课时比重已提高到 50%。小学开设《周围的世界》课程，内容包括人与社会、自然两部分，要求学生除掌握学习的基本内容外，树立对周围世界、伦理和道德标准的观念。初中开设祖国历史、通史、法律、现代文明基础、当代世界、公民常识、世界经济、政治学、经济学、社会学、生态学、伦理学等社会学科类课程。高中则强调全球意识培养，主要内容包括了解人类共同赖以生存的地球变化状况及趋势，了解世界范围内多元文化思想的存在等，旨在让人之间、国家之间，以及不同人种、民族、宗教和社会群体之间能互相理解与合作。高等教育按教育部规定，各专业教学计划中人文学科的教学时数不得低于总学时的25%，大量开设人文通识课程，如西方哲学、文化学、法学、社会学、心理学、宗教学、经济学、国际政治学等，即以人类文化与文明成就来丰富学生的思想内涵。

东欧各国的教育界主张取消科学共产主义、政治经济学、联共（布）党史等具有浓厚意识形态的课程，而引入西方哲学、经济学、美学、心理学、逻辑学、社会学、人类学、公民学、宗教学等来实现人文主义的教育取向。教育家们希望提供更多的人文课程，让教育回复到关注学生人文素质的发展上来，而非让他们成为技术知识积累的容器。

（三）人道主义的教育理念

人道主义是当代社会重要的价值观念，这就决定了教育应很好地实践这一价值体系。人道主义教育理念要求教育教学过程中尊重学生的主体性。

东欧教育的人道主义提倡实施“合作教育”模式。20世纪80年代，苏联教育界针对传统教育模式提出了具有现代性的“合作教育”学说，在政局剧变之后普遍推广。所谓“合作教育”，其一，倡导教师与学生、教师与教师，学校与家庭、家长与孩子的合作；其二，建立平等的师生关系，尊重每个学生的个性与人格，共同分享教育活动的失败与成功，培养学生民主意识；其三，以参与性、主动性、互助性取代个人竞争的学习方式，让学生共同体验到学习过程的喜悦，由此产生学习的内驱力。

二、教育管理体制的突破

剧变后，教育管理体制改革的任务是，打破苏维埃教育模式的稳态，建立起一个民主化、多元化的教育体制。

（一）多层次的分权民主管理

苏维埃教育模式最大的弊端之一是高度集中管理，这助长了地方和各级学校在管理、财政及课程方面对国家的依赖性。教育分权管理的核心是弱化中央管理，发展地方和学校管理的自主意识、扩大它们的办学自主权，让地方、学校、雇主等各方均参与学校管理，建立起与地区社会发展相适应的、灵活的教育体系。

1992年7月俄罗斯《教育法》指出，承认地区政治、经济、文化发展上的差异性，各级管理层都具有自己的管理权限与职责。次年，俄罗斯财政部与国家高教委员会决定将大部分高校从联邦各部门转归地方政府管理并确定多层管理机制与职责，即联邦的、联邦主体的和地方自治的。同样，1991年6月拉脱维亚出台第一部《教育法》，取消指令性的政策执行方式，将教育管理权和财政权下放给自治地区和地方政府，并分别对其教育职权、自主运营权，以及公众对教育的决策权、参与权与监督权予以明确规定。1991年白俄罗斯《教育法》、1994年摩尔多瓦《教育发展的构想》、2009年塞尔维亚《教育体制基本法》等，均确定了教育分权管理的方针。

在学校层面，自治与民主参与成为学校管理改革的一个重要举措。大学确立独立办学的法人制，制定学校事务民主管理原则，即学校在教学活动、人事、经济、国际交流合作等方面享有自主权，民主选举校长，教师、学生、家长及社会各界人士都可参与学校管理。例如，阿尔巴尼亚、斯洛伐克、波兰、匈牙利等国普遍引入“学校董事会”的民主管理机制，1995年6月阿尔巴尼亚《大学前教育法》指出，学校管理机构包括校长和学校理事会，学校理事会主要包括讨论学校工作报告，决定学校活动、投资、教师岗位竞争补缺、提议校长职位候选人等职责。而波兰的学校理事会则由选举的教师、学生和家长各占三分之一且不少于6人组成（小学不包括学生参入、初中也不硬性要求），主要职责有自行选举主席、制定学校规章制度、讨论解决学校财政计划和教育活动等①。

（二）多主体的社会办学体制

东欧国家教育现代化发展中一个突出的矛盾是未能摆脱国家一体化办学的桎梏。该体制在普及义务教育、教育投入和教育公平性等方面发挥了重要作用，但其缺陷是限制了社会各界、公民办学的积极性，不利于竞争机制的形成和学生个性化学习的需求。因此，办学主体多元化是市场经济社会条件下教育体制变革的趋势。

① 阿尔巴尼亚的“大学前教育”指除了正规大学外的高等教育和基础教育，即初等教育、中等教育和中等后教育，中等后教育泛指高职高专院校。

1992 年 7 月俄罗斯《教育法》规定教育举办者可以是国家和地方自治机构、境内外企业、各种所有制形式的机构及其所属团体或协会、国内外各种社会或个人基金组织、国内注册的各种社会宗教组织、俄联邦及其他国家公民，这意味着教育从唯一的国家主体向多主体的转变（军事院校除外），即产生了国际上普遍存在的国立、地方和私立的办学体制类型。2009 年拉脱维亚的《教育法》也明确，允许私人办学及自治州根据辖区内情况发展多主体办学。1992 年，俄罗斯私立普通中小学校只有 85 所，学生仅 6 700 人，而 1998 年私立普通中小学校数量已达 570 所，在校生 5.05 万人，分别占全国普通中小学校总数的 0.8%、在校生总数的 0.2%。各国几乎都出现了各种精英学校或实科学校，1989 年波兰建立了可供选择的教育机构，罗马尼亚、波兰恢复了教会学校。私立高校的发展速度更快，在高等教育整体发展中独树一帜（见表 12-3）。

表 12-3　2002 年东欧国家私立高校数量与学生占同年大学生总数比例①

国别	俄罗斯	罗马尼亚	斯洛伐克	捷克	匈牙利	保加利亚	波兰
私立高校数量（所）	348	83	9	47	26	8	151
占大学生总数（%）	9.9	28	6.5	7	8.5	11.5	30

（三）多渠道的教育经费投入

剧变后，东欧国家教育面临的最大挑战是财政的困境，调动各方积极性、形成多渠道的经费来源成为缓解这一矛盾的重要举措。

1992 年颁布的俄罗斯《教育法》决定将单一的国家财政的教育拨款体制转变为多源经费投入制，实行“分级”财政预算，即在“联邦和地方共同拨款的基础上”进行。国家依据联邦教育拨款义务，保证公民受教育权，每年教育预算经费不少于国民收入的 10%，且拨款定额的绝对数根据通货膨胀率的增长速度实行指数化。同时，国家预算中还为培训特殊、急需和短缺人才的高校提供联邦经费。地方的财政拨款定额要足以支付学校在教学过程中所需的各种日常开支。据 1992 年俄罗斯《高等职业教育和大学后职业教育法》的规定，

① Источник：http：// comparative. edu. ru：9098. федеральный специализированный информационный портал，сравнительная образовательная политика.

地方对高等教育的拨款不得少于联邦教育预算的3%。另外，各级学校自己可以采取多种途径的资金补充，如提供有偿教育服务、参与企业经营活动、社会集资、高校扩大自费生比例等。

东欧各国也拓展多渠道的教育经费来源，如增加自费生人数、吸收外国留学生及欧洲银行教育贷款等。爱沙尼亚文化资金会和阿诺大里基金会给普通教育提供项目资金，摩尔多瓦从欧盟的伊拉斯谟计划①和田普斯计划②获得资金支持。目前，在教育经费总额中，预算外的资金来源额（国家专项、企业雇主、社会团体或国际基金会）俄罗斯占10%、捷克占30%，波兰和匈牙利均超过15%。

三、教育国际接轨的转向

冷战结束，各国之间的交往更加频繁，相互了解随之增多，封闭了几十年的东欧国家发现自身某些方面较为落后。苏联教育家赞科夫与匈牙利、捷克、斯洛伐克和波兰等教育界曾讨论了这一问题，认为问题出在教育。剧变后，俄联邦教育科学院院士 Б. С. 格尔顺斯基在其著作《21世纪的教育哲学》中指出，"全球问题"对人类生存与发展已构成了挑战，应把"全球问题"的产生和解决与教育责任相联系，从教育哲学的视角来构建教育改革发展的首要战略。教育的发展再不能囿于一国一族狭隘的利益与视野、关门办教育，必须放眼全球，共同合作来解决"全球问题"的威胁。可以认为，该思想是东欧各国推进教育国际化的理论共识。

（一）国际学制的基础教育

东欧各国虽义务教育年限不一样，但全日制普通基础教育均为11年制，即4—5年制小学教育、4年制初中教育和2—3年制普通中等教育（全日制2年、半日制3年）。然而，包括所有西欧国家在内的国际上近80%的国家实行12年制基础教育，加之人类知识的日益增长，这成为东欧国家学制改革的新动力。

进入21世纪以来，各国基础教育学制与国际接轨逐步实现12年制计划，其目的有二：一是减轻学生学习负担，以缓解因学习负担过重而导致健康欠佳

① 伊拉斯谟计划是欧盟发起的一项高等教育交流计划。

② 田普斯计划主要面向东欧和中亚地区的经济和政治体制转型国家，也是欧盟发起的高等教育领域内的国际交流、合作计划。

的问题；二是提高教育质量，学制延长增加教育内容可选择性，有利于学生个性化发展的培养。11—12 学制的转变是一项重大工程，其资金、师资及设备资源等各方面的需求巨大，各国将在试验基础上逐步完成。目前，除乌克兰、摩尔多瓦仍然是 11 年制外，其他国家均已实现 12 年制的转变，并且多数国家实现 10 年制义务教育，少数国家达 12 年制。

（二）开放体系的高等教育

与国际通行模式接轨构建多层次的高等教育人才培养体系，以便参与国际劳务市场上的竞争，并适应市场经济对各种不同层次人才的需求，这是东欧各国高等教育改革的一致方向。剧变后，俄罗斯在保留原五年制专家文凭培养的基础上，建立起与欧盟相同的层次体系。

第一级水平是二年制的不完全高等教育，完成 1 年学习的学生获得初级职业资格，完成 2 年学习任务的学生领取不完全高等教育证并获得中等职业教育证书。此后，可进入第二级水平的继续学习，如再接受 1 年专业学习即可获取高等专科职业教育文凭。

第二级水平是二、四年制的基础高等教育，不完全高等教育毕业生只需学习 2 年，而普通中等教育毕业生（普高）则需要学习 4 年。学业完成将获得基础高等教育毕业证和学士学位，可继续接受第三级水平的学习。

第三级水平是一、二年制的完全高等教育，即专门教育。如再完成 1 年的学习则获得相应专业的专家文凭，完成 2 年的学习者获得硕士学位证书。

此外，获得专家文凭和硕士学位的毕业生可进入大学后教育，即攻读副博士学位，学制 3 年，获得社会科学类的副博士一般从事专业实践工作 5—8 年后，可攻读科学博士学位，少数自然学科专业可直接再攻读科学博士学位，科学博士学习原则上无年限规定。

东欧其他各国均采用了欧盟高等教育的学制标准，增加了硕士层次修业，取消了副博士修业，硕士毕业进入博士修业。个别国家仍保留五年制专家文凭教育：波兰学士 3—4 年、硕士 1.5—2 年、本硕 4.5—6 年、博士 4 年，白俄罗斯学士 4 年、专家文凭 4.5—5 年、硕士 1—2 年、博士 3 年，保加利亚学士 4 年、专家文凭 5 年、硕士 3 年、博士 3 年，乌克兰学士 3—4 年、专业硕士 1—1.5 年、学术硕士 1—2 年、博士 3 年，罗马尼亚学士 3—4 年、硕士 1—2

年、博士 3 年，匈牙利学士 3—4 年、硕士 1—2 年、博士 3—4 年，等等。

俄罗斯与东欧国家现行学制如图 12-1 所示。

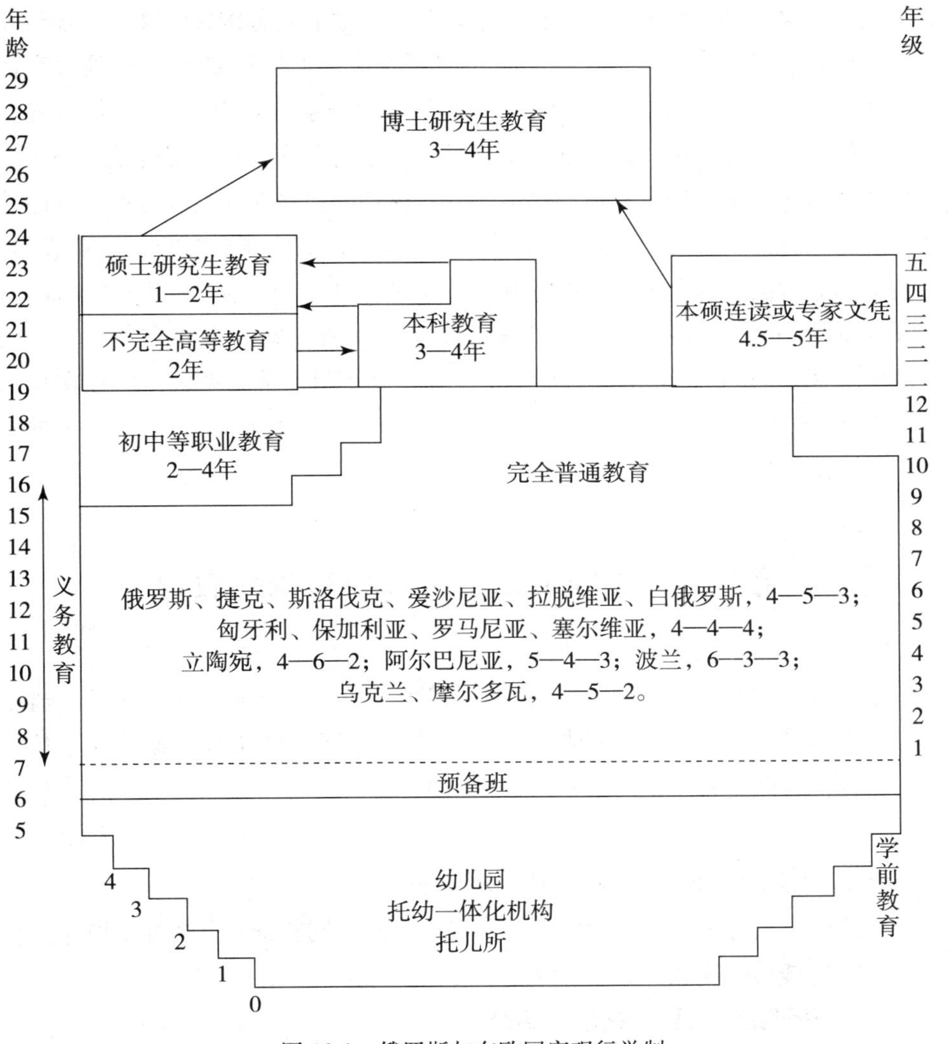

图 12-1　俄罗斯与东欧国家现行学制

（三）重视欧盟标准的人才质量

“博洛尼亚进程”开创了欧洲各国高等教育发展的新纪元，对东欧国家高等教育领域的变革有重要影响。为振兴本国教育、融入欧洲社会，东欧各国重视参与“博洛尼亚进程”。

2010年，“博洛尼亚进程”成员国决定建成“欧洲高等教育共同空间”，其中东欧国家积极采取这六大目标标准，包括建立能使各国大学文凭更加清晰透明并可以进行相互比较的体制，采用“两阶段”（本科/研究生）的教育体制，建立学分累积和转换的机制，即ECTS（欧洲学分转换系统），促进各国学生、教师和研究人员间的流动，保证教育质量的共同合作，提升欧洲高等教育的竞争力等。东欧国家在参与这一进程，体现了高级人才培养方面与国际接轨的意图，各国普遍按照欧盟标准对本国高等教育的学制、学分、专业设置、学校管理等方面进行改革，力图达到人才质量标准的国际要求。1999年捷克，2000年匈牙利，2002年波兰、斯洛伐克、爱沙尼亚，2003年塞尔维亚，2004年摩尔多瓦，2005年乌克兰的高校相继都实行ECTS学分系统。而按协议俄罗斯于2003年，罗马尼亚和匈牙利于2005学年开始给所有大学毕业生发放欧洲毕业证附件。

第三节　走向未来的俄罗斯与东欧教育

剧变后，俄罗斯与东欧国家的改革在困惑与信念之矛盾中艰难前行，既呈现出可喜的发展势头和鲜明的特征，也存在不可回避的挑战，但令人坚信的是，教育正迈向更有希望的未来。

一、俄罗斯与东欧国家教育改革的特征

东欧国家教育全面现代化的改革呈现出一些共同特征，其中原东欧集团首领俄罗斯更具其代表性。

（一）传统继承与国际接轨相结合

一方面，社会转型促进了俄罗斯教育适应社会发展的改革；另一方面，原苏维埃学校具有底蕴深厚的教育实践和思想体系，若舍弃这样一份丰厚的遗产，教育改革势必得不偿失。面对此两难选择，俄罗斯明智地选择了传统继承与改革相结合的策略。

1996年俄罗斯《高等职业教育和大学后职业教育法》和2000年《联邦教育发展纲要》都强调“在继承和发展俄罗斯高等教育成果和传统的同时与世界高等教育体系实行一体化”，必须“保护、传播和发展民族文化的历史继承性，珍惜俄罗斯人民的历史文化遗产”。1996年俄罗斯《教育发展纲要》也明确提出“发展国内教育系统同世界各国的国家系统和国际组织的平等、互利关系，以及社会经济上的适当合作”。为此，在珍惜与保护本国教育优秀传统基础上，俄罗斯教育进行了与国际接轨的大量变革。例如，在吸纳国际先进教育实践经验的同时，高等教育仍然保留5年制的专家文凭人才培养，这体现了教育改革既能够继承传统，又敢于改革创新的意志。

（二）多元改革与统合发展相结合

一方面，俄罗斯教育改革初期，具有风险性的分权化在一定程度上导致政府教育管理的权威性下降，各共和国及地区各行其是，严重威胁着联邦教育统一空间的形成。另一方面，“教育解国家化”思潮的过度膨胀更使办学实践一度陷入无序状态，各级各类学校的功能混乱。为此，俄罗斯联邦政府提出宏观与微观层面的“统合”发展策略。

宏观的统合：一是全俄教育空间的统合；二是独联体各国教育空间的统合；三是俄罗斯教育空间与世界教育空间的统合，加强联邦政府对教育体系的宏观控制。微观的统合：其一是发展学前教育机构与普通教育机构、补充教育机构的一体化（“补充教育”是指联邦普通教育学校外的教学必需部分，包括音乐学校、舞蹈学校、绘画学校、艺术学校，儿童保健阵营等教育机构，它为儿童个性化发展提供条件和选择），保证学前教育与初等普通教育的衔接性；其二是精心组织普通教育与初等职业教育机构中实施的补充教育，使补充教育与普通教育、初等职业教育一体化；其三是保全初等、中等职业教育，并发挥它的教育、文化、职业、专业功能的统合，满足公民对优质教育的需求，同时发展它与各级教育的整合化；其四是高等学校完成其适应于社会和国家需求功能的统合，强调在基础科学研究、知识传播、文化发展和艺术方面的贡献，高等学校发展应包括形成各地区、各部门“教学、科研、生产综合体”，形成联邦统一的信息空间，拓展与国际信息、国际交往的空间。综合化的“统合”发展举措对改革中无序状态起了积极的调整作用，保障了教育全面现代化的稳步发展。

（三）西方模式与本土实际相结合

在改革进程中，社会上出现的“教育解国家化”“教育私有化”“教育市场化”等举动曾引起巨大质疑，激进的改革政策遭到社会的广泛批评。俄罗斯教育界普遍认为，若这种改革继续下去必然会失去民族教育中许多好的东西。

针对这些问题，如何处理好本国国情与西方模式之矛盾，俄罗斯政府不得不在其中寻找新的结合点。普京总统的原则是，在继续推进改革开放的同时，更着眼于重新振兴俄罗斯民族教育，纠正过于西化的教育改革方针，大力发展符合俄罗斯自身民族特点的教育体系。教育改革发展不能盲目引进或照搬国外的经验，而应该是在坚持本民族教育自身特征的前提下，合理借鉴西方教育的长处。可以说，至今俄罗斯教育的民族主体性特征仍有别于现代欧美国家的教育模式。

二、俄罗斯与东欧国家教育改革的挑战

在社会剧变转型中，俄罗斯与东欧国家面临着来自各方面的众多改革困扰，就其教育而言，改革中所遇矛盾主要集中在传统观念、资金投入及师资队伍等方面。

（一）传统观念的潜在牵制

教育的变革既是一种实践的变革，也是一种观念上的更新，它要求其参与者必须摒弃固有的思维观念，否则革新和进步就会受挫或者成为空谈。

有别于西欧国家，东欧国家的社会生活共同具有以东正教、村社经济为核心的斯拉夫民族文化传统，有着类似的价值取向、思维方式、行为方式。以俄罗斯为例，俄罗斯民族最具独特的传统文化观念之一便是古老的村社思想，其主要特点如下：一是经济上崇尚自给自足的宗法共同体内部的简单协作传统；二是价值观念上轻视自由个性，把个人视为共同体的附属物而否定其独立人格；三是民族性格上缺乏理性精神，喜欢权威崇拜以及从宗法角度鄙视西方民主；四是严重的轻商观念，经商被认为是贪念人的可鄙营生。苏维埃时期，村社主义的传统与社会主义生产资料公有制天然吻合，这使得村社思想中轻个人重集体的观念找到了新的发挥土壤。于是，人们习惯于国家集权和接受国家意

志，将自己附属或依赖于国家之中。具体而言，人们在几十年苏维埃社会主义公有制模式中形成了牢固的“计划性”意识，从天而降的西方市场经济对他们显得十分陌生并难以认同，所以新的市场竞争、有偿教育对于众多俄罗斯百姓及东欧的“苏维埃人”来说是难以接受的。村社思想中的轻商观念恰好与教育一定程度上的产业化变革相冲突，人们往往是在措手不及中愤世嫉俗，拭目以待，甚至一些人士提出恢复苏维埃教育模式中那些他们认为值得保留下来的东西，显然这些观念对教育改革产生了消极的影响。

（二）教育投入的较为匮乏

剧变后，经济危机引发的国家财政资金的匮乏是导致教育危机的又一主要原因，它始终困扰着各国教育的改革发展。

苏联解体后的大部分时间里，俄罗斯始终未能摆脱政治动荡、经济危机的困扰。据有关资料统计，1991—1998 年俄罗斯国内生产总值减少了 40%，工业生产总值减少了 50%，物价的上涨使居民生活水平下降 40%①。显然，在这样严峻的社会经济形势下，俄罗斯教育发展很难达到其预期目标。正如《俄罗斯联邦发展纲要》指出的：“由于缺少必要的经济保障，致使教育系统的优先地位只具有宣言的性质，不能保证人人可免费享受的教育。”20 世纪 90 年代，俄罗斯政府预算中对教育的投入是逐年递减的（见表 12-4）。

表 12-4　1991—1998 年俄罗斯统一预算的教育实际支出（按 1991 年价格计算）②

单位：亿卢布

年　份	1991	1992	1993	1994	1995	1996	1997	1998
用于社会和公用事业	2 080	1 530	1 830	1 590	1 310	1 300	1 470	620
其中：教育	……	420	430	390	290	300	350	130

教育投资的匮乏直接影响到教育领域各项工作的正常运转，俄罗斯教育靠各级预算资金的保障率不到四分之一，拖欠学校经费和教师工资的现象具有普遍性。基层学校缺乏用于取暖、供电及其他公共服务费的预算资金；孩子们的健康状况出现了明显的恶化趋势；教学物质基础不断老化，基础投资急剧缩

①② 许新著：《叶利钦时代的俄罗斯》（经济卷），人民出版社 2001 年版，第 475、209 页。

减，房屋损耗速率高于其改建和新建速率，6.5%的房屋处于引发事故状态中。据俄罗斯教育官员估计，学校的经费连维持学校最低运转所需总数的一半还不到。

同样，东欧各国在政局剧变前就已出现经济滑坡，剧变后的经济局势更为糟糕。若将东欧各国1996年的GDP与1989年的GDP相比较，那么前者所占后者的百分比分别为：保加利亚68%、捷克89%、匈牙利86%、波兰104%、罗马尼亚88% 、斯洛伐克90%。严峻的经济滑坡导致各国政府的教育投入严重入不敷出，比如，1998年东欧国家的教育预算分别为：罗马尼亚4%、斯洛伐克5.6%、捷克4.3%、匈牙利4.5%、保加利亚4%、波兰5.4%①，这比剧变前8%—10%的教育预算大幅下降，这对各国教育改革发展的影响是严重的。

（三）师资力量的日趋弱化

东欧集团国家在社会主义艰辛而辉煌的历程中，建立了一支具有教师职业道德、教育教学科学思维的，能把教育理论与教学方法与技艺相结合的素质优良的教师队伍。然而，东欧集团解体后，国内政治经济急剧下降，教育发展环境不断恶化，教师队伍青黄不接严重。

教育经费的严重短缺使教师工资和待遇日趋下降。拖欠工资导致教师流失成为全国性的现象，不少教师离职或出国，教师队伍吸引不了有才华的中青年教师专家，“智力流失”威胁到教学科研人员、学术流派及科技活动的持续发展，师资队伍的老化已是一个尤为严重的问题。据统计，2004年俄罗斯教授的平均年龄接近60周岁，在农村、北部边疆、远东及西伯利亚等地区的师资培养及缺少情况更为严峻，因此如何保证优质教育令人担忧。

东欧各国教师队伍也存在类似俄罗斯危机现象。1998—2000年摩尔多瓦教师流失9%，2001年4月斯洛伐克进行的区域性调查显示，基础学校1—4年级中有18%的教师不具备基本教师资格，而5—8年级的情况则有12.4%，

① Источник：http：// comparative. edu. ru：9098. федеральный специализированный информационный портал，сравнительная образовательная политика.

中等技术学校的教师有 11.3%，中等职业学校的教师有 11.8%[①]。2001—2002 学年罗马尼亚基础教育教师合格率 80%、立陶宛教师数量虽不缺乏，但 38%的教师并没有学以致用，教授一些他们并没有接受过专业培训的课程[②]。匈牙利最缺教师的科目是技术课、数学、物理和外语，而教师缺少现象在首都布达佩斯尤为严重。这种状况影响了教学质量的提高，也阻碍到整个国家教育改革发展目标的实现。不过，目前俄罗斯与东欧教师的待遇较前很大程度上有所改善，比如，从 2004 年起，教师工资俄罗斯提高了 100%、波兰提高了 50%、保加尼亚提高了 15%、捷克提高了 6%。

三、俄罗斯与东欧国家教育发展的趋势

俄罗斯与东欧国家的教育改革时而冒进、时而徘徊不前，呈现出教育改革的矛盾性和不明朗性，但实现教育全面现代化是国家向民主社会和市场经济发展所决定的，也是与各国教育的未来及世界教育发展总趋势是相一致的。

（一）推进公民化教育

国际 21 世纪教育委员会向联合国教科文组织提交的报告《教育——财富蕴藏其中》强调了中小学公民教育的重要意义，公民培养的教育已逐渐成为一个世界性的教育主题。东欧各国公民教育的问题呈现出来，人们逐渐认识到这一人才培养目标是现代社会发展中的一个重要需求。

俄罗斯教育科学院院士 B. 利哈乔夫所编《教育学》和联邦法规确定的公民素质结构均为：一是政治素质，二是爱国主义和国际主义素质，三是全人类素质，四是经济素质，五是生态素质，六是法律素质，七是道德素质。白俄罗斯也高度重视社会精神文化领域的维护和发展，这些工作能确保社会的统一和完整，进一步加强公民教育，其核心是社会公正和爱国主义，从而整体性提高

① UNESCO-IBE. World Data on Education (Slovakia, 2006/2007). http://www.ibe.unesco.org/fileadmin/user_upload/archive/Countries/WDE/2006/CENTRAL_and_EASTERN_EUROPE/Slovakia/Slovakia.pdf.

② ［德］波斯尔斯韦特主编，李家永等译：《各国（地区）教育制度》（下），西南师范大学出版社 2011 年版，第 352 页。

白俄罗斯民主社会的国民素质①。显然，公民教育的重要目标是要构建一个充满时代气息的和谐个性化民主社会。

然而，剧变后社会意识形态的骤变、政治经济局势的不稳定，以及民主、自由、人权等新的价值体系尚未完全建立起来，年轻人对信仰、理想、抱负感到渺茫，这些为公民教育的实施增加了相当的难度。同时，“对于学生来说，公民教育是一个复杂的整体，它既包括承认价值观，也包括获取知识及学习如何参与公共生活；从意识形式上看，不能把这种教育视为中性的，学生的信仰必然受到这种教育的挑战”②。这意味着公民教育与政治、文化理念有着深层次的联系，直接关系着国家民族文化的认同与未来走向，具有高度的敏感性。但无论如何，公民教育的推进是东欧国家教育全面现代化完善的核心主题。

（二）深化多主体办学

教育社会化是当今世界各国推进教育现代化标志之一。东欧国家的教育社会化改革具有相同的取向。以俄罗斯为例，其一是改变教育“产业”的形式本身。教育不再是一种国家活动，即不是在封闭的教育机构中仅仅按国家的利益、需要，并在它独家监控下进行的活动，教育应变为一种公共的社会活动，开放的社会中应该按个人、社会、国家三者的需要、利益且在三者共同监控下进行的活动。其二是改变教育的占有制、所有制形式。教育不再是国家独占的，应变为个人和社会的所有物，变为个人和社会的财产，个人和社会按其可能性和必要性去选择和占有它。其三是改变教育发展动力和性质。教育不再完全是国家垄断性地利用和管辖的领域，教育变为共同活动的领域，变为教育过程的所有主体共同确定目标的领域，变为国家与社会共管的领域。其四是改变对教育作用和意义的认知。教育不再仅被视为国家对人才的唯一衡量标准，教育具有人的多维度衡量标准的性质，即与社会和个人的标准观念相吻合的性质③。显然，教育社会化是实现社会多主体办学及满足人们多方面的需要。

---

① 中国驻白俄罗斯大使馆教育处：《白俄罗斯总统发表对白俄罗斯教育的看法》，《世界教育信息》2006年第9期。

② 国际21世纪教育委员会著，联合国教科文组织总部中文科译：《教育——财富蕴藏其中》，教育科学出版社1996年版，第49页。

③ 肖甦、王义高著：《俄罗斯教育10年变迁》，北京师范大学出版社2003年版，第207页。

东欧国家在教育社会化实施中，出现了就私立学校的教学质量、教育管理、学习费用，特别是高等院校自费生比例增加等问题的激烈争论，但改革实践表明，教育社会化已是实现教育全面现代化中不可逆转的走向。

（三）践行教育国际化

“博洛尼亚进程”的启程标志着东欧国家教育与国际教育的接轨。教育国际化对该地区各国教育而言，不仅是一个时代范畴，更是未来发展的指向标。

1997—2000 年，罗马尼亚进行了职业教育改革试点。该项目由欧盟提供资金支持，其主要目标是：以现代职业分类与标准为基础，重新划分职业类别，并通过课程设置和教学方法的综合性改革而取得普通与职业教育间更好的平衡，获得有意义的学习机会，建立起更为广泛灵活的职业教育体系①。2001 年《2010 年前俄罗斯教育现代化构想》提出：“在迈向现代化的过程中，积极加强与欧洲其他国家的接轨是俄罗斯的一项重要任务。”2002 年，俄罗斯进一步明确加快加入“博洛尼亚进程”步伐的目标，为高等教育的多层次和国际化发展创造了积极的条件，实现了“学士＋硕士”的学制改革、欧洲学分转换系统、欧洲统一毕业证书形式等。捷克十分重视教育的国际交流，包括欧盟国家间的经费、接受留学生、鼓励本国学生赴国外学习等②。2005 年《立陶宛高等教育发展计划（2006—2010 年）》开始实施，该计划支持基金执行欧洲项目设计的国际合作，比如，对高等教育进行检测和分析，包括对监测系统进行研究、分析运行条件，同时还依据国际发展趋势、国家和社会的需求，提出需要改进的建议。2006 年，爱沙尼亚《高等教育战略规划（2006—2015 年）》提出的行动措施之一是：通过由欧洲高等教育质量认证机构来对高等教育机构和其学习项目质量进行评估，保证高等教育质量③。保加利亚教育新一轮改革的指导思想是“与欧盟国家保持一致”，“使保加利亚的学校系统与欧洲的保持互通和谐”，即参照欧盟的标准，积极参与欧洲教育共同空间的建立，努力实现保加利亚教育与欧洲教育的一体化，保持其“互通和谐”。摩尔多瓦政府不断加

---

① 章鹏远：《罗马尼亚职业教育培训改革的策略、立法和实施》，《世界职业技术教育》2004 年第 1 期。

② 汪明：《捷克的教育发展状况及其若干改革趋向》，《外国教育研究》2004 年第 4 期。

③ *Higher Education Strategy*：*2006-2015*. http：//www. hm. ee/index. php? 149743.

快高等教育的国际化步伐，国内著名大学每年都向德国、法国、英国和西班牙等国家派遣大量留学生，并从 2005 年起执行欧洲学分转移系统，分周期给本科阶段学习、硕士研究生课程转换学分。

【思考与练习】

1. 简述俄罗斯与东欧社会剧变的时代文化背景。
2. 俄罗斯与东欧国家苏维埃教育模式面临的挑战有哪些？
3. 俄罗斯与东欧国家教育管理体制改革有哪些特征？
4. 简述俄罗斯与东欧国家教育改革的未来趋势。
5. 综述俄罗斯与东欧国家教育改革的经验。

【拓展性阅读导航】

1. 吴式颖、李明德主编：《外国教育史教程》（第三版），人民教育出版社 2015 年版。

该书是普通高等教育国家级重点教材，第二十三章论述了当今俄罗斯教育的现状和改革举措。

2. 杨汉清主编：《比较教育学》（第三版），人民教育出版社 2015 年版。

该书第七章阐述了俄罗斯教育的现状、特点、问题与对策。

3. 肖甦、王义高著：《俄罗斯教育 10 年变迁》，北京师范大学出版社 2003 年版。

该书深入探讨了苏联解体后俄罗斯教育的 10 年变迁，主要包括教育制度和教育思想等方面。

4. [俄罗斯] 戈尔巴乔夫著，徐葵等译：《戈尔巴乔夫对过去和未来的思考》，新华出版社 2002 年版。

该书展示了戈尔巴乔夫关于俄国十月革命的历史作用、苏联的命运和新的政治思维等问题的观点，同时也阐述了他对 21 世纪世界发展前景的预测。

5. 朱晓中著：《中东欧与欧洲一体化》，社会科学文献出版社 2002 年版。

该书内容包括欧盟与中东欧国家经贸关系的发展、中东欧国家经济转轨的重要意义、哥本哈根条件对中东欧国家政治和经济转轨的影响等。

第十三章　蓬勃发展的幼儿教育

【内容提要】

幼儿教育是基础教育的重要组成部分，是学校教育乃至终身教育的奠基阶段。本章以世界幼儿教育民主化运动的举措和成效为基础，探讨了全人发展教育思潮下世界幼儿教育的目标、内容和过程，分析了世界幼儿教育推进一体化进程的基本发展趋势。

【学习目标】

1. 了解世界幼儿教育民主化方面的主要措施和成效。
2. 明了全人发展的世界幼儿教育的目标、内容和过程。
3. 了解在一体化框架下世界幼教未来发展的基本趋势。

幼儿教育是指对出生至入学前的幼儿实施的教育，包括幼儿家庭教育和幼儿社会教育。幼儿社会教育是指在家庭之外，由社会各方通过集体保育教育机构及设施对幼儿所进行的教育。它有正规的幼儿教育形式，主要指幼儿教育机构，如托儿所、幼儿园等；也有非正规的幼儿教育形式，主要指依托社区资源因地制宜开展的幼儿教育，如儿童图书馆、儿童博物馆等①。

幼儿教育经历了漫长的演变历程。早期只有家庭幼儿教育，18 世纪末工业革命后开始出现社会性幼儿教育，但多以保育为主，为外出工作的母亲看管幼儿。直到 19 世纪末第二次工业革命后，幼儿教育机构才开始关注教育活动，并相继提出有关理论和方法。第二次世界大战以后，第三次工业革命有效地推动了幼儿教育发展，受到社会的广泛重视，特别是最近几十年来幼儿教育民主化运动兴起，呈现出蓬勃发展的新态势。

第一节　民主化运动中的幼儿教育

20 世纪 90 年代以来，随着社会民主化的发展，努力实现幼儿教育的民主化已经成为各国制定幼儿教育方针政策的出发点和归宿，成为全球幼儿教育工作者努力的方向。

一、幼儿教育民主化的发展

幼儿教育民主化经历了从早期幼儿养育向二战后幼儿教育民主化运动的演变历程。世界幼儿教育可谓源流远久，但早期幼儿教育主要体现在对幼儿养育上的关注或进行养护性教育。随着新教改革后民众教育兴起，幼儿养育问题受到关注。1816 年欧文在他的工场中建立了世界首家正规幼儿学校，一是为帮助出来工作的母亲保育幼儿，二是当时对儿童养育已有相当的社会需要，遂成为欧文的创举。同年，德国福禄培尔出于工业化发展需要也创办了一所幼教机构，称“大同教养院”，后他多次创办幼儿新校，1837 年再次创办新幼教机

① 曹能秀著：《学前比较教育》，华东师范大学出版社 2009 年版，第 69 页。

构，取名为“幼儿园”。他为这所幼儿园编制了完整的教学方案。幼儿园的诞生和发展，推动了幼儿教育纳入正规教育体系，为幼儿教育民主化运动发挥了重要作用。

二战后，幼儿教育受到广泛关注，在民主化浪潮下也作为保护儿童发展权利迅速发展起来。1946 年，联合国就设立联合国儿童基金会（UNICEF），这是世界上第一个为儿童谋福利的国际组织，它的成立正是幼儿教育民主化运动的重大成果。该基金会最初主要是对二战期间受难的儿童提供经济上的帮助，1950 年以后开始把服务对象扩展到发展中国家的儿童，致力于推动儿童保健及就学等工作。

1959 年，联合国大会通过了《儿童权利宣言》，规定了儿童在保护、教育、卫生保健和良好营养等方面的权利，推进了幼儿教育民主化运动。从 20 世纪 60 年代开始，随着幼儿教育的社会价值和教育价值的逐渐显现，许多国家制订了发展幼儿教育的规划，重视发展贫困地区和边远地区儿童的早期教育，以保障幼儿的受教育权，保证幼儿拥有平等的教育机会。例如，美国于 1965 年开始实施“开端计划”，为贫困儿童提供早期补偿教育；英国 1963 年颁布的《普洛登报告》指出要在教育不发达地区设立教育优先区域，以保证 3 岁以上的儿童随时都能入园；日本于 1964—1971 年和 1972—1982 年分别实施了第一次和第二次幼儿园教育振兴计划，旨在使更多的幼儿接受学前公共教育。

此后，幼儿教育的民主化进程日益深入。1989 年 11 月，联合国大会通过了《儿童权利公约》，规定儿童享有生存、意见自由、受尊重、受教育、活动、健康等权利，为世界各国向幼儿提供平等的教育机会提供了法律的保障。1990 年，在纽约举办的世界儿童问题首脑会议规定了儿童健康、营养和教育方面的十年目标。1990 年，在泰国宗滴恩召开的世界全民大会提出了六大目标，其中之一就是“扩大幼儿的看护和发展活动，尤其是对贫困儿童、处境不利儿童的看护和发展活动”。2002 年，举行了联合国大会特别会议，重新激励全球对儿童权利做出承诺。2010 年，在莫斯科召开的世界幼儿保育和教育大会重申幼儿保育和教育是一项权利。在《儿童权利公约》和各种国际会议的推动下，各国政府在发展正规和非正规幼儿教育、保障幼儿受教育权的同时，还注重通过各种途径和方法促进幼儿教育机会的均等，取得了较大的成效。

二、幼儿受教育权的保障

在教育民主化浪潮中，让不同种族、阶层和文化背景的幼儿有接受教育的权利，是世界各国的共同追求。20 世纪 90 年代以来，各国为保障幼儿受教育权做了许多努力，成效显著。

（一）幼儿入园率的提高

许多国家根据《儿童权利公约》的精神，制定了相关的法规和政策措施，以保证幼儿的受教育权，提高幼儿的入园率。德国联邦议会决定，从 1996 年 1 月 1 日起，3—6 岁儿童上幼儿园获法律保障。意大利政府也明文规定幼儿必须入园接受教育，1994 年该国 3—6 岁儿童入园率已达 95%。芬兰 1998 年《基础教育法》规定，芬兰所有 6 岁的幼儿都有权自愿接受为期一年的免费学前教育，全国各地的市政当局有义务为本地区的学前儿童提供免费的学前教育。2003 年，芬兰全国有近 96%的 6 岁儿童接受了学前教育。英国近年出台了“在全国推行 3—4 岁免费学前教育”的政策，促使 2007 年英国 3—4 岁幼儿入园率高达 99%。法国贯彻学前教育完全免费的政策，其义务教育前（6 岁前）儿童的入园率很高且一直保持稳定。2006—2007 年，法国 2 岁幼儿入园率达 23.4%，3—5 岁幼儿入园率则高达 100%。2007 年，新西兰政府出台《20 小时学前教育》计划，意在为所有 3—5 岁的幼儿提供每周 20 小时的免费学前教育。这一政策的实施对家庭经济困难的幼儿帮助很大，大大提升了幼儿的入园率。2011 年，新西兰的幼儿入园率已达到 94.7%。

一些国家和地区，已在一定程度上规定幼儿教育为义务教育。政府对该阶段的教育不仅在师资、设施、财政上给予保证，而且也要求家庭履行保证幼儿接受教育的义务。2007 年，世界上已有 30 个国家有某种形式的义务学前教育，到 2011 年，这样的国家已增长到 35 个。墨西哥于 2001 年对 3—5 岁儿童实行义务学前教育，毛入园率从 1999 年的 73%提高到 2010 年的 101%。加纳于 2007 年通过立法，将两年幼儿园纳入从 4 岁起的义务教育，该国的毛入园率从1999年的31%提高到2009年的69%①。美国1985年9月就规定把5岁幼儿的教育纳入学校教育系统中，这使得全国90%的5岁幼儿进入学校的学前班接受幼儿教育。以色列1949年颁布的《义务教育法》规定，幼儿园的最后一年是免费的义务教育，而实施义务教育是中央和地方政府的职责。因此，以色列的5岁幼儿入园率很高，2002—2003学年达到99.9%。中国江苏省2006年颁发了《关于将幼儿园教育纳入国民教育体系的指导意见》等相关文件，开始将幼儿园教育正式纳入国民教育体系。此外，在比利时、英国等国家，也已经将幼儿教育作为一种不完全意义上的义务教育予以实施。

在各国的共同努力下，世界幼儿的入园率有了明显的上升。据统计，1975—2004年，世界幼儿毛入园率从17%提高到37%，增加了一倍以上；在发达国家和转型国家中，毛入园率从1970年的40%提高到2004年的73%；在发展中国家，毛入园率从1975年的约10%增加到2004年的32%②。2010年，世界幼儿毛入园率已从1999年的32%增加到48%。其中，低收入国家从1999年的11%增加到15%，中低收入国家从1999年的22%增加到45%，中高收入国家从1999年的43%增加到62%，高收入国家从1999年的72%增加到82%③。当然，从上述数字来看，世界幼儿入园率还比较低。其中，低收入国家的入园率还很低，中低收入和中高收入国家幼儿的入园率还有待提高。

（二）非正规幼儿教育的发展

非正规幼儿教育是指由政府、非政府或个人发起，针对无法接受正规幼儿教育的0—6岁儿童，特别是处境不利儿童，依托社区资源因地制宜地开展的幼儿教育形式④。为了让无法进入幼教机构接受正规教育的幼儿能够接受一定程度的幼儿教育，很多国家都很重视发展非正规幼儿教育。

一些国家注重对处境不利的儿童实施早期补偿教育。美国从1965年开始实施“开端计划”，主要以联邦政府及州政府为主投入资金，对处境不利儿童提供早期教育。开端计划为每个参加的儿童提供适合其发展的活动，或在家庭中接受开端计划，或把儿童送到中心去，进行画画、科学、文学阅读、戏剧活

①③ UNESCO. *EFA Global Monitoring Report: Youth and Skills*. 2012, p. 53, p. 39.

② UNESCO. *EFA Global Monitoring Report: Strong Foundations*. 2006, p. 133.

④ 程敏：《非正规学前教育研究概述》，《学前教育研究》2006年第11期。

动、游戏或计算机等活动，一日 3—4 小时。该计划还包括向家长提供教育、健康和保健等服务，为残疾儿童提供特殊的教育和组织芝麻街等电视节目教育儿童等。为了保证开端计划的顺利实施，国会的拨款数额逐年增加，1965 年为 9 640 万美元，1975 年为 4.04 亿美元，1985 年为 10.7 亿美元，1993 年为 27.7 亿美元，1997 年为 39.8 亿美元，是 1965 年的 40 倍。2005 年“开端计划”获得联邦政府 68 亿美元经费，受益儿童为 90 多万人，人均花费 7 222 美元。英国政府从 1998 年开始实施“确保开端”计划。这一计划的最初目的是结合早期教育、儿童养护、健康及家庭援助给居住在条件不利地区的幼儿以一个良好的开端，后来发展到面向所有儿童、家庭和社区，目的是给幼儿教育和儿童养护以更大力度的支持。自实施以来，该计划取得了较好的成效。一是政府的预算拨款有较大比例的增长，如 2002—2003 年度的预算达 8 亿英镑。二是已覆盖英国各地，符合标准的处境不利人群均获得援助。此外，日本的天使计划、新西兰的铺卢凯特计划、印度的菩提计划、加纳的“儿童不能等待”国家行动计划、秘鲁的“娃娃之家”工程等，都是在国家和政府的大力推行下，以社区为依托，利用社区教育资源，开展非正规幼儿教育，对处境不利的儿童实施早期补偿教育。早期补偿教育为促进处境不利幼儿的发展和教育，维护社会的公平和稳定，做出了积极的贡献。

除早期补偿教育之外，很多国家还发展其他形式的非正规教育。例如，英国的游戏小组是由中产阶级家庭组织的，采取互助的方法看护和教育幼儿。德国的家庭助手方案由社区青年服务部、慈善机构把经过培训的社会工作者组织起来，分派到一些特殊家庭里去工作，每周义务为家庭服务 5—10 小时，帮助父母掌握教育孩子的基本知识和技能。瑞典和葡萄牙等国的家庭托儿所以 0—12 岁儿童为服务对象，尤其是针对 3 岁以下及乡村儿童。这些形式的非正规教育具有实用性、灵活性和针对性的特点，在一定程度上保障了幼儿受教育的权利。

为了更好地保障幼儿的受教育权，世界各国将推进以下两项工作：一是继续发展正规教育和非正规教育，努力使更多的幼儿都能接受一定程度的幼儿教育；二是更加关注处境不利的幼儿的教育，因为这类幼儿最难获得幼儿教育的机会，也是从幼儿教育中受益最大的幼儿。

三、幼儿教育机会均等的追求

在保障幼儿教育权的基础上，如何使幼儿享受更为民主和平等的教育，是提高幼儿教育质量、发展幼儿教育的重要保证。20世纪90年代以来，世界各国日益重视促进幼儿在受幼儿教育的年限、幼教机构的类型和课程性质等方面获得民主和平等的机会。

（一）幼教资源分配的公平

幼教资源分配的公平是保证幼儿教育起点、过程条件和结果机会均等的基础和条件。为了促进幼教资源分配的公平，各国主要采取了以下的策略。

一是采用经费补助政策，照顾低收入家庭。日本政府主要采用“排富性”和“分层补助”的方式对幼儿园和保育所进行补助——对幼儿园的补助主要体现在地方公共团体对国立、公立幼儿园的补助，对保育所的补助主要体现在国家和地方政府分担保育所一定的保育费用（政府将保育所的保育费用分为17等，儿童家长根据收入按规定缴纳不同的费用；家长交付费用之外不足的部分，二分之一由国家出，另外二分之一由都、道、府、县出一半，当地的市、镇、村出另一半）。葡萄牙也采取“排富性”的方式资助幼儿教育。从1997年开始，葡萄牙政府采取“分层补助”的经费补助方式对所有家庭提供每月补助，补助金额根据家庭收入分为三个层次。这些经费补助政策不仅提高了贫穷幼儿的入园率，而且为他们在教育过程和结果方面获得同等的机会提供了一定的保证。

二是实施幼儿教育券政策，促进幼教机构的公平竞争。目前，世界一些国家和地区如美国、智利、中国台湾地区等已开始采用幼儿教育券政策。中国台湾地区在实施幼儿教育券以前，只占总数30%的公立幼儿园受到政府较多的财政补贴，而占总数70%的私立幼儿园得到的政府补贴却很少①。1998年，台北市及高雄市率先实施幼儿教育券，对5岁幼儿的家长发给每学年1 000台币的教育券。2000年，台湾地区全面推广幼儿教育券政策，发给家长的金额与台北及高雄两市相同。该政策实施以来，不仅扩大了台湾幼儿家长的择校

---

① Ming-Sho Ho. The Politics of Preschool Education Vouchers in Taiwan. *Comparative Education Review*, 2006, Vol. 50, No. 1.

权，而且减少了公私立幼儿园补助经费的差异，促进了二者的公平竞争。中国浙江省宁波市镇海区澥浦镇从 2003 年开始向学前三年儿童发放“教育券”，2003 年年度发放额度为 360 元，所需资金由镇政府承担 60%，区教育局承担 40%。该“教育券”不但可以在镇中心幼儿园使用，也可在达到“宁波市农村示范性幼儿园评估标准”的社会力量举办的幼儿园中使用。这一举措不仅增加了政府对幼儿教育的补助，而且促进了公私立幼儿园的公平竞争，提高了幼儿教育的整体水平。此外，中国香港特别行政区也从 2007 学年开始实施幼儿教育券政策，旨在促进非营利幼儿园的发展，提高香港幼儿教育的质量。

（二）适合个性特点的课程

促进幼儿教育机会的均等，不仅要注重促进幼儿教育选择的自由、幼教资源分配的公平，还要注重为每一个幼儿提供适合其身心发展的教育。为此，很多国家通过制定教育法令和课程标准，提出要提供适合幼儿个性特点的课程，使每个幼儿获得同等的发展机会。

美国十分注重为儿童提供适合个性特点的课程。发展适宜性实践是由全美幼教协会提出并倡导的在尊重儿童的基础上促进儿童学习与发展的一套价值理念和实践体系①。它肇始于 1986 年，后经 1997 年和 2009 年两次修订。它最初强调“年龄适宜性”和“个体适宜性”；1997 年则特别提出了“文化适宜性”；2009 年，重申了幼儿教育课程的年龄适宜性、个体适宜性和文化适宜性，并重点提出了教师教学的有效性，强调教师知识的核心是关于儿童学习与发展的知识、儿童个体的知识、儿童社会文化背景的知识等。可见，从创立之初至今，发展适宜性实践始终强调尊重儿童，注重儿童的“个体适宜性”。2005 年全美幼教协会修订的《幼儿教育方案标准和认定指标》规定，课程要根据儿童的需要和兴趣提供个别或小组学习机会，使儿童学习达到最优，教学要考虑儿童的个体差异以及教学方法在不同方面应用的差异，以帮助所有儿童成功。

澳大利亚、日本、中国香港特别行政区等国家和地区也提出了个性化幼儿教育的要求。澳大利亚 2011 年颁布的《欢乐时光，儿童乐园——澳大利亚幼儿保育框架》指出：教育者应该了解幼儿家庭的历史文化、语言、传统习俗、

---

① 霍力岩：《发展适宜性实践的主要观点及其有益启示》，《福建教育》2013 年第 1—2 期。

教养方式和生活方式，也应注意观察和了解幼儿的兴趣和独特优势，从而更好地支持幼儿，帮助并引导其获得持续不断的发展。日本2008年颁布的课程标准《幼儿园教育要领》指出幼儿的生活经验各不相同，要根据每个幼儿的特点进行指导。中国香港特别行政区2006年颁布的《学前教育课程指引》也主张要为每个幼儿提供适合其年龄特点的、适合其个体差异的课程。

在这种思想的引导下，20世纪90年代以来，特殊幼儿教育的思想和观念也发生了变化，特殊幼儿"回归主流"，与正常幼儿一起受教育，实行幼儿一体化教育的主张，逐渐为世界各国所采纳。近年来，全纳教育的理念也开始渗透到幼教界。全纳教育主张幼儿教育没有所谓的主、支流之分，任何一个幼教机构都应根据幼儿的不同需要进行教育。从某种意义上来说，幼儿全纳教育真正体现了教育民主化的基本精神，是幼儿教育民主化今后发展的方向。

此外，重视幼儿教育结果的公平也是幼儿教育民主化发展的趋势之一。近年来，美国、英国、德国和中国等已开始制订和实施面向全体幼儿的早期学习标准。这一举措表明，这些国家主张早期学习标准不是指向少数优秀幼儿的标准，而是多数儿童能够实现的愿望。这表明这些国家对幼儿教育机会均等的追求已从幼儿教育起点、过程条件的均等开始向重视幼儿教育的全过程——包括起点、过程条件和结果的机会均等的转化。

第二节　全人发展的幼儿教育

20世纪90年代以来，在努力实现幼儿教育民主化的同时，各国也在积极探索适合各自国情的幼教改革模式，以创造高质量的幼儿教育。全人教育是在后现代主义、生态学、整体论、永恒主义哲学、批判理论和人本主义理论基础上形成的一种激进的教育思潮，对各国幼儿教育的改革和发展产生了重要的影响，已经成为世界幼儿教育发展的重要趋势之一。

一、全人教育思潮下的幼儿教育变革

20世纪60年代，随着生产力的发展和科学技术的进步，世界各国对人的

素质提出了更高的要求。心理学和教育学的研究成果表明，幼儿教育在人的一生发展中具有重要的作用，这促使各国政府开始重视幼儿教育，并把重点放在开发智力方面，忽视了儿童其他方面的发展。到70年代，适应社会发展对高素质人才的需要，各国政府又提出了重视培养幼儿创造性的主张。

全人教育是20世纪70年代从北美兴起的一种以促进人的整体发展为主要目的的教育思潮，后来传播到亚洲、大洋洲等地区，对各级各类教育产生了重要的影响，形成了一种世界性的教育思潮。全人教育批评传统教育只重视知识传授和技能学习的观点，倡导塑造全面发展的人，使人在身体、知识、技能、道德、智力、精神、灵魂、创造性等方面都得到发展，成为一个完整的人、一个真正的人、一个具有尊严和价值的人①。从20世纪80年代开始，全人教育思潮便对世界幼儿教育的变革与发展产生了重大的影响。

全球幼儿教育界从20世纪80年代初开始，对20世纪60和70年代以“智力开发”代替幼儿教育的倾向进行了反思。1985年在日本召开的“日、美、欧幼儿教育、保育会议”，批评了幼儿教育中将幼儿的发展等同于智力发展的错误倾向，呼吁教育从“智育中心”转向促进幼儿的全面发展。从20世纪80年代中期开始，各国开始重视幼儿全面发展的教育，强调幼儿教育的目的是培养“完整儿童”。进入21世纪，随着幼儿教育在促进人的发展和社会进步方面的价值的日益显现，大力普及幼儿教育、提高幼儿教育质量已成为全球幼儿教育的主要目标。这一状况和20世纪60年代的早期教育热大有雷同之处，不同的是当前的幼儿教育注重的是在全面发展基础上数量的增长和质量的提升，而不是单纯的智力开发。

二、全人发展的幼儿教育目标和内容

（一）全人发展的幼儿教育目标

全人教育思潮注重塑造全面发展的人的观点深刻地影响了近几十年来世界幼儿教育的发展。从20世纪80年代中期开始，很多国家改变过去只重视开发智力的做法，开始把全人教育作为幼儿教育改革的理论基础和指导思想。在幼

① 刘宝存：《全人教育思潮的兴起与教育目标的转变》，《比较教育研究》2004年第9期。

儿教育的培养目标上，各国既重视发展幼儿的内在素质和个性和谐，培养幼儿的主体性，体现幼儿教育的个体价值；也注重培养具有社会性、关心周围环境和人类的幼儿，体现幼儿教育的社会价值。

英国、法国、美国、澳大利亚、新西兰等国均注重设立全面发展的幼儿教育目标。英国儿童、学校和家庭部 2008 年颁布了《早期基础阶段法定框架》，提出 0—5 岁儿童的早期学习目标包括以下六大领域：个人、社会和情感的发展，交流、语言和读写，问题解决、推理和计算，有关周围世界的知识和理解，身体发展，创造性的发展；并规定了每一领域的具体学习目标。这些目标表明了英国政府对幼儿身心全面发展的重视。法国的学前教育旨在促进幼儿在体力、社会性、智力、艺术能力等方面得到全面和谐的发展，为幼儿未来的社会生活做好准备。全美幼教协会 1996 年在被誉为“幼儿教育的圣经”的《适宜于 0—8 岁儿童发展的教育方案》中明确指出，适宜的教育应该顾及儿童身体、情感、社会以及认知各领域的发展；2005 年又在《幼儿教育方案标准和认定指标》中指出，课程标准旨在发展儿童审美、认知、情感、语言、体能和社会等方面的能力，体现了全美幼教协会促进儿童全面发展的基本观点。2011 年澳大利亚颁布的《欢乐时光，儿童乐园——澳大利亚幼儿保育框架》提出了五大保育和教育目标：有强烈的自我认同感，与外部建立联系并有所贡献，拥有强烈的幸福感，成为自信的参与式学习者，成为成功的交流者。2002 年新西兰政府出台《十年战略计划——未来之路》文件，以确保儿童成长为有能力而又自信的学习者和交流者，思想、身体、精神都健全的公民，对社会有贡献的人。

此外，日本 2008 年改订的《幼儿园教育要领》、韩国 2012 年修订的幼儿园课程、印度 2005 年的国家儿童行动计划、中国 2001 年制定的《幼儿园教育指导纲要（试行）》和中国香港特别行政区 2006 年颁布的《学前教育课程指引》，均从不同侧面提出了培养“完整儿童”，重视幼儿体、智、德、美发展的幼儿教育目标。

全人发展的幼儿教育目标整合了个人本位和社会本位的幼儿教育价值取向，强调培养全面发展的人，在一定程度上纠正了 20 世纪 60—70 年代幼儿教育只重视智力发展的错误倾向，促进了 20 世纪 80 年代以来世界幼儿教育的改革与发展。

（二）**全人发展的幼儿教育内容**

在全人发展的幼儿教育目标的指导下，很多国家都强调幼儿教育内容的全面性，主张把幼儿教育内容分为几大领域，并注重各领域的互相渗透和综合发展。

全美幼教协会在2005年发布的《幼儿教育方案标准和认定指标》中将课程分为社会情感发展，语言发展，早期读写的发展，早期数学能力的发展，技术、科学探索和知识，理解自身、社区和世界，对艺术的创造性表达和欣赏，体能和技能发展八个方面，反映了课程要促进儿童审美、认知、情感、语言、体能和社会等方面整体发展的观点。2010年，美国政府颁布了《“开端计划”儿童发展与学习框架》，将幼儿的学习内容划分为语言发展、读写、数学、科学、创造性艺术、社会性情感发展、学习方式、身体健康和发展、逻辑与推理、社会研究知识和技巧及英语语言发展十一个学习领域，体现了培养目标的全面性。

英国、法国、意大利、新西兰、日本和中国都把幼儿教育内容分为几个领域，并强调领域间的渗透。英国在2000年颁布的《基础阶段课程指南》中，将3—5岁幼儿的课程内容分为六个领域：①个人、社会和情绪的发展；②语言和识字；③算术；④对世界的认识和了解；⑤身体发展；⑥创造力的发展。日本2008年的《幼儿园教育要领》将幼儿教育内容分为健康、人际关系、环境、语言和表现五个领域，并强调这些领域的融合和渗透。法国2008年对母育学校5岁幼儿的课程做出了规定，包括引导儿童接触书面语言、成为一名小学生、身体的运动和表达、对世界的探究、感知想象和创造等领域。意大利1991年颁布的《国家幼儿园教育活动指南》将幼儿园课程内容分为六个领域：身体和运动，语言和词汇，空间、顺序和测量，物体、时间和自然，信息、表达和创造力，自我和他人。新西兰1996年颁布的《编席子：学前课程》将幼儿教育内容分为幸福健康、归属、贡献、交流和探索五个领域。中国2001年颁布的《幼儿园教育指导纲要（试行）》将幼儿园的教育内容分为健康、语言、社会、科学、艺术五个领域，并提出各领域的内容有机联系、相互渗透，从不同角度促进幼儿情感、态度、能力、知识、技能发展的主张。

尽管各国在教育内容的领域划分上存在着差异，但上述幼儿教育内容基本上反映了全人发展的幼儿教育目标的全面性和整体性，体现了全人发展的幼儿教育价值观和教育目标。

三、全人发展的幼儿教育过程

为了培养“完整儿童”，实施全人发展幼儿教育的内容，20 世纪 90 年代以来，许多国家都强调幼儿的主动学习，注重各种教育方法和途径的整合。

（一）强调幼儿的主动学习

幼儿的主动学习是指幼儿通过与周围环境（包括人与物、观念与事件）的相互作用而建构新的理解外部和内容的活动过程①。20 世纪 90 年代以来，各国的幼教改革都提出了促进幼儿的主动学习，让幼儿成为主动的学习者的观点。

意大利 1991 年颁布的《国家幼儿园教育活动指南》明确指出，幼儿园的教育目标是通过幼儿与同伴、成人、环境和文化的相互作用，培养幼儿的自我认同感，发展幼儿的自主性和各项能力。1996 年英国政府修订的《早期学习目标》注重形成幼儿积极的学习态度，指出幼儿在基础阶段末期要对学习感兴趣，积极主动地学习，喜欢倾听和运用口头语言和书面语言，并能在游戏和学习过程中倾听和运用等。美国 2010 年颁布的《“开端计划”——儿童发展与学习框架》注重培养幼儿积极的学习态度，指出应培养幼儿“对不同话题和活动的兴趣，学习的欲望，创造性和自主学习”。日本 2008 年颁布的《幼儿园教育要领》将“促进幼儿的主体性活动”作为幼儿教育的第一条基本思想提出，肯定了幼儿主体性活动在幼儿教育中的重要性。中国 2001 年颁布的《幼儿园教育指导纲要（试行）》也非常重视幼儿的兴趣、情感和态度，重视幼儿的探索性学习。此外，新西兰、比利时、瑞典等国也十分注重幼儿的主动学习。

许多幼儿教育方案都倡导幼儿的主动学习，要求教师促进幼儿的主动学习。蒙台梭利课程模式强调幼儿的主动学习和自我纠正，指出教师应该为儿童

---

① 刘焱著：《儿童游戏通论》，北京师范大学出版社 2004 年版，第 384 页。

准备好环境，引导、鼓励他们选择操作材料等；高瞻课程①将幼儿看作主动的学习者，认为成人应在学习环境中创设有趣的区域，以利于幼儿计划和从事自己的活动，帮助他们思考；方案教学强调让儿童通过自身的经验认识外部世界，鼓励儿童提出问题、解决问题，并积极地与环境发生交互作用；瑞吉欧课程模式认为儿童是主动的学习者，指出儿童对学习有着天然的兴趣，从出生的时刻起，他们就在与现实世界的“交往”过程中积极地建构自己的认识和理解。

幼儿的主动学习不仅可以促进幼儿的情感、态度和创造性的发展，也可以促进幼儿社会性的发展，是实现全人发展幼儿教育目标和内容的前提条件。各国重视幼儿主动学习的举措，培养了幼儿主动学习的技能、态度和精神，为幼儿的终身学习奠定了基础。

（二）注重各种教育方法和途径的整合

20 世纪 90 年代以来，为了更好地发挥幼儿教育的综合作用，体现幼儿教育内容的综合性，促进幼儿身心的全面发展，许多国家从不同侧面提出了整合各种方法和途径的主张。

英国政府 2000 年颁布的《基础阶段课程指南》提出了“精心设计的游戏”这一概念，认为精心设计的游戏活动是儿童在基础阶段学习的主要方式，这种游戏中的学习带有愉悦性和挑战性。它也强调教师在幼儿的学习中起着关键的作用，指出教师应当运用各种教学策略和有关儿童发展的知识来设计高质量的教学活动，支持幼儿的学习。2005 年全美幼教协会在《幼儿教育方案标准和认定指标》中指出，教师有目的地使用多种指导方法，比如，从高结构到低结构、从成人指导向儿童主体变化的策略，提供优化的学习机会；创设丰富的学习环境；运用不同的教学方式实现学习目标；教师和家长通力合作，帮助儿童成功地融入早期教育的情境中来；联系并利用社区的城市、郊区、乡村等资源，帮助家庭参与社团组织，倡导文化事业，丰富项目中家庭和儿童的经验。日本强调环境和游戏的重要作用，重视幼儿园和家庭和社区的合作。2008 年

① 高瞻课程是一个具有广泛影响的幼教课程模式。它以皮亚杰的认知导向为中心，目的在于帮助儿童在未来的学校学习中获得成功。

日本文部科学省颁布的《幼儿园教育要领》指出：根据幼儿期的特点，幼儿园教育以通过环境进行教育作为幼儿教育的基本思想；游戏作为幼儿自发的活动，是促进幼儿身心和谐发展的重要的学习，要以游戏为中心对幼儿进行指导；幼儿园要十分注意与家庭的联系与合作；幼儿园要积极利用社区内自然环境、人才、活动及公共设施，使幼儿获得丰富的生活体验。中国2001年颁布的《幼儿园教育指导纲要（试行）》注重环境和游戏在幼儿教育中的作用，主张教师的直接指导和间接指导相结合，强调幼儿教育各种途径的结合。

许多幼儿教育方案也主张教学和游戏相结合，教师的间接指导和直接指导相结合，并强调利用家庭和社区的资源促进幼儿的发展。银行街课程模式（bank street approach）是一种发展—互动的课程模式，它把游戏作为教育的基本途径，注重为幼儿创设安全、有教育意义、有变化的游戏环境，引导幼儿在游戏中探索与认识周围世界，学会发现问题、解决问题，学会与人交往与合作，调节与表现自己的情绪。高瞻课程主张教师选择适合于儿童身心发展需要的学习材料，鼓励儿童采用积极的解决问题的方法来进行学习；注重游戏在幼儿教育中的作用，要求教师将幼儿园活动室安排成能满足幼儿需要的、以自选的活动区为结构特色的游戏环境。方案教学①强调教师的间接指导和直接指导相结合。在方案活动中，教师注重创设环境和条件，激发儿童的兴趣，提升儿童行为的动机，使儿童能积极投入到活动中去；关注儿童已有的经验，尊重儿童自己的选择；在与儿童互动的过程中不失时机地介入儿童的活动，并对儿童提出挑战；与儿童一起学会共同生活，相互交流，认同和欣赏他人的工作；等等。瑞吉欧课程模式提倡“集体学习”。这里的“集体”，不仅仅指的是儿童，还包括成人，如家长、教师、他校的成员、社区的成员等。“集体学习”过程能够产生有益于解决儿童认知冲突的社会交往，这是儿童与物体发生交互作用中所不可能产生的。此外，瑞吉欧课程模式还注重家庭—幼儿园关系的建立和社区的参与，以推进三者的共同发展。

上述各种教育方案有关整合幼儿教育方法和途径的主张不仅有利于促进幼儿的主动学习、实现全人发展的幼儿教育目标，而且反映了“以游戏为幼儿的

① 瑞吉欧幼儿教育法所提倡的方案教学既是课程，也是重要的教学方法。

基本活动”“通过环境教育幼儿”“教师的直接指导和间接指导相结合”“幼儿园、家庭和社区合作”等全球幼儿教育改革的总体趋势。

随着全人教育对幼儿教育影响的进一步深入，全人发展的幼儿教育将逐渐呈现出以下的发展趋势：一是在培养幼儿主体性和社会性的基础上，注重培养关心环境、关心和平、关心全人类的幼儿，为培养具有全球视角的地球公民奠定基础；二是探索符合国情的全人发展的幼儿教育模式，进一步促进各国幼儿教育的变革与发展。

第三节　“一体化”进程中的幼儿教育

在努力实现幼儿教育的民主化和追求高质量的幼儿教育的同时，20 世纪 90 年代以来，世界各国开始在“大教育观”的指导下，将幼儿教育置于终身教育和全球化社会的背景下思考幼儿教育生存和发展问题。在这种背景下，托幼一体化、幼小一体化和幼儿园、家庭和社会一体化的趋势开始凸显，已经成为世界幼儿教育变革和发展的发展趋势之一。

一、幼儿教育“一体化”的发展

在二战结束以后的最初十年里，幼儿教育主要是为幼儿提供保育，以满足女性走上就业市场的需要。从 20 世纪 60 年代开始，人们开始意识到幼儿教育的重要性。其主要原因有三：一是因为民主化浪潮的发展使人们认识到幼儿教育是每个幼儿应享有的权利；二是许多研究成果表明幼儿教育能为人一生的发展奠定良好的基础，特别是能增强幼儿以后的学业成就；三是幼儿教育可以防止或改善家庭存在的问题。由此，20 世纪 60 年代各国政府纷纷制定政策，以促进幼儿教育的数量的发展和质量的提高。

20 世纪 70 年代，在努力扩大幼教机构规模和提高幼儿教育质量的同时，世界幼教界开始思考幼儿教育的发展问题：一方面，幼儿教育作为终身教育体系中的一个组成部分，作为基础教育的基础如何发挥应有的作用；另一方面，幼儿教育如何摆脱孤立和封闭的状态，纳入到社会大系统中，既扩展为社会服务的功能，又争取社会的支持与参与，以促进幼儿教育的发展。1972 年，联合国教科文组织在《学会生存——教育世界的今天和明天》的报告中提出了终身学习和教育社会化的观点，为幼儿教育的变革与发展指明了方向。从 70 年代中期开始，世界幼教界开始关注托幼机构衔接、幼小衔接以及幼儿园和家庭、社区的合作等问题，非正规幼儿教育也迅速发展起来。

20 世纪 80 年代中期以来，随着社会对幼儿教育的要求和科学技术的进步，世界各国越来越倾向于将幼儿教育放在教育发展和社会发展的整体中规划和思考。这种倾向可称为幼儿教育的“一体化”趋势。其表现主要有“纵”和“横”两个方面：“纵”的方面是指幼儿教育被纳入终身教育的整体框架中来考虑，同时向下延伸到 0 岁；“横”的方面指的是幼儿园、家庭、社会密切结合，形成幼儿教育的网络，共同承担幼儿教育的任务，促进幼儿教育的发展①。这种趋势不仅已成为全球幼教界的共识，而且已经在世界大多数国家开始实施。

二、幼教机构和小学的一体化

（一）幼儿的入学准备

“入学准备”是指对幼儿在进入学校时应当达到的发展水平的期望或能够适应新的学习环境和任务要求的身心发展的水平与状态②。近年来，一些国家采取制订早期学习标准等措施，加强幼儿的入学准备工作。

美国十分重视幼儿的入学准备工作。2000 年，负责“开端计划”项目的部门提出了美国第一份早期学习标准——《“开端计划”儿童发展结果框架》，将幼儿的学习内容划分为八个领域，并提出每一领域的构成要素以及 3—5 岁幼儿在每一要素上应当表现出来的知识、技能、能力和行为。到 2003 年，美国已有近 27 个州制订了一个或多个发展领域或内容领域的早期学习标准。2005 年，全国州长协会发表了《入学准备州长指南》《入学准备州长任务工作小组最终报告》《国家入学准备指标》等文件，明确了入学准备的有关政策。在这些政策的指导下，美国各级政府采取了设立早期学习标准和普及学前班等

① 冯晓霞主编：《幼儿教育》，吉林教育出版社 2000 年版，第 191 页。

② 刘焱：《入学准备在美国：不仅仅是入学准备》，《比较教育研究》2006 年第 11 期。

措施，并通过“形成综合协调的入学准备系统和策略性计划”“改善托幼服务质量的分层测量系统”“促进教师专业化发展的综合性系统”“入学准备绩效评估指标”等措施加强幼儿的入学准备。

英国、德国在入学准备工作上也注重设立早期学习标准。1999 年，英国资格与课程局颁布了《早期学习目标》，对在基础阶段末幼儿应达到的学习结果做了明确的规定。2000 年，英国政府又发布《基础阶段课程指南》，把 3—5 岁确定为“基础阶段”，提出并描述了在基础阶段幼儿在每个领域的学习目标、实际表现等。2012 年，英国教育部修订了《早期基础阶段法定框架》，规定了 0—5 岁幼儿学习、发展和保育的统一标准。2003 年，德国政府提出要制订面向所有幼儿的国家教育标准，并把这种教育标准转化为指向于儿童的学习标准。

与此同时，联合国儿童基金会从保护儿童基本的学习权和发展权的目的出发，于 2002 年开始，启动了一个名为“遍及全球”的项目，希望通过帮助发展中国家制订明确的早期儿童学习和发展标准，促进其教育质量的提高，进而推动教育的“起点公平”。20 个发展中国家启动了本国早期学习标准的制订工作，有多个国家已经完成标准的制订并正积极筹划实施。其中，亚太地区国家占了较大比例。中国于 2005 年加入了这一项目，并在 2012 年颁布了《3—6 岁儿童学习与发展指南》，从健康、语言、社会、科学和艺术五个领域提出了 3—6 岁各年龄段儿童学习与发展目标和相应的教育建议。

上述发达国家和发展中国家，都期望通过制订早期学习标准等措施缩小入学准备差距，促进教育公平，提高教育质量。从目前状况来看，在将来一段时期内，入学准备仍会是一些国家幼儿教育的焦点问题之一。

（二）“幼小一体化”工作

从终身学习的视角来看，幼小衔接不仅是幼儿入学准备的问题，也是教育机构之间相互衔接、形成一个统一体的问题。为此，许多国家把幼教机构和小学放在一起整体规划、统筹安排，以谋求二者的“一体化”。

美国、法国、英国、瑞士、荷兰等国主要通过体制改革和学习阶段整合等措施来加强“幼小一体化”。美国 1985 年开始把 5 岁儿童的教育纳入到学校教育体系中，并将其与小学低年级的教育归为一个阶段来考虑。此外，2011 年，美国所有的州都已制订了早期学习标准，强调早期学习标准和K－12（幼儿园—12年级）课程标准的一体化，并把此工作看成是建立教育一体化系统工程的一个重要组成部分。法国在20世纪90年代颁布的《教育法实施条例》中将2—11岁的儿童分为三个阶段，每个阶段由三个年龄层构成：第一阶段称为“前学习阶段”，包括幼儿园的小班和中班；第二阶段称为“基础学习阶段”，包括幼儿园的大班和小学一、二年级；第三阶段称为“巩固学习阶段”，包括小学的最后三个年级。英国的幼儿教育机构包括幼儿园、小学中的幼儿班以及预备班，招收5岁前的幼儿；而初等教育又分为两个层次：幼儿学校招收5—7岁的儿童，小学招收7—11岁的儿童。瑞士通过让4—8岁的儿童（幼儿园中大班的幼儿和小学一、二年级的学生）同在一所学校学习来解决幼小衔接问题。荷兰则把4—7岁儿童的教育合并为统一体制，取代幼儿园和小学分立的制度。

多数国家采用教师资格互换、幼教机构和小学共同合作等举措来加强幼小衔接，谋求二者的一体化。日本从1990年开始在全国小学低年级开设以儿童的游戏和自主地获得直接经验为主要学习方式的综合课程——生活课，以削减两个教育阶段的坡度。2001年，文部科学省颁布的《幼儿教育振兴计划》，提出了促进幼儿园教师和小学教师资格证的通用的主张。2005年，日本中央教育审议会发表了《关于适合环境变化的今后的幼儿教育的应有状态——为了幼儿的最佳利益》的咨询报告，提出了通过在幼教机构和小学互设非常勤教师，促进彼此的经验交流和人员交流等观点。2010年，日本文部科学省设立的“幼小衔接调查研究协会”发布的《关于幼儿教育与小学教育顺利衔接》的报告指出，幼小衔接应该按照“教育的目的·目标”→“教育课程”→“教育活动”三个层次展开。在“教育的目的·目标”层次，要树立幼小教育有机衔接的整体观；在“教育课程”层次，要着重培养儿童的基础学习能力；在“教育活动”层次，要依据从幼儿向小学生过度的儿童发展特点展开教育。此外，美国、澳大利亚、法国等国也都采取幼儿教师和小学教师共同培养、资格互换等措施来促进“幼小一体化”。

上述措施加强了各国幼教机构和小学的衔接，在一定程度上解决了幼儿入小学的适应问题。随着终身学习理论和实践的进一步发展，幼儿教育作为基础教育奠基阶段作用将日益显现，通过体制改革、机构调整、教师资格互换和幼小一贯制学校等措施加强幼小衔接，促进二者一体化的趋势也将日趋明显。

三、幼教机构与家庭、社区的一体化合作

（一）幼教机构服务的一体化

在充分利用家庭、社区资源为幼教机构服务的同时，世界各国的幼教机构开始倡导和实践一种走向社会、开放、与社会融合的幼儿教育，提高为幼儿、家长和社会服务的意识。

首先，为0—6岁幼儿提供保教整合的服务。从概念上来看，近年来，“早期儿童保育”（early childhood care）和“早期儿童教育”（early childhood education）这两个具有不同含义而又相互关联的词汇，开始被“早期儿童保育和教育”（early childhood care and education）这一整合性词汇所替代。与此同时，创造出另一个融合保育（care）和教育（education）的新词“保教”（educare）。从实践层面上看，20世纪90年代后期以来，一些国家开始改革幼儿教育的管理体制，以促进保教的整合。例如，为了改变长期以来幼儿园和保育所分离的状态，2006年6月，日本政府颁布了《关于推进综合的学前儿童教育、保育服务的法律》，提出了设立认定儿童园，促进保教一体化的主张。又如，英国从2008年9月开始实施《儿童早期基础阶段》，建立起0—5岁儿童学习、发展和保育的统一的政府框架；芬兰、挪威和瑞典发展了1—6岁的混龄教育服务，使幼儿在入学前在共同的教育机构中接受保育和教育。

其次，为家长提供更优质的服务。各国的幼教机构都重视和家长建立良好的家园联系，通过“家长开放日”，使用“家长手册”和“家长布告栏”，定期发放“幼儿园通讯”等方法使家长了解幼儿的在园表现。为了满足家长对幼教机构的需求，很多国家都采取了灵活多样的办园方式，如全日制、半日制、寄宿制、短时保育、夜间保育、临时保育和延长保育等。此外，幼教机构还和社区合作，通过多种途径向家长提供支持和帮助，如向家长发放幼教信息资料、召开家长培训班、组织家长与幼教专家交流、寻求政府对家庭教育的支持等。

再次，为社区提供力所能及的服务。很多国家的幼教机构在做好本职工作的同时，成为“社区儿童保育和教育中心”，将幼儿教育推广到社区每一个家

庭，具体做法如下。一是开放幼教机构，根据社区居民的需要对未进入幼教机构的幼儿提供短时保育、夜间保育及节假日保育等。二是提高社区居民的教育能力，向社区居民开展育儿咨询活动，开设有关讲座；在考虑幼儿最佳利益的基础上妥善解决社区居民育儿方面的实际问题。

上述举措适应了家长和社会对幼儿教育的要求，充分发挥了幼教机构的功能，推动了幼儿教育事业的发展。此外，从后现代的视角来看，幼教机构还被看作一个在文明社会中，儿童与成人共同参与社会的文化、政治、经济活动的“论坛”，如同一个承担着文化象征意义的社区机构。意大利瑞吉欧幼教机构的社区式管理模式就是这种文明社会论坛的典范。这种把幼教机构作为社会论坛的理论和实践扩展了幼教机构的功能，提升了幼儿教育的价值，是今后幼教机构发展的方向之一。

（二）“四位一体”的幼教网络

幼儿教育要走向社会，不仅需要与社区和家长合作，也需要政府的支持。政府要发展幼儿教育事业，培养在全球经济一体化过程中具有竞争实力的公民，也需要整合各方力量。20 世纪 60 年代以来，随着幼儿教育的发展和社会发展对幼儿教育的需求，一些国家开始建立“四位一体”的幼教网络。

1965 年，美国以“开端计划”开创了政府、社区、幼儿园和家庭“四位一体”的幼教网络的先河，极大地促进了幼儿教育的发展。1995 年，美国开始实施“早期开端计划”，将“四位一体”幼教网络的受惠面扩展至 0—3 岁儿童。目前，美国在 50 个州有 2 637 个“早期开端计划”和“开端计划”授权的服务机构，运作着 18 145 个“早期开端计划中心”或“开端计划中心”和 49 038 个相应班级。截至 2005 年，“早期开端计划”和“开端计划”惠及处境不利儿童达 90.79 万人①。1997 年 8 月，英国出台了世界上最早的以社区为基础的早期儿童整合性服务机构——“早期优质服务中心”，主要以保育学校等传统的保教机构为基础，整合社区相关资源，向儿童及其家庭、社区居民提供服务。在政府的支持和各地的推动下，至 1999 年 12 月英国已经建立 29 个这

① 霍力岩、沙莉、郑艳：《世界部分国家学前教育基本属性的比较研究》，《比较教育研究》2011 年第 6 期。

样的机构，并在2001年2月提出“到2004年达到100个，逐步发展成为一个中心网络并向更加地区化方向推广”的目标①。此外，“确保开端”计划也是英国政府大力推行的以社区为中心的面向所有儿童、家庭和社区的幼教网络。2009年，英国已开设了“确保开端”计划的组织机构——“确保开端儿童中心”3 000多所，为约240万幼儿及其家庭提供整合的服务②。

澳大利亚、日本和中国也重视构建“四位一体”的幼教网络。2000年，澳大利亚昆士兰州政府设立“儿童保育和家庭支持轴心”，利用社区资源中心、社区公共设施、学校或重建的社区资源整合机构，向网络辐射并且发挥整合功能。轴心和各部门保持“组串”关系——轴心是“组”，各服务部门是“串”。这种“组串”结构强调整合网络各部分之间在实现目标时的平行关系，体现了整合网络运行过程中的协调、管理作用。到2002年，昆士兰州已成功建立了22个这样的轴心机构。1994年，日本厚生省提出了建立“儿童养育网”的主张。此后，日本各地积极实现这一设想，逐步形成了以幼教机构为主体的幼教网络。1998年，川崎市提出设立“幼儿教育中心”，拟建立一个包容100所公立保育所和87所私立幼儿园，集调查、研究、培训、咨询、信息等多种功能于一体的辐射全社区的早期服务网络。“幼儿教育中心”的提出，已经超出了日本1994年建立“儿童养育网”的构想，反映了日本社会对幼教网络的需求和政府对构建幼教网络的重视程度。2003年，中国教育部在《关于幼儿教育改革与发展的指导意见》中将“逐步建立以社区为基础的以示范性幼儿园为中心，灵活多样的幼儿教育形式相结合的幼儿教育服务网络，为0—6岁儿童和家长提供早期保育和教育服务”作为中国2003—2007年幼儿教育改革的总目标之一，标志着中国构建“四位一体”的幼教网络已处于起步阶段。

上述各国“四位一体”幼教网络的建立和运行，有效地整合了各方资源，体现了政府的统领和协调作用，发挥了社区和幼教机构的中心作用，有力地促进了幼儿教育事业的发展，推动了正规和非正规幼儿教育的发展。“四位一体”幼教网络反映了社会发展对幼儿教育的需求，是世界幼儿教育改革的必然选择

① 柳倩：《国外早期儿童整合性服务机构及其启示》，《幼儿教育》2004年第7—8期。

② 李敏谊、张晨晖：《从布莱尔到布朗——英格兰幼儿教育和保育政策的发展历程与新进展》，《外国教育研究》2010年第9期。

和发展趋势。

【思考与练习】

1. 什么是幼儿教育？简述世界幼儿教育的发展历程。

2. 试述20世纪90年代以来世界各国在保障幼儿受教育权方面的措施和成效。

3. 近20年来世界各国追求幼儿教育机会均等的举措有哪些？

4. 简述世界各国全人发展幼儿教育的内涵、目标和内容。

5. 简述20世纪90年代以来世界幼儿教育的“一体化”的概况及发展趋势。

【拓展性阅读导航】

1. 周采主编：《比较学前教育》，人民教育出版社2010年版。

该书将学前教育比较发达的几个国家作为研究重点，对学前教育的经验和相关发展规律进行了阐发。

2. 杨汉麟著：《外国幼儿教育史》，人民教育出版社2011年版。

该书阐述了各个历史时期典型的、有代表性的国家或地区的幼儿教育实践、教育制度及影响较大的幼儿教育理论。

3. 曹能秀著：《学前比较教育》，华东师范大学出版社2009年版。

该书在梳理全球学前教育发展历程基础上，阐述了世界学前教育发展的现状和发展趋势。

4. 冯晓霞主编：《幼儿教育》，吉林教育出版社2000年版。

该书阐述了世界幼儿教育的历史与现状、世界幼儿教育的理论派别与实践活动和中国幼儿教育的基本状况。

5. 朱家雄著：《幼儿园课程》（第二版），华东师范大学出版社2011年版。

该书探讨了幼儿园课程的理论和实践问题，并介绍了世界幼儿园课程的历史、现状和发展趋势。

第十四章　变革求新的中小学教育

【内容提要】

中小学教育包括初等教育、初级中等教育和高级中等教育，分为义务教育和非义务教育两个阶段。由于中小学教育在国家教育发展中具有基础性和战略性的重要地位，世界各国纷纷出台各种政策大力发展中小学教育，以提升国家的人才竞争力。当前世界中小学教育改革与发展体现出教育公平、教育卓越和绿色办学的时代走向。

【学习目标】

1. 了解世界各国中小学教育改革与发展的基本现状。
2. 明了世界各国在普及义务教育方面所采取的政策措施。
3. 理解21世纪世界中小学教育发展的价值理念。

第一节 以普及化为目标的中小学教育发展

一、世界中小学教育发展的历史演进

总体来看，世界中小学教育经历了三个历史发展阶段。

（一）贵族官吏型的精英教育阶段

所谓精英教育（superior education），是指教育主要是为中上层阶级服务的，以培养所谓“精英”的官吏为主，教育的投入及受益主要在少部分人身上，而广大民众没有或只能接受很低水平教育。古代教育是培养皇亲国戚的精英教育，平民基本没有受教育权利。例如，古代埃及的宫廷学校主要用于培养官吏和皇权的继承人，职官学校和文士学校的教育对象为奴隶主。古希腊斯巴达和雅典的学校专为贵族阶级而设，地位低下阶层官员子弟则入私立学校学习。中世纪欧洲教会设立僧侣学校和大主教学校，为贵族阶层服务培养少数官吏的精英化教育，皇族子弟有专门的宫廷学校，贵族子弟则接受骑士教育，平民百姓只是接受一些识字及教化教育。这种以读书做官为目的即以培养官吏、为少数贵族服务的教育，以及后来只重于少数学术性人才的教育，都被称为精英教育。

（二）世俗平民化的普及教育初级阶段

文艺复兴以后，伴随着欧洲宗教改革，教育的世俗化进程不断加快，教育普及化的思潮开始萌芽，并不断发展。17 世纪以后，一些国家开始通过法律的形式对中小学教育的普及进行规范，并在学生的入学年龄、在学年限，以及保障适龄儿童接受中小学教育的权利等方面做了明确的规定。

德国于 1619 年颁布《义务教育规定》，使德国成为世界上第一个确立初等义务教育的国家；到 19 世纪 60 年代，德国的学龄儿童的入学率已达到 95％以上。1920 年德国颁布《基础教育法》，确定义务教育年限为 4 年；到 1975 年，德国义务教育的普及率已达到 99.4％①。

① 高如峰主编：《义务教育投资国际比较》，人民教育出版社 2003 年版，第 107 页。

英国为保证适龄儿童接受教育，于1834年颁布了《工厂法》，禁止工厂使用童工。1870年，英国颁布了《初等教育法》（又称《福斯特法》），规定5—12岁儿童必须接受初等教育。1944年再颁布《巴特勒法》，将义务教育年限延长到15岁。从1972年起，英国开始实施5—16岁的十一年制义务教育。

美国于19世纪30年代掀起了普及初等教育的风潮，1852年，马萨诸塞州率先颁布了义务教育法。受其影响，到1918年全美48个州都制定了义务教育法，规定儿童到入学年龄而不入学为违法的行为，学区和学校有权控告家长，法院并能依法判决。有了这些法律的保障，使美国在第二次世界大战之前中学教育的普及化已达到相当高的水平。二战以后，美国的中小学教育进一步发展。至1976年，美国25岁以上的人口平均受教育年限已达到12.4年，其中25—29岁的人口平均受教育年限为12.9年①。

日本在明治维新之后，于1872年颁布了《学制》，并以太政大臣的名义发出关于奖励求学者的训令，日本开始重视义务教育的实施，并迅速普及中小学教育。1886年颁布的《小学校令》规定6—9岁儿童必须接受四年制义务教育。1907年颁布的《修订小学校令》又规定6—11岁学龄儿童实施六年制的免费义务教育。1947年日本国会颁布《教育基本法》确立了九年义务教育的制度，规定对于违反《教育基本法》者进行罚款。

（三）民主化的普及义务教育阶段

二战以后，在一些发达国家的引领下，普及义务教育逐渐成为各国的共识。据亚洲开发银行报告，全球190多个国家和地区中有170多个已经实现了免费义务教育，并呈现出两个发展特点。一是义务教育的年限不断延长。比如，英国由10年延至11年，日本由6年延至9年，法国实行从小学到高中第一年的10年义务教育。二是将义务教育的免费项目不断扩大，从免学费、杂费、书本费等扩展至免体检费、午餐费和交通费等。

为了有效促进教育公平，加快全球的教育发展速度，1990年由联合国教科文组织召集的“世界全民教育”大会，发表了《世界全民教育宣言》和《满

---

① 人民教育出版社《外国教育丛书》编辑组编：《六国教育概况》，人民教育出版社1979年版，第22页。

足基本学习需要的行动纲领》，发起了20世纪90年代以来全球范围内的教育普及运动，世界各国纷纷大力推进教育普及运动，努力消除教育不平等。同时，很多国际组织正在通过其他各种方式支持全球教育事业的发展。例如，世界银行在过去的五年中，年均教育软贷款和硬贷款总额约为20亿美元，用于发展各国的小学和初中教育；同时，还通过增加对非洲的贷款，以推动中小学教育基础薄弱的整个非洲地区的教育发展。世界各国也纷纷出台各种相关政策，进行教育改革，力求在综合国力的竞争中提升国家的人才竞争力。

二、各国普及义务教育的主要措施

（一）出台相关法律保障义务教育政策的落实

在科技发展日新月异的今天，许多发达国家认识到了教育在促进社会进步和社会发展中的重要地位，纷纷通过立法，采取强有力的政策措施来保障义务教育的实现。

美国自20世纪60年代以来，由于受到社会、文化、政治以及学术背景多元化因素的影响，教育上更加强调教育机会的实质平等，尤其强调不同族裔、不同文化群体平等发展的权利。为了从法律上切实促进教育平等，美国于2002年颁布的《不让一个孩子掉队法》，从过程和结果两个方面体现了教育平等的价值理念。该法提出，要让家长对孩子接受何种教育具有选择权，一旦学校被认定为薄弱学校，家长有选择更好学校的权利，而对“不让一个孩子掉队”的学校则进行奖励。同时，政府增加拨款，为低收入家庭或学习效果不佳的公立中小学的学生提供额外教育服务，以保证这些弱势群体的成绩得以提高。

法国于2005年出台了《教育指导法》，该法特别强调在实现义务教育普及的前提下实现义务教育的内容平等，即实现所有的学生应具备共同的基础和能力。2013年，法国参议院正式通过了《重建共和国基础教育规划法》，要求基础教育在未来5年达到让所有学生的知识、能力和文化水平得到提高，并缩小因地理位置和社会阶层不同而产生的不平等，打造让所有人成功的新教育，减少肄业学生数量，努力提高学生的学业成功率等目标①。

自 2000 年联合国千年宣言发表之后，各发展中国家采取延长义务教育年限、教育立法、教育模式多样化等多种形式保证义务教育的实施。例如，泰国在 1997 年宪法和 1999 年《国家教育法案》中规定，每个公民至少接受 12 年免费的基础教育，包括 9 年强制教育。马来西亚在 2002 年的《教育修正法案》中规定所有 6 岁的儿童都必须接受义务小学教育，违令家长将会被罚 5 000 林吉特或被判入狱 6 个月。为了保障贫困地区和偏远地区的孩子接受平等的义务教育，埃及在边远农村地区开设乡村学校和单班学校，对在这类学校读书的学生实行全免费教育。古巴成立了大约 2 000 所学生数量不超过 10 人的学校，甚至还成立了 93 所“一个学生的学校”，以保证偏远地区的孩子接受义务教育②。

（二）增加教育投入促进义务教育的普及

教育投入是教育发展的基础性条件，没有充足的教育投入，很难实现真正的中小学教育的普及与发展。目前从世界各国的中小学教育的发展来看，呈现出不断加大财政投入，合理分配教育资源，并且国家投入逐步占主导地位等共同趋势。

发达国家坚持巩固其普及教育的成果，以实现更高程度的教育公平。例如，日本每年国家财政中，教育经费的比率一般在 15%左右，约占国民经济总产值的 5%。而在经费安排上，义务教育经费在日本国家教育总预算中所占的比例一直保持在 50%以上。日本从 1873 年到 1973 年的 100 年间，国家教育经费（不含私立学校经费）增长了 50 万倍还多。美国前总统布什在 2006 年公布了 2007 年度教育部预算申请，预算包括资助《不让一个孩子掉队法》的经费将增加到 244 亿美元③。美国总统奥巴马在 2009 年签署《美国振兴及投资法案》，其中的 100 亿美元为继续支持《不让一个孩子掉队法》中“改进不

① 刘京玉：《重建教育公平：法国〈重建共和国基础教育规划法〉解读》，《世界教育信息》2013 年第 20 期。

② 毛相麟：《古巴教育是如何成为世界第一的》，《中国经贸导刊》2004 年第 6 期。

③ 薛留增、田增欣：《美国 2007 财政年度教育预算的最新动态概述》，《天津市教科院学报》2006 年第 5 期。

利地区学生学业成就”经费。

与发达国家相比，虽然发展中国家经济发展相对滞后，但很多国家仍致力于促进教育普及，努力解决教育经费的问题，实现教育公平。中国在进入21世纪以来，教育投入增长幅度较大，总体投入水平较低的状况得到根本改善。2005年，《政府工作报告》明确提出：免除农村义务教育阶段贫困家庭学生的书本费、杂费，并补助寄宿学生生活费，使贫困家庭的孩子都能上学读书，完成义务教育。2010年颁布的《教育规划纲要》进一步强调了要健全以政府投入为主、多渠道筹集教育经费的体制，大幅度增加教育投入。印度在2008年发布的“十一五”教育发展规划明确提出，把教育放在“最高度优先发展”的地位，并决定把公共教育经费占GDP的比重提高到6%①。

（三）加强师资队伍建设，保证义务教育的普及

建立一支数量足够、质量合格和稳定的中小学教师队伍是实现义务教育普及的重要保证。根据《全民教育监测报告》显示，2015年之前，仅撒哈拉以南非洲国家就需要招聘200万名以上的教师实现普及初等教育②。

为了解决偏远地区中小学教师紧缺和素质不高问题，发达国家往往采取教师定期流动制度等特殊措施。比如，日本专门制定的教师定期流动制度，对教师流动的人员、流动地域、流动对象、流动程序及保障措施都有明确的规定，为此还制定了提高偏贫地区教师待遇的专项政策③。日本的教师定期流动制是促进校际之间师资均衡发展，进而促进校际之间教育均衡发展，最终实现整体教育均衡发展的极为重要的途径。

发展中国家在此方面也采取了不少有效的措施。古巴、萨尔瓦多、巴拿马、秘鲁和委内瑞拉等国规定教师到偏远农村地区任教可以享受额外的奖金；玻利维亚和洪都拉斯等国则用增加教龄的办法吸引教师，比如，在偏远地区服务三年可以多计算一年的教龄；智利也对到最贫困社区任教的教师给予物质奖

---

① 朱国仁：《新世纪国际教育改革发展动向及启示》，《清华大学教育研究》2010年第3期。

② 联合国教科文组织著：《全民教育全球监测报告2012——青年与技能》，教育科学出版社2013年版，第15页。

③ 李贤智：《教育公平视野下教师资源配置的反思与建设——兼评日本中小学教师定期流动制》，《湖南师范大学教育科学学报》2011年第3期。

励。以上政策都为义务教育的普及提供了师资保证。

（四）以信息化建设促进教师专业成长

信息化是世界中小学教育变革的重要力量，在促进教育公平、提高教育质量方面发挥着重要作用。通过信息化途径既可实现远程教师培训，也可建立教师合作共同体，分享教学经验，促进专业成长。为此，发达国家如法国十分重视教师的信息技术手段应用（如多媒体课件）技能培训，不仅提供财政支持，还要求各级学校在教学中普及应用。日本自 2005 年起在所有公立学校开通了互联网，在教学中所有教师和学生都能有效利用计算机。发展中国家也不断发展教育信息化。南非政府制定《教育信息化白皮书》，规定每一个教师、管理者都必须拥有将信息技术整合到教学和学习中的知识和技能。印度的信息化平台帮助教师建立自己的论坛、互动网络社区等，各抒己见，彼此学习，制定学习目标，对教育资源进行总结，并共同审核这些总结，进行经验共享。

基于信息化发展日新月异的趋势，可以预见，信息化将在世界各国教师培养、培训方面发挥更大的作用。通过信息化途径，能够打破时间、空间障碍，让更多偏远地区、农村地区的教师培训与发达地区同步资源共享，不仅加速教师成长的进程，也从某种意义上讲，是教师专业成长公平性的重要体现。

三、世界各国普及教育进程中存在的主要问题

（一）男女教育不平等问题比较突出

性别歧视问题一直是影响各国中小学教育平等问题的重要障碍，也是国际组织关注的重要议题。根据联合国教科文组织的标准，性别系数在 0.97 和 1.03 之间则视为实现了男女入学机会的平等。据 2002 年《全民教育全球监测报告》显示，在提供数据的 153 个国家中，有 86 个国家实现了初等教育阶段男女儿童平等入学的目标，而 67 个国家没有实现这些目标，即 44%的国家在初等教育阶段存在男女儿童入学不平等问题。在南亚和撒哈拉以南非洲国家，男孩的入学状况明显优于女孩，女童教育问题仍是普及教育的一个重要挑战。性别歧视问题如果不能得到很好的解决，将严重影响义务教育的普及和教育公平的实现。

（二）发展中国家普及义务教育任务艰巨

大多数发展中国家自独立以来就开始将普及义务教育作为基本国策，并为此付出了很大努力。但是由于种种原因，进入21世纪以后，发展中国家面临的主要教育问题依然是普及义务教育问题。这其中既有客观现实因素的制约，又有深刻的社会背景因素。从客观现实因素上看，影响发展中国家普及义务教育的主要因素有三。其一，贫困是发展中国家农村人口接受义务教育的主要障碍。按照联合国对贫困人口的界定，每天基本生活费用不足1美元的为贫困人口，据此，世界有四分之三的人口属于贫困人口，其中90%以上生活在发展中国家的农村。在发展中国家，平均每5个儿童中就有一个因贫困而不能入学。由于贫困，对于相当多的农村家庭来说，儿童还具有参加基本生产劳动、维系家庭生存的责任和价值，送子女上学家长不但要负担一定的教育费用，还要蒙受相应的经济损失，所以许多家庭不愿送子女入学。贫困也导致国家对农村教育的投入力不从心。在印度，9%的普通小学没有一间校舍，35%的学校只有一名教师，许多小学生的家庭一贫如洗，父母皆为文盲，根本买不起教科书和学习用具，孩子营养不良，发育缓慢，而且还要兼顾体力劳动，以弥补家庭经济的困难。其二，农村人口过多制约着发展中国家普及义务教育。由于历史的原因，发展中国家的人口问题已成为影响发展教育的一大障碍。对许多发展中国家而言，全面普及义务教育的关键是降低生育率、控制人口过快增长。其三，教育经费不足。发展中国家在普及义务教育方面最突出、最明显的困难就是教育经费的严重匮乏，农村教育更是如此。由于国家自身经济发展水平低，教育经费严重不足已成为发展中国家普及义务教育中一个具有代表性的难题。

（三）重数量轻质量问题比较普遍

随着中小学普及程度的不断提高，很多国家的办学规模也在随之扩大，出现了片面追求升学率、重视学生数量而轻视教学质量的问题。这种现象不管是在发达国家还是发展中国家都比较普遍，尤其是以发展中国家为甚。据美国高质量委员会1983年4月发表的《国家处在危险之中：教育改革势在必行》的报告中统计的“危险的指标”的数字表明，在大多数标准化考试中，中学生的平均成绩低于26年前的苏联。又据美国对全国250所高校进行的一次调查表明，84%的学校开设了基础技能补习课程，近15%的在校新生至少有一门英语或数学参加补习课学习。为此，发达国家在普及义务教育的同时，纷纷采取对策提高教育质量。美国自1983年发表《国家处在危险之中：教育改革势在必行》的报告以来，据美国盖洛普民意测验，美国公众舆论对教育的重视达到了空前的高度。对于发展中国家来说，随着义务教育的普及，入学人数和入学率有了大幅度的提高。1960—1990年，亚非拉的注册在校生人数（初等、中等和高等教育）从1.63亿人增加到4.4亿人，平均每年增加5%，其中，中等和高等教育在校生的增长率分别达到了12.7%和14.5%。但是，发展中国家教育的一个重要问题是，有相当大比例的学生尚未完成学业就中途退学，这种高辍学率在一定程度上严重影响了义务教育普及的质量。

第二节　以质量为核心的中小学教育改革

教育质量是教育发展的根本，教育质量标准的选择与质量的判断对各级各类教育机构的发展具有导向性、基础性和全局性的影响与作用。

一、世界中小学教育质量观的演进

教育质量观就是人们对教育活动过程及结果的系统看法，它是人们在特定的社会条件下对教育效果的价值选择与价值评价。秉承一种什么样的教育质量观，对于整个教育过程而言都是一件重要的事情。第二次世界大战以来，世界中小学教育质量观经历经历了合标准的质量观、绩效化的质量观两个发展阶段①。

（一）标准化的质量观阶段

20世纪50—80年代，世界经济快速发展，为满足经济发展要求，教育要尽快为国家培养社会建设需要的各种人才。在此时代背景下，国际中小学教育质量观是典型的合标准的质量观。合标准的质量观作为一种以社会本位论为基

① 魏宏聚：《教育质量观的内涵、演进与启示》，《教育导刊》2010年第1期。

础的教育质量观，强调教育质量以社会评价为中心，社会的价值高于个人的价值，教育质量高低应以满足社会发展需要的程度为评价标准，教育的一切都应服从于社会、国家的意志。例如，20 世纪 80 年代，美国开启了一场旨在提高基础教育质量的改革运动，即“标准化改革”（standard-based reform）。此次改革要求每个州需要建立每个核心学科领域的课程标准，联邦政府要求每所学校要逐步达到州所规定的课程标准，而对于那些达不到标准的学校，州政府会采取严厉的惩罚措施。美国基础教育标准化主要内容有制订统一的课程与学业标准、强化对学生学业成绩的评估与反馈、建立三级教育绩效责任体系、设立国家教育质量奖。为此，美国各州委员会也出台标准化考试标准。在推进标准化过程中，美国优质教育委员会发表的《国家处在危险之中：教育改革势在必行》提出了美国教育改革的目标即实现“卓越”与“公平”。只有如此，才能摆脱美国处于危险之中的局面。

（二）绩效化的质量观阶段

20 世纪 90 年代开始，中小学教育质量不高的问题越来越受到世界各国的重视。为了提高教育质量，美英等发达国家将“绩效考核”这个经济学理论与教育实践相结合，探索出了学校绩效责任制。例如，美国 1999 年通过的《教育绩效责任法》明确规定了要强化教育绩效责任，也通过了州要为教育决策负责的基本操作办法，从而建立起了较为完备的教育绩效责任法律体系。通过该法案，构建了联邦政府、州、学区、学校对应的责任主体，并通过基于问题、提出对话、改进意见，帮助学校更好地解决现实问题的教育问责，促进学校的发展与教学质量的提升。2002 年美国《不让一个孩子掉队法》明确采取对学生进行测验的办法，根据测试成绩而采取相应的问责与惩罚，从而使得教育问责有了法律依据。该法还让国家教育进步评估委员会（NAEP）负责评估学校是否实现年度进步指标，重点监测各州 4 年级与 8 年级学生在阅读与数学两门学科的成绩，据此来判断州教育质量。同时，《不让一个孩子掉队法》明确提出州政府需要在建立相应的绩效考核制度，对州内所有公立学校以及学生的绩效情况进行考核，州、学区、学校必须保证所有学生都能够达到州制订的学业标准，如果实现不了，将会受到严厉惩罚，甚至学校面临被关闭的风险。

二、世界各国提升中小学教育质量的主要措施

（一）以学制改革保证教育质量的提高

学制具体规定了学校的性质、任务、入学条件、修业年限等。学制从制度上保证了教育方针政策的贯彻执行，保障公民享有受教育的平等权益，是实现教育公平的根本制度保障。第二次世界大战以来，发达国家纷纷通过学制改革来促进教育质量的提高。

美国学制体现了统一性和多样性相结合的特点。由于实行彻底的教育分权制，美国没有全国统一的学制，各个州的学制多种多样，平行发展。一般而言，美国学生的修学年限为：初等教育和中等教育 12 年，高等教育 4 年，研究生教育 2—4 年，总计学程为 20 年左右。修学年限虽然相对统一，但允许六三三制、六六制、五三四制等并存。其中六三三制盛行于大都市中规模较大的学区，属于主流学制。

英国现行学制是以《1944 年教育法》为依据建立的，分初等教育、中等教育、继续教育和高等教育四个部分组成。自 1972 年起实施 5—16 岁的 11 年制义务教育，包括 6 年初等教育和 5 年中等教育，16 岁之后为继续教育和高等教育阶段。英国中等教育也属于义务教育，学生在年满 16 岁以后，还可在学校再接受 3 年教育。

德国现行学制仍带有双规制性质，学生在读完基础学校后，经定向阶段，将按学力被分流进入初级中学、实科中学和完全中学学习；多数州普通义务教育为 9 年（6—15 岁），少数州为 10 年；此外，各州还规定对 18 岁以前未进高级中学的青少年实行三年职业义务教育。

印度现行学制是以 1986 年的《国家教育政策》为基础建立的，学前教育至今不属于学校教育系统，总体发展水平较低；初等教育年限原则上为 8 年，属于义务教育阶段，入学年龄一般为 6 岁，分为初级小学（5 年）和高级小学（3 年）两个阶段；中等普通教育的修业年限在多数地区为 4 年，即初中 2 年（9、10 年级）和高中 2 年（11、12 年级）。

中国自 1951 年颁布新学制以来，学校制度已经多次变革。1995 年颁布的《中华人民共和国教育法》中规定国家实行学前教育、初等教育、中等教育、高等教育的学校教育制度。同时，国家实行职业教育制度和成人教育制度。中

国现行学制呈现出正规教育与非正规教育、学历教育与非学历教育共同发展的显著特征。

（二）以课程改革促进教育质量的提高

首先是制订课程标准，统一中小学课程质量的基本要求。课程标准成为世界各国提升教育质量的重要手段。美国长期以来一直没有全国性统一课程标准，但20世纪80年代以后，美国开始设立全国性课程，全国科学基金会和教育部把全国课程标准作为学校改革的原则，提出应将全国课程标准作为基金会资助各州改革课程结构和地方课程，改革教学方法、教科书、教师教育制度，在职培训和学生评估的依据。《2000年目标：美国教育法》把课程标准分为"国家标准"和"州标准"。"国家标准"即是由"国家教育标准和改进委员会"（NESIC）等机构制订的课程标准的总"准则"，根据这些标准，得到NESIC的确认后，再报"国家教育目标专门小组"审查批准。"州标准"是在自愿基础上，各州遵循国家标准而编订的州课程内容标准及评估体系。除了美国，英国等地方分权国家也通过制订国家课程标准的形式规范教育标准，提升教育质量。中国自2001年以来实施的新课程改革亦通过课程标准的形式提高我国基础教育的质量。

其次是更新教育内容、改变课程结构。从当前各国中小学课程改革的具体措施来看，道德教育、公民教育、环境教育、科学技术教育、促进国际教育理解与国际意识的形成等充满时代气息的主题成为课程中重要的学习内容。在这些主题内容中，培养学生的国际意识成为各国在教育改革时确定的重要战略目标。例如，美国的《2000年目标：美国教育法》要求中小学生必须了解本国和世界其他地区的传统文化知识。日本提出的"面向21世纪，培养生存于国际社会中的日本人"的教育目标，要求学校在重视培养学生尊重本国文化和传统的同时，更要加强对世界文化和历史的了解。在课程结构上，注重课程的基础性与均衡性。很多中小学除均衡设置国语、数学、科学、历史、艺术、体育等课程外，还统一规定了必修的核心课程。英国1988年教育改革后实行统一的10门国家必修课程，1999年又采取进一步的改革举措，将国家课程扩展为

12门必修课程[1]。在课程设置方面，通过主题整合、学科合并等方式整合课程成为世界各国课程综合化的普遍做法。通过课程综合化，增强了中小学课程与社会、生活实际的联系，有利于培养儿童综合利用知识解决实际问题的能力。

（三）以教师教育制度改革促进教育质量的提高

任何的教育改革都是外在的，只有教师的积极参与，才能够将外在的教育改革目标内化为课堂上的实际行动。因此，教师素质的高低在很大程度上影响着教育质量的高低，对教师工作的重视和加强师资培训已成为决定教育改革与发展成败的重要因素。

一是完善教师培养体制。在教师职前培养方面，各国首先改革和发展教师教育，打破了传统封闭、单一的由师范学校培养教师的体制，逐渐转变成非定向的、开放的、职前在职一体化的培养体制。在职前教师教育课程目标上，各国教师教育培养目标非常明确，专业划分细致，具有很强的操作性；在课程内容上，通识类课程与教育类课程并行，强调培养学生的综合能力。在职前教师实践能力的培养方面，教育实践类课程一般占教师教育总课时的15%。美国教师教育课程中大约有一个学期的时间集中用于教学实践。德国不仅在大学阶段安排了实践，而且还规定两年见习期[2]。在职前教师的培养年限上，时间也在不断延长，例如，泰国计划将职前教师教育年限提高到6年。在教师的准入方面，各国都不断提高标准。2002年美国《不让一个孩子掉队法》规定的"高级教师"的必备条件是"拥有学士学位，持有州完全合格证书，在所教科目上具备相当的能力"[3]。2011年11月，中国教育史上第一个《教师教育课程标准（试行）》颁布，对于深化教师教育改革，规范和引导教师教育，培养和造就高素质、专业化的教师队伍具有深远的意义。

二是加强教师在职教育。各国不仅大力开展教师在职教育，还通过法制化的方式形成制度，充分保证教师在职教育的实施。例如，法国、日本等国专门

---

① 徐辉：《当代世界基础教育课程改革的发展趋势》，《西南大学学报》（社会科学版）2009年第3期。
② 薛赛男：《发达国家教师教育课程设置的特点及启示》，《世界教育信息》2006年第10期。
③ 朱琼敏、洪明：《近年来美国中小学教师素质状况和改进举措》，《教师教育研究》2006年第1期。

颁布了教师在职教育的相关法案，详细规定了教师在职教育的时间、薪酬等①。在教育管理方面，也不断采取新措施，提高教师在职培训的成果和教师参与的积极性。例如，英国政府在教师专业化发展方面进行了一系列改革，提出了各种具体的措施，包括在中小学推选优秀教师制度、学科带头人标准、表现管理等，力图通过这些措施提高在职教师队伍的质量，最终达到提高学校教育质量的目的②。

三是颁布教师专业标准，促进教师专业发展。随着全球化的进一步深入和全球竞争与合作的加剧，世界各国都充分意识到，教师是教育质量成败与否的关键，因而都加大了教师教育规范的力度并开展教师教育改革，制订了一系列教师专业标准、教师教育课程方面的标准或相应的纲领性文件。美国 20 世纪 80 年代以来以教学标准为切入口，在国家层面加强了教师教育的标准化进程，于 1987 年成立美国国家专业教学标准（National Professional Teaching Standards）委员会制订各学科的专业教学标准，并于 1994 年开始教师资格的认证工作。同时，各州的教育委员会都结合国家层面教师教育政策，制订了各自的教师专业标准③。英国自 20 世纪 80 年代开始，在提升教育质量的改革背景下，开始建立教师专业发展标准体系，囊括了教师职前、在职教育与发展、校长和管理人员等相关的专业标准④。近几年来，发展中国家也认识到，教师的质量决定了教育系统的质量，不仅明确规定教师专业标准，还通过新教师入职指导训练等方式，为教师专业发展提供各种类型的成长平台。2009 年马来西亚颁布了新的教师标准，这是东南亚地区第一个建立以胜任力为基础的教师标准。为促进教师专业发展，2011 年中国教育部发布了幼儿园、小学、中学教师专业标准，通过教师专业标准的形式明确了中国教师专业素质要求。教师专业标准体系的建设，对于提高教师队伍整体素质、提高教师教育质量、促进义

---

① 李均：《当代发达国家教师继续教育的发展趋势》，《外国中小学教育》2002 年第 6 期。

② 骆阳：《英国基础教育教师队伍质量保障机制的初步研究》，福建师范大学硕士学位论文，2004 年，第 30 页。

③ 《教师教育课程标准》专家组：《教师教育课程标准的国际比较研究》，《全球教育展望》2008 年第 9 期。

④ 朱旭东、李琼主编：《教师教育标准体系研究》，北京师范大学出版社 2011 年版，第 24 页。

务教育均衡发展和教育公平都将发挥重要作用。

（四）完善学校的评价机制保障教育质量的提高

建立促进教育质量提高的评价体系和考核办法是世界中小学教育改革的重要任务之一。20 世纪 70 年代以来，发达国家根据本国的教育管理体制，采用合适的教育评价形式与方法，既体现了本国的特点，又达到了评价的目的，从而为提高教育质量保驾护航。从形式上看，发达国家的教育评价主要有质量认证、质量审核、质量评估、学校排名等类型①。

一是质量认证（accreditation）。质量认证是欧美国家学校教育质量保证的重要手段，它是一种达标（或合格）鉴定，一般以相互约定的质量标准为依据，对学校的教育质量进行周期性检查，以达到持续改善与提高学校教育质量的目的，从而获得社会的信赖与认可。从欧美国家的质量认证标准看，体现了量化与质性相结合、统一要求与关注学校个性相融合、强调学校资源与关注学生学习效果并举的特点。在实行质量认证的国家，没有获得认证资格的学校，就是质量缺乏公信力的代名词。美国是教育质量认证比较发达的国家，其主要有 6 个地区性的教育质量认证机构，分别对这些地区的各级各类学校进行质量认证，包括中学教育质量认证。另外，美国还有专门针对少数特殊学校设立的全国性的 8 家认证机构。目前，教育质量认证已经在其他国家得到推广。

二是质量评估（evaluation）。质量评估就是人们常说的教育质量评价，它是对学校教育相关各方面的评价，既包括学校层面的整体办学水平评价，又包括课程评价；既有物质层面的学校教育资源效益评价，又有人员层面的校长、教师、学生评价；既有学校教学质量评估，又有管理水平评估。质量评价的种类繁多，内容丰富，各国均根据各自的国情，选择使用综合性评估、单项评价、合格评估、等级评估等形式。

三是质量审核（audit）。质量审核的全称是“质量控制审核”，亦即学校对自身的教育质量都建有质量控制机制。质量审核主要是检查学校内部质量保障的组织与机制的有效性以及学校公开的质量与标准信息的准确性、完整性和可靠性等内容。英国、澳大利亚、瑞士等国家的学校教育质量审核相对比较

---

① 李钰：《评价：为高质量护航——发达国家教育评价面面观》，《上海教育》2006 年第 10B 期。

发达。

四是学校排名（ranking）。学校排名主要是看看学校在国内或国际上的相对位置。学校排名一般由新闻媒体、研究机构等组织开展。学校排名有大学排名，也有中学排名；有学校整体质量综合排名，也有学科专业质量等单项排名。英国《泰晤士报》、美国《新闻周刊》、加拿大《麦克林》等都是世界知名的学校排名组织与发布者。

三、世界中小学教育追求质量中面临的问题和挑战

如前所述，当普及化的目标基本实现以后，世界中小学教育把发展中心转移为追求教育质量。但由于历史发展道路、经济发展水平、社会制度等存在差异，世界中小学教育在追求质量中面临着各方面的问题和挑战，这些问题在一定程度上影响了教育质量的提高。

（一）特殊群体的教育质量得不到有效保障

由于受自然、历史、文化等方面因素的影响，当前世界中小学教育的不公平主要表现为少数民族、贫困儿童、残障儿童、女童等处境不利的特殊群体教育的不公平，而这些不公平在一定程度上影响了教育质量。事实表明，不管是发达国家还是发展中国家，来自高社会经济阶层的学生接受高等教育的比例远远高于来自低社会经济阶层的学生。例如，英国在1992年以前成立的大学中，来自高社会经济阶层与低社会经济阶层的学生的比率为75∶25，1992年以后成立的大学中两者的比率为68∶32，而同年英国高社会阶层与低社会阶层的比例大约为1∶2。美国1998年高中毕业生中有30%是印第安人、西班牙裔和非洲裔学生，但这三种族裔的学生当年进入高校的比例仅占16%。在培养高层次人才的研究生教育阶段，这些学生所占比例更低。少数民族、贫困儿童、残障儿童、女童等处境不利的特殊群体的教育不公平已经成为影响教育质量的症结所在，其主要表现有三。其一，学习困难、学业失败、逃学、辍学等“教育荒废”问题。美国教育统计中心针对八年级学生所做的调查，发现黑人、西班牙裔美国人、土著美国人的子女比白人子女更可能面临着辍学的危险。其二，学校教育存在严重的性别歧视。教师对男女学生学业成就的归因和教师的课堂行为都表现出关注男生忽视女生的明显差异。此外，教材文化、标准化测

验及校园同伴文化等方面的性别歧视也对女生接受教育造成严重阻碍。其三，少数民族等弱势群体边缘化问题。尽管发达国家弱势群体的入学机会和入学人数在持续增长，但在教育选择权上他们依然受到很大限制。如何根据少数民族、贫困儿童、残障儿童、女童等处境不利的实际，为他们提供特殊的教育补偿政策，从而促进他们的发展，是当前世界中小学教育追求质量过程中应该着力解决的问题。

（二）薄弱学校的存在影响整体教育质量的提高

从目前世界中小学教育发展的情况看，校际发展不平衡与仍有一定数量的薄弱学校存在，是影响教育质量的重要因素之一。例如，美国于 2002 年颁布《不让一个孩子掉队法》，要求到 2004—2005 学年，美国公立中小学所有 3—8 年级学生都必须接受各州政府举办的阅读和数学统考，所有学校都必须在 12 年内使阅读和数学达标的学生比例达到 100％，各州均要建立针对本州教育机构和薄弱学校的扶助和改进机制等。在这场基于标准的改革中出现了很多薄弱学校，各州对薄弱学校的名称、鉴定标准以及扶助并不完全相同，但在鉴定标准方面，一般包括学生的州统考成绩以及学校的入学率、退学率、年度改进情况等指标。英、法等国也有大量薄弱学校存在，其共同特征是低成就的学生、令人失望的教学质量和低效的领导。这些学校一般分布在教育资源有限、设备和供应不足、师资力量薄弱甚至严重短缺的地区。而在发展中国家，薄弱学校所占的比例则更大，在非洲各国的农村地区，大多数学校均为薄弱学校。薄弱学校的存在，严重影响了一个国家和地区整体教育质量的提高，所以，如何有针对性地改善薄弱学校的学校管理、师资建设、学生教育、办学条件、教育环境，是今后各国教育改革中应重点解决的问题。

（三）城乡、区域教育的不均衡影响整体教育质量的提高

由于区域经济发展的差异，造成许多国家普遍存在着城乡之间、区域之间教育发展的不均衡，这种不均衡也成为影响教育质量的重要因素之一。

首先是城乡教育差异显著。根据美国联邦教育部调查，在 1998—1999 学年，美国 31％的公立学校、21％的公立学校学生、40％ 的教师是在农村和小城镇，但他们只得到 23％的联邦教育拨款。城市和农村 25 岁以上成人中持有大学学位的人比例分别是 28％和 16％。法国、德国等由于经济增长迟缓、人口居住分散，致使农村社区贫困严重，财税资源匮乏，教育规模偏小，教育人力短缺，教育发展严重滞后。发达国家的城乡教育不平等状况尚且如此，发展中国家的城乡教育不平等可想而知。

其次是区域教育发展不均衡。德国东部和西部地区教育发展状况存在巨大差距，东部地区在师资水平、生源质量以及学校管理等方面都远远落后于西部地区。在美国，由于各中小学所在的学区经济差异，各州之间、各州内部以及学区内部的不同学校之间都存在教育资源配置的不均衡问题。而在发展中国家，这种差距随着经济的发展不但没有缩小反而有继续拉大的趋势。世界中小学教育发展过程中存在的城乡、区域教育的不均衡不仅是一个教育不公平问题，而且是一个影响农村地区和落后地区教育质量提升的重要因素。

第三节　以绿色为本的中小学教育走向

进入21世纪以来，伴随着知识经济和全球化时代的到来，各国政府和国际组织从政策法案到具体实践，从基础教育到高等教育，都已经不再满足于一般意义上的教育公平和教育质量，于是，“以人为本，珍爱生命，注重发展，彰显内涵”的绿色教育理念逐渐成为当今世界教育发展的新追求。

一、追求自主与效能的绿色管理

所谓绿色管理，对于学校而言，就是用可持续发展理念作指导，立足学校长远发展来组织和实施学校当前的各项工作，保持学校持续发展潜力的管理。它涉及学校管理的各个层次、各个领域、各个过程，注重对生命、资源、环境的管理。

（一）独立自主的校本管理

随着政府角色的转变，世界中小学教育改革过程中，均呈现出了教育权力下移的趋势，校本管理（school-based management）成为西方国家教育改革中的一个普遍性举措。校本管理主张教育管理的权力和责任向公立教育系统中的学校层面转移，教育行政部门给予学校更大的自主权，使学校在自我管理、自主发展的条件下提高自身管理的有效性，成为办学质量优良的有效学校（effective school）。

校本管理的本质是改变传统的管理模式，将权力下放至每一所基层学校，以达到提高教育质量和管理效益的目的。校本管理的特点主要有以下两个方面。第一，传统的集权式管理造成管理权限高度集中，管理的科层化造成管理体制的庞大和官僚化，学校在外在条件变化的情况下进行应变和创新，使得管理成本提高，而效率低下。权力下放则有利于学校在管理上从实际出发。第二，校本管理在权力下放的同时强调全员的参与性，通过全体教师参与、分享决策，从而提高教师的积极性，提高管理效能。

校本管理在世界范围内广泛实践，并形成了多种管理模式。校本管理最初的发源地如澳大利亚，自 1972 年将校本管理模式合法化之后，形成了以学校董事会为代表的校本管理模式，即学校董事会由 2 名家长、2 名教师、1 名社区成员、1—2 名学生组成，校长是当然成员。学校董事会的合法权力包括决定学校教育政策、决定学校经费的支出等与学校发展密切相关的内容①。至 1995 年，澳大利亚已有 75％的中小学建立了学校董事会，校本管理的经验正在各州（区）得到广泛推广②。

针对教育质量低下问题，1983 年，美国高质量教育委员会发表了《国家处在危险之中：教育改革势在必行》的改革报告，揭开了美国重建教育运动的序幕。在学校管理上，提出了校本管理的模式，以提高教育的质量和效益。重建教育运动主张成立地方学校理事会，实施以学校为基点的学校管理模式（校本管理），强调发挥学校基层管理人员和教师的积极性，强调学区、校方高层行政人员与社区、家长、学生共同决策，共同参与教育教学改革。到 1999 年，全美已有 33 个州的数千个学区在试验某种形式的校本管理③。

（二）师生参与的民主化管理

教师和学生参与管理是学校发展的重要动力。为充分体现教师在学校中的主人翁地位，美国特许学校鼓励教师积极参与学校管理，美国很多州在《特许

① ② 牛道生：《澳大利亚基础教育》，广东教育出版社 2004 年版，第 159、162 页。

③ 刘宝存：《校本管理——当代西方学校管理的新模式》，《比较教育研究》2001 年第 12 期。

学校办学章程》中明确规定，特许学校的董事会成员中必须要有教师代表。日本中小学设有教职员会议，学校全体教师参与会议，是学校经营管理的重要机构，它有权审议和讨论学校经营管理的决策，是校长行政管理的重要咨询机构和辅助团体。各国教师广泛地参与学校各项事务管理，充分体现了学校管理的民主化。英国的中小学一直以来很注意培养学生的参与精神和工作能力。他们认为，学校是学生的，是为学生服务的，因此，要尊重学生的意见，也要让学生参与到学校管理当中来。有些学校建立了学生会制度，每班派两名代表参加学生会，学生代表实行轮换制，代表学生的利益，为学校的各项管理和活动出谋划策，使学校管理充分体现学生的意志。美国中小学也注意组织学生的自治活动，让学生在自治的活动中学会管理自己，并促进学校的民主。美国中小学允许学生就学校校规、课堂管理规则和程序、学生行为规范进行讨论和投票。美国中小学负责指导学生经选举设立学生委员会，锻炼学生自主管理各种生活和学习问题。

（三）高效能的专业化管理

学校管理人员专业化是提高学校管理水平和效能的重要基础，对于保证学校的持续发展和改进具有重要作用，近年来受到越来越多的关注。相关研究一致认为，校长专业化是校长在专业知识、专业能力、专业伦理、专业素养、自我专业意识和专业精神等方面的持续发展过程，而学校管理人员的培养则是实现其专业化的基本保障。美、英、日等国家的学校管理人员多数具有硕士以上学位，而且大多受过教育管理方面的专业训练，具有较高的专业化水平，这是与其常态化的培养制度分不开的①。

美、英、日等国学校管理人员培训的常态化主要体现在以下三个方面。一是培训机构的多样化。一些发达国家相继开办了从中央到地方的不同层次的教育管理培训机构，开设相应的教育管理专业课程。美国、加拿大、澳大利亚负责培训的机构主要是各级教育行政部门、大学里的教育学院、学校领导者协会等。例如：美国纽约大学教育领导与管理系、哥伦比亚大学师范学院和斯坦福大学教育学院等都开设了校长培训课程；英国在全国设立了 11 个地区培训发

① 程晋宽：《全球视野下学校管理改革的基本趋势》，《教育科学研究》2010 年第 5 期。

展中心和一个开放的学习提供站，依照国家标准进行校长培训；日本设有中央校长研修会和都、道、府、县校长研修会。二是培训对象的明确化。校长是中小学管理的核心人物，世界各国都十分重视校长等学校管理人员的培训。英国、美国、加拿大和日本都通过立法，规定中小学校长接受培训是其取得任职资格的必备条件。三是培训内容的系统化。各国不同层次培训机构的专业培训内容也已达到系统化、理论化。例如，美国一些大学的教育管理专业为中小学校长开设了硕士课程、博士课程和校长高级培训课程，芝加哥市教育局人事训练中心为中小学校长开设了包括必修课和选修课的两年制课程等。美、英、日等国都对学校管理人员提出了专业要求，有效地提升了管理者的管理水平，实现了学校管理的高效能。

二、追求以人为本的生命教育

1979 年澳大利亚悉尼成立了“生命教育中心”（Life Education Center，LEC），该中心后发展成为一个正式的国际性生命教育机构（Life Education International），属于联合国“非政府组织”（NGO）的一员。“生命教育”由此兴起，但是各国对生命教育的理解有重大差异，总体上更加重视发展学生正确的人生价值教育①。

美国的生命教育起初是以死亡教育的形式出现的。美国的死亡教育名为谈死，实则通过死亡教育让孩子树立正确的生死观念，以正确的态度保持生命、追求生命的价值和意义。1968 年，美国学者杰·唐纳·华特士首次明确提出生命教育思想，并且在美国加州创建阿南达村、阿南达学校，开始倡导和践行生命教育思想。到 1976 年美国有 1 500 所中小学开设了生命教育课程，到 20 世纪 90 年代美国中小学的生命教育基本普及。为推广生命教育，美国成立了各种专业协会，出版了许多专业及普及性的书籍和杂志。比如，成立了美国死亡教育学会、死亡教育与咨商学会，出版了《生死学》《死》等特别的杂志，各种书籍、影片、视听教材更是不计其数。目前美国的生命教育大致分为品格教育、迎向生命挑战的教育、情绪教育三部分。

① 王学风：《国外中小学的生命教育及启示》，《外国中小学教育》2007 年第 1 期。

日本于1989年修改的新《教学大纲》中针对青少年的自杀、欺侮、杀人、破坏环境、浪费等现象日益严重的现实，也明确提出以尊重人的精神和对生命的敬畏之观念来定位道德教育的目标。近年日本流行的“余裕教育”也是生命教育的重要内容之一。“余裕教育”的口号就是“热爱生命，选择坚强”，是针对现在日本青少年的脆弱心理和青少年自杀事件而提出的，目的是让青少年通过“余裕教育”认识到生命的美好和重要，使他们能面对并承受挫折，更加热爱生命，珍惜生命。余裕教育者认为，热爱生命的主要内容之一，是要求人与自然和谐相处，并热爱其他生命。为此，“余裕教育”活动鼓励学生经常到牧场体验生活。更有日本的专家建议，要把中小学体验农村生活变为“必修课”。

英国的中小学也非常重视生命教育，很多学校都成立了生命教育中心。这是一个具有特色的毒品预防宣传机构，目的在于引发孩子对生命的热爱。中心设有专业人员，开设生命教育和训练课程，在专业人员的引导下，让学生学到个体关于“自己”的知识，例如，探索身体有哪些功能，友谊和情绪如何影响到自我的决定等。这些课程有高度的互动性，鼓励学生发问。同时，生命教育中心也鼓励家长和其他社区成员参与。有些英国中小学还为青少年开设了有关死亡的课程，进行死亡教育时，邀请殡葬行业从业人员和医生护士走进课堂，与学生共同讨论人死时会面临什么情况，并且让学生轮流通过角色替换的方式，模拟一旦遇到亲人因车祸身亡等情形时的应对方式，体验一下突然成为孤儿的感觉。

澳大利亚中小学设立了生命教育中心，其课程是根据专家学者的最新研究设置的，目的在于协助学生发展社会技能，发展学生的决策能力、沟通能力，以及向毒品说不。

德国也实施了“死的准备教育”，出版了专业教材，引导人们以坦然、明智的态度面对死神的挑战。特别值得一提的是德国“善良教育”，即重视对学生善良品质的培养，并将其列为生命教育的有机组成部分。德国“善良教育”的主要内容有“爱护动物”（让学生学会尊重生命）、“同情弱者”（鼓励学生帮助盲人、老人过马路，为身有残疾的同学排忧解难）、“宽容待人”以及“唾弃暴力”等。

三、追求生态文明的可持续发展教育

可持续发展价值观适应正在到来的生态文明时代的需要，是人们认识世界、做出选择与规范行为的指导思想、价值标准和行为准则。2003年，联合国可持续发展世界首脑会议在南非约翰内斯堡召开，会议通过的《可持续发展问题世界首脑会议的实施计划》提出“可持续发展教育十年”的设想，并以2005年作为其起始年。2002年12月，联合国大会（UNGA）通过决议，将2005—2014年确定为“联合国可持续发展教育十年”（DESD），其总体目标是，把可持续发展的观念贯穿于学习的各个方面，以改变人们的行为方式，建设一个全民的更加可持续发展和公正的社会①。

为了应对联合国的“十年计划”，2006年2月，日本政府发表国内实施计划方案，其主要内容有以下两大方面。①在教育内容方面，将环境教育、发展教育包含在内，将有关和平、人权这些原本分散在社会、理科、技术、家庭等各门学科中的课题进行有机的重组。②在教学方法方面，要通过“唤起关心—深化理解—培育参与的热情和解决问题的能力”来促使形成“具体的行动”。在这个过程中，不能满足于简单的知识传授，而是要看重学习者的亲身感受和体验，推行重视探求和实践的参与型教学法。在活动现场，注重能有效引发学习者自觉行动的促进作用。通过这一系列步骤，培育学习者参与其中的热情以及解决问题的能力。

英国“可持续发展教育工作组”提出了七个可持续发展教育中相互关联的概念，具体体现为：①相互依赖；②公民和管理；③下一代的需要和权利；④差异性；⑤生活质量；⑥可持续的变化；⑦不确定性与防范。2006年5月，英国教育与技能部又推出了“可持续学校计划”，其基本内容包括：①介绍什么是可持续发展和可持续学校；②陈述了建设可持续学校的途径与方法；③重点阐述了青少年需要得到怎样的支持；④为建立可持续学校提供一个全民性的计划框架，提出了具体行动领域；⑤强调征服部门及其他机构在促进可持续学校发展中的作用；⑥学校对此计划的反馈信息。在此之后，英国教育与技能部又配套研制了“可持续学校自我评估”系统，该系统于2006年10月正式

---

① 史根东：《促进可持续发展：新世纪教育的重要使命》，《教育研究》2005年第8期。

出台。

澳大利亚在2000年颁布第一个有关可持续发展教育国家行动计划《为了可持续未来的环境教育——国家行动计划》之后，又于2009年4月颁布第二个国家行动计划《可持续地生活——澳大利亚政府可持续发展教育国家行动计划》。该计划包括两个部分。第一部分从当前世界及澳大利亚面临的严峻环境、社会问题带来的挑战入手，提出“挑战：创造一个可持续的未来”“教育对可持续发展的作用”“澳大利亚今日之可持续发展教育”“澳大利亚政府的作用”“整合可持续发展教育与其他方法”“社区观点”六个主题。第二部分是该计划的核心部分即“策略与行动”，主要是确定了“证明澳大利亚政府的领导能力”“再定向教育系统指向可持续发展”“在工商业中培育可持续发展”“充分调动社区的各种力量采取可持续发展行动”四大行动策略，并对每个策略提出的必要性、策略的具体目标和行动计划进行了详细阐述。

2008年，在联合国教科文组织调查的97个国家中，有79个国家已经建立了国家一级可持续发展教育协调机构。2009年，在德国波恩举行的第一届世界可持续发展教育大会上，有来自150多个国家的900余人参会。2011年，在联合国教科文组织第36届大会上，有68个国家明确表明支持开展可持续发展教育。同年，人类发展报告《可持续性与平等：共享美好未来》强调了可持续发展教育在促进可持续消费中的重要角色。2012年6月，联合国教科文组织发布了《塑造未来教育：联合国可持续发展教育十年报告》，对可持续发展教育，尤其是可持续发展教育实践过程中采用的相关教与学的方法进行了调查，更为关注可持续发展教育背景下教育与学习过程所发生的改变①。中国目前已有1 000余所可持续发展教育实验学校，同时还将可持续发展教育纳入《教育规划纲要》之中。由此可见，联合国提出的“可持续发展教育”的理念，已经在很多国家达成了共识，并得到了具体化的实施。

【思考与练习】

1. 世界各国普及义务教育有哪些主要措施？

① 亚历山大·莱希特：《联合国可持续发展教育十年（2005—2014）国际实施计划：迈向2014年及以后》，《教育科学研究》2013年第6期。

2. 世界各国提升中小学教育质量有哪些主要措施?

3. 根据世界中小学教育的发展趋势论述中国教育的政策措施。

【拓展性阅读导航】

1. 冯增俊主编：《新世纪国际基础教育丛书》，广东教育出版社 2003—2004 年版。

该套丛书分别探讨了美国、英国、法国、德国、日本、俄罗斯、瑞典、澳大利亚、印度、泰国、马来西亚和新加坡 12 个国家的基础教育，比较全面地展示了世界主要发达国家和发展中国家基础教育发展的现状及改革趋势。

2. 王英杰等著：《亚洲发展中国家的义务教育》，人民教育出版社 1998 年版。

该书比较研究了中国、印度、巴基斯坦、泰国和马来西亚五国义务教育的历史与现状、成功与不足，总结了发展中国家普及义务教育的共同规律。

3. 商继宗著：《中小学比较教育学》（第二版），人民教育出版社 2005 年版。

该书是全国高等学校文科教材，围绕我国中小学教育亟待解决的若干问题，对世界有关国家的教育情况进行了广泛的横向比较。

4. 王承绪、顾明远主编：《比较教育》（第五版），人民教育出版社 2015 年版。

该书第四、五章对世界义务教育、普通中等教育进行了比较和分析。

5. 顾明远著：《顾明远教育演讲录》，人民教育出版社 2014 年版。

该书精选了当代著名教育家顾明远富有代表性的演讲 40 篇，其中多篇论述了世界中小学教育的改革与发展问题。

第十五章　时代转型中的职业技术教育

【内容提要】

职业技术教育有着悠久的历史和传统，从早期的“学徒制”演变为制度化、多元化的现代职业技术教育。职业技术教育在时代转型过程中不断变革，呈现出许多特征。德国、美国和澳大利亚三个发达国家的职业技术教育模式独特、制度完善、成效显著，具有典范意义。在应对新时代各种挑战的过程中，世界职业技术教育呈现出若干发展趋势。

【学习目标】

1. 了解并掌握职业技术教育变革的路径与特征。

2. 了解并掌握德国、美国、澳大利亚职业技术教育模式的特征与经验。

3. 了解并掌握世界职业技术教育的发展趋势。

职业技术教育是现代教育的重要组成部分，在国家教育体系中占有重要位置。职业技术教育作为教育的一种类型，是促进人的生存、发展和完善的重要手段，是增进人类社会福祉和促进经济社会可持续发展的重要途径，也是提升国家核心竞争力的有效工具。

第一节　职业技术教育的演进与变革

一、职业技术教育演进的历史

职业技术教育在数千年的演进历程中，经历了多次重要变革与转型，可归纳为四个阶段。

（一）从口耳相传到工场学徒制

自人类社会诞生以来，教育原初形式是言传身教，在生活生存中学习生存方式。在古代和中世纪，通过父子及师徒相传获得劳动技艺，后来逐渐演变为工场“学徒制”。

“学徒制”从13世纪前后开始成型，从中世纪行会流行的行业技工培训演变而来，即初学者在师傅指导下学习某种工艺或技艺。师傅是行业的技术能手，有手艺，通过带徒弟传艺授业完成技术传承。

英国早期工业生产盛行“学徒制”，并颁布《徒弟法》，学徒制是那个时代传递技术和培养技术劳力的主要形式[①]。英国早期的强盛与学徒制培养优良工匠密切相关，学徒制被认为是早期形态的职业技术教育。

（二）从工场学徒制到学校职业技术教育

18世纪60年代，以蒸汽机的发明和应用为主要标志的第一次工业革命在英国兴起，到19世纪70年代，法国、德国等主要资本主义国家也基本完成了工业革命。工业革命使社会生产方式从工场手工业过渡到机器大工业。机器生产的出现要求工人不仅能够熟练操作机器，还要能够掌握机器生产的科学原理，而学徒制难以满足工业生产需求，这就从客观上提出了发展学校职业技术

① 翟海魂编著：《发达国家职业技术教育历史演进》，上海教育出版社2008年版，第15—20页。

教育的必要性。另外，随着大工业生产的发展以及科学技术的进步，现代工艺学得以建立，从而为劳动者掌握生产过程的基本原理和基本技能，以及广泛进行职业技术教育提供了条件。于是，以传授生产科学技术原理为主要特征的职业技术学校在德国、法国、英国、日本等国家应运而生。德国在 18 世纪 40 年代末创立柏林实科学校，法国在 18 世纪出现了土木学校、矿山学校、船舶学校和军事学校，英国到 19 世纪也为贫穷工人阶层开设了工艺学校。

在这个阶段，职业技术教育从传统的工场“学徒制”转向了学校形态的职业技术教育，从手工工艺的传授转变为工艺原理的教学与技能训练，但是，职业技术教育尚未形成正规的制度，基本由产业部门负责管理①。

（三）从实科学校到制度化的职业技术教育

19 世纪末，以电动机的发明和应用为主要标志，人类社会进入第二次工业技术革命时期。为了适应新产业技术水平提出的新要求，一些国家通过立法把职业技术教育纳入国民教育系统。美国于 1862 年通过了第一部职业教育法——《莫雷尔法》，规定由联邦政府拨给土地支持各州兴办农业和机械工艺学院，培养工农业专门人才。英国于 1889 年颁布了《技术教育法》，规定地方当局有权征收职业教育税，专门用于职业教育，国家提供部分资金补助各郡发展技术教育。日本于 1899 年颁布了《实业学校令》，建立农业、工业、商业等科的中等职业学校。德国于 1919 年颁布了《魏玛宪法》，规定对完成 8 年义务教育的学生进行职业教育。法国于 1919 年颁布了《阿斯蒂埃法》，规定由国家承担对工人子弟进行职业教育的任务。

在这个阶段，国家开始干预职业技术教育，通过立法使其成为正规教育的有机组成部分，各国职业技术教育的办学形式基本相同，前期以发展初级职业技术教育为主，后期以发展中等职业技术教育为重点②，职业技术教育进入了制度化发展阶段。

（四）从单一转向多元职业技术教育模式

二战后，核能和电子计算机广泛应用，生产的技术基础和产业结构发生深

①② 吴文侃、杨汉清主编：《比较教育学》（第二版），人民教育出版社 1999 年版，第 449—451、452—453 页。

刻变化，社会生产开始从劳动密集型转向知识密集型。到了20世纪60年代，受“现代化理论”和“人力资本理论”的影响，很多国家通过立法加快发展职业技术教育，美国、德国分别于1963年、1969年颁布了《职业教育法》，法国于1963年、1966年两次制定《职业训练法》，世界职业技术教育进入了黄金时期。20世纪80年代，各国普遍加强职业技术教育。1987年，联合国教科文组织在德国柏林召开了第一届国际技术和职业教育大会，1989年通过了《技术和职业教育公约》，制定了世界技术和职业教育发展的指导方针和政策。1991年，世界银行发表了关于职业教育和培训的政策文件，此后，各国开始调整职业技术教育发展策略，并取得了长足发展。

在这个阶段，世界各国职业技术教育呈现出多元化办学模式的特点，体现了职业技术教育与各自的现代化水平、教育制度、经济结构之间的联系。一般来说，世界公认的具有典范意义的模式有德国的“双元制”职业教育、美国的“生涯与技术教育”（CTE）、澳大利亚的“技术与继续教育”（TAFE）、加拿大的“能力本位”职业教育（CBE）、英国的“现代学徒制”、日本的“企业内职业培训”等模式。发达国家不同的办学模式各自制度完善、机制灵活、特点突出、成效显著。

二、职业技术教育变革的路径

20世纪后半叶，随着知识经济时代到来，人类社会进入新的转型期。为了改变职业技术教育的不适应状况，各国纷纷开始改革职业技术教育的体制、培养目标、办学模式、课程内容等，借此提高职业技术教育质量，应对经济转型发展对职业技术教育的广泛需求。

（一）建立国家和地区资格框架及培训制度

面对激烈的国际竞争，为强化国家竞争力，各国普遍把职业技术教育作为国家发展战略，建设和完善现代职业教育体系，推行统一的国家职业资格框架，完善终身学习资历认证体系。例如，英国推行国家职业资格，建立综合性的职业资格体系，根据能力评估进行资格认定。澳大利亚政府通过与行业合作，建立了“澳大利亚职业证书培训制度”，形成了国家统一、与工作岗位对应的教育与培训证书体系。欧盟构建了欧洲资格框架、欧洲职业教育学分转换系统、欧洲职业教育通行证以及欧洲职业教育和培训质量保障体系，通过学分认证制度、质量保障体系和资格框架体系，使职业技术教育更具实效性。

（二）重构职业技术教育培养目标

进入信息化知识经济阶段后，社会要求培养“有生产能力的、负责任的公民，培养更美好明天——可持续发展的未来社会——的创造者”①。而传统强调一技之长的“技工”的职业教育培养目标，已经无法适应产业的需要。因此，各国普遍重构职业教育培养目标，把培养具有国际意识和视野，具有共同价值观，具有学会学习、学会认知、学会做事、学会共同生活、学会生存等能力的“知识劳动者”作为职业技术教育的培养目标。职业技术教育与培训必须注重培养学生新的学习技术、终身学习能力和可持续发展能力，必须培养学生的求知欲、社会责任感、文化自信、企业家精神、应对各种挑战的能力。

（三）重建职业技术教育课程

课程重建的核心是整合职业课程与学术课程。一是与企业合作，按职业标准设计课程内容，增强职业教育的学术性和学术教育的职业性。二是加强文化知识和专业基础知识的教学，增强课程与学生未来职业之间的联系，为学生的后续学习和培训打好基础，从而保证学生综合素质的发展和职业生涯的可持续发展。例如，英国国家技能委员会提出设置普通国家职业资格课程，着重培养学生具有广泛的职业或专业都需要的一般技能、知识和理解力，并充分考虑到职业资格证书和学术性证书标准的关联性与可比性，为学分转换提供条件，目的在于通过更宽泛的教育，为就业和继续接受高等教育打好基础。加拿大社区学院开发新课程的做法是组成课程开发委员会，由本行业实践经验丰富的工人、技术人员、管理人员、专家、熟练技师以及有经验的学院教师和管理人员等组成。他们根据职业目标分析（包括工作分析、任务分析、能力分析），把每个培训课程的内容分解为8—12项职责，再细化为6—30项具体的专项能力，然后，针对每项能力制订教学单元（模块）、教学方法和考核标准。教学人员则按教学模块设计“学习包”——学习指南，学习指南包括能力目标、应掌握的知识和技能、学习方式、学习资料、参考书籍、成绩评估等。

---

① Pierre Luisoni：《重新定位职业技术教育，促进可持续发展》，《教育展望》2005年第3期。

（四）整合“学校本位”和“企业本位”的办学模式

“学校本位”或“企业本位”的职业教育办学模式，各自都有明显的弊端。采用全日制的“学校本位”教育模式，在教学过程和课程内容等方面往往远离企业和实际工作场所，始终无法解决学生“理论包袱”重、实践能力弱等实际问题。而“企业本位”的职业教育模式虽然培训设备较先进，实践经验多，但由于缺乏系统性的知识和足够的理论基础，影响到学生终身学习能力形成和未来职业的可持续发展的挑战。为此，各国在改革职业技术教育办学模式过程中都普遍加强产教融合，整合二者的优势。例如，美国制订了“技术准备计划”，由企业的工程师、社区学院和高中教师共同设计完成，在课程模式选择上，强调实践导向、任务引领。中国在改革过程中注重校企合作、工学结合，着力培养学生的动手实践能力。

三、职业技术教育发展的特征

在时代转型过程中，世界职业技术教育的变革与发展呈现出若干特征。

（一）大职教观念的确立

职业教育是一个概括性术语，有“职业教育”“技术教育”“职业与技术教育”等不同称谓。20 世纪 70 年代，联合国教科文组织称“技术与职业教育”，国际劳工组织称“职业教育和培训”。20 世纪 80 年代，世界银行称“技术和职业教育与培训”（technical and vocational education and training）。1999 年，联合国教科文组织在正式文件中首次使用了“技术和职业教育与培训”（TVET）这个概念。

伴随着经济、社会和教育的发展，职业技术教育的内涵也不断扩大。1974 年举行的联合国教科文组织全体会议对职业教育活动的描述是：“①普通教育的必要组成部分；②一种为进行职业工作做准备的手段；③继续教育的一个方面。”① 1999 年第二届国际职业技术教育大会的文件提出：①技术和职业教育与培训已逐步替代职业教育的提法；②技术和职业教育是终身教育的重要组成

① ［德］菲利克斯·劳耐尔、［澳］鲁珀特·麦克林主编，赵志群等译：《国际职业教育科学研究手册》，北京师范大学出版社 2014 年版，第 61 页。

部分；③强调培养“创业能力”；④重视开展全民职业技术教育。2001年，联合国教科文组织和国际劳工组织在共同发布的《技术和职业教育修订建议》中指出，职业技术教育是“指普通教育之外的教育过程，它涉及对技术和相关科学的学习，还包含与经济和社会生活中不同领域相关的实践技能、态度、认识和知识的获得”①。上述理解和称谓的变化表明，职业技术教育的内涵与外延在不断扩展，国际组织和各国普遍认同大职业教育观念，并把职业教育和就业培训、在职培训等视为一个统一体。

（二）职业技术教育的价值与地位不断提升

长久以来，职业技术教育一直被作为培养产业后备军、提高人力资本存量和解决技能工人短缺问题的手段，或被作为降低失业率等问题的一项策略。随着经济社会的快速发展，职业技术教育与培训在促进人类文化多样性、促进社会可持续发展、承载全民教育和终身教育任务等方面所发挥的巨大作用不断凸显。在步入21世纪的今天，职业技术教育在增强经济竞争力、促进社会包容、提高凝聚力、减少贫困、优化环境、促进人的可持续发展等方面都具有重要的作用。

（三）注重职业教育发展政策的顶层设计

为了提升国家经济竞争力，英美等发达国家纷纷把发展现代职业技术教育上升为国家战略。英国企业、创新和技能部于2009年发布了《实现2020年目标：技能、工作和经济增长》和《为了发展的技能：国家技能战略》两个报告，2010年又颁布了《为可持续发展而提高技能》和《为可持续发展而对技能投入》两个国家战略性文件，提出要通过提高技能水平，使英国“具有世界级的技能基础”。美国在《技能战略：确保美国工人和行业形成具有竞争力的技能》法案中提出，每个美国工人都应该有机会获得至少两年的高中后教育与培训，并以此获得职业学分、行业证书或两年的学院学习，每个人必须有机会获得职业教育提供的基本技能。韩国在《2020年目标》中提出，要“构筑面向所有人、‘从学校向工作岗位、从工作岗位向学校’灵活转换、贯穿终身、职业能力开发导向、开放的职业教育体系”。中国近年也相继出台《教育规划

① ［德］菲利克斯·劳耐尔、［澳］鲁珀特·麦克林主编，赵志群等译：《国际职业教育科学研究手册》，北京师范大学出版社2014年版，第61页。

纲要》《现代职业教育体系建设规划（2014—2020年）》等文件，以此加快推进中国特色的、世界水平的现代职业教育体系建设。

（四）国际交流与合作频繁

国际化劳动力市场的形成要求各国职业技术教育必须根据国际质量标准和职业资格要求办学，以保证培养出来的人具有国际通用的职业资格、技能和职业资格证书，参与国际劳动力市场的竞争。为此，各国普遍加强全球性的国际教育交流与合作，搭建国际交流平台，设立跨国职业教育与培训机构，设置国际性专业课程，互认国际学历、学位和学分，共享国际教育资源，重视提升职业技术教育领域的教师、行政管理人员的交流与合作，提供更多的学生交流和学习援助项目。

第二节 职业技术教育的典范模式

职业技术教育有其自身的发展规律，受国家的经济制度、产业结构、教育体制等影响和制约，需要积极推行符合国情职业技术教育办学模式，其中德国、美国和澳大利亚堪称典范。

一、德国“双元制”职业教育模式

德国职业教育在国家教育体系中占有重要的位置并自成体系，其中“双元制”职业教育是其主要的形式，被世人誉为德国经济发展的“秘密武器”，它不仅对德国经济社会发展做出了突出贡献，对世界职业技术教育的发展也产生了深刻影响。

（一）职业教育的构成

1. 中学教育阶段的职业教育

德国中等职业教育由“双元制”职业教育和学校形式的职业教育构成。“双元制”（dualsystem）职业教育是指青少年在企业接受职业技能培训，同时又在职业学校里接受专业理论和普通文化知识教育，将企业培训与学校学习紧密结合，以培养高水平专业技术工人为目标的一种职业教育制度。德国在完成中等教育第一阶段的同龄组青年人中，约有70%的学生接受“双元制”职业教育。除了占主导地位的“双元制”职业教育以外，德国还有职业专科学校、职业提高学校、职业高中、职业或专科完全中学等全日制职业教育机构对青少年进行中等职业教育。学校主要开设技术、经济、家政与社会服务、农业、造型艺术、海关等专业。学生既学习职业专业知识和专门技能，又学习普通文化知识，毕业后或取得某种文凭，可进入其他学校继续学习，或取得“专科大学成熟证书”，直接获得进入高等学校学习的机会，或获得一种国家承认的职业证书。

2. 高等教育阶段的职业教育

高等职业教育的目标是培养职业型高级人才，由高等专科学校和职业学院两大机构实施①。高等专科学校又称高等专科学院或高等专科大学，是德国高等职业教育的主体，入学条件是申请者必须拥有与专科高中毕业等同效力的学术证书和某学科证书。学制通常为四年，学生毕业后可获得学位。职业学院是一种偏学术性的“双元制”高等职业教育机构，属于新型的“学术性学徒体系”，招收中间学校毕业生，学制为三年，其中两年后可分流。修完三年经国家考试合格者，授予职业学院工程师（经济师、社会教育工作者）称号，相当于本科教育；修完两年经考试合格者，授予工程师助理（经济助理、教育工作者）称号，相当于专科教育。职业学院文凭等同于综合性大学和应用技术大学的文凭，毕业生就业求职机会相对增多。

（二）“双元制”职业教育的培养目标、特征与经验

1. “双元制”职业教育的培养目标

“双元制”职业教育的培养目标是：①使受训者在接受教育和培训时既能充分发展自己的个性，又能逐步成长为肩负社会责任的公民；②掌握宽广的专业基础和专业理论知识以及德语、宗教和社会学方面的知识，以便日后能够根据发展需要不断扩展自己的知识和技能，并具有适应职业转换的能力；③有较强的操作技术和动手能力；④具备独立工作与思考的能力以及与同事合作的能力，具备良好的职业道德和较强的工作责任心，热爱本职工作，乐于进取。

---

① 教育部教育规划与战略研究理事会秘书处编：《建设中国特色、世界水平的现代职业教育体系》，教育科学出版社2014年版，第564页。

2.“双元制”职业教育模式的特征

“双元制”职业教育模式的特征主要表现为以下几点。①两个教育机构。职业教育在企业和学校两个完全不同的机构中进行，企业和职业学校是两个互补的培训机构，但以企业培训为主。②两个主管部门。企业的职业培训按《职业教育法》《培训条例》实施，由联邦政府主管；职业学校的教学活动遵照各州的《学校法》或《职业义务教育法》，由各州管理。③两种经费来源。职业教育经费来源于两个渠道，企业及跨企业的职业培训费用大部分由企业承担，职业学校的费用则由国家和州、镇政府负担。④两类教师。培训者由两部分人员担任，在企业实施实践技能培训的师资称为实训教师，在职业学校教授普通文化课和专业理论课的师资称为理论教师。⑤受训者兼有双重身份。一方面，受训者根据其与企业签订的培训合同在企业内接受培训，是企业的学徒；另一方面，受训者又在职业学校接受理论教学，是学校的学生。⑥两个教学大纲。实施培训所依据的教学大纲由两部分组成，企业培训严格按照联邦政府颁布的培训条例及培训大纲进行，职业学校的教学基础则完全遵循州文教部制定的教学大纲[①]。⑦两种教学内容。职业学校的教学内容除与职业相关的专业知识以外，还包括政治（或宗教、伦理）、德语、体育、外语等普通文化知识；企业的教学内容是职业技能、职业知识和职业经验。⑧两类考试，即技能考试和知识考试。⑨两类证书。一类证书是与学习地点无关的证明，由行业协会颁发的全国认可的证书，凡通过相应的培训职业的结业考试者，可获得诸如技术工人证书、满师证书、商务办事员证书等。另一类证书是与学习地点有关的证明，由培训企业颁发的企业学习证书和职业学校颁发的毕业证书[②]。

3.“双元制”职业教育模式的经验

“双元制”职业教育模式的主要优点有五。①“双元制”培训制度充分体现了国家、私营经济、学校、企业等各个方面的通力合作。②“双元制”是在相关法律保证下，由企业和学校共同对学徒进行职业培训的一种职业教育模

---

① 国家教委职业技术教育中心研究所编：《德国“双元制”职业教育——历史、立法、体制、教学》，苏州大学出版社 1993 年版，第 42—43 页。

② 教育部教育规划与战略研究理事会秘书处编：《建设中国特色、世界水平的现代职业教育体系》，教育科学出版社 2014 年版，第 565—568 页。

式。学校与企业是“双元制”培训体系中不可分割的两个组成部分，但其监督和管理机构则分属两个不同的系统。③“双元制”培训以企业的技能培训为主、职业学校的理论教学为辅，职业学校居从属地位。④广泛采用行动导向教学法来适应专业实践课程的教学，以培养学生全面的职业行为能力为目标，加强对年轻人就业能力、职业转换适应能力和综合能力的培养。⑤许多州规定，承认中等职业学校与普通高中教育的学历等值，具有中等职业教育和职业培训资格的毕业生可以获得升入大学的同等资格；师傅结业证书、技术员结业证书等证明能够以适当方式成为高等教育的入学资格；强调毕业证书的全国统一和通用；要求企业在职务晋升时尽可能优先考虑技术工人。

（三）“双元制”职业教育的改革与发展

1. 修订职业教育法规，促进职业教育发展

为了应对职业教育面临的挑战，德国于 1997 年发布了《职业教育改革计划》，2003 年启动了名为“2003 职业教育攻势”行动。2005 年 4 月颁布并实施新的《联邦职业教育法》，该法将 1969 年颁布的《联邦职业教育法》与 1981 年颁布的《联邦职业教育促进法》整合并加以修订，2007 年 4 月再次修改了《联邦职业教育法》。2008 年开始试运行与欧洲资格框架相协调的“跨领域学习且学习结果导向”的国家资格框架，框架的宗旨是“国家资格框架指称的所有能力基本上都可以通过学校、企业、高校以及职业教育和职业生涯等途径实现”，从而有利于各类教育的衔接与沟通①。同时，加快职业培训条例更新，开发新的职业培训领域，增加新的培训职业。

2. 制定鼓励企业参与职业教育的新政策

为了解决培训岗位不足问题，政府加大对职业教育的投资，鼓励企业积极参与。例如，德国联邦劳动局从 2008 年夏季开始对增加或扩充学习位置的企业提供职业教育促进补贴资金，企业每增加一个学习位置，政府就给予 4 000—6 000 欧元的资助。仅此一项鼓励政策政府就提供 4.5 亿欧元。

3. 实施课程改革

实施“模式探索”与新“学习理念”相结合的项目，推进以“学习领域方

① 姜大源主编：《当代世界职业教育发展趋势研究》，电子工业出版社 2012 年版，第 291 页。

案”为指导的课程改革。学习领域的课程是指工作过程系统化的课程，追求学习与工作一体化。学习领域是一个由学习目标描述的、指向职业任务和行动过程的主题学习单元。每个学习领域由能力描述的学习目标、任务陈述的学习内容和总量规定的学习时间（基准学时）三部分构成。学习领域以学生的职业能力开发为目标。工作过程导向是“学习领域”课程方案的基础。这一方案由工作过程导出“行动领域”，再经过教学整合形成“学习领域”，并通过具体的“学习情境”来实施，具有整体性、合作性、个性化的特点①。

二、美国“生涯与技术教育”模式

美国实行的是职业教育与普通教育合一的单轨教育体制，在学制中没有相对独立体系的职业教育，而且专门的职业教育机构也较少。美国 50 个州的公立高中、社区学院和技术学院都开设了与职业有关的教育课程和项目，为所有适龄青年和成年人提供职业准备教育。在各个州，这些与职业和就业有关的课程或项目称谓各不相同，如职业教育、职业技术教育、劳动力教育、劳动力教育与发展、职业生涯与技术教育等，但是，大多数州都认可和使用“生涯与技术教育”（Career and Technical Education，简称 CTE）这一概念②。

（一）职业技术教育的构成

1. 中等职业技术教育

美国中等职业技术教育采取职业教育与普通教育融合的综合模式。1917 年《史密斯—修斯法》颁布后，确立了以综合高中为主要力量的职普融合的中等教育体系。目前，中等职业技术教育由公立综合高中、全日制生涯与技术教育高中（CTE 高中）、区域生涯与技术教育学校/中心、新兴的职业学院提供。综合高中和 CTE 高中提供全日制职业技术教育，其他提供非全日制职业技术教育。中等职业技术教育主要以课程和项目的方式植入到各种教育机构中进行，通过学分互认及转换系统实现职业教育与普通教育的高度融合。

综合高中以学术教育为重心，主要职能是对全体学生进行普通教育，为准

① 姜大源主编：《当代世界职业教育发展趋势研究》，电子工业出版社 2012 年版，第 290 页。

② ［德］菲利普·葛罗曼、菲利克斯·劳耐尔主编，石伟平译：《国际视野下的职业教育师资培养》，外语教学与研究出版社 2011 年版，第 270 页。

备升学的学生提供学术教育，也为准备就业的学生提供校内或校外的职业技术教育。校内的职业技术教育主要通过提供一些选修课程或者开展“职业生涯园”（career academy）、“职业生涯通道”（career pathway）等项目来进行，校外职业技术教育则依托区域CTE学校/中心。

全日制CTE高中以职业技术教育为重心，同时也提供学术课程，它属于专门的全日制学校，招收初中毕业生，学制四年，课程由浅入深，从理论到实践。学校与当地企业合作，培养中等技术人才，学生通常能够获得某职业生涯领域的专业技能证书。

区域CTE学校/中心主要向在该区域的多所综合高中接受学术教育的学生提供非全日制的职业生涯与技术教育，学生所学的学分可以转移到综合高中。

高中层次的职业技术教育课程原来被分为农业、商业、家庭和消费者科学、市场营销、保健、工业贸易或工业教育、技术7个专业领域，现在已经发展为16个职业生涯群，它们是：①农业和自然资源；②艺术视听传播技术和通信；③工商管理服务；④建筑；⑤教育和培训服务；⑥金融服务；⑦健康科学；⑧酒店与旅游业；⑨人力资源服务；⑩信息技术服务；⑪法律保障服务；⑫制造业；⑬公共事业管理和政府；⑭零售、批发业的销售与服务；⑮科学研究、工程和技术服务；⑯交通运输、配送和物流服务[①]。同时，围绕职业群开发了全国课程框架，课程框架的重点是适用于9—16年级跨度的基础课程、技术核心课程和专门课程。每个职业群设置2—7个职业生涯途径，由此形成了一个横向体现职业生涯大类、纵向体现知识和技能层级的职业生涯群结构。学生可以在职业生涯群中选择适合自己的课程进行学习。据统计，绝大部分高中生都会选择一门或几门职业技术教育课程。

2. 高等职业技术教育

美国高等职业技术教育主要由社区学院和技术学院提供。社区学院是实施高等职业技术教育的主要场所，修业年限为两年，学员可获得副学士学位。社区学院以社区需求为主要目的，按人口密度分布设立，学生就近入学。社区学

① ［德］菲利普·葛罗曼、菲利克斯·劳耐尔主编，石伟平译：《国际视野下的职业教育师资培养》，外语教学与研究出版社2011年版，第270页。

院担负职业教育、普通教育、转学教育、补偿教育以及社区教育五种职能。职业教育主要提供职业技术培训课程，目的是帮助学生适应日新月异的技术发展和不断加剧的国际竞争。普通教育主要帮助学生形成多元知识基础的框架，如学会批判性思维、发展价值观、尊重各种文化与观点等。转学教育提供大学学士学位的前两年课程，学生完成课程学习后可以转入公立或私立的四年制大学，大学承认社区学院的学分。补偿教育是为那些未获得工作而需要教育的成人和青年，或未能发挥潜能而想获得较高报酬工作的人而进行的教育。社区教育包括成人教育、继续教育、培训以及社区服务。

技术学院与社区学院类似，主要任务是提供岗位培训和中学后层次的职业技术教育，其课程设置以能力为本位，以商业和工业标准为基准，以职业为中心，以技术为导向。

（二）生涯与技术教育的特点

1. 中等职业技术教育的特点

中等职业技术教育的特点有四。①建立了职普融合的单轨制教育体系，保证了职业教育与普通教育的相互渗透，通过完善的学分互认及转换系统实现了职普融合，学生在同一层次、不同教育机构取得的课程学分可以互认。在不同层次的教育机构中，学生在中学里修的相关课程，例如，高中—大学双学分（dual credit）课程可以得到社区学院甚至四年制大学的认可，在学校和企业的合作教育中学生的企业工作经验也可以转换为有效的学分。②以课程植入的方式使职业技术教育融入普通教育系统中。公立中学的学生不仅要学习规定的文化课，还要学习职业技术，以便帮助学生应对多元社会工作和生活上的挑战。③以所有学生为职业教育对象，加强生计教育和职业指导教育。设计基于学生自由选择的个性化职业教育方案，帮助学生了解个人的兴趣和能力，发展学生独立选择职业的决策能力，满足其人生发展的实际需要。④学生毕业出路广泛。学生在职业学校修完高中必修课程，完成各项技能训练并修满必要学分，即可同时拿到高中毕业文凭和职业证书。在职业证书中详细列有该学生所学的专业及掌握的各种技能和专业知识，并附有学校对该生能力评价的担保书。

2. 高等职业技术教育的特点

高等职业技术教育的特点有四。①针对性。社区学院的职业教育明确以社区发展的需要和学生个人的发展需要为目的来设置相关专业课程。②灵活性。招收对象范围广，面向社区全体成员，实行“无试招生”。③多样性。在专业和课程设置上充分考虑学员的多种需求，采用正规教育、个别教学、临床讲授、短期讲习班和集中训练相结合等多种形式，实行半工半读。④经济性。社区学院主要由州政府和当地政府投资，教育成本及学费较低，生均培养成本不足一般大学的三分之一。

（三）生涯与技术教育的变革与发展

1. 关注学生的终身学习和可持续发展

受新职业主义教育理念影响，1990 年修订的《卡尔·D. 帕金斯职业教育法》要求将职业教育与学术教育整合起来，在职业技术教育中强化数学、英语、科学等学术科目内容的整合。2006 年修订的《卡尔·D. 帕金斯职业教育法》则用“生涯与技术教育”代替了“职业教育”的称谓，强调要为那些需要获取学士学位或硕士学位的学生提供职业培训领域。对于职业技术教育而言，要特别关注学生个人的可持续发展、终身学习和终身发展的需求，要培养学生具备 3 个基本能力（基本技能、思考能力、个人技能）和 5 个工作场所能力（资源利用能力、人际交往能力、信息获取与运用能力、理解力和技术运用能力），为学生个体的“继续学习”（升学）或“更好就业”做好准备。

2. 创新课程模式

为了将职业学习与学业学习联系起来，开创了既适应雇主需求又符合学生需求的多种新课程模式：①“生涯学校”，该模式的课程是主题性的，围绕着特定学科与职业相关的集群进行；②“工作的高中”，为职业教育学生提供一系列富有挑战性的学术课程；③“技术准备”模式，通过让学生学习相互关联的课程，将高中与两年制技术学院和社区学院的学习联系起来；④“双学分课程”模式，学生在高中期间学习两年制或四年制大专课程，既可以完成高中阶段的学业，又可以获得大学学分。

3. 实施青年学徒制

美国劳动界和教育界把学徒制改造成为将工作岗位训练与学校课堂教学相结合，为各行各业造就一线操作人员的一种新的培养模式。新的青年学徒制

（youth apprenticeships）属于“技术准备计划”的一部分，学制 4 年，要求进入该计划的学生，其 11 年级和 12 年级的所有课程都在企业里学习，把学生置于真实的工作场景中，由专家示范解决问题的策略，学生模仿学习；然后，专家指导逐渐减少，学生自主实践，从而充分发展学生的知识和工作技能。在各州，新学徒制形式不尽相同，但学徒都要与雇主正式签约，雇主必须为学徒提供从事某项工作的专门知识和工作经验，为学徒未来的学习与发展提供工作条件和机会。另外，还通过制订严格的文化知识及专业技术标准，帮助学生获得副学士学位或者全国承认的技能证书。

4. 构建更加“整合与衔接”的职业技术教育体系

2012 年制定了《为美国的未来投资——职业生涯与技术改革蓝图》，明确提出了“统筹协调、多方合作、有效评估和鼓励创新”四条改革原则，目标是建设结构严谨、要求严格、内容相关、目标明确的职业技术教育体系。

目前，美国职业技术教育已经从单纯的“为了工作的教育”转变为“通过工作的教育”“关于工作的教育”“为了工作的教育”三位一体的新范式。

三、澳大利亚“技术与继续教育”模式

澳大利亚的职业技术教育是一种政府主导、行业和企业积极参与、基于国家资格框架，以公立职业教育机构为主的现代职业技术教育体系，它为各行各业输送了大量实用人才，为社会经济发展做出了重要贡献，这主要得益于其独具特色的“技术与继续教育”模式（Technical and Further Education，简称 TAFE）。

（一）TAFE 的办学模式

1. TAFE 的两种办学模式

TAFE 的前身称“技术教育”，1973 年正式更名为“技术与继续教育”。目前，澳大利亚共有 92 所 TAFE 学院，1 132 个分校，分布于各个城市和小镇。TAFE 在校生 130 万，其中全日制学生不到 40%，非全日制学生占 60% 以上。TAFE 有两种办学模式：一是独立设置的 TAFE 学院，设有若干校区或专业教育；二是在大学里设置的职业教育部。TAFE 不仅提供初级和高级职业技术培训，还提供继续教育、高等教育、成人教育和社区教育等。

2. TAFE 的职业文凭系统

TAFE 自成体系，在全国统一的学历文凭制度中建立了完全有别于普通教育的职业文凭系统，它提供与国家资格框架中的六个资格证书相对应的职业资格。六个资格证书是：Ⅰ级证书，需要学习 200—350 学时；Ⅱ级证书，需要学习 350—600 学时；Ⅲ级证书，需要学习 1 000 学时；Ⅳ级证书，在Ⅲ级证书或 12 年级的基础上增加大约 600 学时；文凭，在Ⅳ级证书基础上增加大约 600 学时；高级文凭，在文凭基础上增加大约 600 学时。这六个资格证书分为三个层次：第一层次以获取 1—2 级职业证书为目的，培养半熟练工人和高级操作员；第二层次以获取 3—4 级职业证书为目的，培养熟练工人和高级熟练工人；第三层次以获取职业文凭和高级职业文凭为目的，培养辅助技工和辅助管理人员。学生获得高级证书后可直接进入悉尼理工学院（UTS）等高校攻读学士学位。近年来，为了适应技术与继续教育的快速发展，TAFE 在上述基础上又增设了职业教育学士学位（vocational bachelor degree）、职业教育研究生证书（vocational graduate certificate）课程和职业教育研究生文凭（vocational graduate diploma）课程三个级别，后两个是研究生的非学位课程级别。

3. TAFE 的模块课程

TAFE 的课程都有统一编号，每个专业具有课程多、课时少、必修和选修并存的特点。所有课程分别组合成不同的模块，一个模块一个学分，获得一份证书，对应不同的工作岗位。不同专业有不同的结构模块，例如，机械专业有 24 个模块，建筑专业有 72 个模块。各 TAFE 学院尽可能采用已在联邦范围内认可的课程，以保证证书通用化。由于课程是模块式的，所以学生可以全日制学习，也可以业余学习，使职前学习与在职培训有机结合起来。

4. TAFE 的教学与考核

TAFE 的教学强调以学生为中心，大部分培训都以现场教学代替课堂教学，即使是课堂教学也以实践为主，理论为辅。学生根据教师的现场讲解和指导进行实际操作，学习的过程就是实践的过程。TAFE 通常没有固定的教材，课程设置、教学内容、培训专业都是根据地方经济、社会需求、行业需要等设置的。教师根据国家培训管理局和州教育培训部的总体规划及评估内容和标准来选择教材，确定教学内容。TAFE 注重考核学生的动手能力、实践能力和操作能力。TAFE 对理论考核要求较宽松，对实践考核要求较严格。实践考试一般为现场实际操作，根据学生的效度、速度、操作中的应变能力等进行全面审核和评估，一般采用 12 种标准测试方法，包括观测、口试、现场操作、第三者评价、证明书、面谈、自评、提交案例分析报告、工件制作、书面答卷、录像和其他①。

（二）TAFE 的特点

1. 完善的国家资格框架体系

国家资格框架体系包括资格框架（AQF）、国家培训框架（NTF）和认证框架（ARF）。1995 年建立的“澳大利亚资格框架”（AQF）规定了初等与中等教育、职业教育与培训、高等教育的分立与贯通，明确了它们之间的关系与衔接。AQF 共有 12 级资格，普通高中教育为 10—12 年级，主要进行学历教育，TAFE 学院主要提供技术与继续教育，大学主要开展学位教育。1998 年建立了“澳大利亚认证框架”和“新学徒系统”。认证框架的作用是按照“培训框架”规定的标准对培训机构进行资格确认和注册，以确保职业教育与培训的质量。

2. 架起了与大学教育、中学教育相互衔接的“立交桥”

TAFE 学院是一个提供从基本技能训练到高中后职业技术教育的综合体，它上挂大学，下连中等教育。上挂是指学生在 TAFE 学院取得职业文凭后，可直接进入大学本科二年级学习，学分可以转换；下连是指与中等义务教育的高中阶段连接，学生可从高二、高三进入 TAFE 学院，同时进行义务教育文凭与职业教育就业资格的学习。学生可以根据自己的实际情况，选择适合自己资格证书的学习起点，再依据自己的需要和兴趣继续学习，进而获得更高级别的资格证书。在 TAFE 学院获得的证书各州通用②。

3. 办学形式灵活多样

TEFE 办学形式灵活多样。一是办学主体多元化。实施职业技术教育的机

① 教育部国家教育发展研究中心编：《澳大利亚职业教育培训促进全民学习、终身学习的经验值得借鉴——澳大利亚职业教育培训团学习报告》，2003 年。

② 祝士明：《澳大利亚职教经验及其对我们的启示》，《比较教育研究》2004 年第 6 期。

构有联邦或州举办的公立学校、提供职业技能训练的社团性学校、私立的培训机构和产业部门、企业集团兴办的职业培训中心。在四类机构当中，公立院校占主导地位，其他三类只做补充，其中 TAFE 主要由各州政府举办。二是投资主体多元化。澳大利亚建立了政府、企业、行业和个人多元化的职业教育投资体制，政府的经费资助不直接划拨，而是采取市场化的运作机制，通过“购买”教育培训的方式来宏观管理职业技术教育。三是办学形式多样化。一校多制，学制不一，职前教育与在职培训一体化，正规的学历教育与非正规的短期培训相结合。

4. 注重聘任兼职教师

TAFE 学院专职教师占教师总数的三分之一，兼职教师占三分之二。国家规定，TAFE 学院教师要有五年专业实践的工作经历，因此，兼职教师主要来自企业生产和服务行业的第一线，以此保证了学生所学知识和技能的先进性和实用性。

（三）技术与继续教育的改革与发展

为了应对各种挑战，政府不断推出改革措施来促进职业技术教育与培训的发展。

1. 管理体制创新

2005 年 7 月，将职业教育管理的最高机构——澳大利亚国家培训局的全部职能移交给联邦教育、科学与培训部。在各主要行业建立行业咨询委员会，以每个行业不同岗位、不同技术等级的技术要求标准为依据，专门研制了国家行业职业能力标准，即由八级能力水平构成的能力标准体系（简称 ASF），并对所涉及的知识、技能及其应用范围均做出详细明确的说明，为区分各部门低级工人与高级工人之间的能力水平差异提供了系统的测评依据。同时，按照国家资格框架体系规范培训与就业市场，为职业教育培养的人才就业创造有利的环境。

2. 推广培训包

1997 年开始推广培训包（training package），并把培训包的内容及要求作为职业培训、认定和评估的标准。培训包由国家行业培训咨询委员会（ITAB）、以行业为基础的机构和企业共同开发。2008 年 5 月依据新颁布的资格框架体系对培训包进行了修改。2010 年 9 月国家质量委员会（NQC）批准了培训包的新结构和新设计，并更新所有的培训包，规定以后每隔三年就要对培训包的内容进行修订，并对新修订的内容进行再认证。每个培训包分为国家认证部分和非国家认证部分。国家认证部分是培训包的主体，包括能力标准、资格证书和评估指南三个方面内容。非国家认证部分由学习方法指导、评估材料、发展材料三方面组成，它对学生学习和参加考核鉴定起指导作用。

3. 制订新的发展规划

进入 21 世纪以来，澳大利亚政府制定了《塑造我们的未来：澳大利亚职业教育与培训的国家战略（2004—2010 年）》，以实现职业教育与培训为商业服务，使澳大利亚的商业具有国际竞争力；为人民服务，使澳大利亚人具有世界级别的技能与知识；为社群服务，使之具有包容性并能够可持续发展的目标。澳大利亚还制定了《职业教育与培训灵活学习框架（2000—2005 年）》等文件。2010 年，澳大利亚技能署发布《澳大利亚未来劳动力开发战略》和《澳大利亚未来职业教育与培训发展方向》报告，2011 年 5 月，又发布了《技能促进繁荣——澳大利亚职业教育与培训路线图》，明确了职业教育机构未来 10 年的发展目标。

4. 建立“关键绩效考核指标”

为了支撑国家战略和各项目标的实施，澳大利亚还建立了“关键绩效考核指标”，以测量国家职业技术教育体系中各项目标落实的有效性。这些考核指标包括学生对职业教育的参与度和成绩、学生就业结果和他们对职业教育的满意度、雇主对职业教育的参与度和满意度、澳大利亚土著人的职业教育效果、社区对职业教育的参与度和满意度、效率与绩效。

第三节　职业技术教育的未来展望

一、职业技术教育面临的挑战

进入 21 世纪，职业技术教育面临着经济全球化不断加速、科学技术竞争日趋激烈、劳动力市场就业压力不断增大等多方面的挑战。

（一）经济全球化的挑战

经济全球化逐渐形成了以跨国公司、国际资本、世界企业、全球市场为特征的新经济形态，国际物流通道、国际知识市场、国际劳动力市场、世界工厂、世界办公室等纷纷出现，人员、资本、资源、技术、商品以及文化、教育等流动性不断加强，致使竞争加剧。“老牌”工业化国家必须改变其生产和服务模式，发展高附加值、知识密集型的行业，这无疑对劳动者的技能水平提出了更高的要求。而像中国、印度等发展中国家，为了提升国家竞争力，一是要保住“世界工厂”的地位，二是要加快发展高附加值的知识密集型产业，与发达国家展开竞争。因此，各国都必须通过大力发展职业教育，培养大批具备精湛操作技能和高超技艺，能够在工作实践中解决工艺操作和关键技术难题的高素质技能型人才。

（二）新技术革命的挑战

现代经济竞争在某种意义上主要是高科技的竞争。以计算机技术、信息技术、生物技术、材料技术、纳米技术、互联网技术等为代表，以 3D 打印机和移动互联网技术为标志的新技术革命，以绿色制造、数字化制造、巨系统制造、微制造、精密制造、柔性制造等为发展方向的制造科技的进步，将带来人类社会生产和生活的巨大变化。具有高附加值的科学技术在生产领域中的广泛应用，不仅将模糊制造业和服务业的界限，影响如何制造产品，还将决定产品在哪里制造；不仅将引发企业组织形式、生产方式、工作过程等方面的深刻变化，还将彻底改变人类的生产方式、生活方式、教育方式和学习方式；不仅促进了企业技术升级和产业结构调整，还将以个性化、多样化、小批量的“柔性”生产模式取代传统的大批量生产模式。新技术革命不仅直接带来低技能或半技能劳动者的过剩和高技能劳动者的短缺，也造成大批失业者，并引发国际劳动力市场用人标准和资质要求等一系列变化。

（三）劳动者“技能短缺”的挑战

世界人口老龄化趋势明显，据联合国人口发展基金会的统计数据，世界 60 岁以上人口已经占人口总量的 11%，到 2050 年将超过 22%，达到 20 多亿，不同发展水平的地区和国家都面临人口老龄化问题，发达国家问题尤甚。与此同时，劳动者“技能短缺”（skills shortages）问题越来越凸显，职业领域里的技术技能和职业知识供给不足，劳动力市场中的技能人员供给不平衡，有技能有经验的劳动力大范围短缺，结构性失业增多。据美国国家制造业联合会预测，到 2020 年美国制造业至少需要 1 000 万新型技术工人。德国工程师协会的数据显示，仅德国就短缺 7 万名工程师。在科技创新驱动的背景下，各类科技公司和科技创新活动的大幅增加，对高技能人才的需求非常旺盛，“技能短缺”成为全球性问题。这些问题都对职业技术教育与培训机构的技能供给提出了严厉的挑战。

二、职业技术教育的发展趋势

（一）积极开展全民职业技术教育

联合国教科文组织认为，职业技术教育是实现全民教育千年目标和可持续发展的重要路径。开展全民职业技术教育与培训可以提高职教的社会地位，有助于人们获得消除贫困、提高生活质量所必需的基本知识和技能，有助于增强人们的就业能力、自我创业能力，有助于减少失业和社会排斥现象，有助于增强社会的凝聚力。因此，职业技术教育是“保障全民基本技能”，提升就业技能的基本途径。

为此，许多国家的职业教育和培训机构采取了多项措施。一是降低或取消入学条件，保证儿童和妇女接受职业技术教育和培训的机会均等。二是把职业技术教育纳入学校教育的早期阶段，加强职业指导和咨询，为在校学生的职业准备服务，为提高青年人的就业能力和技能开发服务，为在岗职工继续接受培训和成人转换职业提供有效的服务。三是加强为失业人员、辍学青少年、边远地区居民、土著居民、生活无着落的城市居民、在条件很差的非正规劳务市场就业的人们、难民、迁徙人口、残疾人等社会“边缘化群体”提供各种形式的职业技术教育和培训。四是加强评估和落实“使所有人都能获得高质量、适切性的技术和职业教育与培训”的全民职业技术教育目标。

（二）大力发展终身职业技术教育

知识寿命的缩短和技术更新的加快，导致职业生涯的易变性更加凸显。学校职业技术教育作为终身教育的一个部分，所提供的一次性知识和技能培训，无法满足人们终身职业生涯发展的需要。因此，随着“终身性职业时代”的消退，职业技术教育也正在从“终结性教育”转向“终身性教育”。终身职业技术教育以“工作”“生活”“教育”“终身”等概念为核心，强调职业准备教育→就业教育→岗位培训→晋级/专业/再就业培训贯穿人的一生，教育机构要整合各种教育资源，利用各种教育场所对预备劳动力和从业人员开展终身性的职业技术教育和培训。终身性职业技术教育从关注个人岗位技能的发展转向关注个人的自主学习能力的发展和职业生涯的可持续发展。

联合国教科文组织第二届国际职业技术教育大会在致各成员国的《建议书》中，建议各国制定灵活的政策来促进终身职业技术教育的发展。据此，各国都积极努力构建终身职业技术教育与培训体系，构建职业技术教育的立交桥，积极发展高等职业技术教育，以此保障进入中等职业技术教育轨道的学生也有机会接受高等教育。例如，美国要求从个体职业生涯发展的高度来建构职业技术教育制度，实际上，这也已成为世界职业技术教育发展的共同趋势。

（三）加强职业教育与普通教育的融通

在教育发展过程中，各国都面临着职业教育与普通教育这两类教育之间存在的紧张关系，职业教育与普通教育不等值的状况制约着职业教育自身的发展等问题。而谋求职业教育与普通教育的等值等价，提高职业教育的社会地位和吸引力，激发人们接受职业技术教育的积极性，始终是各国职业技术教育发展要解决的一个共同难题。众所周知，职业技术教育是从学徒培训基础上发展起来的，过去，由于科技发展缓慢，独立于普通教育体系之外的职业教育的弊端还不明显。然而，当今技术进步使职业变化速度加快，新职业不断出现，旧职业不断消失，职业活动不再是单纯的实际操作，而是充满科学思维与智力活动的过程。这就促使职业技术教育要培养具有终身学习能力和可持续发展潜力的复合型技术人才。面对这些问题，各国主要从课程内容的渗透、学制的贯通、建立资格框架和学分互认系统等方面入手，解决二者相互融通、相互衔接的问题。

课程内容方面的渗透与互补体现为：一是在普通学校中开设职业技术教育课程，为学生走向劳动力市场做准备；二是在职业学校中渗透普通教育内容，职业教育课程重视基础理论与文化知识的内容，以此增强学生的可持续发展能力和职场的适应能力。例如，法国教育部在《面向 21 世纪的高中》的改革文件中规定：职业教育必须做到“普通教育、职业教育和经济环境中的平衡”，要使学生在接受职业教育的同时，获得所有高中学生都应具备的文化知识，获得从事职业工作的必要能力。日本职业高中在专业设置上打破过细划分的传统，重新组合职业学科，开设诸如人文学科群、自然学科群、国际合作群、电子机械群等一系列适应时代发展的综合学科。在教学总课时安排上，把普通文化课与专业基础、专业技能课的比例调整为6∶4①。从发展趋势看，职业教育与普通教育之间的界限将变得日益模糊不清。

学制上的衔接主要通过建立资格框架、学分转换体系、职业资格与文凭的融通、学历证书与职业资格证书互认、五年制高职等方式来实现，以此改变中等职业学校毕业生不能升入高一级普通学校学习的状况。另外，职业教育采取不同的组织模式、课程体系模块化、一体化的中高职课程和教学大纲、专门补习学校等方式，为学生提供不同的学习和升学机会。例如：英国建立资格与学分框架（QCF），创立中高职教学单元衔接模式；美国实施“2＋2＋2”“4＋2＋2”模式的技术准备项目；澳大利亚建立国家资格框架体系等，实现了职业教育与其他国民教育体系的横向沟通、中等职业学校与高等职业院校的纵向衔接。

（四）注重培养学生的“关键能力”

“关键能力”是指劳动者从事任何一种职业都必不可少的跨职业的基本能力。1974年，德国学者梅滕斯（D. Mertens）在《关键能力——现代社会的教育使命》一文中提出，企业员工不仅要具备某种特定职业或专业的资格证书，具备特定岗位的专业知识和技能，而且还要具有快速适应新技术发展与应用的通用技能，即“关键能力”（key competencies），或称“核心能力”（core competencies）。在德国，关键能力是指具体的专业技能和专业知识以外的能力，也称跨职业能力，主要包括典型专业能力、学习模式和学习方法、社会心理能力、外语使用能力、媒体应用能力、多元文化能力等。美国职业教育与培训中心提出的五种核心技能，则包括应用数学技巧的能力、表达能力（书面知

① 吴雪萍著：《国际职业技术教育研究》，浙江大学出版社2004年版，第335页。

识）、应用信息技术的能力、与他人合作共事的能力、自我发展的能力①。

对此，欧盟在《欧洲2020战略》中强调，要加强“关键能力”的开发，确保学习者和劳动者具备适应性和灵活性。美国、德国、英国等发达国家都把培养学生的“关键能力”作为职业技术教育的培养目标，以此保证学生将来能够有效地适应工作组织、职业岗位以及难以预测的劳动力市场需求的变化。在课程设置上，要求学生注重母语、数学、英语、科学、历史、地理等知识的学习，教师普遍采用项目驱动、行动导向的教学方法，促使学生形成专业能力、方法能力和社会能力。

【思考与练习】

1. 职业技术教育发展经历了哪些发展阶段？
2. 职业技术教育变革的路径与特征有哪些？
3. 德国“双元制”职业教育模式有哪些特征和经验？
4. 美国“生涯与技术教育”（CTE）有哪些特点？
5. 世界职业技术教育发展的主要趋势是什么？

【拓展性阅读导航】

1. 贺国庆、朱文富等著：《外国职业教育通史》，人民教育出版社2014年版。

该书以国别职业教育为主，探讨了英、法、德、俄、美、日及加拿大、澳大利亚、印度、巴西、韩国、新加坡等国职业教育的演进过程和基本经验。

2. 石伟平著：《比较职业技术教育》，华东师范大学出版社2001年版。

该书对部分发达国家和地区的职业技术教育的历史发展、现状、问题与改革进行了研究，并就世界职业技术教育发展的主要模式等进行了比较。

3. 吴雪萍著：《国际职业技术教育研究》，浙江大学出版社2004年版。

该书对美国、德国等17个国家职业技术教育的历史发展、现行制度、办学特点以及改革和发展趋势等问题做了系统研究，并对世界职业技术教育的总

---

① 吴雪萍著：《国际职业技术教育研究》，浙江大学出版社2004年版，第11页。

体发展做了回顾与展望。

4. 姜大源主编：《当代世界职业教育发展趋势研究》，电子工业出版社 2012 年版。

该书对美国、德国等发达国家和我国近年来职业技术教育改革与发展的案例进行了系统描述与分析，总结了职业技术教育发展的经验、特点及趋势。

5. 杨汉清主编：《比较教育学》（第三版），人民教育出版社 2015 年版。

该书第十三章对世界职业技术教育的历史发展、基本经验和发展趋势进行了分析、比较和研究。

第十六章　走向大众化的高等教育

【内容提要】

高等教育大众化是高等教育从精英体制向大众体制转型的过程。世界各国在实现高等教育大众化的过程中建立了不同的发展模式，呈现出多元的大众化进程。在此过程中，各国高等教育实现了规模扩展和结构转型，推动了高等教育功能和理念的变迁。大众化不仅对各国高等教育产生了深远的影响，也给各国高等教育提供了新的发展机遇。

【学习目标】

1. 了解高等教育大众化演进历程、内涵及内在要素。
2. 明了世界高等教育大众化基本模式及影响因素。
3. 了解大众化时代的高等教育发展趋势。

在社会经济发展从传统产业向新技术产业转移过程中，高级人才对社会经济的贡献越来越大，高等教育在社会经济发展中的作用日益凸显，发展高等教育日益成为社会关注的重点。研究从精英型高等教育向大众化高等教育转型发展，探讨其中出现的一系列理论和实践课题，意义重大。

第一节　从精英教育到大众教育的模式转型

在精英教育时代，高等教育规模较小，重点培养官吏或高级管理者和学术型人才。随着工业革命后科技性产业迅速发展，要求生产者具有越来越高的技术水平，促使高等教育面向产业需求扩大规模发展，走向全民性的大众化时代。

一、高等教育大众化的历史演进

世界高等教育大众化源于中世纪古典大学，转型于工业革命前夜，兴于大工业运动之中，是一个与经济发展水平相适应的高等教育成长的历程。

（一）第一阶段：教育转型下高等教育大众化启动

高等教育大众化不是某些人心血来潮的产物，而是由教育服务人类发展及社会发展的需要所决定的。要了解这一进程，就必须从人类教育发展进程中的两个重大转折点来把握高等教育发展规律，探究高等教育走向大众化及其定位、含义。

1. 从原始大众教育转向选官精英教育

从人类原始形态下的生存教育转向读书做官的精英教育，这是第一个转折点。原始教育是一种低水平的生存性技能教育，与人的生存实践结合并为其服务，这种教育是大众化的。随着生产技术发展，需要专门学习才能掌握，因此产生了学校。创办学校本意是要更好地传授生产技术以服务社会，但这一先进教育形式被当时统治阶级所垄断，为其服务。大学在中世纪产生缘由有二。一是缘于教育发展规律。人类知识积累日益增多且复杂，需要高级学习方式。例如，最早的博洛尼亚大学和巴黎大学的产生都是因为发现东罗马帝国查士丁尼法典等大批古罗马典籍和亚里士多德学说，研究者集聚而成。二是缘于教育具有服务社会的特性。由于中世纪为教会等权贵阶层垄断，当大学一出现就被其绑架或结为同盟，以培养需要的人才（官吏或士大夫），为其服务，生产技术则依然以口耳相传的原始方式进行。

2. 从古典精英教育转向平民大众教育

人类教育从以读书做官为特征的古典教育转向以培养科技型生产者为特征的现代教育，是第二个转折点。文艺复兴运动倡导人性，新教改革把改造社会成就作为进入天堂的阶梯，重视平民职业技术教育。特别是工业革命后，生产性质发生质变，需要受过专门教育的高级技术生产者，这就促使高等教育发生变革：一是大学开始面对产业发展的新社会需求，培养生产者，开设实用科学专业；二是大学开始走向世俗、平民，面对大众。这就促使入学率不断提高，这是历史的新起点。历史证明，凡高等教育实现这个转变的，国家发展就好，就快速。英国工业革命早期主要举办工人讲习所等技术培训，如 1717 年成立的数学学会和 1735 年成立的皇家讲习所①；而法国在拿破仑称帝后举办一批专科学校，培养大批科技人才，为法国工业化做出了重大贡献，也极大地推进了高等教育平民化，有力地促进了高等教育的现代转型。

（二）第二阶段：工业革命下高等教育大众化推进

第二次工业革命以需要有技术的生产者和推动大学走向大众化为引擎，形成了社会发展新潮流，高等教育大众化也走向新阶段。

1. 从哈勒大学到柏林大学：发展科学研究

在工业化冲击下，中世纪大学因保守封闭迅速衰落，在校生数量连年下降②。例如，1700 年后德国 28 所大学中 20 所在校生不足 300 人，较出名的海德堡大学几乎连年招生数都在 80 人以下，多所大学被迫关闭③。哈勒大学等一批新大学实现改革，引进科技课程，设立自由哲学论坛，哲学院由此取代神

---

① ［日］日本世界教育史研究会编，李永连等译：《六国技术教育史》，教育科学出版社 1984 年版，第 90 页。

② ［英］沃尔夫著，周昌忠等译：《16、17 世纪科学、技术和哲学史》，商务印书馆 1985 年版，第 1—13 页。

③ 冯增俊著：《现代高等教育模式论》，广东高等教育出版社 1993 年版，第 25 页。

学院变成大学之首；同时倡导使用本族语，开启大学民族化、平民化进程等，也使德国经济开始兴起。1806 年第一次普法战争中德国惨败，在复兴德意志下创办了柏林大学等一批新大学，力倡新人文思想，推崇科学研究，全力服务国家发展。柏林大学纲领写道：尊重科学和它的自由和生命力，以不受限制的科学研究手段，培养学生成为有真正科学修养、有独立思想、有理智和道德的青年。柏林大学的创办，不光是增加一所大学，更重要的是以发展科学为手段提升了大学服务国家的水平，推进了大学世俗化和大众化的转型。

2. 从工业学校到工科大学：发展高等科技教育

这一时期，科技教育最重要的作用是配合和推动产业的进步和为国家发展培养高水平生产技术人才，因此成了高教大众化的核心动力。法国最为辉煌的时代是拿破仑整饬专业学校，将其提升为专科水平的科技高等学校，这为拿破仑大军横扫欧洲立下了汗马功劳。而德国随着产业发展，1850 年工业学校陆续升格为工业学院，1870 年开始升格成立了世界上最早的工科大学。

3. 从培养技工到高级研发型专业人才

大学在走向大众化、服务社会的转型中充满争议。1894 年德皇下诏给予工科大学颁授博士学位的大学地位，不啻为世界上最传统国家对这场高等教育革命的认可。工科大学这类一贯被看成是技艺性大学，被钦定具有授予最具学术性的博士学位学衔资格，预示着高等教育转向世俗化，服务生产，走向大众化成为主流。这一时期，欧洲大陆天主教主持的传统大学可谓分崩离析，除了一些积极转型面向社会得到发展外，另一些则因无生源而被迫关门。德国高教的改革，使德国成为世界强国，到 1850 年左右德国在科技上发明创造的成果超过了世界其他国家的总和。德国用了 60 年时间就赶上原先超过德国上百年的英法等国。

（三）第三阶段：服务社会下高等教育大众化战略

欧洲是在浓厚的古典大学中启动高等教育大众化的，带着改造旧教育的特定方式。美国是移民国家，人才极度匮乏，通过推动高教大众化、服务社会战略实现了国家繁荣发展，也走出了高教大众化新路。

1. 从哈佛大学到赠地学院：立法推动高教大众化

美国建国后苦苦探求兴国之道，哈佛大学等一批美国早期高校，以培养牧师为目标，无济于事。19世纪初杰弗逊总统大力拓边，但是人才奇缺，派人到欧洲学习，也无济于事。1817年西点军校转制兼顾民用技术人才培养，大受欢迎，由此美国得到启发，开始推行本国高等教育服务国家发展方针。1824年成立伦多塞理工学院，接着开展私立院校改制为州立大学。但是改制受到达特莫斯学院等私校抵制，遂制订发展公办高校规划，又受到南方封建势力反对，直到南北战争期间林肯利用总统的权力才批准了这个法案，史称《莫里尔法》（《赠地学院法》），规定每个州都可以拨3万英亩土地用于办大学为地方服务。这是世界上第一个推进高等教育服务地方发展的国家法令，具有高教发展战略性意义。它的颁布促使美国各州纷纷举办服务本州的高校，开拓了高等教育大众化的新进程。

2. 从工农学院到社区大学：推行全民化高等教育体系

《赠地学院法》促使美国高教全面摆脱欧洲文雅教育的传统，建立以服务美国社会为主流的高教体系，建构面向民众的开放高校体系。这一时期成为美国及欧洲高教领域争端最多的时期，包括世界上最早的工学院、农学院等一批新型专业高校，被欧洲讥笑为“工人大学”“放牛娃大学”等，但正是这些高校推进了美国经济的快速发展。之后，美国创立了更加面向实践，更好地服务经济发展的社区学院，成为承接高端大学科研成果、提升社区劳力水平的重要高教机构。

3. 从选拔性到全民性大学体系

20世纪后世界高教大众化在民主运动下迅速发展，包括美国、法国、英国、德国、苏联、日本及许多国家达到很高的普及程度。美国、法国进入大学学习的适龄青年在20世纪60年代达到50％以上。不仅电视广播大学、在职函授以及远程等形式的高等教育发展迅速，进入21世纪后“慕课”等新的教育形式也迅速兴起，高等教育已从被少数精英所垄断的领域飞入寻常百姓家，成为年轻人走向社会的基本门槛。高教大众化带给人类更多的希望，也带来巨大的时代挑战。

二、高等教育大众化的概念及目标

高等教育培养高级人才历来都受到关注，从学校成立历史看，是先有大学后才有中小学。现代意义上的学校当首推11世纪在意大利成立的博洛尼亚大学。高等教育大众化，或称大众化高等教育，被各种人解读出许多不同的含义。

（一）马丁·特罗高等教育大众发展阶段理论

由于美国二战后推行资助退伍军人进大学，极大地推动了美国大学发展浪潮，高等教育发展问题受到极大的关注。1962年，美国教育社会学家马丁·特罗（Martin Trow）提出了大众高等教育（mass higher education）的概念，后来不断完善并提出高等教育三个发展阶段的思想。其主要观点是：当一个国家适龄青年中接受高等教育者的比例在15%以下时，属于精英（elite）高等教育阶段；15%—50%为大众（mass）高等教育阶段；50%以上为普及（universal）高等教育阶段。他认为，高等教育规模扩展和入学机会扩大是社会发展的必然趋势，从精英到大众再到普及是高等教育发展的发展趋势。他的观点参见表16-1。

表16-1　马丁·特罗提出的高等教育发展三阶段①

三阶段 变化维度	精英阶段 （0—15%）	大众阶段 （15%—50%）	普及阶段 （50%以上）
高等教育观	上大学是少数人的特权	一定资格者的权利	个人的社会义务
高等教育功能	塑造人的心智和个性，培养官吏和学术人才	传授技术与培养能力，培养技术与经济专家	培养人的社会适应能力，造就现代社会公民
课程与教学形式	侧重学术与专业，课程结构高度结构化	灵活的模块化课程	课程之间、学习与生活之间的界限被打破，课程结构泛化
教学形式与师生关系	学年制、必修制，重视个别指导法；师徒关系	学分制，讲授为主、讨论为辅；师生关系	教学形式多样化，应用现代化手段；师生关系淡化

① ［美］马丁·特罗著，王香丽译：《从精英向大众高等教育转变中的问题》，《外国高等教育资料》1999年第1期。

续表

三阶段 变化维度	精英阶段 （0—15%）	大众阶段 （15%—50%）	普及阶段 （50%以上）
大学生学习经历	住校，学习不间断	走读，多数学生学习不间断	延迟入学、时学时辍现象增多
大学类型与规模	类型单一，每校数千人，学校与社会之间界限清晰	类型多样化，有三四万人的大学城，学校与社会之间界限模糊	类型多样，缺乏共同标准，学生数无限制，学校与社会间的界限逐渐消失
领导与决策	少数精英群体	受政治和利益相关者的影响	公众介入
学术标准（质量）	共同的高标准	多样化	“价值增值”成为标准
入学和选拔	考试成绩、英才成就	引进非学术标准	个人意愿
院校行政领导与内部管理	学术人员兼任学校领导，高级教授控制	专业管理者兼任学校领导，初级工作人员和学生参与	管理专家担任学校领导，民主参与

马丁·特罗的观点引发了许多不同的研究，也有许多争议。例如，有人认为高等教育发展关键是由经济发展水平决定，与GNP水平密切相关，不必过度关注；还有人认为是民主运动的产物；等等。但是，马丁·特罗强调的重点在于转型，这是我们理解高等教育大众化的关键，也是研究意义所在。

（二）高等教育大众化基本内涵

上述对高等教育大众化演进历程的研究，对我们把握高等教育大众化形成动因及内涵有着积极的意义。这里仅对高等教育大众化内涵特性做几点分析。

1. 高等教育从服务权贵转向回归服务社会的教育本性过程

从教育和人类起源看，教育本性是服务人的发展、推动社会进步。早期大学被少数权力所控制，为少数权贵服务，是少数人的特权。在工业化推进下，高等教育必然要冲破服务权贵的传统，回归发展生产、服务人类进步的特有本性。

2. 高等教育从神圣化转向世俗化、平民化的过程

大学诞生于中世纪，既是统治阶层为官吏需要不断提升而成立，也由于知

识增加要求举办高级教育机构来承担。但是，发展科学、传播知识、追求真理，必然要突破宗教臆造的神秘世界，促使教育面对现实，走下神坛，走向世俗化，为民众服务。

3. 高等教育从精英型转向大众型的过程

大众化高等教育既指高教规模扩大，每个人都有机会上大学；也指大学逐渐从精英型教育的“象牙塔”中走出来，培养高水平生产者和科技人才，为社会服务。这是高等教育的重大革命，是高等教育体制和功能的重大转型。

从以上分析可见，高等教育大众化是一个从早期以培养少数官吏及学术人才为主的高等教育体系，转向以培养广大民众使之具有大学知识和技能人才的高等教育体系的过程。

（三）高等教育大众化基本目标

目前各种有关高等教育大众化的目标方面，较多人只是列举了马丁·特罗提出的适龄青年进入高等教育机构，达到15%—50%的量化指标。事实证明，简单使用这个指标极易产生一种误导，即只要达到这个数量，就是大众化了。甚至还出现把他所说的大众阶段和普及阶段分开来，孤立起来看，这显然是错误的。

第一，马丁路·特罗重点强调高等教育大众化是一种办学模式的转型，所提供的指标只是表征这种转型的度而已。

第二，这种转型是高教发展的大趋势，马丁·特罗描述的是一个从少数人到多数人，再到全体人都能接受高等教育的量变与质变互动的过程，因此，数量只是一个表征，重点是转型。如果仅仅看到他所说的数量而不关注转型，是片面的。

第三，高等教育大众化是一个转型的历史过程，简单或过多地关注数量，特别是把马丁·特罗说的大众阶段代替大众化，也是错误的。所以，实现转型，重视过程，才能有数量上的真正意义。

结合以上研究，从高等教育转型过程的角度对高等教育大众化基本目标做如下分析。

(1) 高等教育观念：从精英阶段的教育特权转向大众化阶段的教育义务和教育担当。

（2）高等教育功能：从传授统治术、培养官吏及学术精英，到培养高水平生产者和提升民众社会素质及公民社会意识。

（3）高等教育体制：从与社会隔离且规模小、类型统一的高教体，转向教育类型多样、特色显著与社会紧密结合的新教育体。

（4）高等教育管理：从少数精英控制转向多层次决策民主管理、广泛社会参与的管理体系。

（5）学术标准：从统一、单一的学术高标准转向多样化、适合不同专业、不同层次的学术标准体系，并鼓励实行开放招生、开放办学。

（6）课程与教学：从高度结构化及个别指导或小组研讨转向模块化学习以及慕课和全方位学习。

（7）学制发展：从全日制阶段性学习转向多样化终身学习。

（8）入学和选拔：从选拔性入学到按兴趣凭资格入学的开放型高等教育体系。

三、高等教育大众化的范式定位

（一）高等教育大众化定位误区

以上研究表明，高等教育大众化实际上就是高等教育从精英体制向大众体制转型的过程。这是研究和定位高等教育大众化的精髓。马丁·特罗的研究重视这种转型的作用，他描述从精英阶段到大众阶段最终发展到普及阶段，只是通过数据来显示这个过程中从量变到质变的发展关系；普及是大众化的最终形式，即高等教育随着办学规模的扩大和进入高教的人口比例的增加由15%开始达到50%及以上进入全民性普及阶段的大众化程度。但是，目前在研究中，部分学者仅仅看到马丁·特罗提出的数字，不仅看不到转型这个本质，而且只看重这些数字，以数字论长短。高等教育大众化的关键在于高等教育是否实现了与社会发展相适应的培养模式，即其发展规模和作用与社会发展水平相适切的匹配度如何。这是高教大众化中最重要、最有价值的转变，否则规模扩大就可能产生反作用，就可以变成失业人群的制造机，甚至会引发严重的社会问题。因此，目前研究高教大众化基本停留在马丁·特罗的数量划分上，没有看到高等教育大众化的本质特性，是非常危险的。

（二）**高等教育大众化内在对抗与解决**

从18世纪工业革命把科学带入古典人文学科占据统治地位的大学起，就造成了大学中科学与人文的激烈争斗，引发了高等教育的四大对抗：一是人文与科学的对抗，二是教学与研究的对抗，三是学术与应用的对抗，四是精英与大众的对抗。这种对抗其核心就是人文与科学之争，先是人文主义扼杀科学，尔后科学带动产业迅速发展进而压制人文，形成科学主义。社会学家说，过去是科学在世界之中，现在是世界在科学之中。在四大对抗下，不仅人文走向极端，科学也被妖魔化，高教大众化面临新的考验。

在大学走向大众化进程中，如何解决这四大对抗，无疑成为每个国家创建本国特色高等教育体系中最具挑战的问题之一。

（三）**高等教育大众化推进路向定位与选择**

目前在高教发展中，由于受到内部四大对抗的作用，大学在办学定位和改革路向上经常模糊不清。因此，明确高教大众化的本质在于转型，可以为我们把握工业化推动下，高等教育中原来对抗的古典人文高校（或学科）与科学技术高校（或学科）通过大众化进程逐步走向融合的基本路向。

第一条为古典人文演进路向：从原始形态的人文与技术结合 → 阶级社会后分离为人文独统和人文主义，为统治阶级服务 → 工业革命后迫使人文高校或人文独统体系融入科学、技术 → 在高科技促使大学大众化下，在人文基础上融合科技，建立起服务社会和生产的学术体系。

第二条为科技教育演进路向：文艺复兴运动后科技发展由小至强 → 科技与人文对抗，人文主义压制科学 → 科学在工业化推动下迅速发展反击人文，并膨胀为科学主义 → 二战后在高科技发展对人提出的新要求下，迫使科学中不断融入人文 → 在高新技术促使大学大众化下，形成应用型的学术性学科，在科技发展基础上建立起新的人文学术体系。

尽管历史演进和不同高校发展模式会千变万化，但是高等教育这两条发展路向演进的最终目的必然一致。这是高等教育大众化的精髓所在。大学必然以培养生产者为主体，因此人文学术体系要吸收科学精神，在服务社会实现对古典人文学术的改造创新。在这个过程中，学术本身不会消失反而会获得高水平的新生。科技学科在科技水平日益提高下要吸收人文，走向高层次的学术性的应用学科，以更强有力的方式服务生产、推进社会进步。两者尽管实现过程有重大区别，但最终目的却将殊途同归。因此，高等教育大众化的进程是改造两种大学的结果，是发展模式历史转型的产物。

第二节　高等教育大众化的主要模式

高等教育大众化的研究成果众多，主要关注高等教育大众化的因素分析、实现途径、质量保障等方面的问题。马丁·特罗对大众化阶段的特征和数量要求进行了分析，提出15%是精英化和大众化的分水岭。本·戴维（Ben David）用社会阶层结构来解释大学大众化，用职业结构—拉力、阶层结构—推力来解释。本·戴维认为，经济发展之后中产阶级的人数增加，具有经济基础的家庭更倾向于送孩子上大学，形成一种扩展的推力。另外，因上了大学的人在职业上更具有社会上升流动性，让一些没有出路的人想通过大学学历获得更大的流动性，这也形成一种以学历为取向的职业结构的拉力，拉动大学扩招。天野郁夫在研究日本高等教育模式时，则扩充了高等教育制度的因素。

一、欧洲高等教育大众化模式

（一）模式形成动因

1. 学术传统高教模式危机

欧洲大学在19世纪就形成了人才济济的局面，十分注重学术传统。欧洲高等教育大众化的动因主要是以学术为中心的高教模式不能适应社会经济发展。经济发展需要大量技术人才，而英国大学遵循牛津大学、剑桥大学的传统，把培养神学人才改造成注重培养完人性的绅士教育，重视人文教育传统。直到1900年技术优势被德国夺去，才开始转向为工业发展培养人才，随后伯明翰大学等一批新大学诞生，城市学院先后升格为应用型大学，开设以现代技术和工业为重点课程，职业性教育成为新大学主流风格。

2. 高等教育生存面临困境

另外，以学术为圭臬的发展模式对工业发展贡献微小，当政府公共财政面临压力时，大学自身生存面临困境，迫使大学改变办学模式与工业生产相结合。英国和法国都是在政府的推动下开始大众化。比如，英国首相撒切尔夫人上台后削减高等教育经费，撒切尔政府施加强大的压力，把学校推向市场，开始了大学与工业的联系。英国议会于1992年通过了《继续教育和高等教育法》，决定废除高等教育双轨制，建立单一的高等教育框架，所有符合条件的多科技术学院全部升格为大学，从而建立了统一的高等教育体制，大学由培养学术精英向大众化转变。

（二）模式发展历程

1. 高等教育经济功能受到重视

德国到19世纪形成了研究型大学和技术学院并行的科技教育体系，成为世界科学的中心。而在19世纪80年代到20世纪30年代大学采取紧缩政策，学术寡头反对大学为功利目的服务，抵制大学功能的多样化发展。英国高等教育大众化的时间比较晚，无论是政府还是大学对高等教育的经济功能认识始于20世纪80年代以后。但一旦认识形成对高等教育的影响则是全方位的。首先，高等教育传统的一元化体制被改变，使传统以学术为主导的高等教育体制，转变为国家和市场的影响力增强，并最终由政府垄断高等教育市场。其次，市场价值取向影响着高等教育机构内部的管理方式。高等教育大众化使英国高等教育的目的和职能出现多样化，以学术文化为中心的学科建设被放在高等教育发展的次要位置，大学的实用性增强。

2. 英国二元制高等教育体制确立

英国的传统学科倾向是重文轻理，文科的比例大于理工科。但是20世纪70年代之后为满足经济发展的需求，培养适合经济发展的人才，通过创办多科技术学院调整了学科结构。以新设置的大学为表率，开始了大众化之后的课程改革。为了提高高等教育质量，英国成立了独立的全国学位授予委员会，负责大学以外的教育或研究机构的学位授予工作。1995年英国高等教育毛入学率达49.5%，进入大众化后期阶段。1985年，英国政府发表的绿皮书《20世纪90年代英国高等教育的发展》指出，要重视发展高等院校特别是大学与工商业之间的联系。1987年，英国政府发表的白皮书《高等教育——迎接新的挑战》更进一步明确了高等教育机构特别是大学为社会经济发展服务的思想。

英国采取了大学和其他高等教育机构两个系统解决规模扩大的问题，即采取二元制的高等教育体制。

3. 法国大众化高等教育系统形成

法国的情况与英国大体相同，固守大学是纯学术殿堂的传统。这主要体现为以下几个方面。①扩大大学规模。20 世纪 60 年代，法国政府制定了适应社会经济发展、满足科学和管理人才需求的高等教育发展政策，在扩大大学规模的同时，创建了 20 余所新大学。②明确新大学职责。1966 年通过的《高等教育指导法》明确了大学自治、参与和多学科三项原则，即明确了新大学是以科学和文化为特征的公立教育机构。在此基础上，1984 年又颁布了《高等教育法》——《萨瓦里法》，明确提出“职业”作为公立教育机构的新特点，这就使得法国的高等教育从理论上出现了重大的突破，改变了传统的高等教育“学术文化”中心思想，将高等院校的教学按职业方向分成相应的专业，使学生的学习与未来的职业选择紧密地联系在一起。20 世纪 80 年代之后，随着社会经济的发展和高等教育规模扩大，高等院校与企业的合作成为政府和大学的共识。《高等教育法》强调大学要与企业合作的精神，拓宽了大学的传统职能，以履行科学、文化和职业的三重职能。③形成“大众教育”和“精英教育”两个系统。“大众教育”机构主要是综合大学和短期职业技术学院，实行宽进严出，主要是体现社会公平，有 90%的应届高中毕业生进入普通大学接受大众化高等教育。而“精英教育”则实行严进严出，进入到“大学校”，进行高质量培养。

（三）评价

欧洲大众化高等教育系统是缓慢进行的，这主要表现为以下几点。①职业性和学术性构成统一体。欧洲坚持高等教育的学术传统，其大学的传统“学问至上”的思想排斥高等教育的实用性和职业性。欧洲的社会阶层结构则表现出明显的稳定性，不接受职业技术型的高等教育类型，坚持统一的培养标准，职业性和学术性是统一的，缺乏分层和多样化。②主要依靠政府推动。在欧洲，高等教育始终都被纳入“社会福利”的范畴，政府为此承担了大量的财政投入和社会责任，市场在此过程中并没有发挥其应有的作用，因此高等教育对于社会需求反应不灵敏。③教育机构设置单一。欧洲各国的大众化模式的特征在于，没有构建新型的教育机构，不是在进一步扩大精英大学制度的同时，对传统大学的自身寻求变革，进而推进或谋求大众化高等教育的发展。例如，法国将大学转变成大众化机构，德国则使一部分人文学科领域进入大众化，英国则将多科技术学院升格为大学形成大众化的机构。

二、美国高等教育大众化模式

（一）模式形成动因

1. 社会需求迫切

美国实用主义的导向和工商业的发展促使美国高等教育大众化的形成，南北战争后联邦政府把发展高等教育作为政府的公共事业。美国内战之后民主思想高涨，宗教界和州政府纷纷创办大学，美国从 9 所殖民学院到南北战争打响时已经建成 250 所大学。为了发展工农业，提高科学技术含量，林肯总统签署了《莫雷尔法》，规定利用联邦赠地创建农业、机械等学院、开设实用课程，并规定大学不再为上层社会所独占，而是向中产阶级、工人和农民子女开放。19 世纪以前，大学作为维系社会高度理性化的文化组织，作用不是培训学生获得分层社会的各种职位。19 世纪现代化对技术的需求增加，需要通过大学进行专业培训，培养具有专业技能的人。

2. 人力资本理论推动

二战后，社会对技术的需求和运用更大，迫切需要扩大接受技术和专业培训的人才数量。同时因为民主的扩张，技术和专业教育的人员扩大也是扩展民主的一种途径。20 世纪 60 年代，美国著名经济学家舒尔茨等人提出人力资本理论，大力扩大高等教育规模，使政府和个人对高等教育的投入均有了重大增长。丹尼森（E. F. Denison）估算出 1929—1957 年美国经济增长 20%归因于教育。在人力资本理论推动下，发展教育被美国认为是一项最好的投资。美国大学被社会公认为促进美国经济增长、增强国防实力和促进社会平等、实现个人抱负的重要途径。

（二）模式发展历程

1. 政府干预促进高等教育大众化

美国联邦政府和州政府在推进高等教育大众化过程中采取了更为积极的干

预政策。①采取措施保证中学后教育向所有美国人开放。②联邦政府采取资助计划扩大高等教育机会。例如，1965 年颁布的《高等教育法》明确规定了学生资助要“面向所有可以受益的人”。资助范围包括院校资助计划、学生经济资助、提高入学率和保持率特别资助、职业培训和人力开发资助等。③州政府通过更为开放的社区学院向各类人群敞开高等教育的大门。社区学院源于美国高等教育要面向所有美国人开放的承诺，为美国各种年龄段的人服务，在推进美国高等教育大众化过程中发挥了独特的作用。20 世纪 60—70 年代是美国社区学院发展最为迅猛的时期。截至 1986 年，二年制的学院由 527 所增长到 1 291 所，占高等学校总数的百分比由 28%提高到 38%。1980 年，二年制学院学生占大学生总数的 37.4%①。

2. 按社会需求发展高等教育

美国高等教育招生规模扩大时期，为了适应经济结构的变化、科学技术的迅速发展以及社会生活的新需要，美国高等教育致力于三方面的变革。一是进行高等教育结构改革，加速建立社区学院，以培养大量的技术工人和服务业所需要的各种人才。其主要任务是以学生就业为导向，为社会培养各种实用性人才。二是迅速发展大学科研，尤其是强调基础科研的重要作用。三是迅速发展研究生教育，开展科学研究，攻关尖端项目，培养研究型人才。高等教育大众化为美国社会经济发展提供了多样化的智力资源。信息技术的发展和运用对普及高等教育概念带来了更新，信息技术已经成为实现不同程度普及高等教育的途径。

3. 保障高等教育入学机会

美国政府采取了贷学金资助计划。“贷学金”制度的确立，不仅进一步加速了高等教育的发展，扩大了人们接受高等教育机会，也对保证教育质量起到积极的作用。2003 年，美国高中毕业生升学率达到 70%。在 25—34 岁人群中，接受并完成了高等教育的人口占整个人群比例，美国居世界第一。2009 年，美国总统奥巴马首次在国会演讲中提出美国高等教育发展目标。其中一条是到 2020 年，美国要再度成为世界上接受并完成高等教育人口比率最

---

① 邢克超主编：《共性与个性：国际高等教育改革比较研究》，人民教育出版社 2004 年版，第 21 页。

高的国家①。2010 年奥巴马在得克萨斯大学奥斯汀分校阐述了美国高等教育战略，提出为确保大学生毕业和就业，美国政府将加强对教育的保障。奥巴马政府正致力于确保佩尔助学金的增长速度永远高于通货膨胀速度。经济复苏法和总统预算计划在未来的 10 年里，为大学奖学金和税收抵免提供近 2 000 亿美元的经费。美国大学赋予了大学新的实质意义："只要有天分、能力和动力，任何事情都有可能。"这种所有人都有无限机会的社会感主要由高等教育来实现，这就是所谓的"美国梦"②。

（三）评价

1. 分层次、多样化发展

美国大学与其他国家具有明显不同的功能和结构。研究型大学突出科研的先导作用。四年制文理学院，既包括美国最著名和最富竞争力的大学，也包括公立和私立的四年制学院；既提供文科基础教育，也提供专业教育和职业教育，大多重视通识教育。在美国 4 356 所高校中，2 777 所是两年制社区学院和职业学院，规模不大，人数 4 000—6 000 人不等。美国只有 258 所研究型大学，而且仅 151 所属于科研密集型大学。高等教育大众化使得"大学"出现"多样化"，更多的人可以受到高等教育。同时满足经济结构发展的需求改变了传统大学的培养模式、学科结构，使人才培养更为广泛。

2. 政府和市场共同作用

美国高等教育大众化模式为国家的发展做出了重要的贡献，首先是通过扩大招生接收退伍军人入学，然后是提高并保持持续的高水平的研究能力，为冷战期间的国防和经济发展提供了科学与技术基础。20 世纪 70—80 年代，国家转移到经济复兴时，大学通过改革与工业界建立了密切联系。美国大学系统适应后工业化时代需要，积极鼓励创新，广泛传播知识和技能，普及高等教育。美国大学还培养了许多技术创新和企业家组织，服务国家经济。高等教育大众化是伴随着市场经济的发展进程而深入的。美国高等教育大众化是在政府和市

---

① 付淑琼：《美国奥巴马政府 2020 年高等教育发展目标、路径与困境》，《比较教育研究》2013 年第 8 期。

② ［美］菲利普·G. 阿特巴赫等主编，别敦荣等译：《为美国高等教育辩护》，中国海洋大学出版社 2007 年版，第 98 页。

场共同作用下实现的，由于市场经济对高等教育功能认识的改变，使得高等院校课程出现了职业化和实用化的发展倾向，政府确定了国家的优先发展项目。

三、日本高等教育大众化模式

（一）模式形成动因

1. 借鉴国外先进经验

二战后日本在积极恢复经济的同时，着手教育发展，把教育发展作为振兴国家和经济发展的重要途径，以国家和社会的发展为目标构建大学。二战后日本大学学制改革过程中受到美国的直接影响，美国占领军作为废除军国主义和建设民主社会的重要力量，要求日本对教育制度进行彻底改革，推行美国教育制度的民主化。但是日本大学具有实用性的本质特征，以推进工业化为目的，在帝国大学中设立了工科和农科类的实用性学部。同时，由于政府经费不足，为了满足对人才的需求，不得不允许设立大量私立大学。

2. 教育成为生产力发展的要素

日本1947年制定了《教育基本法》和《学校教育法》。《教育基本法》提出人的教育，即由国家的教育还原为人的教育。旧制高等学校、高等专科学校、大学实行一体化，向新制大学过渡。1948年文部省制定设置新制国立大学的十一条原则，原则上一县设一所国立大学。日本教育观念上的一个重大转变就是把教育作为生产力的要素，教育投资是生产性投资。高等教育急剧扩张的一个主要原因是为了满足工业和经济发展需要。20世纪60年代末日本经济进入高速发展时期，也是日本高等教育的膨胀时期。

（二）模式发展历程

1. 建立高等教育三级结构

为了适应经济和科技发展对人才需求的多样化，日本的高等教育形成三级结构。第一级结构是短期大学、高等专门学校和专门学校。第二级结构是4年制大学，包括综合大学、多科大学和单科大学。第三级结构是研究生院。日本高等教育分为三个层次，即大学、短期大学和高等专门学校。

2. 发展理工科教育培养技术人才

二战后大学教育观念转变，认为大学是在进行职业教育的同时，对学生进行普通基础知识教养的国民教育机关。文科由造就少数精英向输送白领职员转变。伴随20世纪60年代日本经济的振兴和工业的发展，各种短期大学、高等专门学校和专修学校等得到发展与繁荣，使日本高等教育出现多样性的特点。二战后的25年间，地方国立大学无论是学部设置还是学生数的构成上，都极其显著地偏重理工科尤其是工学部，为二战后经济发展提供了大量中级人才。1958年以来，日本的现代工业部门有25%—30%是依赖外国技术。日本的奇迹产生的原因，主要是工业部门发展了吸收技术的能力，不断扩充，在此基础上发展本国的先进技术①。日本高等教育入学率在1970年18岁年龄人中达到24%，1985年达到51.6%②。

3. 在创造能力下寻求个性发展

日本大学在学习国外经验时，始终在寻找与本国相切合的大学模式。日本倡导个性化大学，一个典型的案例是筑波大学。1973年筑波大学成立的背景是产业社会正向信息化社会过渡。国立大学法人化改革，促进了大学加强与私营企业的合作。20世纪90年代后，日本确立“能力立国”的科技发展战略，“创造能力”成为日本产学合作的重要主题。直到1989年，随着政府废除国立大学不得与私人企业合作开展研究的禁令之后，国立大学的经济功能才得以释放。在日本，为了改变政府对大学的限制，给大学更多的自我发展空间，采取了如下具体措施。①将《大学设置基准》“大纲化”。第一，大学可以根据各自的教育理念和目的开展形式多样的教育。第二，大学的自主团体或学会可以提出比较宽泛的教育准则。第三，创建新的评价制度。第四，大学发展应该更具多样性。②改革大学评价制度，即从自我评价到第三者评价体制的建立，让专家和民间人士参与到大学评价中来。同时这也是保证大学教育质量的基本措施，目的在于通过一种控制机制筛选实力最强的大学或学科进行重点投资。这从客观上提高了大学的教育质量。2002年开始实施《21世纪COE计划》，通过引进合适的评价机制（第三方评价）和竞争机制（国立、公立和私立大学都可以公开竞争），在日本大学中创建达到世界先进水平的学术研究和人才培养

① ［英］阿列克·凯恩克劳斯著，李琮译：《经济学与经济政策》，商务印书馆1990年版，第148页。

② Futao Huang. Higher Education from Massification to Universal Access：A Perspective from Japan. *High Education*，2012，(63).

基地，同时培养一流研究型人才。

（三）评价

1. 大众化高等教育结构之间缺乏流动性

日本高等教育结构形成了具有顶尖与宽大的底部之金字塔状的结构。这种金字塔的大学之间上下缺乏流动性，尽管高等教育进入大众化阶段，但是这种等级结构和形成这种结构的大学之间的排序在20世纪基本没有变化。1970年OECD调查团指出日本大学面临危机的最大根源之一是僵硬性和等级性的制度结构。

2. 个性化成为大众化改革发展趋势

永井道雄认为日本大学混乱的原因是日本大学与传统的隔绝。日本大学具有迎合社会需要的传统，但是各个大学缺乏创建富有个性的积极性。20世纪50年代中期，文部省制订的大学设置标准对大学设立以及办学都规定得非常详细，导致大学办学模式化。日本大学基本采取一种“同型繁殖”的方式。当前，日本大学不失时机发起改革促进大学服务社会，并在僵化的等级制度中寻找个性化。

第三节　大众化高等教育的未来展望

高等教育大众化取得了三个方面的成绩。①建立了多样化的高等教育体制，以满足来自不同方面利益群体的要求，即开始了高等教育多样化的发展路径，促进了高等教育质量评估标准多元化研究和实践的发展。②市场原理进入高等教育，效益、成本分担和回报等经济学概念和理论影响着高等院校的决策行为。③满足个性发展，进行创新设计。大众化高等教育正处于发展当中，与高等教育转型将同步进行。

一、大众化高等教育存在的问题

（一）数量规模问题

1. 高等教育大众化数量发展不均衡

在衡量大众高等教育时，往往采用马丁·特罗的大众教育阶段理论，从数量上来比对是否达到标准。世界高等教育大众化发展并不均衡，欧洲面临全球经济竞争的加剧，通过对高教政策的反思与调整，在一系列扩张政策下，毛入学率达60%左右，日本和美国达到80%以上，中国2013年达34.5%。

2. 盲目扩招导致人才结构失衡

如果单纯看数字就会存在问题，大众化高等教育不仅仅是从扩招的含义上来评定，在不同的高等教育类型中到底哪种类型是需要扩招的，只能通过不同的社会需求和社会经济条件来确定。盲目扩招导致结构失调。结构失衡是大众高等教育在数量上面临的一大问题，管理型、研究型人才高能低就，实用型技术人才以及高技能人才严重缺乏。一方面，出现高能低就，文凭高消费，高文凭、高能力从事只需低文凭、低能力即能胜任的岗位。另一方面，企业高素质人才缺乏。当高等教育发展进入到大众化、普及化阶段之后，高等教育的发展随之面临新的问题，即数量减少与质量下降。2007年，日本大学的报考人数与招生人数出现相等局面。这不仅是日本高等教育发展与改革中面临的一个新问题，也是其他国家高等教育发展即将面临的问题。

（二）功能转变问题

1. 大众化引起高等教育对自身功能认识混乱

大众化高等教育引起大学功能的混乱，大学出现无法匹配功能的局面。1963年，美国加州大学校长克拉克·克尔（Clark Kerr）在《大学的功用》中就明确地指出：由于知识的爆炸及社会各业发展对知识依赖于需要，大学已经成为社会的“服务站”。大众化高等教育系统是多样的，因此它的社会功能、标准等也是多样的。高等教育大众化改变了传统高等教育结构单一的大学体制，不同类型的高等教育机构将承担着不同的责任。高等教育大众化不仅改变了高等教育体制与结构，也改变了高等教育与社会之间的关系，拓展了高等教育的功能，学术研究、政府职能、社会影响以及市场作用都引起了一系列变化。

2. 大众化进程中服务社会本质功能模糊

高等教育功能的变化与社会政治、经济及科学技术的进步分不开的，对于现代高等教育的认识，必须基于科技创新。大学成为科学研究的重要场所，大学寻求社会的支持，与社会的联系更为密切。在此过程中，大学的功能发生了重大的变化。大学存在的社会价值在于其能解决生产和生活中的实际问题，大学的根本使命在于从现实社会改革和发展中重新寻找自己的位置，而不是恪守一成不变的传统。高等教育大众化则更加强调或强化了大学双重的使命，一方面是促使大学内部自身的变革，另一方面是改变大学与外部环境之间的关系，即拓展大学的或高等学校的社会服务功能。

（三）质量问题

1. 质量差异急需更新教育评价体系

美国高等教育在大众化进程中表现为多种层次，尽量满足入学者的愿望，入学不存在严格的录取标准。大学生的水平良莠不齐，大学质量呈现出千差万别。在普及高等教育上面，社区学院起到了很大的作用。美国大学的课程琳琅满目，学术性课程与职业性课程共存，根据社会职业需求设置课程。这样满足了求学者的需求，又能较好地适应市场的需求。但是这种状况影响到大学的教育质量，教学质量难以保证。在校学生中半数不能完成学业，在某种意义上来说也是一种教育浪费①。高等教育大众化的结果使人们对教育质量及其评价表现出多种疑虑。因此，在高等教育大众化初期阶段，应当建立更加多样且走出传统学术评价样式，既重视数量指标，又重视质量指标，更要有价值判断。

2. 缺乏符合大众化发展的质量评价标准

学生规模的大小并不能说明或解释高等教育的质量，而且学校层级的不同也很难在同一个评价级别上做出判断。这也是中国经历了高等教育大众化之后要认真思考的一个高等教育发展问题，即如何解决好内涵式（质量）发展和外延式（数量）发展的关系问题。高等教育大众化阶段的质量观与精英教育阶段的质量观、学术性高等学校的质量与应用型高等学校的质量是不同的，对不同层次、不同类型的学校不能用统一标准来衡量，更不能用精英教育的标准来衡量大众教育的教育质量。因此，如何来确保大众化高等教育的质量，采用何种标准来衡量都是大众化过程中需要解决的问题。

---

① 顾明远：《大学的理想与市场经济》，《比较教育研究》1994 年第 2 期。

二、大众化高等教育面临的时代挑战

（一）第三次工业革命兴起

2012年保罗·马基利（Paul Markillie）在《经济学人》杂志发表《第三次工业革命：制造业与创新》专题报道，描述目前由技术引领的制造业正在发生深刻变化。美国著名未来学者杰里米·里夫金（Jeremy Rifkin）2013年出版《第三次工业革命：新经济模式如何改变世界》，从能源角度论述了新一轮工业革命，引发广泛关注。无论名称如何界定，但都已表明，绿色智能化的革命已经开始，智能化以信息化为前提。我们也把这场已经开始并即将卷席全球的革命称为第三次工业革命。这将重塑人类的生产生活方式，给人类社会带来比前两次工业革命更为广泛、深远的影响，同时也会给高等教育大众化提出新的要求。①产业结构变化将改变对人力资本的要求。生产方式和组织结构的深刻变革，将彻底重构国家竞争力的基础和全球产业竞争格局，并引起产业发展趋势变化。低技能的生产工人需求量和重要性都会下降，取而代之的是高技能的专业服务人才。这样产业结构变化模式，使得高等教育这一主要人力资本提供者将要重新调整服务模式，培养切合新型产业发展所需的创新人才。②高等教育需要培养具有个性和创造能力的智慧新人。第三次工业革命实际上是新技术的竞争，本质上更是人才的竞争。第三次工业革命表现出的最大特点就是个性和创意，这就要求在高等教育大众化的进程中切合第三次工业革命的需要，培养能储备大批具有个性和创造能力的科技人才以应对新的社会需求。

（二）全球化潮流势不可挡

全球化所带来的时空压缩和世界一体化进程对高等教育带来深远影响，高等教育大众化不可忽视全球化的趋势。全球化并非是一个新现象，有学者指出最早的全球化起源于人类早期的跨洲贸易，如中国的“丝绸之路”。大学的不断扩张和教育水平的提高，为社会更多的人能够接受高等教育提供了基础，而大学科研和服务机能的不断完善，也将使大学更多地参与到经济增长之中，有力地促进产业结构的调整和知识产业的兴起。全球化由于人力、资本、产品、科技和信息的快速流动，给高等教育带来深刻的影响。这主要影响体现为：①全球化使得社会更加注重继续教育、终身教育；②信息和通信技术发展推动了高等教育采用新型教学方法；③全球化进程下的市场经济导致高等教育和培训的商业化；④自由贸易壁垒的消除增进了教育服务和产品的进出口；⑤新的国际和区域治理结构改变了政府和非政府机构在高等教育中扮演的角色。总之，全球化进程给高等教育大众化提出了新的要求和挑战。

（三）教育公平与高教效率

高等教育被视为经济增长的引擎以及个人获得高工资、高地位工作岗位的凭证，因此成为社会上升流动的手段。谁能获得高等教育，又将获得怎样的高等教育，成为教育公平无法回避的时代挑战。来自教育公平和高教效率的挑战包括以下两个方面。①高等教育大众化进程中教育不均等现象仍然存在。高等教育大众化在总体上提高了高等教育入学机会，促进了教育公平，但是高等教育机会不均等并未真正得到解决。即便是美国高等教育没有明显的社会阶级差别，但少数族裔学生入学率仍然很低。欧洲各国普遍扩大高等教育参与，但入学机会仍不平等。教育机会受到多种因素的影响，如家庭经济状况、居住地区、高等教育形式结构、层次结构、学科结构等。②教育公平需要建立在高教效率基础之上。教育公平不能以牺牲高教效率为代价，建立在没有效率的高等教育基础上的公平将会失去意义。高等教育公平与效率复杂地结合在一起，都需要高等教育在大众化转型中来应对。体现公平是高等教育大众化过程中的一个理性自觉，不同性质、类型的高等教育应有不同的教育目标和功能，体现不同的规格和特色，通过满足人们接受不同类型和层次的高等教育需求，真正体现教育公平，实现教育效率。

（四）高等教育分层

在不平衡的经济社会发展中，高等教育结构和体系分化是必然的结果，对大众化高等教育必须处理好分层问题。①社会对高等教育作用的需求是多层次的。从世界各国高等教育大众化历程来看，大众化高等教育是职能高度分化的复杂系统，不同层次和类型高等教育承担和发挥不同的社会功能。高等教育在大众化的过程中需要处理好分层次、分类型发展问题。②分层发展缺乏导致办学模式趋同。21 世纪的大学已经高度分化，所有的大学都不可能具备完整和同样的功能。目前办学模式趋同化严重，基本以追求学术造诣为目标。知识经济发展需要大批拔尖的创新人才，大众化高等教育应该培养具有高素质的技术人才来满足多样化的社会需求。③建立不同大学层次之间的流动机制。大学作为提供社会上升流动的手段，在大学的层次结构之间缺乏流动性也形成了对人才培养的桎梏。大众化的高等教育应结合自身发展的传统和实际的社会需求来办学，提升竞争力和办学特色。

三、大众化高等教育发展趋势

（一）高等教育体制多样化

随着高等教育大众化的发展，传统的单一制的高等教育已经不能适应社会发展的要求，单纯地依靠大学完成人类社会进步是不现实的。高等教育大众化的过程与多样性的过程紧密相连，高等教育大众化为满足人们接受高等教育扩大了入学规模、提供了入学机会，高等教育多样化又提供适合人们需要的高等教育内容，并最终实现高等教育大众化的发展目标。不仅如此，为了适应或满足人才培养多样化的需求，教育课程和教学方式也出现多样化的特征。学分制成为课程选择的重要教学制度，在教学方法上，除了传统的课堂讲授之外，案例教学、模拟实验教学、分组讨论教学、社会调研以及社会实践等不断地丰富了教学方式，为培养学生的实践能力和适应社会能力提供了方法保证。因此，多样化是实现高等教育大众化的必由之路。不仅如此，办学主体的多样化、办学形式的多样化、培养目标的多样化、教学内容的多样化以及培养方式的多样化都是高等教育大众化的结果。

（二）市场作用机制明显

高等教育大众化发展中市场作用将更为显著，效益、成本分担和回报等经济学概念和理论影响着高等院校的决策行为。20 世纪 80 年代之后，当世界各国高等教育发展面临经费危机的时候，扩大高等教育经费的私营化成为保证高等教育发展的重要因素之一，并逐渐成为各国高等教育制定经费政策的一项重要内容。1994 年世界银行报告《高等教育：从经验中学习教训》，把高等教育私营化作为解决当前世界各国高等教育扩展与经费短缺的矛盾的重要途径。联合国教科文组织更是明确提出了不应该只从国家预算现有的和未来的困难的角度来谈高等教育的经费问题，应该从把发展高等教育的负担由国家身上转到私营部门身上的角度来讨论这些问题的主张。因此，选择高等教育经费私营化已经成为一种世界各国化解高等教育经费危机的政策选择，并逐渐在实践过程中使其制度化。在高等教育大众化过程中，政府和市场的影响力或力量对比发生了明显的变化，政府在高等教育中的影响力在逐渐减小，在大众化高等教育管理体制中市场的力量将会更为明显。基于财政压力，高等教育大众化进程中自治和绩效问责将会并行。

（三）多元质量评价标准

高等教育规模扩大必将与传统高等教育价值观发生冲突，在要求对传统高等教育价值观进行改造、形成新的高等教育价值观的同时，多样化的质量标准成为高等教育新的价值取向。20 世纪 60 年代之后，高等教育在注重学术成就唯一性的评价标准之外，提出了对社会贡献程度大小的新的判断标准，即高等教育对社会的贡献是以高等教育为社会培养人才多少、科研成果有效转化以及促进社区发展和进步等贡献进行衡量。马丁·特罗指出高等教育的分层观点需要重新评价各种类型和等级的高等院校内的教学和研究的质量问题。大众型的高等教育系统是多样的，因此它的社会功能、标准等也是多样的。1998 年巴黎世界高等教育会议通过的《21 世纪高等教育展望和行动宣言》指出，高等教育质量是一个多层面的概念，应考虑多样性和避免用一个统一的尺度来衡量高等教育质量。因此，必须转变单一的或传统的高等教育质量观，正确认识数量与质量之间的关系，制订多种质量标准。此外，在高等教育大众化时期，高等教育更多使用或借用了“经济学”中的术语或理论，在大学领域形成了“卖方市场”和“买方市场”，企业的管理运营方式被大学运用。这就意味着，大学的改革不仅有来自国家的压力，市场的经济杠杆也将直接影响消费者对大学的选择。在高等教育市场化的今天，学生的数量和质量被认为大学生存和发展的最为关键的要素之一，这种供需关系将决定一所大学的生命，而“评价”和“质量保证”成为大学自我反省和规范学术活动的重要理念。

总之，高等教育大众化是一个历史发展的结果。在其发展过程中，它经受了政治、经济、科学技术以及文化等诸多因素的影响和考验，不仅建立了多样化的高等教育机构，确立了多样化的质量评价机制，还极大地拓展了高等教育功能，提高了高等教育机构对社会需求的应答能力。

【思考与练习】

1. 高等教育大众化有哪些主要观点？

2. 分析对高等教育大众化理解的各种误区。

3. 高等教育规模扩展与结构变革有什么关系？

4. 分析并阐释高等教育大众化的发展模式。

5. 阐述高等教育大众化的发展趋势。

【拓展性阅读导航】

1. 冯增俊著：《现代高等教育模式论》，广东高等教育出版社 1993 年版。

该书从高等教育发展历史探讨其现代转型，对高等教育现代模式进行了深入的分析。

2. 谢作栩著：《中国高等教育大众化发展道路的研究》，福建教育出版社 2001 年版。

该书阐述了马丁·特罗的高等教育大众化理论以及美国、英国、日本、韩国高等教育大众化发展的基本特征，并研究了中国高等教育大众化问题。

3. 王英杰著：《美国高等教育的发展与改革》（第二版），人民教育出版社 2002 年版。

该书比较全面地介绍了美国高等教育的概貌，特别是市场调节与政府干预对促进美国高等教育发展的情况。

4. 邢克超主编：《共性与个性——国际高等教育改革比较研究》，人民教育出版社 2004 年版。

该书从区域研究和专题研究两个方面对代表性国家现当代高等教育发展进行了研究，分析了大学的理念、高等教育改革的动力与阻力及管理模式等问题。

5. 王洪才著：《大众高等教育论》，广东高等教育出版社 2004 年版。

该书回答了高等教育大众化过程中影响高等教育发展的基本问题，并对高等教育发展面临的转型问题提出了自己的见解。

第十七章　迈向开放的专业化教师教育

【内容提要】

随着工业革命的发展，各国教育日益普及，教师教育也不断发展变化。本章探讨了教师教育产生发展的历史进程及当今教师专业化发展的时代要求，分析了教师教育一体化改革的动因和重点，展示了世界教师教育的基本内涵与发展方向。

【学习目标】

1. 了解世界教师教育产生与发展的历史背景与进程。

2. 掌握教师专业化发展的内涵及其在教师教育改革中的基本模式。

3. 理解教师教育一体化的必要性和改革重点。

教师教育是由高等教育机构为主开展的，针对从事各级各类学校教育工作的专业人才即教师实施职前教育、入职培训和在职研修等连续的、可持续发展的、一体化的教育过程。

教师是教育事业发展的核心要素，也是教育成败的关键。西方工业革命后，伴随着以社会化大机器生产为特征的资本主义生产方式的发展，普及义务教育运动兴起，培养师资的教师教育也随之产生。早期的师范教育由专门教育机构实施，随着世界科技发展和教育普及水平提高，各国对教师的要求随之提高，促使原来封闭式的中等层次的师范教育转变为开放式的高等教育层次的教师教育。

第一节　教师教育的历史发展

教师教育起源于17世纪后期，经历了早期发展阶段、制度化阶段、升格阶段与转型阶段四个发展阶段。

一、教师教育的早期发展阶段（17世纪后期至18世纪后期）

近代教师教育起源于17世纪后期的欧洲。在此以前，欧洲慈善学校的教师主要是从教会中挑选，他们没有受过专门的培训，“一个男教师如果具有数学方面的天赋，能写一手好字，具有基础的算术知识就是令人满意的”①。由于教师地位较低，收入也相对较低，例如，担任教师职务的人员的工资仅相当于担任神职人员的六分之一至二分之一，不同等级的教师之间，工资收入也存在差别。由此，教会及世俗政府也一般默认并允许教师同时兼任其他职务，或把教师作为兼职。

随着欧洲资本主义发展和教育国家化，教师教育逐渐从教会移交给国家。普及义务教育的兴起对教师产生了巨大的需求。为了确保教师队伍规模扩大和教学正常运转，德国开始禁止教师从事担任教职以外的职务，也禁止教师参与

① 祝怀新编著：《封闭与开放——教师教育政策研究》，浙江教育出版社2007年版，第7—8页。

各类商品售卖或者药品贩卖等活动。

经过人文主义精神洗礼和16世纪宗教改革运动，法国资产阶级的力量逐渐壮大。天主教传教士拉萨尔（J. B. de La Salle，1652—1719）为了继续与耶稣教派做斗争，决定对劳工阶级的儿童实施免费的宗教教育，拉萨尔认识到必须有适当的教师才能让教育取得成功，1684年在兰斯建立了基督教学校修士会学院训练教师，并附设专攻实习用的练习学校，该学院被视为最早的师范教育机构。1688年，拉萨尔又在巴黎建立了两所有“男教师研习班”的学校，开设读写算及唱歌等科目和宗教训练，学习教授法，并在附设的实习学校实习①。

1696年，弗兰克（A. H. Francke）在普鲁士创立了第一个私立教师培养机构——“实践研讨班”，随之一批教师培养机构陆续在德国成立。不过，这些机构都属私立，且培养人数少，时间短，最长也只有几个月。在此时出现的影响力较大的教育家还有沃夫和夸美纽斯，强调学习教学法的重要性，倡导建立系统的教师培训体系。夸美纽斯认为，一旦教师掌握了恰当的教学方法，无论教师所教的学生人数有多少，其难度都不会大于用印刷机每天印刷上千张书写娟秀的纸张②。此外，当时著名的教育家如巴泽多（Basedow）、丁特尔（Dinter）等人也重视教师培训。巴泽多在筹建泛爱学校时就主张改革当时德国教育体系，但首先需要从改变师范学校开始。1775年，巴泽多在安哈尔特德绍成立的第一所泛爱学校，除了招收绅士外，还招收学徒，表现优秀的会进入较好的学校或者贵族家庭工作。丁特尔在担任德累斯顿·弗里德里希市师范学校校长时也根据其教师培养理念对其学生进行过培训③。

到了18世纪后期，英国工业革命促进了初等教育发展，使师资不足的矛盾日益凸显。为此安德鲁·贝尔（Andrew Bell，1753—1832）和约瑟夫·兰卡斯特（Joseph Lancaster，1778—1838）在英国创立了导生制。导生制是由教师选择一些年龄较大、成绩优秀的学生充任“导生”，作为教师助手，让他

① 薛凌芸：《法国近现代教师教育发展研究》，华中师范大学硕士学位论文，2006年，第6页。

② I. L. Kandel. *The Training of Elementary School Teachers in Germany*. New York: Columbia University, 1910.

③ 覃丽君：《德国教师教育研究》，西南大学博士学位论文，2014年，第29页。

们把学到的知识再转教给低年级学生的一种教学模式。每天早晨，教师用两个小时先教给导生初步的读写算知识和宗教教义，同时进行教学方法的训练，受培训时间为三个月，然后由导生执行教师的职责，把所学所得的知识转教给其他学生。这样，一个教师在导生的帮助下，能管教数百名学生，弥补教师短缺问题。

二、教师教育的制度化阶段（19世纪）

到了19世纪初，工业化进一步扩张，初等教育普及迅速，迫切需要大批经过专门训练的教师。而当时，教师不仅数量不足，且质量十分低劣，一些教师甚至不具备最起码的教育方面的知识和技能。为满足普通大众日益增长的教育需要，国家逐渐加强干预以提高教师的质量，各国先后建立起教师教育制度。

在普鲁士，伴随着国民教育体系的不断完善，其教师培训体系逐渐走向了制度化的阶段。中小学教师的分门别类培养与当时德国分轨制的中小学教育体制相适应。在小学教师的培养方面，学生从初等学校毕业后，先进入“预科”的师范学校的预备校接受三年预备教育后，再进入“本科”的师范学校接受三年师范教育。学生在入学和毕业时都需要考试，只有通过结业考试，才能获取小学从教资格。学生在预备校主要学习小学所开设的课程，包含宗教、德语、外语、历史、数学、自然、地理、写作、绘画、体育、音乐等；而在师范学校所开设的课程侧重于教育学及教学培训的内容，如教育学、教学实践、学校教学实习等。学生获得小学任教临时资格任教2—5年后，需再次参加教师资格考试，通过者才能正式担任小学教师职务。中学教师的培养方式有较大不同。首先，要想成为中学教师，需要取得文法中学毕业证书，取得高等教育入学资格，进入高等教育机构完成大学第一级学位的学习后即可申请报名参加国家教师资格证书考试。获得参加考试的资格后，可按照考试委员会的要求参加规定的口试、笔试及教学实践考试①。

从19世纪20年代起，美国公立学校迅速发展，培训师资极其紧迫。1823

① 覃丽君：《德国教师教育研究》，西南大学博士学位论文，2014年，第34页。

年，美国教士塞缪尔·霍尔（Samuel H. Hall）创设了私立的中等教师训练班。1839年，在教育家卡特和霍尔的倡议下，马萨诸塞州教育委员会开始在该州创办师范学校，引进普鲁士师范教育模式，在18世纪60年代成立了四所师范学校，招收小学（八年制）毕业生，学制为一至四年不等，要求学生对任教的科目有足够的知识、品德高尚、勤奋、愿献身于教育事业和服从领导。课程设置除了普通中学一般的学科外，还设有教育原理、学校管理、思维发展规律、教育史、教学的艺术和方法、学校组织等。学校附设模范学校作为实习场所，教育实习占有十分重要的地位。到19世纪末，美国中等师范教育体系基本形成，在学生入学、修业年限、课程设置以及教学安排方面都有了较为明确的要求。

19世纪30年代起，英国政府与教会就教育的领导权展开了激烈的斗争，包括争夺教师教育权。1849年，枢密院教育委员会首任主席沙特尔沃斯（J. P. K. Shuttleworth）以个人名义在伦敦郊外创办了英国第一所师范学校——巴特西教师学院（Battesea College for Teachers），被各地效仿，到1850年已经发展到30多所。由于学校在培养教师的数量上不敷需求，且导生制教育质量低下，1846年，他创立了见习生制，即选出学业、品德、健康等方面符合条件的至少13岁的小学生，让他们一边学习，一边在业余时间受教于以严格条件选出来的主任教师，每周五天，每天至少一个半小时。这些学生的学制是5年，每年都要接受皇家督学的考核，枢密院教育委员会发给他们一定的报酬，结业后可任小学助理教员，也可通过考试获得“女王奖学金”后进入师范学校继续深造。

这一时期的法国教师教育具有明显的双轨制特征。1833年，为适应第二轨教育系统对初等教育教师的需求，法国颁布《大力发展初等教育和师范教育法》（史称《基佐法》），这是法国第一部包含师范教育的重要法律，包括提高小学教师资格证书水平、每省建立一所男子师范学校、规定了小学教师最低资格标准。法案颁布使新师范学校不断涌现，仅1838年就新设师范学校30所。1881年，法国又颁布《费里法》，规定师范学校及公立学校初等教育全部免费，提出“在教育面前人人平等”的口号。第二年又重申必须获得国家颁发的证书才能任教，首次把教育学列入教学大纲等。1887年，法国政府再次颁布法令，规定师范学校为公立的世俗性教育机构；人事由国家管理，房屋设备由地方管理；学校实行寄宿制；学生 15 岁入学，学制三年，毕业时授予“高级证书”（相当于高中毕业）；开设道德公民（包括心理学和教育名著选读）、阅读、算术、基础几何、图画、音乐等课程；第三年实习两个月。这样，形成了有明确定位、学制、管理体制的统一的师范教育制度。

三、教师教育的升格阶段（19 世纪后期至 20 世纪 50 年代）

19 世纪后期，师范学校的发展不能满足社会发展的需要受到社会的批评，此时各国教育改革浪潮中涌现了一批教育家和新教育思想，如美洲的“进步教育运动”与欧洲的“新教育运动”，都强调提升教师水平，促使教师教育开始迈入高等教育时代，实现升格。

至 1900 年，英国师范学校在数量上有了一定的增长，但是教师数量和质量都远不能满足需求。1902 年英国首相贝尔福（Balfour）提交的教育议案获得国会通过，即《贝尔福教育法》。该法确立了英国公立学校教育由中央和地方两级管理，地方教育局负责创建地方教师教育机构，当时称师范专科学校，后来演变为师范学院。1904 年，英国第一所公立师范学院——赫里福德郡学院（Herefordshire Training College）建立，地方教育正式开始直接参与师资培训。到 1914 年，英国有 22 所地方教育当局开办的师范学院。

1919 年，普鲁士颁布了《魏玛宪法》规定，要求教师教育一律根据高等教育机构的教育原则来开展。教育家斯普朗格（E. Spranger）于 1920 年提出了其教师教育思想，指出教师教育需要重点关注教师的人格陶冶，才能具备陶冶学生的能力，为此需建立教育大学才能做到。在这一思想作用下，魏玛共和国于 1925 年 7 月 20 日颁布《普鲁士国民学校教师教育新制》，提出设立独立教育学院，以培养人类完整人格的陶冶者，第二年德国成立三所独立的教育学院。教育学院招收高中毕业生，经过两年的专门学习后取得毕业证书，通过第一次国家教师资格证书考试后，参加见习期服务，再参加第二次国家教师资格证书考试。到 1930 年，仅普鲁士就成立了 15 所教育学院，培养专科层次小学教师[①]。

① 覃丽君：《德国教师教育研究》，西南大学博士学位论文，2014 年，第 37 页。

美国为适应中等教育的普及和发展，改变教师缺、质量差等问题，各州的中等师范学校开始升格为高等师范学校。到20世纪30年代前后，美国逐步形成高等师范教育体系，四年制高等教育成为中小学教师的资格要求。这一时期，高等师范学院的主要任务是全面提高师范生的文化修养、学术水平和教育工作能力，使教师教育真正达到高等教育的水平。为此，美国联邦教育局组织了为期3年的全国性教师教育调查，由哥伦比亚师范学校教授埃文登（E. S. Evenden）主持，提出了高等师范教育的方案。方案特别强调师范生的文理基础知识修养，要求师范生成为思想开阔、知识丰富、有文化教养的人。除了注重未来所教科目的专业知识以外，特别重视教师的教育思想，加强早期见习和教育实习。

四、教师教育的转型阶段（20世纪50年代以来）

20世纪50年代第三次工业革命兴起，随着信息化时代的到来，对人才素质提出了很高的要求，而封闭型师范教育培养模式过于单一、对社会变革和新需要反应迟缓，培养的教师适应性较差、视野狭窄，难以适应新时代发展。同时，许多心理学和教育学丰富的研究成果为教师教育提供了知识基础和方法论基础，使教师教育有资格成为专业教育，推动了综合大学设置教育院系之风。20世纪30年代后，随着教师教育专业化，涌现出一批著名的心理学家和教育学家，如桑代克、杜威等。美国、英国、德国等国开始推行教师由综合性大学采用开放的而非定向的模式培养的师范教育改革。

1944年，美国联邦政府颁布《退伍军人权利法》直接导致了美国师范教育的转型。该法规定联邦政府资助退伍军人进入学校学习，造成高校人数剧增，到1951年，进入大学学习的退伍军人达223.2万。为此，各州被迫将师范学院扩充为综合性大学等，以满足需求。到20世纪60年代，美国大多数师范学院已经转型为综合大学教育学院。到1970年，全国师范院校只剩下16所，综合大学成为教师教育的主体，开放性教师培养体制形成。

英国的师范教育转型开始于20世纪70年代末，由于当时师范教育生源不足，英国以整顿和改组师范教育机构为中心，单科性地方教育学院让位于多科性“高等教育学院”，单独建制的师范院校很快消失，师资培训成为综合性高校中一个专业。这一体制延续到今天。

日本于1949年实行新的教师培养制度，即由大学培养教师与多渠道培养教师相结合，师范学校培养教师的做法被废除。日本政府规定，每个都、道、府、县必须设立一所国立大学，开设教师培养课程，而且允许一般大学承担培养师资的任务。1990年日本高等教育机构中设有师资培养课程的共有1 186个，其中大学408所，短期大学410所，研究生院225个，专科大学71所，指定的师资培养机构72个。

法国于1986年开始，师范学校直接招收普通大学第一阶段的毕业者学习两年。从1990年开始，各类师范学校由设在综合大学里的教师培训学院所代替，培养中小学师资。

到了20世纪90年代，世界上多数国家基本实现了教师教育大学化。新加坡政府于1990年发表的《20世纪90年代教师教育与培训的建议性报告：问题与策略》中指出："如果与大学联合，教学的专业地位很可能会得到提高，并且能吸引更高素质的学生参加到教师培训计划中来。"① 次年，新加坡成立国家教育学院，作为南洋理工大学中的一个独立学院，标志着新加坡教师教育进入大学化时代。

在中国，新中国成立之初学习苏联模式，建立了独立定向的师范教育体系，之后受长期的计划经济体制的影响，这种独立、定向、封闭的师范教育模式成为中国中小学师资培养的主流。随着市场经济的稳步发展与繁荣，师范教育模式开始发生变化。1999年3月，中国教育部在印发的《关于师范院校布局结构调整的几点意见》中指出，要从国情出发，坚持独立设置师范院校主体作用，同时进一步拓宽中小学教师来源渠道，鼓励一批高水平综合性大学参与培养中小学教师。此后，综合性大学开始担负起中小学师资的部分培养工作，师范院校不再是唯一的教育机构，中国教师教育开始走向多元开放培养体系。

20世纪中叶以来教师教育发展趋势，打破了师范院校独立培养师资的局面，形成了师范院校和综合性大学共同培养师资的开放性师资培训模式。

---

① Paul Morris, John Williamson. *Teacher Education in the Asia-Pacific Region: A Comparative Study*. Falmer Press, 2000, p. 201.

第二节 当代教师专业化发展

教师专业化是社会变迁与教师角色转变的要求，是世界教师教育发展的趋势与潮流，也是教育实践的呼唤与教育理论的回应①。

一、教师专业化推动教师教育改革

进入21世纪后，教师教育已成为综合性大学中的重要组成部分，但在发展进程中也暴露出一些新的问题，其中最为突出的问题是学术性与师范性的矛盾。在师范院校变成综合性大学的教育院系后，伴随着学术发展的要求，其师范性不再明显，传统师范教育中重视教育专业实践能力的优势削弱了，教师的学术训练与专业能力培养之间的平衡被打破了。为解决这一问题，在教师教育大学化的同时，人们越来越意识到教师职业的特殊性，开始关注教师的专业化发展，使之成为教师教育改革的重要方向之一。

（一）教师教育改革的根基：教师专业化

二战后，各个国家的教育在数量上得到空前的发展，但教育质量却不尽如人意，不断受到公众的批评。社会对教师质量的要求取代了对教师数量和规模的需求，教师素质受到了极大的关注，掀起了一股全球性的教师教育改革浪潮。

1966年联合国教科文组织和国际劳工组织提出《关于教师地位的建议》，首次以官方文件形式对教师专业化做出了明确说明："应把教育工作视为专门的职业，这种职业要求教师经过严格、持续的学习，获得并保持专门的知识和特别的技术。"② 这是国际社会最早的关于教师职业专业化的阐述，它标志着人类社会对教师地位的重新认识。

《关于教师地位的建议》中的教师专业化包含了各级各类学校的教师在内，

---

① 刘捷著：《专业化：挑战21世纪的教师》，教育科学出版社2002年版，第23—40页。

② UNESCO. *Records of the Conference*: *Special Intergovernmental Conference on the Status of Teachers*. 1966, p. 3.

即无论中学还是小学教师，公立或者私立学校的教师，无论是学术教育、技术教育、职业教育或者艺术教育机构的教师，都要通过不断的专业化提高其职业地位。《关于教师地位的建议》分十三节，对当时许多问题设定了国际统一的标准，这些都是跟教师地位密切相关的问题，也是众多教师一直集中关注的问题。具体来说，这些问题包括教师的概念与指导原则、教育目标与政策、专业准备、教师的继续教育、教师的聘用及其职业生涯、教师的权利与责任、有效的教与学的条件、教师的薪俸、社会保障等①。

当时的教师专业化政策更多地关注教师职业地位的提升，把教师视为社会职业分层中的一个阶层，专业化的目标就是争取专业的地位、权利和力求集体向上流动，对于教师的知识、能力、敬业精神等则很少提及，只是把教师的地位提高到了一定的水平。这还不是真正的现代意义上的教师专业化，但它推动了之后的教师专业化步伐，并极大地推动了许多国家教师教育新理念和新制度的建立。

（二）以教师专业化为主导的教师教育改革

20 世纪 80 年代以来，教师的专业发展已经成为教师教育的方向和主题。人们认识到，提高教师专业地位的有效途径是不断改善教师的专业教育，从而促进教师的专业发展。只有不断提高教师的专业水平，才能使教师职业成为受人尊敬的一种职业，成为具有较高社会地位的一种职业。

鉴于以前教师的专业化深度不够，20 世纪 80 年代以后人们对过去忽视教师专业发展和教学技能提高的做法提出了强烈的批评，教师专业化目标的重心开始转向教师的专业发展。在世界范围内新一轮教育改革浪潮的推动下，教师教育出现了实质性的变革，即促进教师个体专业化水平、促进教师队伍专业化逐渐成为教师教育的重心。

这个时期对于世界各国教师专业化发展最有影响的是美国的两个文件，即 1986 年美国的卡内基工作小组、霍姆斯小组相继发表的《国家为培养 21 世纪的教师做准备》和《明天的教师》两个重要报告，两者同时提出以教师的专业

① UNESCO. *Records of the Conference*: *Special Intergovernmental Conference on the Status of Teachers*. 1966.

性作为教师教育改革和教师职业发展的目标。特别是《国家为培养21世纪的教师做准备》这份报告，明确提出教师职业必须专业化，认为教师不仅仅是一种大众化的职业，更重要的是一种专业①。报告倡导大幅度改善教师的待遇，建议教师培养从本科阶段过渡到研究生教育阶段。这两个报告对美国教师教育的发展产生了深远的影响，也对世界教师教育的改革有重大影响。

总体看来，20世纪80年代以后的专业化更多地关注教师的角色、任务和实践问题，把教师视为提供教育教学服务的专业工作者，专业化的目标是发展教师的教育教学的知识和技能，提高教育教学的水平，这个目标体现了从对外在条件的追求转向内在素质的完善，从追求教师职业的专业地位和权力转向对教师专业发展的追求②。

（三）以教师专业化为内容与目标的教师教育发展

20世纪90年代，教师专业化发展更为深入。首先，1989—1992年，经济合作与发展组织（OECD）相继发表了一系列对世界教师教育改革产生重大影响的有关教师及教师专业化改革的研究报告，如《教师培训》《学校质量》《今日之教师》《教师质量》等，里面都着重强调了教师教育中推进教师专业化的问题。

其次，1996年，联合国教科文组织在日内瓦召开第45届国际教育大会，大会一致认为，当今世界在许多方面正在经历着巨大的变革，家庭、宗教以及其他传统的社会组织在形成年轻人的价值观和生活方式方面发挥的作用越来越小，相反，教育在这个变化过程中的重要性越来越凸显出来，要求教师承担更加重要的职责。鉴于此，大会提出把教师专业化作为一项长期的提高教育地位的策略，认为“在提高教师地位的整体政策中，专业化是最有前途的中长期策略”，同时还认为“教师专业化应该作为改善教师地位和工作条件的策略之一”③。

同年，日内瓦劳工统计专业技能组织通过的《国际标准职业分类》中，把

① 国家教育发展研究中心编：《发达国家教育改革的动向和趋势》（第二集），人民教育出版社1987年版，第321页。

② 曲铁华、冯茁：《专业化：教师教育的理念与策略》，《教师教育研究》2005年第1期。

③ UNESCO. *International Conference on Education 45th Session Final Report*. 1996，pp. 5-6.

各级各类教师列入了专家、技术人员和有关工作者这一大类，这从长远的战略角度确立了教师专业化的必要性，对世界各国的教师教育改革有着深远的影响①。

改革开放以来，中国政府一直致力于教师专业地位的改善和教师专业化的发展。1994 年 1 月开始实施的《中华人民共和国教师法》规定“教师是履行教育教学职责的专业人员”，第一次从法律角度确认了教师的专业地位。

二、教师专业化发展的基本内容

（一）专业化与教师专业化概念

专业化是一个社会学概念，社会学家杰弗里·米勒森（Geoffrey Millerson）在他 1964 年出版的经典著作《具备合格条件的社团》中列举了下列通常被提到的特性：①一种专业包含一种以理论知识为基础的技能；②这种技能需要训练和教育；③专业人员必须通过考核来证明其能力；④坚持行为准则以保持正直；⑤为公共利益服务；⑥专业是有组织的。按照这一标准，诸如法律、医药和神学等可归为专业化的行业②。所谓“教师专业化”，就是要承认教师职业是与医生、律师一样的专业化职业，基本符合上述条件。

18 世纪，人们开始意识到教育工作需要经过专门的训练的教师来担当，师范教育在欧美国家兴起，但当时的师范教育只是类似职业培训的低层次的工作，远未上升到专业教育。教师专业化概念真正被世人所接受是 20 世纪 60 年代。1966 年国际劳工组织和联合国教科文组织在《关于教师地位的建议》中第一次以官方文件的方式提出“应把教育工作视为专门的职业”，之后，世界一些国家以政府文件或法律的形式来推进教师的专业化发展。与此同时，人们开始把教师的专业化问题纳入到学术讨论的视野。由此，教师专业化发展成为教师教育的一个核心内容。

美国卡内基财团组织发表的《教师专业化标准大纲》中指出，教师的专业化标准应当包括以下几个方面：①教师接受社会的委托负责教育学生，照料他

---

① 洪柳：《论教师专业化发展》，《教书育人》2005 年第 1 期。

② ［英］G. 邓肯·米切尔主编，蔡振扬等译：《新社会学词典》，上海译文出版社 1987 年版，第 249 页。

们的学习；②教师了解学科内容与学科的教学方法；③教师负有管理学生的学习并做出建议的责任；④教师系统地反思自身的实践并从自身的经验中学到知识；⑤教师是学习共同体的成员①。

我国学者朱小蔓把“教师专业成长”的内涵归结为三个共存、互流和互动的系统：一是观念系统，即教师在实施教育过程中所依赖的教育理念；二是教育知识系统，包括学科知识、教学法知识、认识与把握儿童的知识、各种作为教育背景的自然、社会和人文科学的知识；三是伦理与心理人格系统，即从伦理层面和心理层面整合而成的教师的人格②。

自《关于教师地位的建议》发表以来，各国在教师专业化领域的政策不断完善，理论研究和实践探索成就不断丰富。2006 年 10 月 5 日，联合国教科文组织、国际劳工组织、联合国开发计划署、联合国儿童基金会在世界教师日暨《关于教师地位的建议》通过 40 周年之际，共同发表了《世界教师日联合致辞》，再次强调“教师是教育制度的核心。……必须从专业的角度给教师以扶持，通过体面的就业条件和工作条件以及相应的报酬，增强其决心和动力”，并呼吁所有与教育有关的方面携起手来，“努力使 1966 年国际劳工组织/联合国教科文组织《关于教师地位的建议》所规定的各项原则焕发新的活力”③。

（二）教师教育中的教师专业化发展

1966 年以来，教师专业化已成为国际社会对教师角色转变的根本要求。而要实现这一角色转变，关注专业化的教师教育是必不可少的。根据《关于教师地位的建议》，实现教师的专业化的教师教育策略应当包括以下几个方面④：

——教师应当在大学或其他与大学水平相当的机构接受普通、特殊及教育学科的培训；

——教师培训的内容可根据不同类型学校的具体要求而各不相同；

——教师培训计划可提供专业课程，既可与个人学术或专业教育或技能培

---

① 钟启泉：《教师“专业化”：理念、制度、课题》，《教育研究》2001 年第 12 期。

② 朱小蔓：《谈谈“教师专业化成长”》，《南通师范学院学报》（哲学社会科学版）2001 年第 1 期。

③ UNESCO，ILO，UNDP，UNICEF. *Joint Message on the Occasion of World Teachers' Day*. 2006-10-05.

④ UNESCO. *Records of the Conference: Special Intergovernmental Conference on the Status of Teachers*. 1966，pp. 4-5.

训课程并存，也可在其后进行；

——教师教育一般应当是全日制的，特殊情况需要提供全部或部分半日制课程者，课程的内容及成绩标准与全日制课程一致；

——应当考虑到不同类型的教师有不同的教育需求，并考虑在制度上使不同类型教师教育有机地联系起来。

基于上述要求，1996 年第 45 届联合国教科文组织国际教育大会发表的《最后的报告》建议进一步改善教师职前培训，采取下列措施①：

——使教师掌握应传授的知识同掌握适合教授这门知识的教学方法相结合；

——通过在正常情况下和在教学革新实验和教学法研究中采用观察、讨论及参与方法，巩固职前培训期间的教学实践的地位；

——培养教师发挥其不可替代的作用所需要的基本技能；

——特别注意培养教师鼓励其学生搞好学习，尤其鼓励处境不利群体（身体上、社会经济上和地理上）和在文化上属于少数群体的学生；

——力争使师资培训在数量和质量上均能满足不同各族和文化群体的需要，满足有特殊教育需求和身居边远地区的群体的需要，以及满足处于赤贫状态或受冲突影响的群体的需要。

报告还进一步对在职教师教育提出了建议。报告认为在职教师培训是实现教师专业化发展的不可或缺的部分，“在一个迅速变革的世界中，在职培训已成为从事所有活动和专业必不可少的工作。因此，教师不仅有义务不断更新其技能，而且应当培养学生为其一生中自己创造知识而需要的态度和技能”②。报告要求对初任教师给予特别关注，通过入职培训来对新教师的职业生涯产生决定性影响，并强调通过在职培训是教师的权利和义务。由此，联合国教科文组织在关注教师教育中的教师专业化发展过程中，肯定了教师教育一体化的重大意义，对教师教育一体化改革起到了积极的推动作用。

---

①② UNESCO. *International Conference on Education 45th Session Final Report*. 1996，pp. 22-23，p. 24.

三、教师教育中的专业化发展基本模式

（一）大学为本的教师教育模式

大学为本的教师教育（university-based teacher education）是指以学科门类齐全、学术声誉较高的大学为主体进行的教师教育。该模式既是教师教育大学化的产物，也是为实现教师专业化的一种实践策略。

20世纪80年代以来，教师专业化这一世界性的潮流要求高质量的教师具有批判性思维能力，能够独立地分析、反思各类教育问题，有着坚定的信念和正确的价值观，心智成熟等。他们不仅是有知识、有学问的人，而且是有道德、有理想、有专业追求的人；不仅是高起点的人，而且是终身学习、不断自我更新的人；不仅是学科的专家，而且是教育的专家，具有像医生、律师一样的专业不可替代性。

大学拥有熔自然、人文与社会科学于一炉的广博的学科基础知识，博采众长、兼收并蓄的学术文化底蕴。特别是大学能够提供反思教育问题的时间和资源优势，为教学和学习过程提供多种视角，根据学校教育的本质和目的提供多种智力模式①。基于此，主张大学为本的教师教育模式的学者认为，大学在养成现代教师的基本素养方面有着不可替代的作用，它有利于未来的教师形成自己的教育哲学观、教育实践探究和教育问题反省意识，并重视自己的专业发展。因此，教师教育的主要工作应当在学术性大学进行，借助大学的学术优势来使教育类学生和其他专业学生一起共享大学丰富多彩的学术资源、教师资源和信息资源，从而使教师教育拥有一个多学科的充满探究、批判和对话的文化环境，总之，教师的专业化发展应当主要在大学教育过程中实现，而不是像传统的师范教育那样在专门机构中仅仅进行带有鲜明的职业培训色彩的教育。

基于上述认识，一些发达国家在教师教育实践中认为，唯有大学为本的教师教育才能适合在大学化背景下开展教师教育，才能真正满足教师专业化培训的目标。

---

① Renee Ttipton Clift & Allen. Universities Contributions to the Education of Teachers. *Journal of Teacher Education*, 1986 (3-4).

教师教育完全放在大学进行有优势，但也存在着弊端。尽管大学在培养研究型、探究型和反思型教师方面具有独特甚至是不可替代的作用，但过于强调学术性的一面，必然会削弱对未来教师的“临床”训练，并影响他们的入职适应性。因此，越来越多的人要求大学为本的教师教育中要加强与中小学校的合作，使大学中的理论学习与一线的实践结合起来，从而真正地全面地实现教师专业化发展。

（二）校本培训的教师教育模式

校本培训，也称学校为本的教师教育（school-based teacher education），是针对大学培训教师的弊端而产生的，强调教师教育过程中的教师专业化发展，应当主要依靠一线学校的实践来培训。

教师校本培训有两种含义：一种是指以培训地点为依据，完全在中小学内进行的教师在职培训活动；二是以培训内容为依据，即促进教师专业发展、改善学校和教学实践为中心的培训。目前，比较常用的是后一种含义，因为完全由中小学开展校本进修是很困难的①。最为关键的是以学校为依托，促进教师的专业化发展。因此，教师校本培训的含义就是以学校为培训基地，在上级培训机构的指导下，由校长、实习生共同参与的，充分利用校内外培训资源，直接服务于学校、服务于教师、服务于教学的培训活动。

校本培训的目的就是要克服高等院校培训中的理论与实践的分离问题，中小学校不仅是培养学生的场所，更是教师专业成长的主要环境和重要基地。美国全美教师联合会发表的《着眼于未来的教师教育》报告中指出，教师培训从根本上要满足教师的不同需要，如果把师资培训形式和内容仅仅局限在大学或地方教育机构中，就会出现假象，因此在未来的师资培训探索中，应当淡化把教师集中起来，让他们成为“学生”而加以培训的理念，而是要把培训送上门去，把培训随时随地渗透到教师真实的教学情境和教学过程中去②。

专业性的理论知识只有运用到专业领域中，才能成为真正的专业知识。理论是教师专业化的基础，但脱离了实践终究无法成为一名合格的教师。在校本

① 万福：《校本教师培训模式研究》，《教育研究》2002 年第 1 期。

② 李玉斌：《校本培训：教师培训新模式》，《电化教育研究》2002 年第 3 期。

培训的过程中，由于以学校为基地，大量的教学实习活动就能够为学生提供进入真实的教学情景的机会，从而有可能使学生习得教学所必需的技能，形成恰当的工作方法、信念和价值观。校本教师教育的课程内容是根据学校实践工作的需要来设计的，以教育教学的实践技能为主，而且最为主要的就是对受训教师的评价是以实践中的行为表现或通过行为体现出来的能力为依据的，而不是他们考试所得的分数。

在国际上，校本培训模式也是多种多样。例如：在学校中指定专人负责新任教师的入职训练；设立中心学校，为邻近中小学提供各种进修服务；在中小学设立教师继续教育管理小组，收集反馈交流教学教改信息，组织校内教师教学观摩和研讨；由师训机构定期在中小学或中心学校开展专题研讨；由中小学教师提请，师训机构指派专家协助开展专题研究；由中小学向培训机构聘请顾问；等等。

（三）大学与学校相结合的教师教育模式

校本培训模式虽然为许多国家所接受，但仍有人担心培训“将中小学置于教师教育的中心，而将高等教育置于教师教育的边缘”，甚至完全忽略大学的作用。因此，英美等发达国家在充分肯定以大学为本的教师教育和校本培训两种模式的优势基础上，更关注于大学与中小学校之间的合作。大学在校本教师教育的实施中应为中小学提供充分的支持，派出主课指导教师，培训人员，这是大学的优势。总之，大学与学校相结合的教师教育模式越来越被认为是发挥前两种模式优势、弥补缺陷的必由之路。

美国于20世纪90年代提出并已付诸实施的专业发展学校（Professional Development School，简称PDF）是大学与学校相结合的教师教育模式的典型。美国政府和学界认为，教师的专业发展与训练只有建立在中小学校实际情境的基础之上才是有意义的，因此，师资培育机构有必要与中小学建立伙伴合作关系，实行大学与中小学校共同培养和培训教师的教育教学技能、共同开展教育教学研究制度，其主要目的是改善大学教师教育的整体计划和给予在职教师专业发展的机会。

近年来，专业发展学校的发展相当快速，综合性大学纷纷与中小学合作成立了专业发展学校，成为美国师资培育改革的新主流。专业发展学校是美国探讨教师教育改革的一个有力的措施，同时它也为世界教师教育改革带来了新的活力。中国的首都师范大学与北京市丰台区的五所中小学建立了紧密结合的伙伴关系，在某种意义上说，与美国专业发展学校的做法有相似之处。

在英国，政府和教育界从职前大学教师教育阶段就开始重视并推进教师专业化发展的进程。其最大的特色，就是在职前教师教育过程中，建立了大学与中小学的合作伙伴关系，加强了一线教育实践能力的培养，为未来教师今后顺利入职做好了充分的准备。

20 世纪 80 年代以前，在英格兰和威尔士，教师教育以什么方式进行、学习什么内容等都是由大学和教育学院说了算，中小学校根本不起作用。随着撒切尔夫人上台，在新右翼思想的指导下，保守党政府逐步加强中央控制，使职前教师教育的模式发生了根本性的变革，朝着由大学和中小学校形成伙伴关系、联合进行教师培训的这个方向发展，从而使职前教师培训开始在一定程度上走向专业化。保守党政府为认为，教师必须通晓现代教育理论和实践，能够创造性地运用他们所掌握的知识技能提高教学质量，在学习专业理论知识的基础上更加重视教师的实践操作，从而建立起一种更加实用的教师培训模式。原来盛行的两种主要的教师教育形式，即大学教育院系的一年制研究生教育证书制度（PGCE）和教育学院的四年制教育学士学位课程制度（BED）都有了很大改变，学生大部分时间都是在有伙伴关系的中小学校里度过的，从而使大学与中小学校之间的伙伴关系初步形成。

1997 年，新上任的工党政府沿袭了这种做法，进一步加强了大学和中小学校之间的合作。1998 年 12 月，教育与就业部（DfEE）颁布了一份绿皮书《教师：迎接变化之挑战》，认为应该通过财政拨款进一步吸引中小学校的参与和合作①。

2001 年春天，在英格兰召开了一系列会议，讨论如何进一步提高伙伴关系中中小学培训教师的质量，会议决定从 2001 年 9 月份开始实施一项试验计划，其目的是增加学校接纳受培训教师的容量，寻求提高中小学校培训质量的

① Department for Education and Employment（DfEE）. *Teachers：Meeting the Challenge of Change*. London：The Stationery Office，1998.

方法和途径。通过该计划的实施，大学与中小学校学校的伙伴关系越来越趋向成熟。

第三节　教师教育一体化改革

一、教师教育一体化改革的动因

（一）教师专业化的发展需要

很长时间以来，世界各国新教师的培养和在职教师教学水平的提高是完全独立的两个阶段，这种做法使教师专业发展的连续进程被人为地割裂和孤立。特别是教师教育大学化以后，由于学术性大学偏重对学生的反思研究能力的培养，使教育类学生教育领域的训练不足，致使许多新教师在入职阶段难以胜任教学工作岗位，教学能力低下，职业适应期延长。

另一方面，原有的在职教师培训又过于偏重日常教学工作中的问题和应对能力，基本不考虑教师在大学职前培训期间的专业基础和学术探究能力。这样的在职培训往往只围绕着一些实际的技巧性问题来培训教师，经验性特征明显，科学性不足，难以使教师从根本上实现专业化目标。

随着教师专业化概念的深入人心，越来越多的国家在实施开放型的教师教育模式的同时，将教师教育拓展至包括职前和在职在内的所有阶段，以职前专业知识为基础，以在职“临床”培训为手段，使教师更快、更有效地提高专业化水准。目前，世界各国已达成一个共识，即教师教育不能是一个封闭的隔离的系统，应该使教师的职前培训、入职培训和在职进修联系起来，提倡教师教育向一体化方向发展。世界各国一方面延长中小学教师职前教育专业学习的年限，另一方面大力推广教师在职进修工作，教师教育一体化是教师专业化发展的必然要求。

1996 年，联合国教科文组织在日内瓦召开的第 45 届国际教育大会上提出：“由于对教师的专业要求更高，需要开发教师新的专业能力，找到改善他们社会地位的有效方法。……在职前培训方面以及在考虑实现教育发展贯穿整个职业生涯的观点方面，都需要改善师资教育和培训并使之现代化。”①

（二）终身教育思想的影响

终身化思潮的出现对教师教育也产生了影响。终身教育思想的基本含义要求教育贯穿人的整个一生，随着知识经济时代的到来，社会朝着学习型社会方向发展，人类面临着终身学习的任务，终身教育已经成为一种先进的教育理念和符合当代社会发展趋势的教育策略。

长期以来，教师教育一直局限于职前教育，认为一次性的师范教育足以使教师适应未来的教育工作。在学习化社会里，师范院校不可能在几年内就将整个教师职业生涯中所需的知识、技能和教育思想传授给学生，因此，教师需要在整个任教过程中不断充实和补充。

20 世纪 60 年代后，随着终身教育思想的提出，一些国家开始将这一思想引入教师教育领域。终身教育强调教育的整体性特点，主张各类教育机构有机地连接在一起，趋于一体化，从而使教育发挥整体功能。基于终身教育的思想，1972 年，英国约克大学名誉副校长詹姆斯·波特提出了教师教育三阶段的观点，他认为，教师教育必须经过个人教育阶段（在大学或师范院校学习学科专业和教育学基础理论知识）、准备教育阶段（担任教师后的试用阶段）和在职继续教育阶段（被录用为正式教师后的继续教育阶段），三个阶段形成完整而连续的过程，缺一不可。由此，在理论上提出并论证了教师教育一体化的思想。波特的理论很快被英国、法国、德国、美国等国的政府所接受，并在各自的教师教育政策中确定职前、导入和在职三个相互联系的教育阶段。

面对社会的变革和教育的发展，教师职前所学到的知识和技能很快会过时而不适用。要使学校教育适应科学技术的进步和社会发展的需要，以应对难以预测的各种变化，教师知识技能的不断更新是必不可少的，因此，教师要在职前培训的基础上，更需要在职进修。1996 年，联合国教科文组织在《教育——财富蕴藏其中》的报告中提出，要把终身教育放在社会的中心位置上，重新考虑并沟通教育的各个阶段②。同年，联合国教科文组织的第 45 届国际

---

① UNESCO. *International Conference on Education 45th Session Final Report*. 1996，p. 8.

② 国际 21 世纪教育委员会著，联合国教科文组织总部中文科译：《教育——财富蕴藏其中》，教育科学出版社 1996 年版，第 8 页。

教育大会强调，要“延长教师职前培训期、提供更多的在职培训机会”，“教师必须终身学习，不断地重新自我培训”①。此后，终身化被越来越多的国家视为教师教育改革与发展的一个基本准则，职前培养、入职辅导与在职培训一体化成为21世纪各国教师教育改革的基本趋势。

二、教师教育一体化的改革与发展

（一）政策倡导与完善

自20世纪70年代以来，各国在致力于教师专业化发展进程中，纷纷制定政策，以促进教师教育一体化的发展。

1972年，英国中央政府发表了白皮书《教育：扩展的框架》，认同教师教育一体化的观点，指出：“即使是受过严格的职前培训，但世上仍没有一种重要的职业能期望新的就业者马上能做出充分的贡献……每一位教师在其任职初期，需要且应该匀出部分时间参加系统的熟悉专业、有指导的教学体验和进修的方案。”② 英国在《1988年教育改革法》颁布后，接连在教师教育方面出台了一系列政策法规，使教师教育的职前、试用期和在职三个阶段的培训得以更好地整合，三者之间相互贯通，构成一个不间断的整体，在教师专业成长和终身教育中处于同等的重要地位。

在瑞典，1997年国会任命的一个评估委员会对教师教育制度是否适应社会变革进行了评估，该委员会在提交的最终评估报告中，建议实施新的教师教育制度。2000年，教育与科学部在充分考虑报告所提出的建议后，向国会提交了政府法案。当年，国会讨论后通过了该法案，于次年6月正式实施新的教师教育政策。根据这一新的政策，教师的根本目标是加强综合大学和师范院校之间的联系，把教师的职前教育和在职培训完全融入教师职业生涯的全过程，实现职前、在职教师教育一体化，构建教师终身学习体系③。

---

① UNESCO. *International Conference on Education 45th Session Final Report*. 1996, p. 6.

② Secretary State of Education and Science. *Education: A Framework for Expansion*. London: HMSO, 1972. pp. 19-20.

③ Ministry of Education and Science Sweden. *A New System Teacher Education*. Government Bill, 2000.

伴随着西方教师教育一体化改革，近年来，日本的教师教育也逐步形成了教师培养、考试录用、在职进修和教师评价一体化的完整的教师教育体系。20世纪末，受文部大臣的委托，日本教职员养成审议会1999年通过了题为《职前培养、入职、在职培养一体化》的审议报告，明确规定了教师的专业素质标准，确定了一体化的教师教育体系。同年，审议会又进一步提出“大学与地方教育委员会”的合作计划，将合作范围扩大到培养、录用和进修等方面，使教师教育范围从单一的职前培养到综合的职前教育、试用期培养和在职教育及培训。

2002年，中国教育部颁布了《关于“十五”期间教师教育改革与发展的意见》，指出：“教师教育是在终身教育思想指导下，按照教师专业发展的不同阶段，对教师的职前培养、入职教育和在职培训的统称。”由此，中国政府以政策的形式规定了教师教育是一个连续统一的过程。2003年，教育部负责人在全国教师教育年度工作会议上的讲话指出，新时期教师教育改革发展的重要工作之一，就是要“推进教师教育体制创新，实现教师教育从教师培养培训相分离向教师培养培训一体化转变”，“教师的职前培养、入职教育和在职培训相分离，不适应教师终身学习和职业发展的需要。……加快教师职前培养和在职培训的一体化进程势在必行，任重道远”①。

（二）加强入职培训

入职教育是教师教育一体化的必然选择，也是实现一体化的关键环节。胡森在《国际教育百科全书》中明确指出，在教师教育中，职前培养、入职培训和在职培训这三个阶段一脉相承，每个阶段都有其特定任务，贯穿着教师的一生②。在一体化的教师教育中，入职教育是职前培养和在职培训之间的过渡环节，是沟通的桥梁，具有承上启下的重要作用。一方面，它是教师职前准备阶段的延续和扩展；另一方面，又是教师从事教学工作的开始，也是教师在职培训的起点。总之，入职培训已被视为一体化改革成败的关键环节，特别受重视。

① 袁贵仁：《为全面建设小康社会准备高质量专业化的教师》，《中国高等教育》2003年第20期。
② ［瑞典］胡森主编：《国际教育百科全书》（第九卷），贵州教育出版社1990年版，第19页。

在入职期间，新教师能否顺利地完成合格教师的角色转变，既影响他们的职业倾向和职业持久性，也影响着他们的教师专业发展模式，进而决定他们将成为什么样的教师。美国国家教育研究所调查发现：一个人第一年教学的情况如何，对他所能达到的教学效能水平有重大影响，而且要持续数年，会影响到整个 40 年教师职业生涯中对教师行为起调节作用的教师态度①。第 45 届国际教育大会提出："应对刚走上教学岗位的教师给予特别关注，因为他们最初担任的职位和从事的工作将对其以后的培训和职业生涯产生决定性影响。"②

入职教育已成为世界各国共同关注和研究的重要课题，入职培训已成为改进教师教育培养模式、提高师资水平的一个重要举措。在实践层面上，各国从系统化、科学化的角度，纷纷推行新教师入职教育的各种举措，以保证教师质量。

2000 年，英国教育与就业部发布了《新获资格教师的入职期》，强调职前培训结束后获得合格教师资格的毕业生，必须巩固所习得的各种知识和技能，在实际教学工作中不断获得进步。当年即对 1999 年获得教师资格的新教师实施为期三个学期的入职培训，之后，新教师才能继续在中小学任教。按规定，三个学期的入职培训可以间断，但新教师必须在获得教师资格后 5 年内完成整个入职培训。

澳大利亚联邦教育、科学和培训部在对教师专业发展深刻理解的基础上，于 2000 年发布了教师教育方面的重要文件《21 世纪的教师——联邦政府教师质量行动》，把新教师的入职辅导作为重要的关注领域，提出在三年内要为各州和地区的教师教育活动提供 7 400 万澳元的资金支持③，通过各种有针对性的教师专业发展措施来发展教师的基本素质，目的在于使教师能够适应信息时代的要求，保证教师质量。

1994 年，中国印发了《关于开展小学新教师试用期培训的意见》，规定：

---

① 叶谰主编：《教师角色与教师发展新探》，教育科学出版社 2001 年版，第 28 页。

② UNESCO. *International Conference on Education 45th Session Final Report*. 1996，p. 24.

③ Australian Commonwealth Department of Education，Science and Training. *Teachers for the 21st Century：Making the Difference—A Commonwealth Government Quality Teacher Initiative*. DEST，2000，p. 4.

新分配到小学任教的毕业生必须进行有目的、有计划的培训，使其尽快适应教育教学工作；当年培训不少于120学时的培训；采取集中培训和分散培训两种方式。

社会发展关键在于教育，而教育的发展关键在于教师。当代世界教师教育改革充分利用大学的学术优势，推进教师的专业化发展，并在终身学习的理念指引下，通过加强入职培训促进一体化发展，使教师教育成为一个持续发展的重要领域。

【思考与练习】

1. 如何理解开放的教师教育的意义？

2. 什么是教师专业化发展？谈谈你对教师专业化发展几种模式的看法。

3. 谈谈教师教育一体化改革的必要性。

【拓展性阅读导航】

1. 教育部师范教育司组织编写：《教师专业化的理论与实践》（修订版），人民教育出版社2003年版。

该书是全国教师教育通识教材之一，分理论、政策、实践三部分对教师专业化的认识、保障、实践进行了深入分析和论述。

2. 刘捷著：《专业化：挑战21世纪的教师》，教育科学出版社2002年版。

该书是全国教师教育课程推荐使用教材之一，系统地研究了教师专业化问题，对于提高师范院校学生和中小学教师的教育专业素养与从教能力，以及促进我国21世纪教师教育的改革和发展，具有重要的理论建设意义和实际应用价值。

3. 祝怀新编著：《封闭与开放——教师教育政策研究》，浙江教育出版社2007年版。

该书包括国家教师教育政策的产生与发展、教师教育从封闭走向开放、教师教育中的大学与中小学的关系、教师专业化发展的国家政策、教师教育发展的新趋向等内容。

4. ［美］帕梅拉·格罗斯曼著，李广平等译：《专业化的教师是怎样炼成的》，人民教育出版社2012年版。

该书选择了六位教师作为研究对象，通过案例对专业化教师成长过程进行了深入细致的探讨。

5. 梁忠义主编：《教师教育》，吉林教育出版社2000年版。

该书从比较的角度，分析了美国、英国、法国、日本、中国等国家教师教育的历史沿革、教师的职前教育和继续教育等内容，展示了世界教师教育发展的全貌。

结语　中国比较教育学发展的新阶段

【内容提要】

比较教育学在世界全球化日益加速、各国教育现代化水平不断提升的新历史发展阶段下正面临新的挑战。中国比较教育学能否摆脱早期主要移植、照搬外国教育的旧学科观，适应并引导中国教育走向自主创新发展，促进学科转向发展新阶段，不仅关系到中国比较教育学的未来命运，也关系到中国教育的未来发展。因此，积极推进中国比较教育学科创新，实现学科向新阶段的飞跃，就成为中国比较教育学者新时代下的新使命。

【学习目标】

1. 了解中国比较教育学科走向新发展阶段的意义和面临的新挑战。

2. 明确中国比较教育学新发展阶段的基本特征。

3. 了解中国推进比较教育学新发展的基本策略。

自鸦片战争后，封闭保守的中国封建社会遭受西方工业化的猛烈冲击，导致中国社会中各种矛盾激化。为了寻求解决方案，中国经历了各种形式的激烈对抗甚至残酷战争。今天，当回过头来审视这一崎岖曲折、腥风血雨的历程时，我们会看到，不仅中国教育与社会发展水平相一致，而且教育发展与比较教育发展水平也有很高的一致性。中国教育关乎中国社会发展，但早期中国教育发展又与是否放眼看世界和吸收世界经验有重大关系。鸦片战争以来中国教育的发展历程证明，重视比较教育研究，教育就能健康发展，就能有效促进经济发展和社会进步，反之亦然。因此，比较教育的发展就成为中国教育乃至社会发展的重要晴雨表。

一、中国教育在认识国际教育中觉醒

中国以及中国教育的发展经历了艰难曲折的历程，其间，既有从古代多民族融合繁荣到封闭锁国导致衰败的过程，也实践了一条自鸦片战争以来在放眼看世界中引发教育现代变革以图创新中国的复兴之路。以理性的角度审视这一历程，对推进中国教育改革具有极为重要的意义。

（一）从融合繁荣到封闭落后

教育是民族文化发展的基础，文化之所以成为文化，其关键是文化具有能被传递、被习得的特性，而教育正是传递文化、使人习得文化从而使人成为人的关键要素。因此，教育的开放与否决定着它能否促进文化创新和繁荣，决定了民族的进化。在中华民族五千年文明史中，古代中国是通过多次不同民族融合发展起来的，教育为之提供了重要的条件。公元前 11 世纪商周时期的民族融合与创立起系统的学校制度相联系，公元前 700 多年前的春秋时期的文化融合与“学在四夷”的开放性以及由此形成的《学记》等系统古典教育教学思想相关。汉唐时期的新民族融合与开放的教育机制相呼应，为大唐盛世奠定了坚实的基础。

10 世纪之后，有三个要素对中国发展造成重大影响。一是中国科举制已相当完善，成为唯一的考官制度左右着中国人的命运，教育体制也因成为考试机器而日渐封闭，丧失开放机制和创新文化的功能。二是封建制度在科举制下形成超稳定的运行结构，文化体系也日趋封闭保守。三是小农经济的中国已达到封建制度容许发展的极限，日益成为束缚社会发展的生产方式。相比之下，15世纪后西欧发展模式发生了革命性转变，其中最重要的是新教改革运动打开封闭的文化机制，推进教育模式的现代转型，从而引发工业革命，催生新的生产方式。中国元明清各朝代也发生了新的民族融合，但是未能带来新的发展。所有的朝代更迭，都是“新桃换旧符”，无不重蹈着旧统治者从早期节欲振兴到后期极尽骄奢淫逸严重破坏生产力而倒台之政权更易之覆辙。正是在这种观念作用下，中国对16世纪西方在新教改革后迅速崛起的最直接的反应是屡施闭关锁国之策，这就使原已封闭的教育愈趋保守，社会发展缓慢，更加严重地落后于资本主义兴起的欧洲各国，最后致使中国被西方列强侵略瓜分，沦为半殖民地半封建社会。这是教育封闭的必然结果，也是致使教育更加自闭的原因。

（二）从国际视野到现代教育初兴

鸦片战争中国的失败集中反映了中国的发展问题，其中教育尤甚。中国传统文化单线传承而缺乏开放性，特别是借助科举制，营造了一个封闭的教育体系。一个科举制就致使中国上下无“才人”，甚至连“才偷”都没有（龚自珍语）。帝国主义用大炮打开中国大门，最重大的事件是迫使中国改变原来的发展方式，从而引发了中国教育百余年间一场血与火的重大历史嬗变。这既是一个从废除科举制的封建教育制度到创立现代教育体系的历史进程，也是一个在国际教育冲击下封建主义教育传统不断瓦解的革命过程。在这个进程中，教育逐步从内部协调为主以维系至高无上的“天朝”的“内调作用”，转变为以协调本国与外国为主以促进国体开放，策应世界之挑战的“外融作用”。这也是能否实现教育功能从维护封建政体转向促进民族文化创新的关键。因此，这一时期，中国教育发展甚至可以说中国的变革主要依据对国际以及国际教育的了解和认识所决定的。国际教育认识直接引动和左右教育改革：或是为了变革旧体制，推行国际教育发展成功经验；或是为了缩小与国际教育发展差距，实现更大、更好的新目标。另外，对国际教育了解的程度也决定着改革力度，对国际教育认识的水平高一些，中国教育改革的力度就大一点，改革的步伐就会更坚定一些。

历史实践表明，中国获得这种国际视野非常缓慢，大致上可分为以下三个阶段。一是中体西学阶段。以洋务运动为代表，虽然由鸦片战争惨败所孵化，但在顽固的天朝心态下，洋务派依然以“中学”之国粹为主体，把“西学”之术作为附在“中学”这一封建体制上的附庸品。这些士大夫们看到的只是国际教育的表面现象，甚至加以歪曲排斥，教育虽开始开放但很有限，这就决定了中国不可能达到与全面向洋、和魂洋才化的日本那样的发展，甲午战争之败也由此定下结局。二是全盘照搬阶段。20世纪初的“西化”最具代表性，为甲午战争惨败所孵化。甲午战争的惨败是中国的奇耻大辱，封闭自大的天朝心态被彻底打破，遂使之放眼看世界。且最具讽刺意义的是，中国最先是向打败自己的原来的徒弟日本学习的。“癸卯学制”及当时的学校体系几乎无一不照搬外国学制，大都是依照欧美各国模式来建立中国教育制度。三是自主引进阶段。这一阶段依据创建中国教育体制而积极从国外引进各种教育模式，具有强烈的自主性，以新中国成立以来为代表。在这一阶段，中国比较教育从朦胧到开始真正的发展，从有目的移植到全面有序地研究世界和向世界学习，在看世界中逐渐懂得如何放眼看世界。这一阶段，从主动地学习外国的实践中，人们开始思考中国发展和中国教育问题，传统与现代在这里发生激烈的对峙和碰撞。因此，全面地思考中国教育以及比较教育的历史发展，对孕育新突破具有重要意义。

（三）从发展比较教育到民族教育创新

比较教育学是西方教育现代化进程中催生的新学科，与现代教育实践有内在的密切作用。20世纪初国际比较教育形成独立学术性学科时，正逢中国甲午战争失败急于变革求新时期，比较教育学科也被全盘引进到中国来。比较教育的引进给中国教育注入一股新泉，但是，也存在重大缺陷：由于中国现代化水平尚低，教育上缺少的东西很多，引进借鉴显得很迫切，因此，这一时期比较教育的引进只能是全盘照搬，未能对比较教育学科有独到的理解。在这个意义上，这种照搬是对封闭体制的一种简单反动，有积极意义，但却由此走向了另一个极端。例如，实施的第一个学制——“癸卯学制”是照抄国外相关条款拼凑成的①。这种照搬有其积极的传播性创新作用，但也造成把比较教育误解

① 冯增俊著：《教育人类学》，江苏教育出版社2001年版，第108页。

为照搬的学科。这也是致使比较教育未能随时代的发展而得到发展，也是妨碍教育现代化改革的重要原因。

在这种简单照搬的比较教育观下，中国未能对传统教育进行深入批判，各种教育改革几乎都是简单地被动应对社会要求的同义词。“中学西用”的国粹主义在甲午战败的打击下倒向全盘西化的照搬主义，而照搬主义走不通后又回到国粹主义。中国就是在这两个极端间不断地摇摆着。1904 年晚清用照抄方法搞出了“癸卯学制”，尔后 1922 年又照抄美国教育促成民国政府颁布“六三三四”新学制，后期是 20 世纪 50 年代大规模地照抄苏联教育。

与中国比较教育认识相一致，国家的教育开放也受到相应的影响。这一进程经历了从 20 世纪初的“西化倾向”的被动性国际教育观，被动地接受西方国家的“先进”教育；演变到二战及 50 年代初单向主动学习的单向开放国际教育观，单方面地向苏联学习“先进”教育；到 90 年代后才开始出现具有国内外双方相互学习的互动性国际教育观。随着时代的转变，特别是中国加入世界贸易组织，比较教育应该深化学科意识，建立新的学科分析框架，真正实现从简单移植国际教育模式，转向促进教育原理性创新的新学科体系，形成主动性的学科行为，在积极寻求创建中国比较教育学体系的进程中创建有中国特色的现代教育体系。比较教育如何获得这一时代性嬗变，是当代中国比较教育学者面临的重大课题。

二、中国比较教育发展新阶段的基本特征

20 世纪 90 年代后中国积极创建自主创新型国家，推进教育创新，但是这种创新型国家不是光凭热情就能建造出来的。首先必须探究什么是及怎样成为创新型国家，尔后才是中国如何创建创新型国家。在这里，创新型国家不是凭空杜撰出来的，而是要从探讨中外实践创新型国家的进程中方可获得。没有比较教育的参与，不对世界各国发展有全面而深入的了解就会变得很盲目。但是以往中国的比较教育无法获得这种认识，因为这是不能简单地从哪个国家中照搬来的。2014 年习近平总书记到北京大学参加庆祝“五四”青年节活动，在听取北大创建世界一流大学汇报时指出，勿把北大办成第二个哈佛或剑桥。他的话深刻地揭示出创建中国一流大学不是套用外国指标所能做到的。这就需要

我们在中国创建一流国家实践中才可能创建中国的一流大学，为此，需要转变比较教育研究分析框架，开辟中国比较教育发展新阶段。

中国比较教育发展新阶段是当代社会发展所促成的，既有来自世界发展的推动，也得益于中国改革开放以来国家发展的内在必然性，由此形成新教育实践的强大推动。

（一）新时代社会发展对中国比较教育的冲击

十多年来，世界全球化进程加快，在对中国比较教育学科造成强大冲击的同时也提出了崭新的时代要求。一是全球化促使各国教育更加紧密联系和互动，要求从国际教育发展的总体上把握各国教育的发展，简单地对比某些国家教育情况的比较研究已经无法满足中国教育从简单学习走向创新的新发展要求。二是全球化使世界教育产生了更迅速、更全面的交流和更大、更全面的开放，从而引发了体制和文化上的整体对决，多元化教育的到来，也需要中国比较教育学必须以更高、更新的方式来策应中国作为地球村一员的教育新模式。三是全球化将从根本上改变不同国家对教育的控制方式，各种跨国公司和跨国组织都会出于利益需要参与教育发展和管理，大国、跨国公司及国际组织如世界银行与国家之间在教育上的不同作用都将对比较教育学提出新的课题。特别是中国作为独立的发展中国家如何在全球化的巨大旋涡中自立自强、和平崛起，中国教育面临重大考验。

与全球化浪潮冲击相适应的是，20 世纪 90 年代后中国开始积极推动创建自主创新型国家，亟待教育创新。但是这种创新型国家并非仅凭热情所能实现，更不是凭空杜撰之物，而必然是在积极吸收国际经验和教训的基础上，探究什么是及怎样成为创新型国家之后，结合中国特定实际而发展创新得来。这里，也非常需要比较教育的全面参与，在全面而深入地了解世界各国教育发展经验下，通过创新中国教育从而达到推动中国创建自主创新型国家之目的，舍此别无他择。但“介绍型”比较教育是无法做到的，因为这是不可能简单地从哪个国家就能照搬来的。这就需要我们勇于创新比较教育研究模式，推动中国教育新发展。

（二）现代教育的实践性对中国比较教育提出新使命

中国改革开放以来推动教育现代化运动，积极创建中国特色现代教育体系，有力地挑战中国比较教育的原有研究框架。现代教育与中国传统教育的最大区别，在于重实践与重学究之分野，也在于求发展与求功名之区别。前者强调与社会发展实践相结合，以求发展为社会服务；而后者则只要求“两耳不闻窗外事，一心只读圣贤书”，以求一朝金榜题名而荣华富贵。中国传统研究在“六经注我、我注六经”下闭门造车，不事实践，无法履行现代社会的发展要求。这种传统研究对中国比较教育学科发展也产生了重要影响。一是停留在介绍教育的学科思维定式上，或简单地对某些教育现象对比分析，难以结合现实和以影响实践为目的的研究来达到对发展规律的探索。二是把“述而不作”的闭门研究崇尚为学术，将研讨中国教育实践和如何借鉴外国教育经验作用于中国教育实践等研究排斥在学术之外。三是比较教育学的本性是面对当代真实生动的教育实际，一刻也不能离开实践，而中国传统研究方法使中国比较教育在实践面前停滞不前，也使这一学科丧失发展的内在动力。因此，推进中国比较教育学科发展新阶段，已成为中国现代教育发展的迫切需要。

（三）中国创新教育崛起的时代挑战

稍加关注自鸦片战争以来中国的教育现代化进程就可看到，自新中国成立后掀起的国家建设，一改以往消极移植国外教育为主动地全面学习国际经验，但限于当时对国外教育了解很少，因此介绍国外教育甚为风行，呈现出热火朝天的景象，人们把这比喻为比较教育发展的春天。然而，这种比较教育的“春天景象”依然延续并强化着以往“移植”和“介绍”外国教育的学科观。20世纪90年代后，有三个问题挑战中国比较教育。一是随着中国教育发展取得巨大成就，义务教育普及了，学校教育制度也日臻完善，似乎已经没什么可以直接从国外搬到中国来了，反倒觉得中国教育与国外教育的差别越来越大，“移植型”比较教育观被质疑。二是随着中国日益开放，走出国门的人越来越多，对外国教育越来越熟悉，觉得介绍国外教育也就显得没那么必要了。三是中国教育改革已到了创新模式、创建有中国特色现代教育体系的新阶段，既要具有现代教育新认识，又要有能在全面了解国际教育发展中把握现代教育发展规律以推动转变传统教育模式之学术功力。这时期比较教育学者尽管也开展了一些重要专题的比较研究，提出了一些符合我国教育发展要求的新建议，但是“介绍型研究观”无法达到这一新目标，甚至显得愈发困难，致使比较教育危机论泛起①，中国比较教育面临巨大的时代挑战。对此，重新定位比较教育的时代学科概念和功能，更新比较教育的理论分析框架②，推进中国比较教育发展新阶段，就成了中国比较教育学者这一历史时期的重大使命。

三、中国比较教育学发展新阶段的主要特征

中国比较教育学面对时代的重大转变，必须积极推进学科研究框架的转型，使之达到新的演进。这种新发展就是要实现从注重某一经验的部分借鉴转向注重规律指导的理性借鉴，从注重因素分析法转向多元统一下的战略性研究，从注重理论研究转向理论研究与实践应用结合并由此实现模式创新，主要表现为下列相关特征。

（一）全球化下的整体性

新发展阶段下的理性借鉴比较教育研究必须对教育发展具有整体性把握的全球意识。一是由于全球化进程深刻地反映到社会的各个层面和各个领域，教育日益呈现出更大的共同发展趋势，并使之建立起盘根错节的联系，更需要以比较教育学的学科视野和洞察力来把握其世界新的发展总趋势。这就要求比较教育学必须实现学科的新转变，不仅仅是对国与国或中国与外国的研究，更重要的是要使学科体系实现在国与国的研究下达到对世界教育发展总趋势的宏观把握。二是全球化把世界的每一个部分都同全世界这个整体联系起来，把过去、现在与未来联系起来，强化世界一统下的多元化发展观。对此，中国比较教育必须通过方法论创新，在研究国外经验与中国发展之间、研究单一国别与整体世界之间、研究区域和层次与综合趋势之间实现整体综合，才能形成对世界教育发展规律的科学认识。三是比较教育学面对的是整个教育领域③，其研究触角伸向教育学科的各个领域和分支，这是由于教育领域中各个部分是密不可分的，总是表现为一个完整的整体。当教育发展水平越高时，就越需要通过

---

① 王英杰：《比较教育学的定义问题浅议》，《外国教育研究》1993 年第 3 期。

② 参见顾明远：《中国比较教育的名与实》，《外国教育资料》1991 年第 1 期；顾明远：《知识经济时代比较教育的使命》，《比较教育研究》2003 年第 1 期；李现平著：《比较教育身份危机之研究》，教育科学出版社 2006 年版，第 7—15 页。

③ 顾明远总主编：《比较教育论丛》，人民教育出版社 2003 年版，前言。

整体性研究以实现把握世界教育发展之下，来达到更深刻地认识特定国家的具体教育问题。

（二）专业化下的科学性

新发展阶段的理性借鉴比较教育学科分析框架重视学科的科学性发展。一是比较教育学更加专业化，同以往以介绍为主的学科体系相比，新发展阶段的比较教育研究必须依靠高水平的专业人才开展专门的研究，才能真正实现学科的发展和推进学科理论的进步，为推进自主创新型国家服务。二是这种专业化的比较教育研究必将更加重视宏观与中观及微观研究的结合，在学科分析框架上实现从直观性因素分析转向辩证性多元综合分析，在研究技术上把宏观的整体发展研究与具体发展政策相结合，重视在整体水平上把握数量发展，通过数量分析达到对整体问题的把握。三是建立起强化理性研究来把握具体实践行动的学科框架，不仅强调理论指导行动，而且更加重视研究过程程序和理论针对性与政策功效性评价，重视实践研究的辩证多元性。从社会科学的特性来看，比较教育学不可能变成可量化或程序化的科学。因此，科学性发展的最重要特性是能否更正确、更有效地反映教育实践，指导教育改革，在创新中缔造中国教育的时代平台①。

（三）特色化下的实践性

比较教育学是一门实践性很强的学科，面对教育的所有领域，也是一门贴近现实的学科，能体现时代的气息②。比较教育新发展阶段必然要更充分地反映中国特色发展的学科实践性特征。实践性既包括对国际教育行动的关注，更重要的是对本国教育实践的参与，变注重简单译述为转向创新教育模式，变培养学究为转向推动本国教育实践。因此，实践性反映了中国比较教育学从早期注重介绍国外经验，到重视理性分析借鉴，再到在借鉴基础上推动实践的阶段性发展。所以，实践性就成为衡量这门学科发展的最关键的要素，也是最能体现中国比较教育学发展新阶段的考量指标。其表现主要有三。一是从实践出发，把实践需要作为研究的出发点。正如库森所说的，他研究的是普鲁士教

---

① 参见顾明远、薛理银著：《比较教育导论——教育与国家发展》，人民教育出版社 1996 年版；冯增俊著：《比较教育学》，江苏教育出版社 1996 年版。

② 顾明远总主编：《比较教育论丛》，人民教育出版社 2003 年版，前言。

育，但想的却是法国教育。二是研究的结论必须与教育实践相结合，对考察分析教育实践和推动实践上具有重要作用。三是参与本国乃至世界教育改革实践，在正确反映时代发展要求的基础上，为当代教育发展提出科学的新教育观和教育体系；或者以比较研究为基础，开展相关的教育改革实验，参与当地的教育规划和改革活动。

（四）现代化下的战略性

由于现代教育对社会的参与越来越深入，涉及的面越来越广，教育的作用越来越大，影响也越来越深远，因此，世界教育发展格局呈现出从20世纪50年代前的经济发展带动教育，到50年代教育与经济相适应，再到80年代后教育优先并配合及促进经济发展的模式走向。这是一种重大的发展战略性转变。为此，联合国教科文组织国际教育规划研究所于1984年首次使用“教育发展战略”这一概念，强调比较教育研究的宏观整体把握和对未来预测及设计功能，把宏观与中观、微观研究结合起来，既考虑到世界教育的整体发展，又重视教育发展的长远未来走向。中国比较教育学新发展阶段要把握中国教育实践，就必须对中国教育未来发展有清晰的认识，而这种认识又主要是来自对国际教育的整体了解和对现代教育发展规律的把握。

（五）服务化下的功效性

中国比较教育学发展新阶段的重要特征是重视研究教育服务社会及其社会实践的功效性，重视研究对教育改革的实际作用。比较教育学新阶段必须倡导服务至上的发展原则，面对当代教育中最重要、最紧迫的理论和实践问题。因此，它从实践出发，所获得的理论又必须再作用于实践，其最根本依据是促使教育服务社会的功效性。离开这个功效性，比较教育学就失去了发展方向。中国比较教育学发展新阶段强调功效性，将能更好地解决中国教育研究中偏重学究气的传统弊端，是实现学科在新形势下服务实践的最重要法则。在这一法则之下，比较教育学将把整体性、科学性、实践性和战略性整合于比较教育学服务中国教育改革的未来实践当中，并推陈出新，形成有独特意义的中国比较教育学科体系。当然，要实现这一历史使命还面临着一些重大的问题，但在中国现代化实践中，中国比较教育学者必将会在提高学科意识的过程中迎来这一重大变革。

四、推进中国比较教育学发展新阶段的策略

中国比较教育学要适应新时代的教育发展要求，走向发展新阶段，就必须全面革新比较教育观，创立新的比较教育学科概念，转变比较教育的研究方式，积极参与和推进中国教育改革实践，实现比较教育学科的时代创新。

（一）更新比较教育学科观

当前，中国比较教育学科要走向发展新阶段，就要正确树立新的比较教育学观，正确认识比较教育学的真正内涵。比较教育有介绍国际教育的责任和功能，但不是一门仅仅介绍外国教育的学科；比较教育在一个国家处于落后状况时确实是以介绍外国教育为主，但这并不代表学科性质就是如此。比较教育作为一个发展性学科，必然要依据时代发展转向新的阶段，顺应时代需求和确定学科新发展，树立正确的新阶段比较教育学科观，是实现比较教育学科科学发展的关键。因此，比较教育在发挥介绍国外教育功能中把比较教育学科推进到新的发展阶段，就成为比较教育学能更有效参与和推动教育发展的关键。

更新比较教育学科观主要包含以下三个方面。一是建立比较教育面对教育所有领域、全面参与教育改革的新认识。二是在以上各发展阶段取得的理论基础上形成现时代中国比较教育学新阶段的发展观，并应用于指导中国比较教育发展实践。三是不以比较教育人数多少而以比较教育研究对教育实践的把握程度来衡量比较教育的作用及兴盛。

（二）积极推进比较教育新阶段的发展

比较教育学发展的新阶段是由具有新阶段意识的学科队伍发展起来的。从比较教育学科发展历程可见，一个新阶段的产生，既由于原阶段的学术方法已被广为接受，又由于新教育实践提出了更高、更新的发展要求，向比较教育学提出开创学科高一阶段发展的任务。由此，一是要积极研讨和把握比较教育发展的时代特征，从国际宏观战略角度把握中国教育发展，重视对现代教育发展规律的把握和研究。二是要加强新学科队伍建设，强化高素质学术训练，重视在参与教育实践中创新开拓，使之具有更广阔视野，为教育改革提出更有远见、更有价值的建议。三是要建构新型的学科发展态势，形成三级塔形研究模式：塔顶专业研究者人数相对较少，但他们素质高、专业性强、研究成果的统摄力强且范围广；第二层级为受过专业训练者，他们除了开展实践性重要研究

外，还要担负普及比较教育方法和发展学科的重要工作；第三层级是广大应用比较教育研究成果的教育实践者和决策者。

（三）参与和推进中国教育改革

中国比较教育学科走向新阶段的最重要专业性发展，就是走出单纯介绍外国教育的研究模式，在把研究个别问题和对世界教育的总体研究结合起来的同时，全面参与和积极推动中国教育改革。近些年来，北京师范大学顾明远教授带头把比较教育的触角伸向教育改革的前沿，在主编多种反映现代国际教育改革的书籍的基础上，大力倡导教育现代化与民族教育文化传统研究，大大推动了比较教育学科向前发展。华东师范大学钟启泉教授则把比较教育学应用于课程改革，发挥了比较教育的时代功能。中山大学教育现代化研究中心开展的国际合作综合英语教学试验，吸收国际双语教学原理，结合中国外语教学实际，创立了一套符合中国实际的外语式的双语教学模式，小学毕业生英语达到同龄普通话的类母语水平，人的整体发展显著。中国比较教育学应当积极推动比较教育研究为中国教育改革服务，以期达到促进中国比较教育学科发展的目的。

（四）寻求更多的资源支持

中国比较教育学正处于转型中，由于受传统认识观的影响，这种转型及其对人才的培养可能一下子难以被人理解。因此，比较教育学一方面要重视自强，另一方面也要积极争取新的资源，在人力和物力上保证学科的发展，特别是要为新发展、走向新的发展境界奠定良好的基础。一是优化研究人员的配备及使用，二是申报更有发展前景的科研项目，三是利用一切可以利用的方式，争取培养出一批业务水平和政治素养兼优的高级研究人才。

【思考与练习】

1. 比较教育对中国走向现代化主要有什么作用？
2. 新世纪中国比较教育学发展的时代挑战是什么？
3. 中国比较教育学发展新阶段有哪些基本特征？
4. 简述中国比较教育发展新阶段的研究特点。

【拓展性阅读导航】

1. 王承绪、顾明远主编：《比较教育》（第五版），人民教育出版社 2015 年版。

该书第十章对第二次世界大战后世界教育的发展做了概要的综述，并对 21 世纪教育的发展进行了展望。

2. 冯增俊著：《比较教育学》，江苏教育出版社 1996 年版。

该书第三、五、七章讨论了比较教育与中国教育现代化问题，第八章论述了比较教育未来的发展。

3. ［美］罗伯特·阿诺夫等主编，冯增俊等译：《比较教育学：全球化与本土化的辩证关系》，人民教育出版社 2012 年版。

该书第十七章对新的国际形势下世界比较教育研究的特点和发展进行了分析，具有重要的参考价值。

4. 徐辉著：《国际教育初探：比较教育的新进展》，四川教育出版社 2001 年版。

该书最重要的特点是把比较教育同民族进步和国家发展联系起来作为分析比较教育发展的重要依据，是一本探讨比较教育学与国家发展的重要著作。